모성보호와 여성정책네트워크

모성보호와 여성정책네트워크

김 경 주 著

한국학술정보㈜

책머리에

금년부터 근로기준법상 출산휴가 90일 모든 기간에 대해 고용보험에서 급여를 지급하게 되며 이에 대한 비용은 정부가 지불하게 되어 기업의 부담을 줄인다고 한다. 또 여성근로자가 임신 16주 이후 유산 또는 사산하는 경우 최대 3개월까지 모성보호 휴가를 쓸 수 있게 모성보호관련법이 시행된다고 한다. 언뜻 보기에 이러한 내용은 OECD평균보다 떨어지는 저출산율 1.12시대를 맞아 정부가 당연히 취해야 하는 정책인 것처럼 보인다. 그러나 국제사회에서 많은 나라들이 이미 여성의 모성보호를 위해 취하고 있는 관련정책들이지만 우리나라에서 이러한 제도시행의 토대가 되는 모성보호관련법이 지난 2001년 국회를 통과하기까지 우리사회는 10여년 이상의 어렵고도 힘든 과정을 겪어야만 했다.

오늘날 우리는 20세기후반의 민주화·세계화·정보화시대의 도래를 맞이하면서 정부·시장·시민사회의 관계가 새롭게 형성되는 거버넌스(governance)로의 패러다임전환을 겪고 있다. 1990년대 후반부터 시민사회집단의 성장과 이들의 영향력의 증가에 힘입어 정부는 정책결정과정에서 민간부문과 정책을 조율하고 협력을 도모하는 측면이 많아지고 있다. 이러한 과정에서 여성정책도 과거에는 소외집단이었던 여성이 1980년대에 들어오면서 중요한 국가정책부문의 일환으로 자리를 잡고 여성단체나 여성운동의 활약에 힘입어 그 중요성이 부각되어 법이나 제도상으로는 많은 발전과 변화를 하고 있다.

정책결정과정은 많은 행위자들의 참여와 이들 간의 활발한 이익투입활동을 수반한다. 그리고 그 결과로 이루어지는 상호 조정과 타협의 산물로서 정책이 만들어진다고 할 수 있다. 모성을 보호하는 것은 여성 개인 및 태아와 출산아의 건강을 위해서도 중요할 뿐만 아니라 국가경제적인 측면에서도 질 높은 여성인력의 지속적인 활용을 위해서도 매우 중요하다. 그럼에도 불구하고 모성보호의 문제는 누가 비용을 부담하는가 하는 문제로 인하여 정부와 기업 여성노동계 등 여러 행위자의 이해가 얽혀있는 민감한 이슈이기 때문에 그 결정과정은 상호 갈등과 대립 및 이해조정의 다양한 모습을 빚게 된다. 특히 모성보호내용의 확대과정은 기업의 반대논리와 모성보호의 사회책임이라는 사회적 인식의 공유가 부족한 현실에서 많은 논란이 있었다.

본 연구는 이러한 측면에 주목하여 여성정책 중에서도 가장 많은 변화와 논란을 벌였던 모성보호정책결정과정에 대한 분석을 통하여 실제로 정책이 이루어지는 과정은 어떠하며 여성정책 특히 모성보호정책에 가장 영향을 미친 동인은 무엇인가를 분석하였다. 본 연구는 특히 정책이 결정되는 과정의 역동적인 상호작용을 보기 위해 정책네트워크시각을 통해 분석을 시도하였다. 구체적으로 노태우 정부에서부터 김대중 정부에 이르기 까지 정부별로 정책네트워크의 성격을 살펴보았고 정책네트워크의 성격변화가 정책산출에 어떠한 변화를 가져왔으며 이를 통해 모성보호정책산출에 가장 영향을 미치는 요인은 무엇인가를 분석하였다.

연구를 진행하면서 다른 분야와 달리 여성 그것도 모성보호와 관련해서는 정리되거나 통계화된 자료가 없다는 사실을 새삼 많이 느끼게 되었으며 여성관련 자료 축적의 필요성을 더욱 실감하였다. 본 책자에 삽입된 많은 표들은 저자가 자료들을 토대로 새로이 정리 작성한 것이 많이 있으며 이 과정에서 여성계, 노동계 경총 국회 정부관계자들이 기꺼이 자료협조와 면담에 응해주었다. 이왕이면 노무현 정부의 여성정책도 함께 고찰할 욕심도 있으나 아직 한 정부가 미처 임기를 다 마치지도 않은 상태에서 이른 감도 있고 개인적으로는 더 늦기 전에 여성정책을 연구하는 여러 동학들과 연구자료를 나누고자하는 마음에서 본 서를 출간하게 되었다.

이 책을 출간하기 까지 일일이 거명하기 어려울 정도로 많은 분들의 도움이 있었다. 특히 업무로 바쁜 와중에서도 논문을 준비하는 과정에서 기꺼이 인터뷰에 응해주셨던 노동부의 근로여성정책담당국장 및 여성관련담당사무관, 여성부의 관련 비서관, 국장, 담당관, 국회여성특별위원회, 국회환경노동위원회의 관련의원 및 보좌관, 경총, 한국노총, 민주노총, 한국여성단체연합, 한국여성민우회, 여성노동관련단체의 실무담당자에게 지면을 빌어 감사의 마음을 표한다. 마지막으로 출판을 맡아주신 한국학술정보(주)의 채종준 사장님과 편집부 여러분의 노고에 감사를 드린다.

2006년 3월

김 경 주

목 차

표 목차

그림 목차

제1편

모성보호와 여성정책네트워크

: 사례 분석의 개념들

제1장 서 론

제1절 연구의 목적

2001년 7월 18일에는 여성의 출산휴가 기간이 60일에서 90일로 연장되고 유급육아휴직을 골자로 하는 모성보호관련법이 국회를 통과하였다. 이는 그간 여성노동계가 10여 년간에 걸쳐 요구해 온 모성보호정책이 비록 부분적이긴 하지만 수용됨으로써 모성보호비용을 사회가 분담하는 전기를 마련하게 된 것이다. 모성보호관련법을 포함하여 한국에서의 여성정책에 관련된 최근의 이러한 변화는 많은 사회적 요인들의 상호작용의 결과로 볼 수 있다. 특히 문민정부 이후 급속하게 불어 닥친 개방화와 다원화를 경험하면서 이루어진 시민사회부분의 확장은 국가정책을 결정하는 과정에 있어서, 과거 권위주의적 정권하에서 이루어졌던 정부주도적 정책결정구조와는 다른 모습을 보여주고 있다.

이러한 변화는 한국사회뿐만이 아니다. 오늘날 세계 많은 국가에서도 다양한 사회집단의 참여가 배제된 정부주도의 정책결정구조에서 시민사회 부문의 확장과 더불어 거버넌스 차원에서 민간부문과 정책을 조율하고 협의해야 할 필요성이 증대되고 있는 추세이다(Rhodes, 1996; Pierre, 2000; 김석준 외, 2000).

한편 사회와 정부 간에 발생하는 정책형성과 관련해서, 정부와 이익집단 간의 상호작용에 관한 관심은 대부분 국가중심적 사고나 사회중심적 시각으로 설명되어져 왔다. 그러나 국가중심이론과 사회중심이론은 국가와 사회를 이분법으로 분리해서 어느 한쪽에 치우쳐서 정책현상을 설명하기 때문에 정부와 집단 간의 상호작용에 의한 정책결정과정을 충분히 설명하지 못하는 한계를 갖고 있다. 다시 말해, 기존연구들은 대부분 정책결정에 대해 정부관료제를 블랙박스화(사회중심적 시각)하거나, 정부를 주도적 행위

자로(국가중심적 시각) 상정함으로써 정책의 귀결과 변화를 만들어내는 상
호작용을 생략하거나 간과해 버리는 문제점을 안고 있다.

따라서 정책결정에 대한 최근의 학문적인 관심은 정부의 일방적 정책결정
을 특징으로 하였던 사회와는 달리 한국사회가 전환기적 사회로 변화함으로
써 사회세력과 시민세력의 다양화와 성장에 따른 다양한 정책행위자의 네트
워크현상에 주목하는 연구들이 최근 정책연구의 주류를 이어가고 있다.[1]

다양한 정책행위자의 네트워크현상이란 상호 의존적인 다수 행위자 간의
갈등과 협력이 발현되는 실질적인 연계구조, 즉 정책네트워크 속에서 정책
이 이루어지는 과정을 의미하는 것으로써 특정한 정책영역에 있어서 정책변
화는 정책네트워크의 변화가 없이는 어려울 것이라는 가정을 상정하고 있다.

실제로 여성정책을 포함한 한 국가의 정책은 시민들의 삶에 영향을 미
치기 때문에 시민들은 개인적으로나 집단적으로 정책내용에 영향을 미치려
한다. 특히 정책의제형성과정에서 정책결정에 이르기까지의 정책과정은 사
회 제 세력들의 이익투입과 상호작용이 매우 활발한 역동성을 지니고 있
다. 여성정책 좀 더 구체적으로 여성노동정책은 정부와 여성근로자와의 관
계를 다루는 분야이므로 노동정책결정에는 정부행위자들과 기업행위자, 여
성노동행위자들이 참여하게 된다. 즉 여성노동정책은 정부 혼자서 결정을
하는 것이 아니고 이익집단이 정책에 개입하고 있다고 볼 수 있으므로 여
성정책의 내용을 알아보기 위해서는 여성정책결정과정에 대한 상세한 분석
이 필요하다. 다시 말하면, 여성정책의 주요 동학(key dynamics)을 관찰하
고 설명하려면 여성정책의 귀결과 변화를 만들어내는 과정에서 여성정책결
정에 참여하는 정부와 기업·여성노동의 정책행위자들 사이의 상호작용관

---

1) 최근 Governance(1989)와 European Journal of Political Science(1992)는 정책네
   트워크를 특별이슈로 다루었다. 영국 사회과학 연구회의는(SSRC)는 정부-산업
   관계와 중앙-지방관계를 연구하는 이론들로 정책네트워크 모형을 사용하고 있
   고, 정책네트워크의 개념은 영국정책연구학회의 핵심주제로 다루어지고 있다
   (Dowding, 1995: 136). 이러한 해외 학문적 경향 및 정책네트워크에 대한 한국
   사회의 적용 가능성과 이와 관련된 최근의 학문적 노력은 김석준 외(2000), 배응
   환(2001)을 참고할 것.

계를 확인하는 작업이 필요하다.

이러한 관점에서 보면 정책을 형성하고 결정하는 과정에 개입된 행위자들과 그들의 역동적인 상호 관계를 파악하려는 정책네트워크이론은 여성노동정책을 분석하는 데 있어 유용한 시사점을 제공하고 있기 때문에 한국의 정권의 변화과정 속에서 정부·기업·여성·노동이익집단의 관계의 역동성을 살피는 작업은 여성노동 정책연구에 있어서 매우 중요하다고 할 수 있다.

한국의 여성정책은 1990년대 이후 많은 변화를 경험하고 있다. 특히 여성인력활용이라는 세계적 추세에 따라 우리 정부도 뒤늦게나마 여성인력의 활용을 통한 국가경쟁력을 높이기 위해 정책상의 많은 변화와 도전을 경험하고 있다.

이러한 사실에 주목하여 본 연구는 근로여성의 모성보호정책결정은 어떤 과정을 통해 어떻게 이루어지는가? 또 모성보호정책결정에 영향을 미치는 요인은 무엇인가를 분석해보고자 한다. 이를 위해 본 연구는 여성정책 중 가장 많은 변화를 보였던 근로여성의 모성보호정책[2]을 분석사례로 하여 정책네트워크관점에서 살펴보고자 한다. 본 연구에서 모성보호정책을 주요 연구대상으로 삼고자 하는 것은 모성보호정책의 최종산출로서 모성보호관련법은 모성보호내용의 확대와 더불어 비용의 실질적인 사회분담화를 수반하게 함으로써 정부와 여성집단뿐만 아니라 기업 및 노동집단의 이해가 현실적으로 정책과정에 관련되어 있고 정책의 결과에 따라 상당한 영향을 받게 되므로 행위자들의 활발한 이익표출 및 상호작용이 있었을 것이라 판단되었기 때문이다.

이러한 연구목적을 가지고 본 연구에서 행하고자하는 구체적인 분석목표는 다음과 같다. 첫째, 여성노동정책의 부문정책으로서 모성보호정책이 도입되고 확대되는 과정에서의 대외적·대내적 환경이 무엇이었는가와 그러한 환경의 변화가 정책네트워크에 어떻게 영향을 미쳤는가를 분석한다. 둘째, 모성보호 정책네트워크의 특성을 분석한다. 이를 위해 정책과정에 관

---

2) 본 연구에서 의미하는 모성보호정책은 정책의 최종산출로서 나타나는 모성보호관련법을 의미한다.

계되는 정책행위자를 추출하고 어떤 행위자가 실질적 영향력을 행사하였으
며 정책행위자들은 어떻게 상호작용을 하였는가를 알아본다. 또한 정책행
위자와 정책행위자들의 상호작용의 모습인 관계구조는 어떠했는가를 분석
한다. 셋째, 정책네트워크의 결과로 도출되는 여성노동정책으로서의 모성보
호정책의 내용을 각 정부별로 알아본다. 넷째, 정부별로 모성보호정책산출
에 영향을 미친 요인들을 분석하고 이를 종합적으로 파악함으로써 한국사
회에서 여성노동정책결정과정에서 나타난 함의를 도출하도록 한다.

   본 연구가 갖는 의의는 첫째, 여성정책의 결과보다는 여성정책이 이루어
지는 결정과정[3])에 보다 주목함으로써 특히 정책행위자들의 상호작용 및
관계분석을 통하여 한국에서 여성정책을 산출하는 구조를 보다 역동적으로
파악할 수 있으며 둘째, 이러한 분석을 통하여 정책과정에서 여성정책결정
에 보다 영향을 미칠 수 있는 요인이 무엇인가를 경험적으로 산출함으로써
향후 보다 효과적인 여성정책산출에 기여할 수 있다는 것이다.

제2절 연구의 범위와 방법

1. 연구의 범위와 분석단위

   본 연구는 여성정책의 부문정책으로서 근로여성의 모성보호정책결정은
어떻게 이루어지는가, 또 이러한 정책결정에 영향을 미치는 요인은 무엇인
가를 분석하기 위하여 정책네트워크이론을 토대로 각 정부별로 정책형성
및 결정과정에 있어서 정책행위자 및 그들의 상호작용과 관계구조를 분석

---

3) 현실의 정책과정에는 많은 행위자들이 참여하고 정책은 이들 정책참여자들 간의
   복잡한 일련의 상호 조정의 산물로 나타나고 있다. 정책문제의 해결방안에 따라
   서 상대적으로 피해를 보는 집단과 혜택을 보는 집단이 달라질 수 있고 문제와
   해결책을 보3.는 관점이 행위자들 간에 같을 수 없기 때문에 정책결정의 과정은
   상이한 관점과 입장이 상호 조정되고 절충되는 과정이다(송희준, 1992: 69).

하고자 한다. 정책결정과정의 중심에는 정책행위자들로서 의회, 정부 등의 정부행위자와 정당, 이익집단, 시민 등 비정부행위자들의 관계가 있으며 정책결정과정에서 이들의 관계 및 상호작용은 본 연구주제와 관련된다. 한국에서의 정책결정과정의 핵심에는 의회나 행정부와 같은 정부행위자가 중심이 되나 이들 정부행위자는 비정부행위자들에 의해서 지원을 받거나 제약을 받는다. 특히 한국의 정치적 상황은 종전의 권위주의체제가 서서히 민주주의로 이행되고 있으며 이와 같은 민주주의로의 진행은 각 부문에서의 이익집단과 시민단체의 성장과 분출을 가져왔고 더불어 이들의 영향력이 상대적으로 강화되어 가는 경향이 있으며, 이들이 또한 많은 정책사례에서 중요한 정책행위자로 등장하여 영향력을 행사해오고 있다.

따라서 모성보호정책의 결정과정에서 정책행위자로서 정부 및 경제이익집단과 노동이익집단 그리고 여성단체를 정책행위자[4]로 상정하고 이들의 상호작용과 관계구조를 살펴봄으로써 여성정책산출에 영향을 미치는 요인은 무엇인가를 살펴보고자 함이 본 연구의 주된 목적이다.

연구의 시간적 범위는 근로기준법 제정 이래 모성보호와 관련해서 남녀고용평등법이 제정된[5] 노태우 정부부터 2001년 7월 모성보호관련법(남녀고용평등법, 근로기준법, 고용보험법)이 국회 본회의를 통과하여 개정되기까지를 그 범위로 한정하여 각 정부별로 변화과정을 보고자 한다. 본 연구에서 모성보호정책을 정부별로 보고자 하는 이유는 노태우 정부에서 김영삼 정부, 김대중 정부로 이행하면서 각 정부별 여성정책네트워크의 변화가 있었으며, 이러한 결과로 모성보호정책이 정부별로 다르게 나타났다고 보기 때문이다.

본 연구의 목적을 위해서 분석단위를 크게 정책차원과 조직차원으로 구분하였다. 구체적으로는 정책차원에서의 분석단위로는 여성노동정책사례

---

4) 본 연구에서는 편의상 정책행위자로서 경제이익집단은 '기업' 또는 '경영계'로 노동이익집단은 '노동'으로 여성단체는 '여성'으로 표현하기로 한다.

5) 남녀고용평등법은 1987. 12. 14에 법률3989호로 제정되었지만 시기적으로 노태우 정부와 매우 밀접하고 당시 민정당대표로 있던 노태우 씨의 영향이 컸던 관계로 편의상 노태우 정부에 포함시켜 보고자 한다.

가운데에서도 모성을 사회적인 관점에서 보호하자는 모성보호관련정책이 연구대상이다. 모성보호정책은 임신·출산·수유 및 육아휴직·보육과 관련되는 정책으로 비용의 사회분담화 문제가 따른다. 따라서 정책내용을 어떤 수준에서 결정하느냐에 따라 행위자로서 정책을 주도하는 정부는 물론 정책결과에 영향을 받는 기업, 노동 및 여성의 이익이 첨예하게 걸려있다고 볼 수 있다. 따라서 타 여성정책에 비하여 이익표출활동이 활발하고 이들의 역동적 상호 관계가 최근 몇 년 동안 우리 사회의 중요한 이슈로 등장하였으므로 모성보호정책을 살펴보는 것은 여성정책네트워크를 통하여 우리 사회의 여성정책이 결정되는 모습과 향후의 방향을 예측하는 데 있어 상당한 의미가 있다고 판단되기 때문이다.

모성보호에 관한 국제적 흐름은 임신, 출산, 수유와 관련되어 국한되어 강화되고 있는 추세지만 현재 우리나라에서는 임신 출산 및 수유와 관련된 직접적 모성보호와 더불어 육아휴직, 직장보육시설 등에 관한 가정과 직장의 양립조항 및 생리휴가와 시간 외 근로, 야간업무 등에 관한 특별보호조항도 같이 논의가 이루어지고 있다. 따라서 여성정책의 추이와 변화를 살펴보기 위해서 본 연구에서는 직접적 모성보호를 중심으로 보되 그 외 이러한 조항들도 같이 살펴보기로 한다.

한편 조직차원에서의 분석단위는 정부·경제이익집단·노동이익집단·시민사회집단[6]을 보고자 하였다. 여성정책에 관련을 맺고 있는 정부조직으로는 경제부처·노동부·정무장관(제2)실·여성부·대통령직속 여성특별위원회 등 여성 관련부처를 주 분석대상으로 한다. 또한 경제이익집단의 경우 노사문제에 있어서 사용자들을 대표하는 한국경영자총협회(경총)를 대상단위로 한다. 또 노동이익집단으로 한국노총과 민주노총을, 시민사회집단으로는 1980년대 이래 한국의 여성노동운동과 정부의 여성정책에 중요한 역할과 영향력을 행사해 온 한국여성단체연합(여연)을 비롯한 기타 여성단

---

6) 본 연구는 시민사회집단으로서 여성단체를 살펴볼 것이다. 그러나 여성단체로서 한국여성단체연합은 공익적 성격이 강하고 한국여성단체협의회는 이익집단적 성격이 강하다. 연구에서는 이들을 통칭하여 '여성'으로 표기하도록 한다.

체들을 분석대상으로 하고 그 외 정당, 언론, 의회 등도 연구목적에 따라 부가적으로 분석대상에 포함시켰다.

본 연구에서 다루는 주제인 여성정책결정과정에서의 모성보호정책사례를 보기 위해서는 정책결과로서 모성보호관련법 가운데에서도 근로여성을 대상으로 적용되는 근로기준법, 남녀고용평등법, 고용보험법 등의 내용을 중심으로 살펴볼 것이다.[7] 그러나 본 연구는 연구목적상 이러한 정책결과를 가져오기까지의 정책네트워크분석에 더 많은 비중을 둔다.

2. 연구방법

본 연구의 목적을 분석하기 위해 첫째, 문헌을 통한 사례연구와 둘째, 질적인 방법을 통한 비교역사적 분석을 병행할 것이며 셋째, 문헌조사를 보충하고 문헌연구의 결과를 경험적으로 확인하기 위해서 관련자에 대한 심층면접방법을 실시하였다.[8]

---

7) 현행 법령 중 임산부 여성 또는 여성의 모성기능에 대한 보호를 규정한 모성보호법령들은 노동관계법, 사회보장법, 형사법 체계에 속하는 법령들이다. 노동관계법령에는 근로기준법, 공무원복무규정, 교육공무원법, 남녀고용평등법 등이 있으며 사회보장법령에는 의료보험법·생활보호법·아동복지법·모자보건법 등이 있고 형의 선고를 받은 여성에게 해당하는 형사소송법이 있다. 이러한 법들은 적용범위나 대상이 서로 다르다. 여성노동정책과 관련해서 이 중 여성노동자에 대한 모성보호정책과 관련된 법으로 가장 영향력 있고 가장 실효성이 높은 것으로 근로기준법과 남녀고용평등법이 해당되고 있다.

8) 사회과학에서 사용하는 주요 연구방법으로는 통계방법(statistical method), 실험방법(experimental method), 사례연구방법(case study method) 등이 있다. 본 연구에서는 연역논리에 의하여 일정한 이론적 분석틀을 설정하고 모성보호정책과 관련된 정책네트워크의 행위자로서 정부, 기업, 여성, 노동행위자를 중심행위자로 추출하여 사례분석을 하였다. 일반적으로 사례연구는 특정대상에 대해 포괄적이고 깊이 있는 분석을 할 수 있는 장점이 있지만 일반화의 한계를 지니고 있는 것으로 지적되고 있다(김광웅. 1981: 333-334). 그러나 기존 연구가 많지 않은 초기단계에서 한정된 영역에 대해 포괄적이고 심도 있는 연구를 진행시킬 수 있다는 장점을 가지고 있다. 따라서 정책네트워크에 관한 기존 연구가 많지 않고 특히 상호 관계의 내용을 계량화하는 것의 현실적인 어려움이 뒤따른다는 문제점을 고려하여 사례연구방법을 선택하게 되었다.

이를 위해 본 연구는 1차적으로 문헌조사를 통하여 여성정책 및 여성노동정책에 관련된 국내외 자료를 수집하였다. 또 정부 및 경총·노총·여성단체 등에서 발간한 각종 보고서, 국정감사자료, 국회회의록 및 간행물, 통계자료 등과 각종 성명서·청원서, 일지 및 이와 관련되는 논문, 신문, 잡지 등을 분석자료로 이용하였다. 특히 모성보호정책의 구체적인 내용과 정책행위자의 상호작용을 파악하기 위한 분석자료로 한국노총 및 민주노총의 『사업보고서』, 경총의 『사업보고서』 및 『노동경제연감』, 여연의 각 년도 『정기총회보고서』를 토대로 행위자의 상호작용의 방향, 빈도, 내용을 분석 종합하였다. 이외에도 2차적으로 면접을 실시하였다. 면접의 대상은 정부부처의 노동 관련 조직 및 경제 관련조직과 사용자집단으로서 경총, 노동이익집단으로서 한국노총, 민주노총, 또 여성단체로서 여연, 한국여성민우회, 여성노동 관련 단체의 실무 담당자들이다. 또한 면접을 한 시기는 2001년 9월부터 2002년 6월까지였고 면접의 실질적 대상자들은 경총의 L팀장, Y팀장, K팀장, 여연의 K정책부장, 한국여성민우회 C국장, 한국노총의 J본부장, 노동부의 S근로여성정책담당국장 및 여성 관련담당사무관, 여성부 Y비서관, H국장, L정책개발평가담당관, K전 정무장관 및 국회의원, 국회여성특별위원회 P전문위원, O입법조사관, 국회환경노동위원회의 J, L의원 보좌관 등이었다.

사례연구의 한계를 보완하는 방법으로는 비교연구와 역사적 분석방법이 있다. 비교연구는 둘 이상의 연구대상 또는 현상에 대해 서로를 비교하는 방법으로 사례연구의 단순화문제를 보완해 준다. 한편 역사적 방법은 어떤 사건이나 현상을 어느 한 시점에서 횡단적 평면적으로 분석하는 것이 아니라 그것의 발전 변화에 관심을 갖고 시계열적으로 둘 이상의 시점에서 동일한 현상을 비교연구하는 것이므로 사례연구나 특정한 시기에 대한 평면적 분석에 입각한 과도한 이론적 일반화의 위험을 피할 수 있게 해준다. 따라서 본 연구는 사례연구의 문제점을 보완하기 위하여 시간의 흐름을 각 정부로 구분하여 둘 이상의 시점에서 동일한 연구사례를 비교연구하는 연구방법과 역사적 분석방법을 혼합하여 사용함으로써 좀 더 심도 있고 체계적인 분석을 시도하였다.

제2장 이론적 배경 및 분석틀

제1절 여성정책과 모성보호정책의 특성

1. 여성정책의 개념

　정책이란 사회문제들을 해결하고자 하는 특정한 목표를 가진 정부의 실질적이고도 의도적인 활동으로서 국가의지의 실천적 표현이다(안해균, 1990: 19).

　이러한 정책의 개념을 토대로 여성정책을 개념정의하면 여성정책은 여성의 문제를 개인적 차원의 문제가 아니라 사회적 문제로 인식하여 이 문제를 해결하기 위한 국가의지의 표현이며 그 행동계획이라 할 수 있다(장필화, 1990: 3). 한국사회에서 '남성정책'이라는 표현은 없는 데 비해 '여성정책'이라는 용어가 쓰이는 배경에는 남성들과 비교해 볼 때 오랫동안 상당한 범위에 걸쳐서 공통적인 불이익을 받아왔으며 이에 대한 불만을 가지고 있다는 점이 전제되어 있다고 볼 수 있다(한국여성개발원, 1990: 123). 이러한 점에 기초하여 여성발전기본법은 제3조 1항에서 "여성정책이라 함은 남녀평등의 촉진, 여성의 사회참여확대 및 복지증진에 관한 대통령이 정하는 정책"[9]으

---

9) 1995년 정부는 여성정책을 포괄적으로 규정하고 있는 여성발전기본법을 제정하였는데 이 법에서 여성정책에 대한 정의를 하고 있으며 여기서 법에 근거한 '대통령령이 정하는 여성정책'이란 다음과 같다. ① 교육에서의 남녀평등 및 남녀차별의식의 개선에 관한 정책, ② 정책결정과정의 여성참여확대에 관한 정책, ③ 고용상의 남녀차별해소에 관한 정책, ④ 여성고용촉진 및 안정에 관한 정책, ⑤ 여성보건 및 모성보건에 관한 정책, ⑥ 보육시설에 관한 정책, ⑦ 저소득 모자가정의 여성, 미혼모, 가출여성 등 요보호여성 및 노인여성의 복지증진에 관한 정책, ⑧ 농어촌여성의 복지증진에 관한 정책, ⑨ 성폭력 및 가정폭력의 예방에 관한 정책, ⑩ 가사노동가치의 평가 등에 관한 정책, ⑪ 여성 분야 국제협력에 관한 정책, ⑫ 기타 여성의 권익증진에 관한 정책 등이 있다(김

로 규정하고 있으며 "정치·경제·사회문화 등 모든 분야에서 여성의 지위와 권익을 향상시켜 남녀가 평등한 사회를 이룩하려는 포괄적인 국가정책"이 곧 여성정책이라고 볼 수 있다(권영자, 1995: 김정자, 1997).

그동안의 여성과 관련된 정책을 살펴보면 1980년대 이전의 여성정책의 성격은 '문제여성'에 대한 대책으로부터 시작되었다고 볼 수 있다. 이에 따라 복지정책 차원에서 윤락여성·저소득층여성·미혼모 등 요보호여성을 대상으로 했던 정책에서 1980년대에 들어와서야 남녀불평등문제의 해소를 위한 정책이 제도화되기 시작했다. 이때부터 비로소 국가는 여성을 국가발전을 위한 부문으로 상정하고 여성부문을 독자적인 정책영역으로 설정하였다고 볼 수 있다.[10]

2. 근로여성의 모성보호정책

가. 모성보호의 개념

특정한 경제구조와 가치관을 가진 사회가 유지되고 발전되기 위해서는 생산활동 못지않게 중요한 것이 재생산활동이다. 재생산활동이 없다면 그 사회는 발전할 수 없을 뿐만 아니라 사회의 존속·유지조차도 불가능하게 되기 때문이다(윤영숙·서명선, 1995: 37).

모성보호(maternity protection)란 생명의 재생산을 위해 여성만이 갖고 있는 본래적인 모성기능에 대한 보호를 말한다. 모성보호가 무엇보다 중요

엘림, 1996: 42).

10) 이때 처음으로 정부출연연구기관으로 '한국여성개발원(1983)', '여성정책심의위원회(1983)', '정무장관(제2실)(1988)'과 같은 여성정책 관련 행정조직이 만들어지기 시작했으며 여성을 위한 구체적인 정책영역으로는 고용상 남녀평등과 모성보호를 입법화한 「남녀고용평등법」과 「영유아보육법」의 제정을 비롯해서 「성폭력 특별법」과 「가정폭력방지관련법」, 「여성발전기본법」, 「공무원 채용 시 여성채용목표제」, 「여성기업지원에 관한 법률」과 「남녀차별금지 및 구제에 관한 법률」, 「남녀고용평등법에 직장 내 성희롱금지 조항 신설」 등 불과 10여 년 사이에 여성을 위한 많은 법의 제·개정이 있었다.

한 것은 여성의 재생산기능의 보호는 여성에 대한 특혜조치가 아니라 사회
의 유지와 발전을 위하여 당연한 것이기 때문이다. 따라서 모성보호정책은
여성의 고유한 모성기능을 특별히 보호함으로써 임산부 여성의 건강뿐만
아니라 태아와 출생아의 건강보호를 도모하기 위하여 남녀를 달리 대우하
는 것이라고 볼 수 있다.

　이와 같은 근거에 의하여 오늘날 대부분의 국가에서는 취업여성을 보호
하고 자녀양육을 지원하는 모성정책을 실시하고 있다. 또한 UN의 「여성차
별철폐협약」과 ILO의 「고용과 직업의 차별금지에 관한 협약」에서는 여성에
대한 모성보호가 성차별이 아님을 명시적으로 규정하고 있으며, ILO에서
1952년에 개정된 「제103호 모성보호에 관한 협약」에서는 모성보호의 구체
적 내용들을 규정하고 있다(국회여성특별위원회, 1999: 9). 그러나 모성정
책을 추진하게 되는 구체적인 동기와 목표는 나라마다 다르다.[11] 또한 한
국가 안에서도 시대에 따라 정치·사회·문화적 환경과 발전 양태에 따라
다른 동기와 목표를 갖고 실시된다. 모성정책은 정치·경제·사회·문화 및
노동 등의 영역과 역동적인 관계를 맺으면서 변화하고 있는 재생산기능에
개입하는 사회정책의 하나이기 때문이다(윤영숙·서명선, 1995: 38).

　모성보호에 대한 개념과 정책에 있어서의 각국의 변화를 종합해보면 초
기에는 여성노동자를 열악한 노동조건으로부터 보호하기 위한 조치에서 시
작하여 여성노동자의 출산기능을 보호하기 위한 노동제한과 이 기간 동안
의 소득보장에로의 관심이 확대되었으며 그 후에는 다시 모성보호의 범위
를 축소하고 대신 남녀 노동자를 모두 보호하며 자녀양육은 부모의 권리로
인정하는 방향으로 나아가고 있다고 하겠다(박숙자 외, 1998: 142). 즉 최
근 세계적 흐름은 간접적 모성보호는 최대한 축소시키고 그 대신 직접적
모성보호[12]는 비용의 사회분담화 등을 통해서 국가가 개입하면서 보호조

---

11) S. B. Kamerman 과 A. J. Kahn(1991: 202-205)의 분석에 의하면 모성정책의
　　주요 동기는 출산율 제고, 가사노동에 대한 인식제고, 영유아 가정에 대한 경
　　제적 지원, 여성의 노동시장 참여증진(혹은 억제), 양질의 아동발달지원, 값비
　　싼 영유아 보호에 대한 대안제공, 가정과 직장생활의 양립지원, 양성평등지원,
　　가정과 노동시장에 대한 부모의 선택성 증진 등이다.

치를 강화시키고 있는 추세이다.

모성보호와 관련해서 그동안 이루어졌던 논쟁의 핵심은 여성의 재생산 기능을 보호하려는 것이 지나치면 노동시장에서의 남녀평등원칙이 무너지게 되면서 여성의 고용을 기피하는 현상으로 나타날 수 있다는 것과 남녀 평등원칙을 더욱 고수하고자 하는 경우 여성의 재생산기능이 저하되어 국가의 존립위기[13]에까지 처할 수 있으므로 어느 수준에서 양자의 균형을 이루도록 하는가의 문제라 볼 수 있다(박숙자, 1996: 139).

이러한 모성보호에 대해서는 한국에서는 시대에 따라 정책의 강조점이 바뀌고 있다. 1980년대 이전까지는 즉 미혼여성이 산업노동력의 대부분을 차지하고 있을 때는 보육서비스 등에 큰 관심을 보이지 않고 있다가 1980년대 이후 기혼여성의 노동시장진출이 늘어나고 정책적으로도 여성의 경제활동참여를 확대할 필요성이 증가되자 직장 보육시설의 설치, 육아휴직제도의 도입 등으로 모성정책에 대한 관심이 표명되고 있다. 즉 경제발전을 지속하기 위하여 여성의 노동참여 증진을 도모함과 동시에 주부가 있는 가정의 유지를 위하여 취업여성의 요구에 조금씩 반응을 보이고 있는 것이다(윤영숙·서명선, 1995: 39).

그러나 현행 제기되고 있는 모성보호정책에 대한 논란 및 비판은 다음과 같다. 첫째, 모성보호의 범위가 임신과 출산, 수유, 생리, 육아에 관한 보호조

---

12) 직접적 모성보호는 여성의 임신·출산기능과 직접적으로 관련되는 것으로 그 내용은 생리휴가, 산전산후휴가, 수유시간제공, 유산유급휴가, 출산휴가 중의 해고금지, 임신 중 경미한 업무로의 배치전환 등이 이에 포함되며, 간접적 모성보호 혹은 여성근로자에 대한 일반보호 내용은 시간외 근로의 제한, 야간 업무의 금지, 위험유해작업의 금지, 갱내노동의 금지 등이 대표적인 항목으로 되어 있다.

13) 한국의 평균 출산율은 1.42명인데 OECD 평균 출산율은 1.52명이다. 지금 추세대로라면 빠르면 오는 2010년부터 인구가 줄어들 것이라는 전망이 있다. 이것은 부양노동력이 생산노동력을 능가해 여러 부문에서 발전이 정체될 것이라는 위험이 예고되고 있다(대한매일, 2001. 8. 6). 이에 대해 제215회 정기국회(2000. 11. 17) 대정부질문 사회·문화 분야에서 한나라당 전재희 의원은 여성의 고용과 출산기피를 해결하기 위한 모성보호정책에 대해 국무총리에게 질문한 바 있다.

치들에 이르기까지 너무 광범위하고 포괄적이다. 둘째, 모성보호조치 속에 야업 및 휴일근로의 제한, 시간 외 근로, 갱내근로 등 실제 사업장에서 잘 지켜지지도 않는 조항들 및 현실성이 떨어지는 특별보호조항으로 인해 과보호 논쟁을 야기하고 있으며 여성고용을 제한시킨다는 지적이 있다. 셋째, 산후휴가기간이 60일로 국제적 권고기준인 12~14주에 훨씬 못 미치고 있다. 넷째, 생리휴가 및 산전산후휴가 기간 동안의 비용이 전적으로 사용주의 부담으로 되어 있어 오히려 여성고용의 기피현상을 낳고 있다. 다섯째, 육아휴직을 모성보호의 범주에 포함시켜 육아에 대한 여성의 역할을 강조함으로써 (국회여성특별위원회, 1999; 백진아, 2001), 육아가 여성고유의 책임이라는 전통적인 성역할의 관념을 극복하지 못했다는 지적을 받고 있다.

이렇게 우리나라는 모성보호의 내용 및 범위를 어디까지로 할 것인가에 대해 아직도 정부와 기업 및 여성계, 노동계의 시각이 차이가 나는 것이 현실이다. 이는 사회보장제도가 견실하지 못한 현실에서 행위자들의 이해가 걸려있는 문제로서 직종별로도 시각이 다르게 나타나고 있는데 특히 생리휴가와 야간근로 등에 대한 특별조항들이 가장 차이가 많이 나고 있다.14)

나. 모성보호정책결정과정의 특징

한국의 여성정책은 여타의 정책들과 달리 정책결정과정을 비롯하여 정책내용에 있어서도 일반정책과는 다른 특성을 가지고 있다. 이는 기능별로 분류되는 일반정책과는 달리 여성은 정책을 결정하는 중심세력이라기보다는 정책시행의 대상으로서의 특성이 강한 대상중심의 정책이기 때문이기도 하다. 즉 여성정책은 낮은 사회적 인식, 정책목표의 선언성·추상성으로 인

---

14) 생리휴가부문은 정부와 기업은 여성보호조항으로 보고 폐지를 추진하려고 하지만 여성계와 노동계에서는 이는 출산과 관련된 것으로서 모성보호로 보고 있으며 아직도 작업현장이 열악한 곳에서는 보호받아야 한다고 주장하고 있다. 반면 일부 여성들(특히 전문직여성)은 생리휴가가 오히려 여성의 고용을 회피할 수 있는 요인이 된다며 폐지를 찬성하기도 한다. 근로시간연장금지 등 여성과보호조항 등에 대해서도 여성계와 노동계는 1990년대 중반까지는 모성보호로 보아왔다가 이후 여성보호조항으로 구분 짓기 시작했다.

해 정책결정과정 및 추진상의 어려움을 많이 가지고 있는 것이 사실이
다.15) 이러한 사실들로 인해 정책현실에서 여성의 이해가 제대로 반영되지
못해 여성정책은 보수적이고 남성중심적인 성향을 띠기도 하며16) 정책의
전개가 단계적이고 계획적으로 이루어졌다기보다는 그때그때 표면화되는
사건이나 쟁점화된 문제들에 대해 정치권의 분위기에 맞춰 타협된 정책 따
내기의 형태를 띠거나 선거를 앞둔 선심용 정책의 형태로 이루어지기도 한
다.17) 이렇게 선심용으로 즉흥적으로 이루어 지다보니까 어떤 법률이 제정
또는 개정되고 나면 이와 동시에 시행도 해보기 전부터 곧바로 개정운동이
일어나는 악순환이 반복되곤 하였다.18)

  그러나 앞에서 살펴본 것처럼 아직도 여성에 대한 낮은 사회적 인식과

---

15) 여성정책의 어려움과 관련해서 여성정책이 다른 정책과 달리 갖고 있는 특수
    성을 조우철(2000: 75-76)은 첫째, 여성정책은 대상중심의 정책으로서 기능별
    로 여러 분야를 포괄하고 있어 정책범위가 광범위하다는 종합성을 가지고 있
    다. 둘째, 여성정책은 상충된 가치를 적절히 내포해야 하고 오래된 의식과 관
    행의 개선과 관련되어 있으므로 가치선호를 둘러싼 갈등을 일으키기 때문에
    상징화되기 쉽고 선언적 의미를 포함하는 경우가 많다. 이러한 상징정책의 경
    우 목표가 추상적이기 때문에 정책문제를 구체화할 정책수단의 개발이 어렵고
    정책수행에 있어 가시적인 성과가 나타나지 않아 정책이 형식화할 우려가 많
    다. 셋째, 사회적 인식이 낮다는 것이다. 한국사회는 전통적인 차별의식이 잔존
    하고 있어 여성문제를 국가차원의 문제로 인식하기보다는 여성 개인 또는 특
    정집단의 문제로 보는 인식이 강하며 성차별은 생활의 모든 면에서 구조화되
    어 있기 때문에 평범한 사람에게는 쉽게 인식되지 않는 경우가 많다. 이러한
    의식은 관료제의 조직문화에도 깊숙이 스며있어 여성정책의 우선순위를 낮게
    평가하고 여성정책을 주변화시키고 있으며 정책수행의 모든 과정에서 작용하
    고 있다고 한다.
16) 하나의 예로서 모성보호의 일환인 출산휴가가 ILO에서 이미 1952년부터 90일
    로 규정되어 있음에도 불구하고 한국은 1953년 근로기준법이 제정된 이래 거
    의 50여 년 만에 출산휴가 60일에서 90일로 확대된 점만 보더라도 여성정책의
    강한 보수성과 몰여성성이 드러난다고 볼 수 있다.
17) 이러한 결과 여성정책은 다양한 여성문제와 불평등 해소를 위한 법률과 정책
    이 꿰어맞추기식으로 되어 체계적이지 못하다는 문제점도 안고 있다.
18) 또한 대부분이 정치적으로 타결된 법률들이므로 법조항들이 실효성과는 거리
    가 있다. 따라서 어떤 법적 조치의 경우에는 이미 제정된 법률에 대한 남성들
    과 제도권의 거부감과 저항도 만만치 않다(조형, 1996: 4-5).

정책결정구조에의 여성참여가 낮은 상황에서 행위자로서 여성은 정치적 기회를 최대한 이용하고자 한다. 이는 자원의존이론에서도 말하는 것처럼 유권자로서 여성의 표를 최대한 활용하는 것이고 정치권에서는 이러한 표를 의식하여서라도 여성을 위한 정책을 고려하게 된다. 실제로 모성보호와 관련한 정책의 제·개정은 선거를 앞둔 시점에서 행위자들의 요구가 거세어졌고 또한 선거를 앞둔 시점에서 많이 이루어지는 특색을 갖고 있다.[19]

통상 개혁은 정부 초기에 일어나고 정부후기로 갈수록 어려워진다. 정부 초기에 집권층은 개혁의 성과를 이루어 정당성을 보장받으려 하기 때문이다. 그러나 여성정책에서 특히 모성보호정책과 관련해서는 이러한 일반적인 틀이 적용되지 않는다. 노태우 정부에서는 초기에 남녀고용평등법의 1차 개정이 있었고 김영삼 정부에서는 중기에, 김대중 정부에서는 임기를 1년 반쯤 남긴 후기에 정책의 변화가 있었다. 그러나 이것도 노태우 정부에서는 정부에서 의지를 갖고 스스로 추진했다기보다 당시 민주화분위기와 여소야대의 정치상황의 영향이 크다. 한편 김영삼 정부는 등장초기부터 세계화추진위원회 등을 통해 여성의 사회참여확대를 위해 모성보호의 사회분담화 등을 제시했지만 정권 중기에 이루어진 관련법 개정에서는 이를 이루지 못했다. 한편 김대중 정부는 통상 개혁이나 정책변화가 이루어지기 어려운 정권말기에 사회분담화 등을 이루었다. 즉 여성정책결정이 이루어지는 상황은 일관성이 없다. 이것은 정부별 정책네트워크의 성격변화에 따른 정책결과로 설명할 수 있다.

모성을 보호하는 정책에는 정책내용이 어떻게 결정되는가에 따라 많은 비용이 따르고 이것을 누가 부담하는가의 문제가 뒤따른다. 이렇게 모성보호정책은 비용이 들어가고 이 부담을 누가 할 것인가의 문제 때문에 정책참여자 간의 갈등도 일어나고 또한 그만큼 정책결정의 과정에 영향을 미치고자 하는 정책행위자들의 이익표출활동을 비롯한 상호작용도 특별했다고 할 수 있다. 이러한 상황은 모성보호의 확대를 가져오기 위해 활동한 여성

---

19) 다른 정책들도 선거와 관련이 있겠지만 특히 여성정책은 여성유권자의 수가 남성유권자보다 많기 때문에 정치권에서 더 많이 고려될 수 있었다.

단체관계자들의 말을 빌리면(여연의 K국장과의 인터뷰) 지금까지의 운동 중 이렇게 어렵고 오래도록 끌어온 운동이 없다고 하는 데서도 드러난다.

따라서 모성보호정책결정과정에서의 정책참여자로는 통상 정부와 이익집단 간의 관계로서 정부와 여성뿐만 아니라 기업 및 여성노동자가 중심행위자로 참여하는 특성을 갖는다. 이 과정에서 대체로 여성계와 여성노동계는 모성권 확보 및 확대차원에서 연합을 형성하였다. 그 외 정책네트워크의 참여자로 국회, 정당, 언론, 연구기관으로서 여성개발원, 시민단체 등이 참여하였다. 모성보호정책은 주무부처가 노동부임에도 불구하고 비용이 들어가는 문제로 인하여 예산 관련 부처와 갈등을 빚어왔으며 이는 모성보호에 대한 인식의 부재와도 밀접한 관련이 있다.

또한 통상 대부분의 법제정 및 개정이 정부발의가 국회의 의원발의보다 훨씬 높은 비율을 차지하고 있는 현실과 다르게, 여성 관련법안들 특히 모성보호관련법들은 전부가 의원발의로 이루어졌다. 이는 정부부처 내에서도 그만큼 합의를 도출하기가 어려웠기 때문이다. 따라서 모성보호가 관련법의 개정을 통하여 확대되는 과정에서 국회의 상임위로서 환경노동위원회와 여성의원들의 역할은 매우 중요하다. 여성의원들은 여성정책과 관련해서는 대부분 협조적이지만 특히 모성보호정책에서 여성노동문제에 대한 인식을 가지고 있으며 관련된 사회단체에서 활동한 여성들의 국회 - 정부 - 여성단체를 연결하는 인사흐름 및 이들 간의 네트워크는 여성정책네트워크에서 매우 중요한 의미를 가진다.

따라서 정책결과를 산출하는 정책결정과정에 영향을 미치기 위한 행위자들의 다양한 전략과 상호작용이 이루어지고 그 결과로 만들어지는 정책네트워크의 특성이 여성정책을 산출하게 된다고 할 때 여성의 삶에 가장 직접적이고 효과적으로 영향을 미칠 수 있는 여성정책결정의 장(場)에서 어떠한 일들이 일어났는가를 정책네트워크분석을 통하여 살펴보는 것은 매우 의미 있는 작업이 될 것이다.

제2절 선행연구

우리 사회에서 본격적인 여성정책은 1980년대부터 시작되었다고 보는
견해가 지배적이며, 공식적으로 여성정책에 대한 국가적 인식이 마련되었
던 시기는 1980년대 중반으로 특히 이 시기는 여성문제에 대한 기초자료가
수집되고 구체적인 여성발전의 방향과 대안이 제시되며 여성문제를 본격적
으로 정책화할 수 있는 기반이 마련된 시기로 보고 있다(백진아, 2001).

따라서 여성정책에 대한 연구가 관심 있게 이루어진 시기는 1990년대부
터로 볼 수 있고, 이때의 연구들을 살펴보면 대부분 여성정책의 필요성이
나 당위성을 주장하거나(정혜선외, 1991: 1994b, 1995), 여성정책이 안고
있는 문제점 및 발전과정(신정혜, 1995: 권영자, 1995), 여성정책의 가부장
적 성격을 통한 담론(김성경, 1997: 황정미, 1999) 등을 중심으로 논의되어
온 경향이 있다. 민선자치 이후에는 지방자치단체의 여성정책의 효율성을
높이기 위한 연구 및 여성정책의 추진기구로서 행정조직에 관한 연구(조우
철, 1998, 김선욱, 1999)와 여성정책의 형성과정에서의 여성단체의 활동에
관한 연구(김금래, 1997: 박은숙, 1999), 노동정책과정에 관한 연구로 남녀
고용평등법의 재·개정과정에 관한 연구(정양숙, 1998) 등이 있다. 이렇게
최근에는 사회의 민주화추세와 더불어 여성의 사회참여가 활발해 지면서
시민단체로서 여성단체의 역할 및 여성정책의 효율성을 높이기 위한 연구
들이 좀 더 심도 있게 이루어지고 있는 추세이다.

본 연구에서 다루려고 하는 모성보호에 관한 학문적·실천적 관심이 촉발
된 시기는 교육받은 여성노동자의 노동시장 진출과 더불어 재야 여성단체들
의 노동운동에 힘입은바 크다 할 수 있다. 따라서 모성보호에 관한 대부분의
연구는 노동시장에서의 여성인력 및 기혼여성 취업 증가 시기와 맞물려
1993년을 기점으로 다양하게 이루어지기 시작했다. 이때의 연구는 선진국의
모성보호정책실태, 모성보호의 문제점과 대안에 관한 연구(신경아·차인순,
1991: 강이수, 1991: 정혜선, 1994a: 장미경, 1994: 강남식, 1994: 박숙자,

1995)와 모성보호비용분담을 둘러싼 비용분담의 제도화와 모성보호분담방식(한국여성개발원, 1994; 김태홍, 1995; 이을형, 1996; 엄규숙, 2000)에 관한 연구들이 중심을 이루고 있다.

이처럼 모성보호정책을 포함한 여성정책에 관한 일반적인 연구는 정책의 필연적 당위성이나 정책내용에 있어서의 문제점, 모성분담의 현실화의 가능성 등을 중심으로 정책내용을 기술하고 평가하거나 분석하고 있기 때문에 대부분의 선행연구들이 정책결과에 한정된 연구로 그치고 있다. 또한 지나치게 현상을 중심으로 분석함으로써 정책결정이 이루어지는 과정을 간과하거나 정책결정 구조를 블랙박스화하는 문제점을 안고 있음에도 불구하고 여성정책으로서 특히 모성보호정책에 대한 정책결정과정을 연구한 것은 거의 전무한 것이 현실이다.

한편 본 연구에서 여성정책을 분석하기 위한 이론적 접근으로서 정책네트워크에 관한 국외 연구들은 연구 분야와 방법론에 있어 다양하게 이루어지고 있다. 먼저 정책네트워크의 유형화를 중심으로 이루어진 연구를 보면 Rhodes and Marsh(1992)는 정책공동체와 이슈네트워크로 유형화하여 멤버십, 통합도, 자원, 권력을 분석차원으로 하여 정책네트워크의 차이가 정책산출에 영향을 미친다는 것을 주장하였고 Saward는 영국에서의 원자력네트워크를 로즈의 자원의존의 개념에 입각해 유형화하였다(Saward, 1992: 75-99).

한편 Schneider(1992)는 독일의 화학물관리와 원격통신정책 분야를 비교하면서 정책네트워크의 구조적인 관점을 추구하였는데 그는 정책네트워크의 이상적인 형태로 다원주의, 조합주의 그리고 고객주의로 유형화하였다.

또한 정책 분야에 따라 다양한 분야에서 정책네트워크를 적용하여 연구되고 있으며 또 이러한 연구들은 국가 간에 특정정책부문의 네트워크를 연구하거나 특정국가에서 특정한 정책 분야의 정책네트워크를 시기별로 연구하거나 상이한 유형의 정책부문들 사이의 정책네트워크를 비교하고 있다(Marin & Mayntz, 1991: 12-15).

Waarden(1992)은 서로 다른 정치적 행정적 그리고 문화적 제도를 갖는 미국과 네델란드의 국가-산업네트워크를 분석하였으며 한편 정책별로 이루어진 연구를 보면 영국에서 이루어진 정책네트워크연구로는 Smith는 농장주들의 조합(NFU) 과 농업, 어업, 식품부(MAFF) 간의 관계를 분석했는데 이들 간에 매우 밀접한 정책공동체를 형성하고 있음을 밝히면서 농업정책공동체의 기원과 발달을 분석하고 있다(Smith, 1992: 27-50). Wistow는 의료서비스네트워크를 분석하며 전문가의 주도적 속성을 강조했으며(Wistow, 1992: 51-74) 또한 Marsh는 1970-1990년대의 영국에서의 젊은층의 고용정책을 다루었는데 시간이 지남에 따라 정책네트워크에서 일어난 변화를 분석하였다(Marsh, 1992: 167-199).

정책네트워크모형을 실제정책 분야에 적용해서 연구된 행정학 분야의 박사학위논문을 중심으로 정책 분야별로 고찰해보면 과학기술정책, 보건정책, 산업정책, 사법정책영역, 노동복지정책, 환경정책에서 정책네트워크모형을 사용해서 정책연구가 이루어졌다. 배응환(2000)은 정부와 경제이익집단(전경련과 대한상의)의 정책네트워크연구를 통해 정치체제 변화에 따라 정부와 경제이익집단과의 관계가 변화한다는 것을 밝혔으며 홍성범(1995), 이장재(1998), 홍정진(2000)은 과학기술정책영역에서, 김순양(1995)과 이순호(1999)는 보건정책영역 및 노동복지영역에서, 정용남(1997)은 사법정책의 영역에서 정책네트워크의 개념을 도입하여 분석을 시도하였다. 이들 연구는 정책영역에서 정책네트워크의 특성차이 연구(홍성범, 이장재, 홍정진)와 유형화의 연구(김순양, 이순호, 배응환), 정책네트워크의 성격변화(정용남) 등에 관한 연구가 주종을 이루고 있다.[20)]

이렇게 복잡한 정치행정현실을 이해하는 새로운 틀로서의 정책네트워크이론은 정책과정에서 정책행위자관계를 설명하는 데 있어서 다음과 같은 유용성을 갖는다.

첫째, 분석수준 면에서 정책네트워크분석은 거시적 사회현상과 미시적 사회현상을 연계하여 다양한 분석수준 간의 연계구조를 이해하고 분석하는 데 유용한 틀로 활용할 수 있다. Rhodes와 Marsh(1992)에 따르면 정책네트워크

---

20) 정책네트워크모형을 활용한 국내외 연구경향 및 내용에 대해 배응환(2001)의 논문을 참고할 것.

이론은 종전의 국가의 정책을 설명하는 다원주의와 조합주의와 같은 거시적 수준(macro-level)의 분석과 정책결정과정에서의 개별적 사례연구와 같은 미시적 수준(micro-level)의 분석을 연계하는 중범위수준(meso-level)의 개념이라고 강조하고 있다. 즉 정책네트워크는 이익집단중개의 모델로 이익집단들과 정부 간의 관계에 관한 모델로서 국가와 사회의 상호 침투현상이 존재하는 중간영역을 설명해 줄 수 있다.

둘째, 정책네트워크이론은 정책행위자들 간의 관계를 설명하는 것 이외에도 민간행위자와 공공행위자를 포함하는 많은 정책행위자를 열거하며, 상호작용하는 행위자들의 관계들을 주로 영향력 관계차원에서 패턴으로 기술하고, 이들 관계에 따른 정책산출을 살펴볼 수 있다는 장점이 있다(Kickert et al., 1997: 2). 따라서 이 정책네트워크이론은 분권화되고 다원화된 현대의 복잡한 정책현실을 가장 잘 기술하고 또한 영향력 있는 정책행위자가 누구인지를 보여줌으로써 한 국가의 여성정책과 같은 부문 정책의 결정과정을 가장 잘 설명할 수 있는 장점을 지니고 있다는 것이다.

이렇게 정책네트워크는 국가와 사회 간의 상호작용을 일컫는 개념으로 정책네트워크는 어떤 정치체제에서도 존재한다. 이렇게 정책네트워크의 개념을 사용하여 정책과정을 이해하는 접근방법은 공식적인 정책기구뿐만 아니라 매우 복잡하게 얽혀 있는 비공식적인 정책과정 참여자들과 공식적인 정책과정 참여자들 간의 상호작용을 분석하는 데 매우 유용하기 때문이다.

일반적으로 정책결정이란, 한 사회의 제 가치에 대한 권위 있는 분배라고 할 때 정책결과를 산출하는 정책결정구조 또는 정책결정과정에 대한 관심이 필요하다. 예를 들면, 모성보호장치는 국가가 장기적으로 건전한 인력을 갖고 지속적으로 발전해 나가기 위해 마련되어 있는 제도임에도 불구하고 그 제도의 시행에 있어서는 비용의 분담화라는 현실적 문제를 놓고 국가와 기업 및 노동계의 입장이 다르고 각 행위자 집단의 이해관계를 관철시키기 위한 행위가 서로 상이하게 전개되기도 한다. 따라서 정책결정에 있어 다양한 행위자의 출현과 이들의 상호작용을 토대로 국가와 비정부 행위자들의 관계구조의 탐색을 통하여 정책이 결정되어 가는 과정에 대한 연구는 그간의 정책결정이 국가나 정부 일변도로 이루어져 왔다고 보는 기존의 국가중심이나 사회중심적 시각에 대해 비판적 성찰을 시도하고 있다.

따라서 정책네트워크 접근이 갖는 유용성에 기초하여 볼 때 본 연구의 분석대상이 되고 있는 여성정책으로서 근로여성의 모성보호정책 또한 오늘날의 국제환경과 정부, 시장, 시민단체와의 관계를 정책네트워크 이론에 입각하여 이익중개 및 상호작용을 동태적으로 접근하는 것이 보다 적절할 것으로 사려되며 우리 사회의 변화에 걸맞은 시의 적절한 연구가 될 수 있으리라 생각된다.

제3절 정책네트워크의 이론적 논의

정책결정에 대한 사회적 요구와 그 변화를 설명하는 개념으로서 정책네트워크에 대한 개념적 정의는 연구자의 시각이나 관점에 따라 다양한 해석과 개념적 정의가 이루어지고 있다. 일반적으로 개념이라 함은 사실의 진위를 가리는 것이 아니라 현상을 설명해주는 유용성의 문제와 관련되는 것이므로, 본 절에서는 정책네트워크의 개념이 등장하게 된 사회적·학문적 배경을 살펴보고 본 연구와 관련하여 가장 적절하고 타당성 있는 정책네트워크의 개념에 대한 정의를 내려보고자 한다.

1. 정책네트워크이론의 등장배경 및 개념적 정의

가. 정책네트워크 이론의 등장배경

정책결정과정에 영향을 미쳐 행위자의 이익을 추구하려는 현상을 설명하는 기존의 이익중개모델로는 다원주의와 조합주의이론이 주류를 이루어 왔다.

정부의 주요 정책은 정부관료제의 정책판단의 결과가 아니라 경쟁적인 집단의 이익과 가치가 균형을 이루는 타협과 협상의 산물(Schmitter, 1970;

Rhodes and Marsh, 1992: 3-4)로 보는 시각이 다원주의의 중심적인 시각이라고 볼 수 있다면, 이에 비교되는 조합주의의 중심적인 시각은 국가를 독립적 행위자로 보고 국가는 정보획득과 정책집행을 위해 사회집단에 의존성을 가지게 되어 이익집단을 정치영역에서 특별한 위치로 인정함으로써 국가와 이익집단 사이에는 합의가 이루어지게 된다(Cawson, 1986; Streeck and Schmitter, 1985)는 것으로 설명하고 있다.

그러나 정책행위자 분석을 위한 접근방법으로의 다원주의모형과 조합주의모형이 갖는 각각의 한계점을 종합해 볼 때 양자는 다음과 같은 관점에서 비판을 받고 있다. 첫째, 양 모형은 정부와 이익집단 간의 관계와 관련해서 일반적 모형을 제공하는 데 의미를 두고 있기 때문에 각 정책영역에 따라 상이하게 나타나는 정부와 이익집단 간의 현실적 관계를 분석하기 어렵다는 것이다. 즉 국가와 사회의 관계에서는 경쟁과 협상뿐만 아니라 협력과 합의 같은 전략이 동시에 이용되고 있다[21]. 둘째, 다원주의는 약한 국가와 관련이 있고 조합주의는 강한 국가와 관계가 된다는 기본적인 생각(stereotype)은 맞지 않다는 것이다. 먼저, 국가는 모든 정책영역에 있어서 국가의 능력은 단일하지 않기 때문이다. 또한 조합주의체제에서조차 이익중개에 관한 다원주의 패턴을 나타내는 정책영역이 있고 넓은 다원주의 체제하에서도 부문적 조합주의(sectoral corporatism)의 측면을 보여주고 있다.(Jordan and Schubert, 1992: 10).

셋째, 다원주의와 조합주의는 서로 상반되는 관점을 제공하고 있으므로 어느 한쪽의 접근방법을 채택하게 되면 다른 접근방법이 가지는 장점을 반영할 수 없게 된다. 즉 다수의 이익집단을 가정하는 다원주의와 제한된 수의 특권집단을 가정하는 조합주의는 서로 다른 정책주체를 가정하고 있으며 국가와 사회의 관계를 경쟁과 협상과정으로 보고 있는 다원주의와 협력과 합의과정으로 간주하는 조합주의의 입장은 매우 다른 관점을 나타내게 된다.

---

21) 즉 조합주의상황에서 이익중개의 다원주의 형태가 나타나는 정책영역이 있는가 하면 다원주의 상황하에서 사회조합주의적 접근이 확인되고 있다(Jordan and Schubert, 1992:9-10).

넷째, 정책과정에의 접근 정도도 양 접근방법은 개방성과 폐쇄성을 강조하고 있어 매우 다른 관점을 가진다(이장재, 1998: 20).

이런 이유들로 인해 다원주의와 조합주의라는 단일한 개념을 버리고 양자의 강점을 채택하고 단점을 보완하는 접근방법으로 개개의 정책산출을 결정하는 과정에서 서로 다른 형태의 관계인 국가와 이익집단을 포함하는 정책네트워크접근방법이 제시되었다고 볼 수 있다(Jordan and Schubert, 1992; Marsh and Rhodes, 1992: 3-4).[22]

최근에 경영학, 사회학, 행정학 등에서 복잡한 정치행정현실을 설명하기 위하여 네트워크접근을 개념을 사용하려는 시도가 증가하고 있는데 특히 정책네트워크모형은 새로운 국정관리모형으로 논의되는 거버넌스를 네트워크관점에서 구체화시켜준다고 볼 수 있다. 거버넌스구조를 네트워크관점에서 보면 정치과정이나 행정과정 등의 국정관리과정에서 공공부문의 정부와 민간부분의 시장 그리고 NGO 등이 자율적인 행위자로서 이들 간에 상호작용이 존재하는 현상을 말한다(배응환, 2001: 278).

오늘날 탈규제화 민영화 등 정부의 기능이 과거보다 축소되고 민간영역이 강화되고 있는 현실에서 시민들과 이익집단들은 정부의 정책과정에 개인적으로나 집단적으로 영향을 미치고자 한다. 따라서 정책의제형성에서 정책결정에 이르기까지의 정책과정은 사회 여러 세력들의 이익투입과 상호작용이 매우 활발하게 이루어지고 있다. 이러한 행위자들의 역동적인 정치행정현상을 설명하기 위한 접근법으로서도 정책네트워크모형은 매우 유용한 접근법이라 할 수 있다.

나. 정책네트워크개념의 다양한 내용

정책네트워크의 담론은 영국과 미국 그리고 유럽에서 공공정책분석에서 그 중요성에 대한 인식이 커지면서 중요한 화두가 되고 있다. 이들 국가들

---

22) Rhodes와 Marsh(1992a: 3-4)도 다원주의와 조합주의는 어떤 것도 현대의 정책과정에서의 정부와 이익집단 간의 관계를 실질적으로 묘사하지 못한다고 주장하였다.

의 학문에서는 정책네트워크는 분명 존재하고 특정정책영역 내의 행위자들 사이의 연결로서 작동한다는 점을 인정한다는 점에서 공통점을 가지고 있 지만 주요한 차이는 영국이나 미국학문에 비하여 유럽학문이 네트워크를 보다 넓은 성장가능성이 있는 것으로 보고 있다는 차이가 있다. 미국에서 의 정책네트워크논의는 다원주의 모델의 비판과 이 모델을 옹호하는 주장 들 사이의 반복 속에서 나타나게 되었는데 미국학문의 특성은 제도들 사이 의 구조적 관계보다는 개인들 사이의 관계를 다루는 미시수준을 강조한다 는 점이다.

정책네트워크의 모형은 크게 정책공동체모형과 이슈네트워크모형으로 구 분되어져 왔는데, 이 가운데 정책공동체모형(policy community model)은 미 국을 중심으로 전개되어 온 폐쇄적인 하위정부모형이 설명력을 상실하게 되 면서 영국을 중심으로 제시된 새로운 정책네트워크모형이다. 이 모형은 지 식사회에서 비중이 점차 증가하고 있는 모형으로, 분야별 정책공동체(policy community)의 구성원들은 관심사항을 공유하고 있고, 서로 상대방이 유용 하게 활용할 수 있는 자원을 가지고 있다는 이유 때문에, 정기적으로 상호 접촉하며 그 과정에서 각기 자기의 정책 분야 내에서는 어떤 문제가 중요한 문제인지 그리고 어떤 해결방안들이 바람직하고 실현가능한 것인지에 관한 일련의 공통된 이해와 공동체적 감정을 가지게 된다(남궁근, 1998: 187). 정 책공동체는 권역적 이해관계에 의해서도 구성되는데 권역적 이해관계와 관 련되어 구성되는 경우에는 권역공동체(territorial communities)라고 할 수 있다(Rhodes & Marsh, 1992: 182). 정책공동체의 특징은 이슈네트워크와 구분되게 폐쇄적이다. 즉, 정책공동체의 내부에서는 참여자 간에 목적과 가 치에 대한 공감대가 형성되어 있어서 일단 확립된 정책공동체에 대한 신규 참여는 매우 어렵다. 또한 급격한 정책변화를 피해야 한다는 인식이 정부와 제한된 참여자들 간에 공유되어 있다라는 점에서 폐쇄적 성격을 지니고 있 는 것으로 설명되고 있다(Jordan, 1990: 325).

1970년대 후반에 이르러 하위정부모형은 미국의 정치나 정책결정현실을 설명하지 못한다는 비판을 받게 되므로 여기서 다시 다원주의가 득세를 하게 되었다. 다원주의를 방어하는 관점으로 Heclo는 하위정부모형에 관한 비판을 토대로 이슈네트워크모형(issue network model)을 제시하게 되었다(Heclo, 1978: 103). 그는 많은 수의 참여자 특히 전문지식을 가진 행위자를 포함시킨 공사간 연계의 특별한 형태로서 개방적이고 분절적이며 무제한의 참여자를 지닌 비공식적이며 복잡하게 얽힌 안정되지 않은 망(web)으로 이슈네트워크를 정의하고 있다. 또 그는 하위정부모형이 특정 정책영역에서는 현실을 설명해내는 데 적실성이 있지만 다른 정책영역에서는 매우 불완전한 설명을 하고 있다고 보면서 다양한 행위자들의 관계를 보기 위해서는 개방적 네트워크가 필요하다고 주장한다.

이 이슈네트워크는 정책네트워크의 철의 삼각 동맹개념보다는 덜 엄격하고 단순화의 문제가 덜 나타나며(King & Shannon, 1986: 216), 특별히 다원화된 사회인 미국적인 상황에서 정책형성과정을 설명하는 데 어느 정도 유용한 것으로 기술되고 있으나 정책네트워크의 실체파악이 매우 어렵다는 문제가 제기되고 있다.

그러나 무엇보다 이러한 개념들을 주장하는 학자들은 이러한 개념들을 유형화시킨다거나 특별히 분류하지 않음으로 단순히 그들이 정책형성의 장에서 발견한 특징들을 묘사하는 은유적 수준에 머물러 있었다고 할 수 있다. 정책네트워크개념을 현실의 은유로서 개념화한다는 것은 환경 속에서 나타나는 정치행정현실을 바라보고 인식하고 이해하는 하나의 사고방식 또는 하나의 관점으로서 정치행정현실을 특정한 이미지로 개념화하는 것을 말한다(배응환, 2001: 266).

한편 유럽학문은 공공정책에 관심을 갖고 있는 다수의 독일학자들 특히 Mayntz, Scharpf, Schneider 등과 같은 학자들과 관련이 있다. 유럽학문은 정책네트워크의 중요한 구성요소로 구조적 그리고 개인적 차원을 강조하고 정책네트워크는 정책결과에 중요한 영향을 미친다고 보았다.

이러한 맥락에서 Hanf & Scharpf(1977)은 정책네트워크의 개념을 구체

적인 정책과정에서 개개행위자들에게 더욱 초점을 맞추어서 분석하고 있는
데(Kenis & Schneider, 1991: 30), Hanf는 network는 정책형성이 정부와
사회의 서로 다른 수준과 기능적 영역으로부터 다양하고 많은 공·사행위
자들을 포함(관련)한다는 사실을 나타낸다고 하였다. 이러한 행위자들의
상호 관계와 상호 의존성을 강조함으로써 'network'는 행위자들 간의 연계
(linkage)와 상호작용(interaction)의 패턴, 그리고 행위자들이 개개조직의
행태를 구성하는 방법에 관심을 갖게 한다고 보고 있다(Hanf & Scharpf,
1977: 12).

　　Marin(1990: 19-20)은 정책네트워크가 비공식적이고 분권화되고 수평적
인 반면 정책네트워크는 권력의존관계의 밖에서 즉 자율적인 행위자들 간
의 비대칭적인 상호 의존과 불균등한 상호 적응, 불균형적인 거래관계, 그
리고 수직적인 영향력 행사와 별도로 떨어져서 기능하지는 않는다고 주장
하였다. 즉 그는 정책네트워크는 다소간 계층적으로 구조화되어 있다는 것
이다. 또한 Marin과 Mayntz도 정책네트워크를 조직 간 배열과 같은 구조
에 의해서뿐만 아니라 기능(정책의 형성과 집행)에 의해서도 개념화
(define)하였는데 정책네트워크는 공적행위자와 사적행위자를 포함하는 것
으로서 정책네트워크에서 정책행위자들이 상호작용을 한다는 것은 합의나
협력뿐만 아니라 반대와 경쟁이 있으며 이의 정도가 정책네트워크에서 중
요한 차원이 된다고 보았다(Marin & Mayntz, 1991: 16).

　　이렇게 정책문제를 다루는 데 있어서 현실의 정치사회적인 변화로 인해
공공부문과 민간부문의 상호 의존이 증가됨에 따라 국가에만 초점을 두지
않고 공식적 행위자뿐만 아니라 비공식행위자들도 정책영역에서 관심의 대
상으로 부각되었다. 또한 조직학의 발달로 인한 이론적 뒷받침 등 방법론
적 도구의 발전이 행위자들을 분석하는 데 있어 정책네트워크모형의 확산
을 가져오게 된 것이다. 따라서 이러한 정책현실에서의 변화와 학문적 변
화 및 발전에 힘입어 오늘날 정책네트워크분석은 정책결정과정의 구조분석
을 위한 중요한 연구틀 중의 하나로 고려되고 있다.

다. 정책네트워크의 개념적 정의

정책네트워크의 개념은 정부기관과 이익집단들 간의 관계를 설명하는 개념으로 출발해서 다양한 행위자들 관계를 설명하는 개념으로 진화해 왔다(Klijn, 1996; Schneider, 1992; Waarden, 1992: 30).

행위자 간의 관계성을 중시한 네트워크분석방법은 인간의 사회적 행동에 관한 두 개의 중요한 가정이 포함되어 있다(Knoke & Kuklinski, 1983: 9-10). 첫째는 어떠한 행위자라도 수많은 다른 행위자들과 연계되어 있는 사회시스템에 참여하는데 다른 행위자는 서로 다른 사람의 의사결정에 있어서 중요한 준거점이 되고 있다는 것이다. 두 번째 가정은 사회시스템 안에 있는 다양한 구조의 수준을 밝히는 것이 중요하다는 것으로서 사회시스템에서 구조는 구체적인 실체 사이에 있는 관계유형의 규칙으로 구성되어 있다고 본다. 관계성의 측정은 개별적인 구성원의 속성을 단순히 모으는 것으로 측정할 수 없는 사회시스템에 나타나는 특성의 측정을 가능하게 한다. 따라서 어떠한 관계는 따로 떨어져 나타나는 고유한 특징이 아니라 관찰대상들 간의 관계(connection)나 연계(linkage)의 발현하는 속성을 지니고 있다는 것이다(Knoke & Kuklinski, 1983: 12-14).

정책네트워크는 이러한 네트워크분석의 일반론을 정책결정의 구조에 관한 분석에 적용한 것으로 정치학과 행정학에서 정책네트워크개념은 현실의 은유 또는 현실의 모형으로 사용되고 있다(Klijn, 1996; Schneider, 1992).

이렇게 최근에 정책네트워크의 개념을 이론적으로 정교화하려는 시도가 이루어지고 있는데 Jordan & Schubert는 정책네트워크를 다음과 같이 정의하고 있다(Jordan & Schubert, 1992: 12).

하나의 정책네트워크는 그 행위자(actors), 그들 간의 연계(linkages), 그리고 그 경계(boundary)로 이루어져 있다. 여기에는 주로 공공부문 및 민간조직의 행3들 간의 연계(linkages)는 의사소통과 전문지식, 신뢰, 그리고 여타자원[23]을 교환하는 통로로서 작용한다. 하나의 정책네트워크의 경계

---

23) 이때의 자원은 권력, 지위, 정당성, 그리고 지식, 정보, 돈과 같은 것을 의미하기도 한다(Klijn et al.,1995: 439).

(boundary)는 공식기관들에 의하여 결정되는 것이 아니라 기능적 적합성과 구조적인 틀에 의존하는 상호 인지의 과정으로부터 결정된다는 것이다.

Blom-Hansen은 정책네트워크를 제도의 하나로 정의하며 정책네트워크란 다양한 정책과정 참여자들의 행동을 제한하고 처방하는 제도로 보고 있다. 그리고 제도로서의 정책망은 정책과정 참여자들이 주어진 규칙하에서 자신의 이익을 극대화하기 위해 정책에 영향을 행사하는 게임상황으로 보고 있다(이명석, 2000: 121).

위에서 살펴본 바와 같이 정책네트워크에 대한 개념 및 강조점은 여러 학자들 간에 조금씩 상이하다 그러나 많은 학자들이 공통적으로 정책네트워크의 상호 의존성을 강조하며 상호 관계성을 중시하고 있다.

따라서 본 연구의 시각과 방향에 근접한 개념적 정의를 "정책결정과정에 영향을 미치기 위한 다양한 공·사행위자들의 상호작용을 통한 관계구조"로 정의하기로 한다.

정책네트워크는 국가와 사회 간의 상호작용을 일컫는 개념으로 정책네트워크는 어떤 정치체제에서도 존재한다. 이렇게 정책네트워크의 개념을 사용하여 정책과정을 이해하는 접근방법은 공식적인 정책기구뿐만 아니라 매우 복잡하게 얽혀 있는 비공식적인 정책과정 참여자들과 공식적인 정책과정 참여자들 간의 상호작용을 분석하는 데 매우 유용하다.

2. 정책네트워크의 구성요소

본 연구에서는 여성노동정책의 정책네트워크 특히 모성보호정책산출에 관련된 정책네트워크를 분석대상으로 하고 있는바 행위자들의 상호작용 및 상호작용으로부터 도출되는 네트워크의 특성 또는 성격으로서 관계구조를 분석해보고자 한다. 본 연구에서는 행위자들 간의 상호작용을 보다 구체적이고 동태적으로 살펴보기 위하여 조직 간 이론 및 자원의존이론 등에서 이를 설명할 수 있는 변수들을 도출하고자 한다.

가. 정책행위자

정책네트워크에서 가장 중요한 구성요소는 정책행위자이다. 정책행위자는 정책결정에 누가 참여하는가의 문제와 관련이 있다. 일반적으로 행위자란 단일한 방법으로 그것의 목표 즉 이해를 추구할 수 있는 어떤 사회적 실체를 의미한다. 즉 정책행위자는 그 정책과 관련해서 이해관계를 갖는 자라 할 수 있으며 정책과정에 자신의 주장이나 이해를 반영시키기 위해 노력한다.[24] 오늘날 현대정치와 정책과정에서 국가와 시민사회의 구별이 애매해지고 있고 정책결정은 정책자원의 상호 의존성 때문에 정부행위자와 비정부행위자의 복잡한 상호작용에 의해 이루어진다. 또한 정책네트워크에서 행위자들은 개인으로 간주되기도 하지만 조직 또는 집단으로 간주되기도 한다(Waarden, 1992: 33). 특히 이익집단은 정당과 더불어 시민과 국가 간에서 매개체의 역할을 하는 중요한 정치적 행위자이다.[25] 정책과정과 관련해서 참여한 행위자의 수는 정책네트워크의 크기를 결정하고 정책네트워크의 성격은 관련된 행위자의 유형에 의해서 강한 영향을 받는다고 볼 수 있다.

또한 정책행위자가 가지고 있는 자원은 상호 관계에서 행위자의 자율성 및 독립성을 유지하는 데 있어 중요한 요소가 된다. 수입의 재원을 구성원의 회비 이외에도 재화나 서비스의 판매수입, 헌금 및 이자 등으로 다양화할 수 있는 조직은 구성원과 국가로부터 어느 정도 거리를 유지하거나 자율성을 유지할 수 있다. 반면 국가보조금의 비중이 높다면 조직의 자율성

---

24) Kingdon(1984)은 정책참여자를 정부안과 밖의 참여자로 구분하고 있다. 정부 안의 참여자로는 행정부, 고위공무원, 의회가 있고, 정부 밖의 참여자는 이해집단, 전문가(대학교수, 정부연구기관의 연구자, 민간의 컨설턴트 등), 선거참여자, 여론 등으로 구분된다(Kingdon, 1984: 16-18). 정정길(1989)은 정책참여자를 공식적 참여자와 기타 참여자로 구분하고 있다. 공식적 참여자에는 국회, 대통령과 비서실, 행정기관, 사법부가 있으며 기타 참여자에는 정당, 이익집단, 일반국민, 전문가 및 학자, 언론기관 등이 있다(정정길, 1989: 190-191).

25) 이익집단이란 개인들의 집합체로서 공유된 목표 또는 가치를 달성하기 위하여 상호작용(interaction)을 하는 집단이라고 볼 수 있으며 이들은 특히 정책형성 및 정책결정과정에 영향을 미침으로써 이익을 추구하려고 하기 때문에 정책과정에 있어 가장 중요한 행위자라 할 수 있다(김영래, 1986: 11).

과 독립성을 유지하는 데 어려움이 있을 수 있다.(Coleman, 1988: 58-60;
김시윤, 1997: 77).

나. 정책행위자의 상호작용

정책행위자들은 정책과정에 영향을 행사함으로써 자신들의 이익을 반영
시키기 위한 목적으로 상호작용을 하게 된다. 상호작용은 조직 간 이론에
서 중요하게 다루어지는데 조직 간 이론은 자원의존 모델적 사고가 이론의
중심에 자리하고 있다(Scharpf, 1978 ; Aldrich, 1979).

자원의존이론(resource dependence theory)에 의하면 조직이 필요한 모든
자원(자본, 인력, 지식 등)을 완전히 통제할 수 없기 때문에 조직들은 필요
한 자원들을 획득하기 위하여 거래관계를 형성하며 이러한 거래관계는 조직
을 상호 의존하게 하고 이러한 상호 의존성은 조직들 사이에서 네트워크를
만들게 된다는 것이다(Pfeffer & Salanick, 1978; Aldrich & Pfeffer, 1976).
즉 조직의 자원이 상호작용의 성격에 영향을 미친다고 할 수 있다.[26]

정책네트워크에서 행위자들 간에 이루어지는 상호작용은 구체적으로 상
호작용의 내용과 양태로 나누어 고려해 볼 수 있다. 즉 무엇이 거래되는가와
어떻게 상호작용이 이루어지는가 하는 문제이다. 전자는 상호작용의 내용을
의미한다고 볼 수 있을 것이고 후자는 이익표출의 방식으로 볼 수 있다.

먼저 상호작용의 내용을 자원의존의 관점에서 연구한 학자들은 국내의
학자로는 조석준 교수가 있으며 국외의 학자로는 Klonglan, Van de Ven,
Whetten, Boje 등이 있다. Klonglan(1976) 등은 행위자들 간의 상호작용을
측정하기 위해 정보교환(뉴스레터, 보고서, 발표물 등), 자원교환(자금, 물
자, 인원 등), 멤버십의 중복 또는 흡수(cooptation), 공동사업, 서면합의
(written agreement) 등을 지표로 제시하였다(이시경, 1989: 29).

Van de Ven(1980: 326) 등은 상호작용의 내용을 정보의 흐름과 자원의

---

26) 이러한 자원의존이론을 정책현상설명에 적용하면 어떤 행위자가 다른 정책행
위자가 강한 이익을 가지는 사건을 통제하는 자원을 갖고 있다면 그 행위자는
영향력을 가지게 되어 그들의 선호된 정책결과를 달성할 수 있다고 본다.

흐름(유형자원, 무형자원)으로 나누어서 정보의 흐름을 파악하는 측정지표로는 보고서 및 발표물, 대면대화, 전화통화, 위원회 개최 등을 열거하고 있고 자원의 흐름의 측정지표로는 자금, 고객신뢰, 기술협조, 가시성, 선의, 위신을 선정하였다. 이외에도 Boje와 Whetten(1981)은 공동사업, 공식적 의사전달, 비공식적 의사전달, 고객신뢰(advisory board), 자문위원회 등을 통해 조직 간의 상호작용을 연구했는데 그는 공식적 의사전달을 측정하는 하위지표로는 정기적으로 조직 간에 주고받는 뉴스레타, 연차보고서, 기타 정보매체를 비공식적 의사전달을 측정하는 하위지표로는 서로 다른 조직 내의 개인 간에 있게 되는 비공식적 대면접촉을 들고 있다(이시경, 30-31).

조석준 교수는 정부부처 간의 인력의 유동, 부처 간 일반공문서의 이동, 회의, 위원회, 정기보고 등을 제시하고 있다. 또한 그는 조직 간 상호작용을 심도 있게 보기 위해서는 자료를 양적으로만 분석하지 말 것과 보고명과 위원회 기능까지 함께 고려하여 질적인 연구를 하여야 하며 정기보고 외에 이루어지는 수시 또는 일회보고의 검토도 필요하며 방향과 빈도의 파악도 중요하다고 주장한다(조석준, 1977: 38 -39).

또한 어떻게 상호작용이 이루어지는가 하는 상호작용의 양태는 이익표출행위와 관계가 있다. 행위자로서의 이익집단은 정책결정과정에 대한 영향력 행사를 위하여 집단의 이익을 정치적 쟁점화 시켜야 하며 이를 위하여 여러 가지 접근통로를 가져야 한다.

Almond(1963: 80-86)는 이익표출의 방법으로 물리적 시위 및 폭력, 사적 친분관계, 엘리트대표, 공식적·제도적 접근통로(정당, 의회, 관료, 내각 등)를 지적하고, 한편 듀베르제(1972)는 권력수준(정부기관: 내각, 의회관료 등)으로의 직접행동과 이에 대한 방법으로 정부기관, 의회, 관료 내각에 대하여 공개적 행동 및 비공개적 행동(open actions and concealed actions), 부패 및 정보제공(corruption and information), 대중수준으로의 간접행동과 이에 대한 방법으로서는 선전과 폭력적 방법(propaganda and violence)을 기술하고 있다(윤형섭, 1975: 28).[27]

27) 윤형섭 교수는 이 양자의 견해를 종합하여 권력수준으로의 직접행동과 대중수

이렇게 상호작용의 내용과 양태를 구성하는 요소들은 학자에 따라 약간씩 상이하게 나타나고는 있지만 이상의 내용을 종합해보면 정보의 흐름, 자원의 흐름, 인사흐름, 연계행위 등으로 범주화 할 수 있다.

첫 번째 범주로 정보흐름은 정책행위자들 간에 정책이슈해결을 위해 정책이슈에 대한 발표물 등을 통한 메시지흐름으로서 권력수준으로의 정보흐름과 대중수준으로의 정보흐름으로 나누어 볼 수 있다. 이렇게 나누는 이유는 정권에 따라 상호작용을 하는 데 있어서 이익집단들의 이익을 표출하는 방식이 의회나 정부중심의 권력 지향적 방식을 선호하는가 아니면 상대행위자나 또는 불특정다수를 대상으로 하는 대중 지향적 방식을 선호하는가를 살펴보면서 정부특성과의 관계를 도출해 볼 수 있기 때문이다.[28]

두 번째 범주로 인사의 흐름은 조석준교수의 정부부처 간 인력의 유동 및 Klonglan(1976)의 멤버십의 중복 또는 흡수(cooptation)를 포함한다. 여기서의 흡수란 한 사람 혹은 일단의 사람들이 정책결정을 내리거나 정책결정에 영향을 미치는 정책결정집단이나 기구에 참여하고 임명되는 상황을 의미한다(Pfeffer & Salanick, 1978). 조직은 흡수를 통하여 다른 조직과의 연계를 제공하며 조직 간 조정이 가능하게 한다. 또한 흡수를 통해 조직에 대한 지

준으로의 간접행동(우회적 압력)으로 구분하였는데 그 내용은 다음과 같다. 첫째 권력수준으로의 직접행동은 ⓐ 엘리트대표(의원으로의 충원, 의회에서의 증언, 결정작성을 위한 제기구로의 충원, 당국자와 면담 및 합동회의 등) ⓑ 건의, 청원, 연구. 조사를 통한 자료정보제공 ⓒ 정책지지 및 선거운동 ⓓ 사적 친분관계 이용한 막후교섭 ⓔ 리셉션초대, 표창장, 감사장 수여 둘째, 대중수준으로의 간접행동은 ⓐ 선전-담화문. 성명서, 연구조사를 통한 유리한 정보·자료공개, 각종 캠페인, 심포지움, 공개토론회, 공청회, 각종 대회 ⓑ violence-데모, 난동, 파업, 혁명, 쿠데타 지원 및 참여 등으로 나누어 대한교육연합회의 이익표출활동을 고찰하였다.

28) 김영래(1986)는 박정희 정부의 이익집단에 대한 분석에서 정치체제에 따라 이익표출의 양태가 달라진다는 것을 발견하였다. 서구와는 달리 권위주의적 정치체제하에 있는 한국의 이익집단(전경련과 한국노총)은 정도의 차이는 있지만 대중수준으로의 행동보다는 정책결정자에게 직접적으로 이익표출을 하는 것이 더 효과적이라는 인식을 하였으며 따라서 권력수준으로의 이익표출을 더 선호한 것으로 나타났다. 또 당시는 의회나 정당보다도 행정부에 더욱 치중하였다고 한다(김영래, 1986).

지를 증가시켜 정당성을 확보하고 정보를 교환하는 채널로써 기능하고 자원교환과 영향력을 행사하려 한다. 이러한 흡수의 예를 한국노총의 지도부를 정부에 흡수시킴으로 노동조직으로부터의 강한 저항을 약화시키고 정부정책에 대한 지지를 확보하고자 한 사례에서 찾아볼 수 있다. 그러나 일단 사람이 흡수되면 그는 흡수된 조직의 이해를 지지하게 되기도 하지만(Gamson, 1958), 반면에 외부집단으로부터 제약을 받기도 한다(Selznick, 1949; Dooley, 1969). 인사흐름은 특히 여성계나 노동계에서 정부나 국회로 흡수 또는 이동한 인사들에게 적용하여 그들이 흡수된 조직에서의 어떠한 역할 및 활동을 하였는가를 추적 분석함으로써 인사의 흐름이 여성정책결정네트워크에서 어떠한 영향을 가져올 수 있는지 분석해 볼 수 있다.

세 번째 범주로 연계행위는 정책이슈를 논의하고 조정 및 해결하기 위해 공통으로 가지는 상호 접촉통로로서 의사전달과 정보교환, 설득과 교섭, 갈등과 타협의 기능 및 영향력 행사의 통로로 기능하기도 한다(Pfeffer & Salanick, 1978). 이것은 공식적 비공식적 연계행위로 나누어 볼 수 있다. 공식적 연계는 행위자들의 의사전달 및 상호작용의 통로로 상설기구화 되어 있는 위원회와 상설기구화 되어 있지는 않지만 행위자들이 정책이슈를 논의, 이슈의 침투화가 이루어지는 간담회, 세미나, 공청회, 토론회를, 비공식적 연계로는 제도화되어 있지 않고 수시로 필요에 따라 이루어지는 비공식적 간담회, 방문, 면담, 전화, 서신 등을 포함한다.

네 번째 자원의 흐름은 행위자들의 정책이익을 획득하기 위해 행위자 간에 오고가는 유무형의 자원으로 자금, 물자, 신뢰, 위신 등이 포함된다. 그러나 자원의 흐름은 이를 측정지표화하는 데 어려움이 있고 특히 물적 자원은 한국적 상황에서 추적하기가 어려운 한계점이 있다.[29]

따라서 본 연구에서는 정책네트워크에서 행위자 간의 상호작용을 앞에

---

29) 실제 행위자들은 연구과정에서 재정자원과 관련해서도 거의 자료가 없거나 공개할 수 없다는 이유로 자료요청협조에 곤혹스러워하기도 했다. 이러한 행위는 연구자로 하여금 한국사회에서의 아직도 불투명한 정치행정현실을 실감케 하는 것이라는 느낌을 주었다.

서 살펴본 내용들을 포괄하면서 상호작용의 성격을 보다 잘 나타낼 수 있는 정보흐름, 인사흐름, 연계행위로 나누어 분석하기로 한다.

다. 정책네트워크의 관계구조

정책네트워크의 구조는 행위자들 간의 관계의 패턴을 의미한다(Waarden, 1992: 34). 정책네트워크는 상호작용을 통해 형성되는 관계에 따라 구조적 측면에서 다양한 형태가 나타난다.

행위자들 간 상호작용을 통해 형성되는 관계의 패턴으로서 Waarden은 네트워크의 경계(개방적 또는 폐쇄적), 멤버십의 형태(강제적 또는 자발적), 연계의 패턴(무질서 또는 질서정연), 관계의 강도(상호작용의 빈도나 지속성), 밀도나 다면성(다양한 관계에 의해 행위자들이 연결된 정도), 조정의 유형 또는 연결패턴으로 계서적 권위, 수평적 협의와 협상, 멤버십의 중복, 상호 연계된 리더십(interlocking leadership), 관계의 속성(갈등적, 경쟁적, 협조적)을 들고 있다. 그러나 그의 논의는 지나치게 복잡하고 타 범주와도 중복적이라는 비판을 받고 있기는 하지만 관계의 다양한 측면을 보여 주고 있기 때문에 많은 연구자들이 선호하고 있다.

본 연구에서는 Waarden의 논의에 기초하여 모성보호와 관련해서 여성정책네트워크구조를 파악하는 데 중복되거나 모호하지 않고 적실성이 있다고 판단되는 변수로 정책행위자의 수와 유형, 관계의 성격, 관계의 강도, 네트워크의 경계, 영향력관계를 채택하고자 한다.

먼저 정책네트워크에서 행위자는 가장 역동적 요소로서 정책네트워크에 참여한 행위자의 수는 어느 정도이며 누가 참여하는가 하는 것으로서 정책네트워크분석에 있어서 가장 핵심이라 할 수 있다. 과거 정부주도하의 정책결정방식과 달리 민주주의가 심화되면서 민간부문의 행위자들이 다수 정책결정과정에 개입하고 있다. 정부별로 여성정책네트워크에서도 참여자의 수가 변화하는지 또 유형으로는 정부부문의 참여자의 변화가 있는지 민간부분의 참여자의 변화가 있었는지에 대한 분석은 정책네트워크의 성격을 파악하는 데 도움이 될 것이며 또한 여성정책네트워크와 정책산출과의 관계를 분석하는 데도 의미가 있다.

둘째, 정책행위자관계의 성격은 행위자 간의 관계가 갈등적인지, 경쟁적인지, 협력적인지를 분석하는 것이다. 상호작용과정에서 행위자들이 설정한 목적의 상호 관련성을 기준으로 해서 행위자 간의 목적이 서로 촉진적인 경우를 협력적 상황으로 행위자 간의 목적이 서로 상충되는 것으로 참여자들이 각기 자신의 이익을 최대화시키려는 쪽으로 노력하는 구조를 갈등적 상황으로 파악할 수 있다(이순호, 1999: 54). 정책과정에서 자원은 한정되어 있으므로 행위자들은 정책이익을 놓고 서로 대립 또는 협조관계에 놓이게 되고 이러한 정책행위자관계의 성격은 정책결과에 중요한 영향을 미치는 요소가 된다.

셋째, 관계의 강도는 행위자들의 상호작용의 빈도를 포함하여 정책행위자 간의 관계의 지속성 및 관련성의 정도를 포함한다. 빈번한 상호 관계를 갖는다고 해서 반드시 관계가 공식화된 것이라거나 협조적인 것이라는 사실을 의미하는 것은 아니지만(Hall, 1993: 336), 일반적으로 관련 이슈를 중시할수록 상호작용의 빈도도 높다. 즉 이는 중요성에 대한 인식과 밀접한 관계가 있는 것으로 볼 수 있으며 행위자들의 협력적 관계의 강도가 높을수록 정책결과에도 긍정적 영향을 미친다고 할 수 있다.

넷째, 정책네트워크의 경계는 정책네트워크가 개방적인지 아니면 폐쇄적인지, 상호 의존의 형태가 수직적인지 수평적인지에 관한 것이다. 경계란 공식적인 제도에 의해서 결정되는 것이 아니라 기능적 관련성과 상호 인지과정의 결과로 볼 수 있다. 따라서 정책네트워크의 경계는 정책행위자의 정책결정과정에 대한 참여가 개방적인지 폐쇄적인지에 관한 것으로 볼 수 있다(Waarden, 1992: 35).

마지막으로 영향력 관계는 행위자 간의 권력관계이다. 정책네트워크는 권력관계이고 행위자들 간의 자원과 욕구의 분배기능인 권력의 분배로 특징 지워진다(Waarden, 1992: 36). 이러한 권력관계 또는 영향력관계는 하나의 네트워크를 특징지을 뿐만 아니라 네트워크의 구조적 변화를 일으키는 원동력이 되기도 한다.

3. 정책변화와 정책네트워크

어떤 정책이 가진 원래의 내용이 일정한 시간이 지난 다음에 달라졌을 때 일반적으로 정책이 변화하였다고 한다. 정책변화는 기존의 정책이 새로운 정책으로 이어져 가는 형태뿐만 아니라 상황이 바뀌었는데도 그대로 유지되는 것, 그리고 기존의 정책과 전혀 성격이 다른 새로운 정책이 나타나는 것, 기존의 정책이 없어지는 것까지도 포함시킬 수 있다(이순호, 1999: 57). 정책행위자들은 정책이 결정되는 결과에 따라 이익 또는 손실을 경험할 수 있기 때문에 정책과정에 적극적으로 참여하여 자신들에게 이로운 대안은 지지하고 옹호하는 반면 불이익을 가져오는 대안에 대해서는 정책이 채택되지 못하도록 각종의 수단을 동원하여 반대의 입장을 표명하게 된다. 또한 정책에 대해 갖는 기대감과 그들이 가지고 있는 자원에 따라 찬성과 반대의 연계를 형성하기도 한다. 이들은 정책과정에서 자신들이 선호하는 목표를 달성하기 위해 전략적으로 행동하게 되며 서로 복잡한 상호작용을 하게 된다. 이러한 상호작용을 통해서 정치인이나 관료들은 정치적 지지와 합법성, 정보와 같은 자원을 확보하기도 하며 민간부문의 이해관계자의 경우는 정책과정에 대한 접근을 통하여 행위자의 이익을 정책과정에 반영시킨다(윤석환, 1996: 37).

이와 같이 행위자들 간의 상호작용이 반복적으로 나타나게 되는 경우 그러한 연계구조는 점차로 제도화되어 특정 영역에 있어서 지배적인 정책네트워크가 형성될 수 있는 것이다(Waarden, 1992: 31). 한편 정책네트워크가 형성되면 일단 형성된 정책네트워크는 지속성을 갖고 행위자를 제약하고 새로운 타행위자의 진입에 대해 저항하고 배제하게 된다(Jansen, 1991: 142; Rothestein, 1992).

그러나 정책네트워크는 영구불변하게 변화하지 않는 것은 아니다. 기존의 정책네트워크가 해결할 수 없는 새로운 도전에 직면하거나 위기상황 등은 정책네트워크의 변화요인으로 작용한다.(Katzenstein, 1978; Atkinson & Colemman, 1989). 정책네트워크의 변화는 정책네트워크를 둘러싼 환경의 변화와 네트워크자체의 내부적 요인에 의해서 진행된다고 할 수 있다. Rhodes 와 Marsh(1992: 193-197)는 정책네트워크를 변화시키는 환경적 요인으로 경제적 요인과 이데올로기의 변화, 지식과 기술의 발전 그리고 제도의 변화를 제시하고 있다. 그들은 무엇보다도 경제적 요인을 정책네트워크의 동요를 촉진시키는 원천으로 지적하고 있다.

이것은 여성정책과 관련하여 중요한 함의를 주고 있는데 경제가 발전할수록, 여성의 경제활동참가율이 증가할수록 정부는 모성보호정책에 더 우호적으로 영향을 미칠 것이라고 가정할 수 있다. 한편 Stone(1992)은 정책네트워크변화가 단순히 독립적으로 환경의 변화에 의해서만 이루어지지는 않는다고 보았다. 그는 환경의 자극만을 가지고 정책네트워크의 변화를 분석하는 것은 단순한 것이며 환경의 변화에 대응하는 정책네트워크의 적응과정에 대한 분석을 강조했다. 다시 말하면 기존 정책네트워크의 구성원들은 환경의 자극에 대응하기 위해서 자극에 대한 반응여부와 어떻게 반응할 것인지를 선택함으로써 자신의 세계를 구축하게 된다는 것이다(Rhodes & Marsh,1992: 196).[30]

노태우 정부에서 김영삼 정부를 거쳐 김대중 정부에 이르면서 모성보호정책은 변화가 있었으며 특히 김대중 정부에 이르러서는 출산휴가기간의 30일 연장과 유급육아휴직 및 모성보호의 사회분담화를 이루는 등 그 정도가 크게 확대되었다. 이것은 정책변화로서 정책네트워크의 변화를 의미하기도 한다. 본 연구에서도 이러한 정책변화는 정책환경의 변화와 이에 대응하는 정책네트워크 행위자의 적응과정에서 이루어지는 정책네트워크특성의 변화가 정책산출의 변화를 가져온 것으로 본다.

---

30) 영국의 경우 반핵집단과 환경단체의 성장이 원자력 정책과 관련한 정책네트워크의 활동에 도전하고(Saward, 1992) 소비자와 환경단체의 성장이 농업정책과 관련한 정책네트워크의 변화를 유발했던 것은 사실이지만(Smith, 1992) 그 자체가 정책네트워크의 변화를 가져온 것이 아니라 경쟁적인 가치와 이해관계들을 기존 정책네트워크 구성원들의 인지체제(appreciative system)가 수용함으로써 점진적으로 변화될 수 있었다. 따라서 환경적 변화와 기존정책네트워크의 대응활동이 결합되어 정책네트워크의 변화가 이루어진다고 할 수 있다.

제4절 연구분석의 틀

　본 연구는 한국의 여성정책결정은 어떻게 이루어지는가 또 정책결정에
영향을 미치는 동인은 무엇인가를 연구질문으로 제기했다. 특히 변화하는
환경 속에서 각 정부의 모성보호정책이 이루어지는 과정은 어떤 모습인가
에 초점을 맞추고 이러한 문제제기에 응답하기 위하여 정부와 이익집단 간
의 관계를 바라보는 모형으로 정책네트워크모형에 대하여 이론적 배경을
살펴보았다. 따라서 지금까지 살펴본 이론적 배경을 토대로 다음과 같은
분석틀과 분석지표 및 연구명제를 설정하였다.

1. 분석의 틀

　지금까지의 논의를 통해 정책이 형성되고 결정되는 과정에 영향을 미치는
각 변수를 토대로 분석틀을 그림으로 표현하면 다음 〈그림 2-1〉과 같다.

〈그림 2-1〉 본 연구의 분석틀

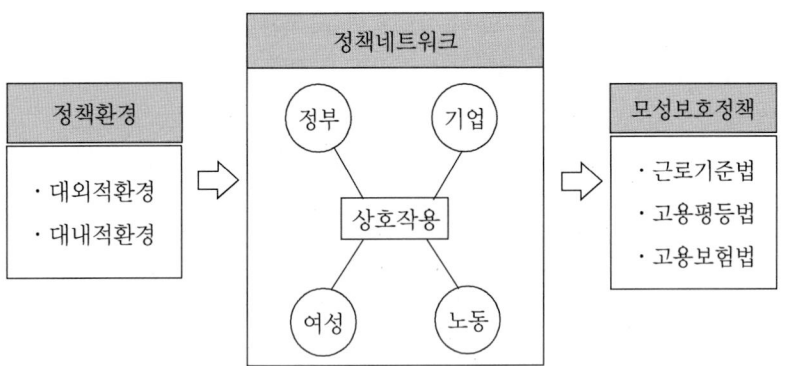

2. 분석의 지표

가. 정책환경

정책환경은 정책결과와 관련하여 매우 중요한 변수이다. 정책환경의 변화는 장기간에 걸쳐 복잡한 정책상황에 영향을 미치고(Sabatier,1988: 130) 정치체제의 변동이나 정권교체 또는 정권구성 엘리트 교체 등의 정치체제의 변화, 시민사회와 정책 관련 집단의 성격과 활동 정도는 정책네트워크의 행위자들에게 영향을 미친다고 볼 수 있다(Stone, 1992). 이것은 정치·경제·사회적 환경이 달라짐에 따라서 산출되는 정책내용이 달라지는 것을 의미한다.

여성정책도 이러한 정책환경으로부터 영향을 많이 받으면서 변화해왔다. 특히 글로벌화가 의미하는 것처럼 정보화 세계화가 진행됨에 따라 여성노동정책은 국제사회의 여성운동의 흐름 및 전략이 국내여성계나 정부에 곧바로 입수 및 공유되고 UN 이나 ILO의 협약이나 권고를 외면할 수 없게 된 것도 현실이다.

국내적으로도 정책행위자들의 정책에의 참여 정도가 정책의 성격에 따라 달라지고 정책산출체제의 성격이 얼마나 민주적인가 아니면 권위주의적인가에 따라 달라진다(김석준, 1992: 173)고 할 때 여성정책은 1980년대 이후의 민주화의 심화와 함께 변화를 경험하고 있다.

또한 경제성장과 더불어 교육받은 여성의 수가 늘어나고 여성의 경제활동에의 참여욕구가 높아지게 되면서 국가도 여성의 모성보호정책에 관심과 반응을 하게 되었다고 볼 수 있다.

이상과 같이 한국의 여성정책은 정치경제적 환경을 비롯한 대내외적인 정책환경과 밀접한 관계를 가지면서 변화 발전해왔다고 볼 수 있다.

이상에서의 논거를 토대로 본 연구에서 정책환경을 대외적인 환경과 대내적인 환경으로 나뉘어 살펴본다.

먼저 대외적 환경으로는 한국의 여성정책에 영향을 많이 미치고 있는 국제기구인 UN, ILO, OECD 등의 여성노동관련법이나 협약의 변화를 중심으로 이러한 국제기구의 여성 관련법이나 협약 등이 여성정책네트워크의 정책행위자관계에 어떻게 영향을 미쳤는가를 살펴본다.

한편 대내적 환경으로 정치환경, 경제환경, 제도환경을 중심으로 살펴보기로 한다. 정치환경은 노태우 정부에서 김대중 정부로 가면서 정치체제의 변화에 따른 여성정책네트워크의 변화를 보게 된다. 구체적으로 정치체제가 권위주의체제에서 민주주의체제로 이행하면서 나타나는 정책네트워크의 변화를 통한 정책변화를 분석하게 되는데 정치체제의 민주화의 정도에 따른 여성 및 노동행위자의 정부와의 상호작용을 볼 것이다. 또한 경제환경으로 여성의 경제활동참가율과 연령대별 경제활동참가율을 살펴볼 것이다. 여성의 경제활동참가율은 정부의 여성정책수립을 위한 중요한 지표로 볼 수 있으며 연령대별 경제활동참가율은 25~34세까지 임신·출산·양육으로 여성의 사회활동참여가 단절되는 정도를 보여줄 수 있는 의미 있는 지표이다. 또한 제도는 정책을 결정하는 데 영향을 미치는 원인변수로 볼 수 있는데(염재호, 1994) 본 연구에서는 여성정책과 관련해서 UN 등에서 설치를 권고해 온 여성정책 관련기구[31)]와 여성정책 관련법을 제도변수로 살펴보기로 한다. 제도적 환경으로서 여성정책 관련기구나 법은 모성보호정책을 강화시키는 데 기여할 것이라 가정할 수 있기 때문이다. 이상의 정책환경변수를 표로 나타내면 아래〈표 2-1〉과 같다.

〈표 2-1〉 정책환경변수

정책환경	분석범주	측정지표
대외적 환경	UN, ILO, OECD 등 국제기구	여성노동관련법, 협약
대내적 환경	정 치	정치체제의 변화 (권위주의→민주주의)
	경 제	여성 경제활동참가율
		연령대별 경제활동 참가율
	제 도	여성정책 관련기구
		여성정책 관련법

---

31) 제도적 변수로서 여성 관련국가기구는 나이로비를 비롯한 국제여성회의 특히 북경회의에서도 여성정책의 발전을 위해서 꼭 필요한 것으로 설치를 권고해왔다(김선욱, 1999: 7).

나. 정책네트워크

(1) 정책행위자

정책행위자는 정책네트워크에서 가장 중요한 구성요소이다. 정책결정의 과정은 행위자들의 상이한 관점과 입장이 상호 조정되고 절충되는 과정이다. 이러한 과정은 또한 상이한 이익을 가지고 참여하는 행위자들 간의 정치적 갈등과 투쟁의 과정이기도 하다. 따라서 정책결정과정을 이해하기 위해서는 결정이 이루어지는 무대의 구성원(행위자)은 누구이며 이들은 어떠한 정책이익을 가지고 있으며 정책이익을 달성하기 위해서 어떠한 자원을 가지고 있는가를 살펴보아야 한다. 정책이익은 행위자의 이해로서 정책행위자들이 지향하는 구체적인 선호인 정책목표를 말한다. 행위자자원으로 조직의 규모와 재정력을 측정지표로 하는데 구체적으로 조직의 규모는 구성원 수로 재정력은 사업비를 중심으로 볼 것이다. 모성보호정책의 도입과 변화과정에서 정책네트워크를 구성하는 핵심행위자는 여성·노동·기업·정부의 정책행위자들이 주된 분석단위이나 이외에도 전문가집단, 정당[32]과 국회, 언론, 시민사회단체 등도 부가적인 행위자로 고려되고 있다. 본 연구에서 정부행위자는 대통령도 포함한다. 우리나라와 같이 가부장적 정치문화가 지배적인 정치체제에서 국가운영과 정책의 최종결정자인 대통령은 국정운영과 정책에 중요한 영향을 미치기 때문이다.

(2) 정책행위자의 상호작용

한국의 여성노동정책결정과정에 있어서 정부와 노동 기업 및 여성계를 중심으로 하는 정책행위자의 상호작용을 분석하는 것은 모성보호정책결정이 이루어지는 정책네트워크를 이해하기 위해 필수적이다. 본 연구에서는

---

32) 정당은 국가와 사회를 매개하는 역할을 담당한다. 특히 여당은 정권의 국정운영의 토대를 제공하고 당정협의를 통해 선거공약을 정책과정에 반영시키고 차기선거에서 승리를 위하여 정책의 효율성제고를 위하여 노력한다. 반면 야당은 정책비판과 정책대안의 제시 등으로 국민들로부터 정치적 지지를 확보하기 위해 노력하고 그 외에도 그들의 목적을 위해 야당끼리 연합하거나 주요 사회세력과 연합하기도 한다.

한국적 상황의 적실성을 고려하면서 정책네트워크에서 행위자 간의 상호작용을 앞에서 살펴본 내용들을 토대로 하여 정보흐름과 인사흐름, 연계행위로 구분하여 살펴보기로 한다.

먼저 정보흐름으로서 권력수준으로의 정보흐름은 정부나 의회를 대상으로 하는 정책건의 및 청원 등 또한 이에 대한 정부의 정책비전을 통해서, 대중수준으로의 정보흐름은 성명서, 결의문 시위 및 언론을 통한 여론동원을 측정지표로 하여 파악한다. 상호작용(interaction)이 한 행위자의 활동이 다른 행위자의 활동에 뒤따라 일어나거나 또는 그러한 활동에 자극을 받아서 일어나는 것을 의미할 때(Homans, 1950: 33-43) 기업과 여성노동계가 서로 지속적으로 하나의 성명에 뒤이은 반박성명 등으로 대응해왔고 정부 또한 정책건의나 성명 등의 영향을 받아 정책내용의 변화를 가져오기도 한 점을 중시해 이들을 정보흐름을 파악하는 지표로 선정하였다. 본 연구에서는 정책건의나 성명서 등의 내용분석을 통해 행위자들의 정책입장을 파악하고 또한 이들의 빈도를 분석함으로서 정책내용의 중요도와 강도 그리고 이를 통한 상호작용의 수준이나 정도를 구체적으로 파악하고자 한다.[33]

인사흐름은 인력의 이동을 포함한 흡수(cooptation)를 의미하는데 특히 여성노동정책과 관련해서는 정부부처에서의 인사의 이동, 여성단체인사의 정부로의 흐름 및 국회로의 흐름이 있었는데 이들의 구체적인 침투 및 흡수경로로서 이동경로와 침투후의 역할 및 활동 등을 중심으로 분석한다.[34]

---

33) 상호작용의 내용을 좀 더 심도 있게 분석하기 위해서는 정부 관련 부처와 어떤 단체가 좀 더 밀접하며 이해관계자 간의 오고가는 내부적인 메시지의 내용 파악 및 빈도를 통한 정보의 흐름도 파악하여야 하나 실제로 이는 접근 및 측정의 한계를 가진다. 따라서 본 연구에서는 여성단체와 노동계 그리고 기업 측의 입장 및 이익을 표출하는 정책건의 및 성명서 등으로 이를 제한하여 분석하기로 한다.

34) 그러나 조석준 교수도 인력의 유동은 자료를 구할 수 없음을 논문(1977)에서 토로하고 있는 것처럼 인사흐름을 추적 및 자료를 구하기는 쉽지가 않았다. 특히 노태우 정부와 김영삼 정부시기의 인사흐름과 관련해서는 관련자들의 경로를 추적하여 심층면접을 통하여 그들의 활동 및 모성보호와 관련한 역할들을 밝혀야 하는데 이미 생존해 있지 않거나 생존해 있다 하더라도 시기가 오래 지난 이유로 기억이 잘 안되거나 자료가 없거나 또한 인물의 경로파악이 안되

이는 여성정책산출에 영향을 미치는 여성정책네트워크의 중요한 행위자로서 인사의 역할 및 중요성을 파악할 수 있기 때문이다.

또한 연계행위는 공식적 연계와 비공식적 연계로 나누어 살펴보도록 한다. 공식적 연계로는 위원회, 행위자주최의 간담회, 세미나, 공청회, 토론회 등으로, 비공식적 연계는 면담 및 방문,[35] 전화, 서신 및 각종 비공식연계로 분석하고자 한다. 이러한 지표로 연계행위를 분석하고자 하는 이유는 여성정책 특히 모성보호정책과 관련한 의사전달 및 정보교환을 위한 공통의 상호 접촉통로로 어떤 연계행위를 더 선호했으며 이들의 기여 정도 및 상호 관계의 정도를 파악해 볼 수 있기 때문이다.

〈표 2-2〉 정책행위자의 상호작용

범 주	분석변수	측정지표
정보흐름	권력수준으로의 정보흐름	정책건의, 청원 및 정부의 정책비전
	대중수준으로의 정보흐름	성명서, 결의문 시위 및 언론을 통한 여론동원
인사흐름	정부 및 의회로의 이동	여성 및 노동계에서 정부 및 의회로 이동
연계행위	공식적 연계	위원회, 간담회, 공청회, 토론회
	비공식적 연계	방문, 전화, 서신

(3) 정책네트워크의 관계구조

본 연구에서는 앞에서 살펴본 이론적 논의를 바탕으로 노태우 정부에서 김대중 정부에 이르기까지의 각 정부별 여성정책네트워크의 특성과 또한 정책네트워크의 변화를 살펴보는 데 가장 적절하다고 판단되는 지표로서

는 등 여러 가지 이유로 인하여 김대중 정부에 비해 충분한 파악을 하지 못한 한계를 갖고 있음을 미리 밝혀둔다.

35) 면담 및 방문을 비공식적으로 보는 이유는 이러한 행위가 주기적으로 일어나는 등의 제도화 된 것이 아니므로 본 연구에서는 비공식적 연계로 보기로 한다.

정책행위자의 수와 유형, 상호 관계의 성격, 관계의 강도, 네트워크의 경계, 영향력 관계 등을 분석변수로 선정하였다.

먼저 모성보호정책네트워크에 참여한 정책행위자의 수와 유형을 통하여 정책네트워크의 성격 및 규모를 파악할 수 있다. 둘째, 관계의 성격에서는 정부와 기업, 정부와 노동, 정부와 여성의 관계가 어떠한지, 즉 갈등적인지 중립적인지 협력적인지 분석한다. 셋째, 행위자 간 상호작용의 과정 속에서 나타나는 관계의 강도를 살펴본다. 관계의 강도는 상호작용의 빈도 및 관련성, 지속성의 정도를 통해 판단하도록 한다. 넷째, 정책네트워크의 경계는 정책행위자의 참여의 개방성의 정도로서 개방적인지 폐쇄적인지 분석하도록 한다. 개방성의 정도는 약함, 중간, 강함으로 나타낸다. 마지막으로, 영향력관계는 정부와 사회집단 간의 세력관계를 중심으로 정부와 기업 및 여성·노동과의 관계를 영향력의 크기로 분석한다.

〈표 2-3〉 정책네트워크의 관계구조

분석변수	분석내용
행위자의 수와 유형	수, 유형
관계의 성격	협력적, 중립적, 갈등적
관계의 강도	상호작용의 빈도 및 관련성의 정도
네트워크의 경계	개방의 정도(약, 중, 강)
영향력 관계	세력 관계(크기)

(4) 정책결과

본 연구에서 보고자 하는 정책결과는 모성보호정책네트워크의 특성으로 인해 나타나는 정책의 최종산물로서 모성보호관련법의 제·개정내용을 살펴볼 것이다. 구체적으로 근로여성의 모성보호와 관련이 있는 근로기준법, 남녀고용평등법, 고용보험법의 모성보호관련조항을 중심으로 살펴보고자 한다. 또한 본 연구에서 보고자 하는 모성보호관련내용들은 아직도 논란이 많이 있는 관계로 임신·출산·수유와 같은 직접적 모성보호조항에 더하여 육아 및 보육과 관련한 가정과 직장의 양립조치, 그 외 및 생리휴가,[36] 시간 외 근로 및 휴일근로제한 등 여성보호조항[37] 또는 특별보호조항도 같이 살펴보기로 한다.

3. 연구명제

이상에서 본 연구는 다음과 같은 연구명제를 설정하였다.

명제 1: 정책환경으로서 대외적·대내적 환경은 정책네트워크에 영향을 미칠 것이다.

명제 2: 정책행위자와 그들의 상호작용 및 관계구조로 이루어지는 정책 네트워크의 특성은 모성보호정책에 영향을 미칠 것이다.

---

36) 생리휴가는 국제적으로도 우리나라와 일본과 인도네시아에서만 실시되고 있는 조항으로서 사용자 측에서는 이를 과보호조항으로 보고 있는 반면 다수 여성계와 노동계에서는 모성보호조항으로 보고 있다(여성계 및 노동계 관계자와의 인터뷰).

37) 기업에서 여성과보호조항이라고 보는 여성의 연장·야간·휴일근로 등과 관련해서도 장시간 근무 등이 여성의 모성파괴까지도 갈수 있으므로 여성계는 90년대 중반까지 모성보호로 보아왔다가 90년대 중반 이후부터 여성보호조항으로 분류해서 보고 있다고 한다(여성단체관계자와의 인터뷰). 본 연구에서는 노태우 정부부터 김대중 정부에 걸쳐 분석을 시도하고 있고 또한 이러한 조항들도 모성보호논의와 더불어 같이 논의되고 있으므로 포함해서 살펴보도록 한다.

제2편

여성정책 네트워크 사례 분석

제3장 노태우 정부의 여성정책네트워크

제1절 모성보호정책의 도입환경

　모성보호정책을 포함하여 여성에 대한 차별철폐 및 권익향상을 위한 법과 제도의 정비는 크게 두 가지 흐름으로 이루어짐을 알 수 있다. 첫째는 인간의 존엄과 세계평화를 위하여 발족된 유엔이 여성 관련 인권 및 여성 능력 향상을 위한 법과 제도 및 조직의 토대를 마련하는 것이고, 둘째는 이러한 유엔의 여성정책이 각 국에 수렴되는 과정에서 일정 정도의 강제성과 구속력을 갖춤으로써 각 국가는 자국의 실정에 맞는 여성정책수립과 시행의 기틀을 마련하게 된다.

　따라서 본 장에서는 한국의 모성보호정책이 마련되는 태동기로서 주변 환경을 크게 대외적인 환경과 대내적인 환경으로 구분하여, 대외적 환경으로는 유엔의 여성조직과 정책을 살펴보고 이러한 유엔의 정책이 한국에 수렴되는 과정에서의 대내적인 환경으로는 여성노동자들이 대거 투입되는 노동시장의 변화를 둘러싼 한국의 정치적·경제적 상황 및 여성노동운동, 여성정책관련법 등을 중심으로 모성보호정책이 어떻게 이해되고 어떻게 위치를 잡아가는지를 살펴보고자 한다.

1. 대외적 환경

　유엔은 1945년 발족한 이래 인간의 존엄과 세계평화를 위하여 각종 규약·선언을 통하여 국제적 차원에서의 인권존중과 평등실현을 위한 노력을 꾸준히 해오고 있다. 특히 여성의 권익보호와 차별철폐에 대한 유엔의 의지는 여성 관련 각종 위원회와 조직 및 협약[38] 등에서 잘 나타나고 있다.

 유엔에서는 가장 먼저 세계여성행동계획과 세계인권선언을 통해서 여성
보호에 대한 중요성을 강조하면서 이후 여성정책수립에 방향을 제공하고자
하였다. 세계여성행동계획은 국제문서상 처음으로 여성보호와 모성보호를
분명하게 구별하고 여성보호의 재검토를 명시하였다. 세계여성행동계획은
유엔이 1975년을 세계여성의 해로 선포하고 채택한 규정으로서 "여성에게
만 적용되는 보호법은 과학적·기술적 지식을 바탕으로 검토해서 필요하면
모든 노동자에게 확대될 수 있도록 수정되어야 한다"(102조)고 하여 임신
과 출산의 보호를 모성보호라고 규정하고 있으며 여성만의 특별보호는 이
모성보호로 한정하고 있다. 그리고 유엔은 세계인권선언을 통해 남녀평등
을 천명한 이래 남녀평등시책을 다양하게 전개해왔다. 한 예로 1966년 12
월 16일 채택하여 1978년에 발효한 국제인권규약 중 A 규약은 출산보호에
관한 규정(제10조2항)을 두고 있다. 이 규정에 의하면 "임산부에게는 분만
전후 적당한 기간에 있어서 특별한 보호가 부여된다. 이 기간 중의 근로임
산부에게는 유급휴가 또는 적당한 사회보장의 혜택이 있는 휴가가 부여된
다"라고 명시하고 있으며, 제25조 2항에서는 "모성과 자녀는 특별한 보호
와 원조를 받을 권리를 가진다"라고 규정함으로써 자녀양육에 대한 지원은
여성에 대한 보호가 아니고 가정에 대한 보호로 규정하고 있다.
 한편 여성의 지위향상과 차별철폐를 위한 여성정책을 마련하고 여성의
모성을 법적으로 보호받아야 할 사항으로 규정한 유엔의 대표적인 여성정
책으로는 유엔여성차별철폐협약과 나이로비 미래전략 그리고 ILO규정 등
을 들 수 있다.

---

38) 유엔은 각종 규약과 선언을 통하여 국제적 차원에서의 양성평등실현을 위한
　　노력을 해오고 있는바, 여성차별철폐를 위한 협약으로는 여성의 정치적 권리에
　　관한 협약(1952), 기혼여성의 국적에 관한 협약(1957), 인신매매 및 타인의 매
　　춘사취방지에 관한 협약(1949), 혼인의 동의, 최저 혼인연령 및 혼인등록에 관
　　한 협약(1962), 그리고 모성보호관련협약(1952), 야간노동관련협약(1948), 동일
　　임금협약(1951) 등의 ILO 관련협약 및 권고, 교육에서의 차별금지협약(1960),
　　경제적, 사회적 또는 문화적 권리에 관한 국제규약(1966) 등의 각종 규약, 선
　　언을 통하여 국제적 차원에서의 양성평등실현을 위한 노력을 꾸준히 해오고
　　있다(김선욱, 1993: 44).

모성에 관한 정책적 틀을 마련할 수 있는 전기를 마련했다는 평가를 받고 있는 유엔여성차별철폐협약39)은 1979년 유엔 제34차 총회에서 채택되어 1981년부터 효력을 발생하였다. 이 협약은 정치·경제·사회·문화 등 모든 분야에서 여성에 대한 차별제거를 위해 협약당사국으로 하여금 각국 정부는 조약에 맞도록 국내법을 정비하는 등의 모든 적절한 조치를 취하도록 요청하고 있다. 이는 정부로 하여금 여성정책에 보다 적극적인 관심과 지원을 쏟을 수 있도록 한 것이다(김선욱, 1993: 48-49).

그리고 1985년 제3차 세계여성회의에서 채택된 '여성의 지위를 위한 나이로비미래전략'(이하 나이로비미래전략)40)은 남녀평등권을 철저히 준수하고 법적·실질적 차별을 제거하는 것이 인적 자원을 개발하는 데 필요한 첫 번째 단계로 설정하고 있다. 그리고 이를 위한 구체적인 전략으로 여성의 고용확대와 평등을 보장하는 법의 제정과 시행, 고위직에의 여성취업 용이, 융통성 있는 근로시간제도의 도입으로 인한 남녀의 가사 및 육아책임의 부담 용이, 여성의 재고용 제도와 출산휴가 후 복직의 보장, 동일한 가치의 노동에 대한 동일임금의 법적 조치 등 특히 불안정한 임시직·보호받지 못하는 여성시간제 근로자의 증대와 직장에서의 성희롱과 성적 착취를 미연에 방지할 것을 전략으로 제시하고 있다(김엘림, 1994a: 43-44).41) 특히 유엔여성차별철폐협약이 차별철폐를 위해 각 국가에게 비준과 권고를

---

39) 본 협약은 유엔설립 이후 유엔헌장을 비롯한 각 부문의 유엔의 인권보호정신이 담긴 많은 일반조약과 여성의 권리에 관한 조약 그리고 1967년의 여성차별철폐선언에 근거하여 1975년의 '세계여성의 해'와 1976년부터 1985년까지의 '유엔여성 10년'의 선포와 함께 유엔여성 10년의 주요 과제 중의 하나로서 탄생했다.

40) 이 문서의 정식명칭은 '1986년부터 2000년까지의 기간에 여성의 지위향상을 위해 실시되어야 할 장래전략 및 세계여성의 10년의 목표 및 목적의 달성에 있어서 장해를 극복하기 위한 구체적 조치'이며 한국에서는 통상 '2000년을 향한 여성발전전략'이라고 일컬어진다(김엘림, 1994a: 43).

41) 이외에도 제시되고 있는 전략으로는 맞벌이 부부에게 부과되는 과중한 조세의무가 여성의 고용의욕을 저하시키지 않기 위한 조세제도의 재편성, 양육을 맡은 남녀에 대한 특별한 우대조치, 남녀직무분리제도의 개선, 여성의 직종의 다양화와 직종개발에 의해 모든 분야에 나타난 성역할에 대한 고정관념타파, 국가계획수립시 사회보장제도, 건강관리제도, 모성보호제도의 개발 등을 열거하고 있다.

둔 규범으로서의 성격이 강하다면, 나이로비미래전략은 차별철폐를 실행하기 위한 구체적인 전략을 담고 있다는 점에서 의의를 찾을 수 있다.

그리고 ILO는 모성에 대한 사회적 보호는 여성에 대한 보호가 아닌, 다음 세대를 위한 인적 자원확보라는 사회적 기능에 비중을 둔다. 그것은 모성보호가 여성자신뿐만 아니라 태아 및 신생아의 건강을 보호하는 것이기 때문에 다음 세대의 건전한 인적 자원을 확보한다는 사회적 기능을 중시한 것이고 여성의 고유한 모성기능의 보호는 남녀평등에 반하지 않는 합리적 차별이며 오히려 출산으로 인해 고용상 차별을 받지 않도록 해야 한다는 것이다. 즉 ILO는 설립 초부터 여성의 임신·출산에 관련한 여성의 모성기능을 보호하였고 이 모성기능의 보호는 여성의 보호와는 달리 계속 강화되었다(김엘림, 1994a: 48-51). 이와 같은 ILO의 시책은 고용 분야에서 여성의 지위향상과 차별철폐를 위한 발판을 마련하였으며, 각 국의 여성노동정책과 관련하여 각종 법률안 개정에도 중요한 법적·이론적 뒷받침을 마련하게 되었다.

이와 함께 여성의 지위향상과 차별철폐를 위한 UN여성정책이 각 국에 수렴되는 과정에서는 실효성과 관련하여 일정 정도의 강제성과 구속력을 갖추게 되었다. 1985년 유엔에서 결정된 나이로비 미래전략은 이를 매우 구체적으로 제시하고 있는바 나이로비 미래전략 제55항과 제57항에는 여성의 상황을 종합적으로 모니터하고 차별의 전통적인 새로운 원인을 규명하기 위해서 국가기구의 설치 및 강화를 권고하고 있다. 또한 1990년에는 여성지위위원회가 국가기구의 설치는 각 국가에서 여성정책을 효력 있게 실행하는 데 중요한 요인이었음을 강조하면서, 국가기구가 설치되지 않은 나라는 1995년까지 설치하도록 하였다. 그리고 국가기구는 정부시책에 직접적 영향을 미칠 수 있어야 하며, 충분한 독자적 재원을 갖고 국가의 주요한 계획의 일부로서 여성지위향상을 위한 일관된 정책을 발전시켜야 한다고 권고하고 있다.

그리고 유엔여성차별철폐위원회도 여성차별철폐협약의 이행을 위해서는 국가기구가 중요하다고 인식하고 일반권고 제6호에 의하여 협약당사국에 국가기구의 설치 및 강화를 권고하고 있다. 특히 여성차별철폐협약은 국제법적 구속력을 갖고 각 체약국이 모든 분야에서의 남녀평등실현을 이루도록 유엔 여성차별철폐위원회의 활동을 통하여 각 국가들의 협약 이행을 감독한다.

이 시기 한국은 국가적 차원에서 점차 세계의 구성원으로서의 활동을 희구하면서 유엔에의 가입을 바라보던 시점에서 유엔의 규약이나 권고를 외면할 수는 없는 상황이었다. 결국 이러한 세계적 추세에 따라 한국은 1983년의 여성개발원설립, 1984년 12월 18일 '유엔 여성차별철폐협약'에 비준하여 1985년 1월 26일부터 국내법으로서의 효력을 발휘하게 된다. 다시 말해 여성의 인권과 복지에 대한 우리나라의 국가정책을 형성시킨 것은 정부 스스로의 자각에 의한 자발적 측면도 있겠지만 이보다는 유엔기구 등의 권고와 규약에 의한 국제사회의 외생적 영향을 더 많이 받았다고 볼 수 있다.

2. 대내적 환경

가. 정치적 환경

(1) 정치체제의 변화와 노동정책

전두환 정부는 12·12와 5·17쿠데타로 인한 정권창출의 취약한 정당성을 보완하기 위해 노동부문을 억압하면서 재벌과 연합을 형성하게 되었다.[42] 그리고 집권과정의 부도덕성과 물리적 폭력성으로 인한 국제사회에서의 지위약화를 만회하기 위한 방법의 하나로 UN과 국제사회가 요구하는 정책에 순순히 응하는 모습을 보여주었다. 실제로 1984년에는 유엔의 여성차별철폐협약의 비준을 통해 국제사회로부터 남녀차별국가라는 비판을 면

---

42) 전두환 정부의 물질적 기반은 재벌이었다. 전두환 정부는 집권 직후 일부 자본가들을 부정축재자로 몰아붙이는 한편 산업구조조정이라는 이름으로 업종을 인위적으로 통폐합하였다. 재벌들은 이러한 강압조치로부터 생존하기 위하여 정부정책에 순응하지 않을 수 없었고 이것은 재벌이 전두환 정권과 지배연합을 형성하고 정경유착관계를 유지하게 됨을 의미한다(지병문외, 2001: 350에서 재인용). 따라서 전두환 정권의 대기업의 정치경제적 지위는 박정희 정권보다 더 성장하였으며 지배연합 내에서의 대기업의 지위와 영향력은 이전보다 더 커졌다(김석준, 1992: 468).

70

하고자 하였다. 또한 1987년 말에는 제13대 대통령선거를 앞두고 있었는데 여성의 지지기반을 확보할 필요성이 대두되었고 실제 남녀고용평등법은 이러한 정치적 배경을 갖는다고 볼 수 있다(정양숙, 1998: 64).

6·29선언에 이어 제13대 대통령 선거를 통해 합헌적으로 집권하게 된 노태우 정부는 전두환 정부의 정당성 부재를 극복할 수 있는 계기가 되었고, 전두환 정부에 비해 군부와 보안기구의 강압적 역할과 독점적 지위를 어느 정도 약화시키고 민주적 절차를 확산시켜나가는 등 정치적 정당성을 확보하기 위하여 지배방식의 변화를 꾀하였다(지병문외, 2001: 381-382). 제6공화국 출범직후에는 6월항쟁과 6·29선언에 의해 민주화와 경제개혁을 우선적으로 추진하였으나 한편으로는 1989년 문익환 목사, 임수경의 방북사건 등으로 인한 공안정국과 1990년 3당합당으로 정권유지를 위한 권위적인 체제유지의 방향으로 회귀하고 있었다. 즉 공안정국이후부터는 형평과 복지를 포기하면서 다시 능률과 성장을 강조하게 됨으로써(김석준, 1992: 552-553) 제6공화국의 국가성격은 이질성과 양 향성으로 규정될 수 있다. 또한 노동문제에 있어서도 노동에 대해서는 철저한 탄압과 배제를 시도하였던 전두환 정부와 달리 초기 노태우 정부는 노사관계에 직접적으로 개입하는 것을 회피하였다.[43]

그리고 1987년의 노동자대투쟁 이후 기존 한국노총 산하의 노조와 구분되는 이른바 '민주노조'의 광범위한 결성이 진행되었고 1990년 1월에는 전국 770여 개 단위노조의 약 20만 명의 노동자들이 참여하는 '전국노동조합협의회'(이하 전노협, 민주노총의 전신)를 출범시키게 된다. 기업이익을 옹호하기 위한 집단으로서 경총도 이에 지역별 노사대화의 창구를 위해 지방경영자협회의 창설에 많은 노력을 기울이게 되고,[44] 노동계의 공동투쟁에 대응

---

43) 이러한 정치환경의 변화에 가장 민감하게 반응한 집단은 노동집단이었다. 실제로 1987년 7~9월 사이에 1,060여개의 노동조합이 새로이 결성되고 3,458건의 노동쟁의가 발생하는데 이는 1975~1986년의 12년 동안 발생한 1,979건을 단 3개월 만에 1.7배나 능가한 수치로서 과거와는 비교도 할 수 없는 대규모적인 노동운동이 발생하였다(지병문외, 2001: 371-372).

44) 지방경영자협회설립의 이면에는 사실상 '노동문제의 국지화'라는 취지도 들어 있었다. 즉 노동문제는 일단 기업 내에서 해결하거나 해당 지역 내에서 해결하는 것이 최선이라는 생각에서 설립을 추진했다고 한다(경총, 2000).

하기 위해 1989년 12월 13일 경제단체협의회(이하 경단협)를 설립하였다.[45]

한편 노태우 정부 초기에는 노동운동의 활성화와 함께 중간계급을 기반으로 한 시민운동단체들이 결성되기 시작하였다. 1987년 11월에는 '인도주의실천 의사협의회'가 1988년 5월에는 '민주사회를 위한 변호사 모임'이, 그리고 1988년 11월에는 '경제정의실천시민운동연합' 등이 결성되었다. 특히 그간 여성운동의 양적 성장과 함께 여성학·사회학을 전공한 여성들을 중심으로 보다 조직적인 운동의 필요성이 제기되기 시작하여 1987년에는 여성단체연합이 만들어졌다. 이들 시민운동단체들은 실천목표도 기존의 사회변혁세력과는 명확히 구분되는 초계급적이며 비정치적인 성격을 내세우고 있으며 실천 방법도 혁명적인 것보다는 점진적 개혁을 표방하고 있었다.

그러나 노태우 정부는 1989년 3월 문익환 목사의 방북사건, 임수경 밀입북사건 등으로 인해 정부 초기의 정책적 선로를 바꾸어 공안정국을 강화하였고 이로 인해 1987년 이후 성장을 거듭하던 노동조합의 노조조직률·파업규모 등은 1990년을 기점으로 급격히 감소하게 된다. 특히 3당합당 이후 국가기관의 과다경쟁과 이로 인한 국가기구의 응집력결여로 인해 재벌과 같은 강력한 이익단체의 이익반영 등을 통한 영향력이 더욱 커지게 되었다.

(2) 여성노동운동의 발전

1980년대 중반 여성노동자들을 위한 여성운동이 일어나기 전까지 우리나라 여성단체들은 관변단체적 성격을 벗어나지 못하고 있었다. 조직구성이나 목적 활동방향에서도 여성 대중의 문제에 대한 인식이 거의 없었을 뿐만 아니라 최소한의 여권주의 이념도 실현하지 못하고 있었다. 대부분의 활동은 중·상류층 이상의 대도시 여성에 의해 유지되었고 여성의 교양 및 지위향상, 국가·사회에 대한 봉사활동 등 기존의 정치적·경제적·사회적 기득권을 깨뜨리지 않는 범위 내에서 활동하였다(이승희, 1994: 308). 한국의 여성운동은 1970년대에 들어 여성노동자들의 증가와 더불어 성격도 변화하기 시

---

45) 경단협에는 경제6단체(경제5단체와 은행연합회)뿐만 아니라 지역별·업종별·경제단체들이 대부분 망라되어 전 경영계가 참여하게 되었다.

작했는데 여성노동자들은 박정희 정부의 몰락을 촉진한 YH사건[46] 등을 통해 그 역량이 커졌고 여성의 권익을 위한 운동을 주도하였다. 이처럼 여성노동자를 중심으로 한 여성운동은 1980년대 여성운동 활성화의 기반이 되었다.

이후 1987년 진보적 여성운동단체 21개가 모여 '한국여성단체연합'(여연)을 발족한다.[47] 그리고 1970년대 민주노조출신의 여성지도자와 여성평우회 출신의 활동가들이 여성노동자운동단체인 '한국여성노동자회'를 창립하고 9월에는 여성평우회와 비슷한 성격의 '한국여성민우회'가 창립된다. 이들 여성단체들은 농민·근로자·도시빈민여성·주부 등 기층 여성까지를 구성원으로 함으로써 목적의식적인 여성운동을 활성화하였다(정양숙, 1998: 72). 그리고 점차 정부와 사회에 여성문제의 중요성과 심각성을 지속적으로 알리면서 국가로 하여금 가족법개정이나 남녀고용평등법 등 여성 관련 입법을 추진하도록 촉구하였다. 이에 따라 1987년의 남녀고용평등법(고평법), 1989년 모자복지법, 1991년 영유아보육법의 제정을 비롯하여 1989년 가족법개정 등 여성지위향상을 위한 법적·제도적 장치가 마련되었다.[48] 이 시

---

46) 'YH사건'은 봉제합섬 제조업체인 YH 무역이 경영난을 이유로 폐업을 단행한 데 항의하는 여공 200여 명이 1979년 8월 9일 오전 신민당사로 몰려와 농성을 시작하면서 정치권의 태풍으로 등장한 사건으로 소규모 수출업체의 노사문제가 경찰-노동청-박정희 정권과 YH노조-재야-야당 사이의 대결로 발전한 사건이다. 이는 유신정권의 정치경제적 성격과 깊은 관계가 있는 사건으로 볼 수 있다(지병문 외, 2001: 284-286).

47) 한편 여연과 함께 현재 한국여성운동을 이끌어가고 있는 한국여성단체협의회(이하 여협)는 1959년에 여성단체 간의 연대를 통해 여성지위향상과 복지사회 구현을 목표로 발족되었다. 따라서 설립 시기로부터도 알 수 있듯이 여협은 여권확보보다는 우익정치운동에 여성들을 동원하는 활동을 주로 하였다.(이승희, 1994: 303-304) 그리고 이 시기가 경제적으로는 저발전의 상태였고 정치적으로도 경직되었던 분위기속에서 여성단체의 활동은 회원들의 자질향상이나 사회적으로 요구되는 대국민 계몽활동이 주종을 이루고 있었다(조돈문, 1995).

48) 물론 이러한 정책에는 1987년 대통령선거에서 남성보다 31만 표가 더 많은 여성유권자가 중요변수로 작용하였다. 그리고 이 기간 동안 여성유권자들의 정치의식 성숙에 힘입은 여성단체들은 그동안 힘써왔던 가족법·남녀고용평등법 등 여성차별법의 개정을 위한 세미나·공청회를 잇달아 개최하는 등 어느 때보다도 활발한 움직임을 보였다(여협, 1987).

기에 만들어진 정무장관(제2)실 신설과 전국 15개 시·도에 가정복지국을 설치하여 국장을 모두 여성으로 임명(1988)하는 등 여성정책 추진을 위한 행정체계확립도 이러한 여성계의 활동에 힘입은바 크다 할 것이다.

이처럼 1987년 이후에 조직된 여성운동단체들은 진보적인 청년층이 주도하면서 전업주부·여성노동자·여성농민 등 여성대중들의 조직활동이 시작되었으며, 공해·교육·탁아·학술·문화·종교운동 등 각 부문의 여성운동이 활성화되면서 여성운동 영역이 확대되고 있었다.

이후 1990년대에 들어서면서 여성단체들이 이슈별로 연대하는 활동이 많아지기 시작하면서 1992년에는 74개 단체가 연대해 '성폭력특별법' 제정이라는 성과를 올리기도 하였다.

나. 경제적 환경

1960년대와 1970년대의 정부주도의 산업화정책을 통해 한국경제는 급속한 성장을 경험하게 되었으며 국민소득수준에서도 엄청난 변화를 가져왔다.[49]

또한 이러한 경제성장과 더불어서 여성의 경제활동참가율 증가율이 남성에 비해서 크게 증가하였다. 1963년 여성의 경제활동참가율은 37.0%에 불과하였는데 수출주도산업화를 통해 양적으로 크게 성장하여 1975년에는 40.4%로 처음으로 40%대를 넘어섰고 이후 꾸준히 증가하여 1992년에는 47.3%로 30여년 사이에 10.3% 증가하였다.

<표 3-1> 경제활동참가율

(단위 %)

구 분 \ 년 도	1975	1980	1985	1987	1988	1989	1992
전 체	58.3	59.6	56.6	58.3	58.5	59.6	60.9
남 성	77.4	72.3	72.3	72.5	72.9	73.4	75.5
여 성	40.4	42.8	41.9	45.0	45.0	46.6	47.3

자료: 통계청, 『경제활동인구연보』

---

49) 1인당 국민소득의 경우 1971년에는 286달러였던 것이 20년 뒤인 1990에는 5,886 달러로 약 20배 이상이 되었다.

그러나 여성의 경제활동이 점차적으로 증가하고 있음에도 불구하고, 한국 노동시장의 본질적인 문제에 의해 여성노동자의 경제활동은 여러모로 제약받고 있었다. 이는 무엇보다도 여성의 경제활동 참가유형을 연령계층별로 살펴보면 명확히 알 수 있다. 〈표 Ⅲ-2〉에서는 20~24세의 연령층이 가장 활발한 경제활동을 하고 있으며, 25~34세 사이의 연령층에서 경제활동참가율이 급격히 감소했다가 40세 이후 다시 노동시장에 참여하는 전형적인 M자형 구조를 보이고 있다. 이는 여성의 사회활동에의 참여가 결혼과 출산 그리고 육아로 단절되어야만 하는 현상을 잘 나타내는 것으로 고용평등과 더불어서 임신, 출산 및 육아와 관련된 모성보호정책의 시급한 마련을 사회적으로 제기 하는 현실과 관련되어 있다.

〈표 3-2〉 여성의 연령계층별 경제활동 참가추이

(단위: %)

년 도 연 령	1963	1968	1973	1978	1983	1988	1992
15-19세	34.5	36.7	40.7	33.4	29.7	19.2	17.4
20-24세	43.4	50.5	46.1	54.3	54.1	61.4	65.4
25-29세	36.2	36.5	31.0	33.0	32.5	40.5	44.3
30-34세	39.2	38.1	40.6	39.2	44.5	47.9	47.8
35-39세	41.6	45.0	47.6	52.0	52.8	57.0	57.8
40-44세	48.4	48.1	49.8	55.4	60.8	60.2	60.4
45-49세	44.9	45.3	52.5	58.3	60.4	62.7	60.9
50-54세	38.5	41.9	50.9	52.6	55.5	58.0	60.8
55-59세	32.5	36.5	41.4	47.6	48.0	49.5	54.1
60-64세	18.9	22.0	30.4	30.0	18.2	23.2	27.8
65세 이상	6.5	7.7	12.4	10.5	-	-	-

자료: 통계청 『경제활동인구연보』에서 재구성

다. 제도적 환경

(1) 여성정책 관련국가기구

노태우 정부는 그동안 산업화와 경제성장과정에서 누적되어왔던 여성의 문제와 불만이 표출되는 시기였고 정부도 여성문제에 대해 세계적인 추세와 더불어 어느 정도의 인식을 공유하면서 여성문제를 국가차원에서 해결하기 위해 제도적 기반을 마련하고자 하는 시기로 볼 수 있다.

여성운동에 있어서 1975년 '세계여성의 해' 이전까지는 우리나라 여성운동이 국내의 정치·경제·사회여건에 의해 변화를 겪으면서 발전해 왔으나 '세계여성의 해'를 계기로 여성단체는 세계여성운동의 이론이나 흐름을 국내에 도입하고 그것을 빌미로 정부에 여성과 관련한 불평등한 법과 제도의 정비, 여성문제 전담부서 설치 등을 요구하면서 국제적 여성운동 흐름을 또 하나의 변수로 활용해왔다(김금래, 1997: 29).

1975년 유엔이 선포한 '세계여성의 해' 이후 '유엔여성 10년' 동안 정부의 여성 관련기구 설립을 보면 정부출연전문연구기관인 한국여성개발원이 1983년에 발족되어 여성문제에 대한 조사연구, 여성의 능력개발을 위한 교육훈련, 정책 제안, 합리적인 여성자원활용을 위한 방안 강구 및 이와 관련된 각종 자료의 모집활동의 업무를 수행함으로써 여성정책수립에 기여하였다.[50] 한국여성개발원은 1984년에「국내외 여성관계법제에 관한 연구」를 수행하여 가족법과 노동법 등 기타 여성관계법과 행정기구의 현황과 개선방안을 제시하였으며 남녀고용평등법의 재개정에 있어서도 기초자료의 마련과 정착화에도 기여하였다. 또한 근로여성을 위한 고용기회와 대우상의 남녀평등을 도모하는 법제화가 필요함을 주장한 「여성고용촉진법제에 관한 연구」(1985)는 우리나라 남녀고용평등법제화의 구체적인 입법방향을 처음으로 제시한 연구라는 점에서 의의가 크다(한국여성개발원, 1993: 47). 이후 1983년 12월에는 여성정책심의위원회가 설치되면서 한국여성개발원의 원장과 부원장이 여성

---

50) 한국여성개발원은 초기에는 보건사회부산하에 있다가 1991년 4월 여성문제를 전담하는 정무장관(제2)실로 이관되었다. 이는 보다 여성정책에 주력하겠다는 정부의 의지로 볼 수 있다.

정책심의위원회와 여성정책심의실무위원회에 각각 위원으로 참여하게 됨에 따라(한국여성개발원, 1993: 44) 한국여성개발원의 연구사업결과가 국가정책으로 채택될 수 있는 중요한 인적네트워크가 형성되었다

한편 국무총리 산하의 여성정책심의위원회는 여성 관련문제를 각 부처장관 및 전문가들이 심의·운영하게 되어 정책적 차원에서 여성문제를 현실화하였다. 1988년에는 여성 분야를 중점적으로 다루는 정부부처인 정무장관(제2)실이 발족하게 되는데, 정무장관(제2)실의 발족을 통해 통합적인 여성정책 수립 추진이 가능하게 되었다. 정무장관(제2)실은 각계와의 대화, 여론 수집 등을 통하여 제기되는 문제들의 해결을 위한 대책을 건의하고 정책을 연구개발하며 소관부처 간의 상충되는 시책에 대하여는 이를 조정하여 대책을 수립한다. 그리고 보건사회부 부녀아동국이 1981년에 가정복지국으로 개편되면서 가정복지과·아동복지과·부녀복지과의 3과 체제를 갖추었다. 노동청도 노동부로 승격되면서 부녀담당관제가 신설되고 이어 부녀지도관으로 개칭 승격되었다. 이 밖에도 지방의 여성 관련 행정기구는 1988년 전국 14개 시·도에 가정복지국이 설치되고 이어 3년 후인 1991년에는 169개 시·군에 가정복지과가 설치된다. 이 같은 성과는 1975년 세계여성의 해 이후 국제적인 여건이나 흐름의 도입, 여성단체들의 끊임없는 건의와 국내의 여성을 둘러싸고 있는 사회경제적인 변화, 여성에 대한 국가의 정책적 노력의 필요성이 대두되었기 때문으로 볼 수 있다(조돈문, 1995: 169-170).[51]

---

51) 또한 한국은 1985년 여성차별철폐협약에 비준하고 당사국이 됨으로써 협약비준 1년 이내에 제1차 협약 이행보고서를 제출해야 했고, 그 후에는 4년마다 또는 여성차별철폐위원회의 요구가 있을 때 보고서를 제출해야만 했다. 따라서 우리나라는 차별철폐협약이행의 준수국으로서 이행보고서와 2차 심의를 받기 위해서 여성정책 관련국가기구의 정비가 필요했던 것으로 보인다.

〈표 3-3〉 1980년대 이후 여성정책 관련제도변화(법·국가기구를 중심으로)

년 도	주 요 내 용
1981	• 보건사회부 부녀아동국→가정복지국(가정복지과·아동복지과·부녀복지과)으로 개편 • 노동청→노동부로 승격(부녀담당관제 신설→부녀지도관으로 개칭 승격)
1983	• 한국여성개발원 개원 • 여성정책심의위원회의 설치
1984	• 유엔여성차별철폐협약 비준
1987	• 남녀고용평등법제정
1988	• 정무장관(제2)실 신설: 여성·아동·청소년·노인 등의 포괄적 업무수행 • 전국 14개 시·도에 가정복지국 설치
1990	• 정무장관(제2)실 전환: 여성정책전담기구로 전환
1991	• 169개 시·군에 가정복지과 설치 • 영유아보육법 제정

자료: 김선욱(1999: 15)에 법을 추가해서 재구성

(2) 여성정책 관련법

(가) 근로기준법

정책은 사회 여러 집단 간의 이해와 갈등을 반영·조정하여 법으로 제도화된다. 법은 형식적으로는 의회제도를 통해 국민의 대표에 의해 민주적 의사결정과정과 절차에 따라 제정되는 것이지만 실제로는 그 사회의 남녀의 정치적·경제적·사회적·문화적 관계 나아가 심리적 관계까지를 반영한다. 즉 법은 이러한 관계의 변화에 영향을 미치기도 하며 사람들의 가치판단의 기준이 되기도 하는 것이다. 법은 정치·경제적 구조 내에서 정치적·경제적 이해관계를 달리하는 세력들의 역할관계를 반영하는 타협의 산물로서 제정되는 것이라 볼 때 법은 국가에 의해 제도화되는 사회중심세력의 의사라고 할 수 있다(윤후정·신인령, 2001; 신인령, 1988).

해방 이후 노태우 정부에 이르기까지 여성의 모성보호와 가장 밀접한 관련

이 있는 법으로는 1953년에 제정된 근로기준법이 있다. 근로기준법은 여성의 근로생활상의 성차별금지와 근로조건 특별보호 및 모성보호에 대한 상세한 규정을 두고 있다. 현행 근로기준법상의 여성보호규정은 두 가지 측면 첫째, 여성을 연소자와 마찬가지로 '약자'라는 인식에 입각하여 설정한 보호조항과 둘째, '모성을 보호한다'는 취지에서의 특별규정을 각각 두고 있다. 먼저 신체적·생리적 특성 등에 입각한 특별보호로 여자와 연소자에 대한 공통된 보호로는 유해·위험사업에 사용금지(제63조), 야업 및 휴일근로금지(제68조),[52] 갱내근로금지(제70조) 등이 있다. 또한 여자에 대한 특별보호(제69조)로 "사용자는 18세 이상의 여자에 대하여는 단체협약이 있는 경우라도 1일에 2시간, 1주일에 6시간, 1년에 150시간을 초과하는 시간 외의 근로를 시키지 못한다"는 조항이 있다. 다음으로 모성보호에 입각한 보호규정으로는 생리휴가보장(제71조),[53] 산전산후휴가와 임신 중의 보호,[54] 육아시간(제73조)[55]에 관한 규정이 있다. 이러한 근로기준법에 대하여 사용자 측에서는 여성에 대한 특별

---

52) "여자와 18세 미만인 자는 하오 10시부터 상오 6시까지의 사이에 근로시키지 못하며 또 휴일근로에 종사시키지 못한다. 다만 그 근로자의 동의와 노동부장관의 인가를 얻은 경우에는 그러하지 아니하다"고 규정하고 있다.

53) 생리휴가는 생리현상이 있을 때 여성근로자가 청구할 수 있는 것으로 규정하여 그 생리현상의 확인은 엄격한 증명을 요하지 않고 본인 또는 동료의 증언 정도로 족하며 생리휴가 청구에 대하여 사용자는 적극적으로 이를 권유하여야 한다고 해석하는 것이 노동보호법정신에 부합한다고 이해되었다(윤후정·신인령, 2001: 57).

54) "사용자는 임신 중의 여자에 대하여는 산전후를 통하여 60일의 유급보호휴가를 주어야 한다. 다만 유급보호휴가는 산후에 30일 이상 확보되도록 한다."(제72조1항), "임신 중의 여자근로자의 청구가 있는 경우에는 경이한 근로에 전환시켜야 하며 시간외 근로를 시키지 못한다(동2항)," "산전·산후의 여자가 이 법의 규정에 의하여 휴업한 기간과 그 후 30일간은 해고하지 못한다"(제30조2항) 등이 있다. 여성근로자의 임신과 출산에 대한 이러한 배려는 모체 자신의 보호뿐만 아니라 다음 세대의 건강한 국민·건강한 노동력 재생산의 확보라는 적극적인 의미를 지니기 때문에 이는 사회와 국가의 의무로서 강조되고 있는 것이 일반적인 추세이다(윤후정·신인령, 2001: 58).

55) 수유시간에 관한 조항으로 "생후 1년 미만의 유아를 가진 여자 근로자의 청구가 있는 경우에는 1일 2회 각각 30분 이상의 유급 수유시간을 주어야 한다."고 규정되어 있다.

보호조항과 모성보호와 관련한 생리휴가보장[56] 등에 대해 지속적으로 여성의
과보호조항이라 하여 폐지를 주장해오고 있다.

(나) 남녀고용평등법 제정

해방 이후 헌법과 근로기준법에서는 남녀균등대우원칙(제5조)과 여성근로
자에 대한 여러 특별보호규정들을 두어 왔으나 이러한 법들이 실제로 노동현
장에서는 거의 지켜지지 않았고 여성의 고용차별의 현상이 비일비재하였다.
그러나 1970년대 이후 활발해진 여성노동운동도 성차별철폐보다는 심각한 상
태에 있던 여성근로자의 열악한 근로조건문제의 해결에 더 치중하였다. 따라
서 고용기회와 대우에서의 성차별적 관행과 제도가 만연되어 있음에도 여성고용
차별에 대한 법적·행정적 규제가 거의 이루어지지 않고 있었다. 이러한 상황에
서 한국전기통신공사의 교환원으로 있던 김영희 사건과 결혼퇴직제가 문제가 된
이경숙 사건[57] 등은 우리 사회의 여성고용과 관련한 법과 권리의 구제제도가 실

---

56) 생리휴가는 일본, 인도네시아, 우리나라를 제외하고는 세계에서 거의 유례를
  찾아보기 힘든 여성에 대한 특별보호조치로서 더구나 유급으로 생리휴가를 제
  공하는 나라는 우리나라밖에 없다는 점 때문에 생리휴가는 여성보호규정 중
  가장 공략과 관심의 대상이 되고 있다. 생리휴가규정부문은 일본이 1947년 전
  쟁에서 패한 후 당시 가혹한 근로환경과 생리용품이나 수세식 화장실이 보급
  되지 않았던 시대에 여성들의 정신적·육체적 피해뿐만 아니라 모성기능의 폐
  해까지 우려해서 만들어 졌던 것을 우리는 1953년 5월 6·25전쟁이 채 끝나기
  도 전에 산업화기반도 갖추지 못한 상태에서 근로기준법이 국제기구나 외국제
  도, 특히 일본 노동기준법을 많이 모방하여 제정되면서 일본의 생리휴가를 다
  소 변형하여 도입한 것으로 보고 있다(김엘림, 1994a: 89).

57) 김영희 사건은 여성이 절대다수로 근무하는 교환직종의 정년을 다른 직종보다
  12년이나 낮게 해서 43세에 정년퇴직하도록 한 인사규정은 헌법과 근로기준법
  의 남녀평등원칙에 위반한다고 주장하며 민사법원에 정년무효확인 소송을 내
  었던 사건이다. 이는 근로기준법이 제정된 지 약 30년 만에 최초로 발생한 소
  송사건이라는 점에서 사회의 많은 반응을 불러일으켰다. 또한 이경숙 사건은
  이경숙이 1984년 서울 범일물산 영업부 사원으로 근무하던 중 29세에 택시에
  치어 부상을 당해 퇴직하게 되고, 퇴직 후 택시 소유자를 상대로 낸 소송을 내
  었던 사건이다. 재판부는 이 소송에 대해 여성근로자의 정년을 25세로 보고 26
  세부터 55세까지는 취로 사업비를 기준한 여자 일당 4천 원으로 배상액을 책
  정하라는 판결을 내렸다(한국여성개발원, 1999: 4-5; 김송자, 2001: 125).

제적으로 여성의 노동권을 제대로 보장하지 못하고 있다는 문제를 드러내 주었다. 이러한 사건들은 여성계로 하여금 1980년대부터 여성근로자들의 평등권, 노동권, 생존권을 구체적으로 보장하고 신속, 간이하게 여성고용차별사건을 처리할 수 있는 법제도적 장치를 요구하였고 한국여성개발원에서 「여성고용촉진법제에 관한 연구」(1985)[58] 등 입법안을 마련하는 연구도 이루어졌다. 또한 정부도 80년대 이후에는 인권차원에서뿐만 아니라 국가인적 자원의 활용 면에서 성차별에 관한 대책을 마련하기 시작하였으며 또한 1984년 유엔의 여성차별철폐협약에 비준함으로써 남녀고용평등을 구체적으로 보장하는 입법은 협약이행을 위한 의무사항이 되었다. 또한 1985년 4월 여성정책심의위원회는 한국여성개발원이 남녀고용평등의 실현을 위한 법제마련의 하나로 제시한 '여성발전기본계획'과 '남녀차별개선지침'을 정부의 정책으로 채택하였고 제6차 경제사회발전 5개년 계획수립 시 신설된 여성개발부문에 남녀고용평등법의 제정이 정책과제로 선정되었다(한국여성개발원, 1999: 4-6).

이후 1987년의 헌법개정 시에 한국여성개발원·여연 등은 여성의 권익향상과 남녀평등을 실현하기 위한 헌법개정의견서를 작성하는 등 헌법개정 관련 활동을 전개하였다. 이러한 개정의견은 제6공화국 헌법에 대폭 반영되었고, 고평법제정의 직접적인 헌법적 근거들이 마련되었다(김엘림, 1994a: 101-102). 이러한 대내외적인 환경 속에서 고평법제정의 직접적인 배경이 된 상황은 당시 대통령선거(1987년말)와 1988년 4월의 국회의원 선거를 앞두고 여성유권자의 표를 의식해야 하는 정치적 상황이었다.[59] 이는 신정혜의 인터뷰에서도 드러나는바 그 내용을 인용(신정혜, 1995: 78)하면 다음과 같다.

58) 이 연구는 우리나라에서 남녀고용평등법제가 마련되어야 할 필요성을 제시하고 관련국제기구의 문서 및 외국(13개국)의 남녀고용평등법을 분석하였으며 '남녀고용기회평등법안'을 제시하였다. 이 연구는 우리나라 최초의 고평법 입법연구로서 고평법제1차 법개정 시 중요한 입법자료로서 활용되었다(한국여성개발원, 1999: 5).

59) 이는 당시 집권당인 민주정의당이 유엔여성차별철폐협약에 비준하기 전 여성계가 요구한 가족법개정을 정부가 유보했었던 부담을 의식하고 남녀취업평등법(가칭)제정을 선거공약으로 내세우고 입법을 추진하였다고 한다.

"고평법의 경우는 민자당 내 여성의원을 중심으로 한 여성특위의
적극적 활동으로 법안을 마련하여 상부로 올렸는데 당시 당의 요직
에 있던 사람들은 당장 급한 일이 아니라며 미루었습니다. 그런데
얼마 안 있어 향상된 여성유권자의 의식을 겨냥해 여성표에 신경을
쓸 수밖에 없어지자 갑자기 박차를 가해 고평법 입안을 추진하기 시
작했습니다."(전 국회의원(여) 당 여성특별위원회 위원장과의 인터뷰
내용 발췌)

그러나 정치적 판단 등이 개입하면서 정부와 집권당에 의해 제정된 남
녀고용평등법은 입법의 필요성과 내용에 대한 사회적 공감대를 충분히 이
끌어 내지 못하고 1985년에 제정된 일본균등법을 기본 틀로 하여 구성됨으
로써 남녀평등이념이 철저하지 못했고 실효성이 적은 문제를 안고 있었다.
게다가 구미제국 고평법의 핵심적인 내용이라 할 수 있는 동일가치노동의
동일임금규정과 차별의 정의규정이 없는 등 입법상의 중대한 미비점을 드
러내었다(한국여성개발원, 1999). 따라서 개정과 동시에 여연을 중심으로
법개정안 마련 및 입법청원 등 법개정운동이 신속히 추진되었다. 그 결과
1989년 4월 1일 고평법이 일부 개정되게 되었다.

제2절 모성보호정책네트워크

1. 정책행위자

모성보호관련정책은 직접당사자인 정부·기업·노동·여성[60]뿐만 아니
라 국회·유엔·언론 등 많은 행위자들이 관련되어 있다. 정책행위자들은
정책네트워크에서 행위자들이 지향하는 바인 정책이익을 가지고 정책과정

---

[60] 본 연구에서 여성이라 함은 전체 여성을 대표하는 것은 아니고 여성계를 통칭
하는 것으로서 구체적으로 여성단체들을 의미한다.

에 임한다. 여기에서는 중심행위자로서 정부부문에 노동부·정무제2장관실·여성정책심의위원회·한국여성개발원을, 노동부분에 한국노총을, 기업부문에 경총을, 여성부분에 여연·한국여성단체연합(여협)을, 주변행위자로 유엔 여성차별철폐위원회와, 정당, 의회, 및 언론을 중심으로 이들의 정책선호와 정책자원을 살펴보기로 한다.

가. 정 부

오늘날 많은 나라에서 정부개혁의 일환으로 작은 정부를 지향하고는 있으나 공공부문의 확대, 행정의 전문화, 행정권의 확대·강화 현상과 함께 정부의 정책관여가 많아졌고 많은 중요정책이 행정조직을 통하여 제도화되는 등 정부는 정책결정과정의 중심에 있다고 할 수 있다. 특히 여성문제는 가치의 배분까지도 담당한다는 측면에서 정부의 역할이 매우 중요하다고 할 수 있다.

노태우 정부는 여성정책의 태동기에 불과한 시기로 근로여성의 모성보호를 위해 적극적인 선호 및 입장을 가지지 않았다고 볼 수 있다. 이는 앞에서도 살펴본 바와 같이 여성노동자의 인권이나 건강한 사회구성원의 재생산이라는 본래의 목적에 의해 추진된 것이라기보다 선거를 의식하고 이루어졌거나 여소야대의 정치상황이 주요 변수가 되어 개정이 이루어지는 데서 짐작해볼 수 있다. 따라서 정부부처 간에도 모성보호와 관련해서 인식이 공유되지 못하였던 것으로 보인다. 먼저 정부행위자로서 노동부는 여성노동정책의 소관부처로서 다른 부처보다는 근로여성에 대한 정책에 관심이 있었다. 그러나 노동부는 당시까지도 노동현장에서 노동법조항들이 잘 지켜지지 않는 열악한 근로환경을 감안해서 여성근로자들의 생활환경개선 및 기업들로 하여금 근로기준법을 잘 지키도록 지도 감독하는 것이 더 우선적으로 고려되었다. 또한 차별관행이 심했던 상황에서 노동부의 정책입장은 고용평등에 더 강한 선호를 가지고 있었던 것으로 보이며 근로여성의 모성보호와 관련해서는 생리휴가조항의 준수 등 근로기준법을 잘 이행하도록 하는 것이라 볼 수 있다.

한편 경제개발과정에서 기업과 매우 밀접한 관계가 형성되어 있는 상공부와 같은 경제부처는 노동부와 다르게 기업의 입장을 대변하고 있었던 것으로 나타났다. 상공부는 여성근로자들의 권익에 대해 '보호'에서 '평등'으로의 전환을 주장하며 여성근로자의 야간작업이나 유해업종에 대한 규정 등 여성에 대한 특별보호규정을 삭제할 것을 주장하였다.

또한 1988년에 만들어진 정무장관(제2)실도 업무대상이 단순히 근로여성만이 아니라 청소년, 노인, 아동, 문화예술 분야를 망라해서 관장해야 했기 때문에 근로여성의 모성보호에는 뚜렷한 선호를 가지고 있지 못하였다. 다음에는 여성정책과 관련하여 정부행위자자원으로서 조직화 및 재정력 등을 살펴보기로 한다.

(1) 노동부

노태우 정부에서의 여성노동행정의 주무부서인 노동부는 1987년부터 1992년까지 조직규모가 지속적으로 커지고 있었다. 그러나 이에 반해 여성노동행정과 관련한 조직구조는 변화가 전혀 없어 여성노동문제에 대한 공무원의 인식부족과 전문성 부족 등의 문제점을 가지고 있는 것으로 볼 수 있다. 여성노동정책의 주무부처인 노동부 부녀소년과는 여성노동 관련 업무만을 담당하는 것이 아니라 연소근로자 관련 업무도 담당하고 있다. 또한 노동부차관을 보좌하고 부녀소년과의 업무를 지휘하는 부녀지도관은 노동부 직제규정상 부녀와 소년근로자의 특별보호, 근로자 가족계획사업의 지도와 계몽, 여성근로자의 교양지도와 근로자의 문예활동 진흥을 담당하게 되어 있다. 또한 지방노동관서에 여성노동정책을 책임 있게 집행할 여성노동전담부서나 전담공무원이 없고 부녀소년 담당 근로감독관이 방대한 고유업무 외에 부수적인 기능업무로서 노동부 부녀소년과의 지시가 있을 때 행정처리하고 있는 실정은 여성노동정책집행의 공백상태까지 가져올 수 있는 문제로 볼 수 있다(김엘림, 1994: 118-119). 즉 이 시기 노동부의 여성 관련조직으로 보아서는 정부의 여성보호 및 모성보호정책의지는 매우 미약했던 것으로 평가할 수 있다.

84

<표 3-4> 노태우 정부에서의 노동부 직제

(단위: 개, 명)

기 구 년 도	실	국	과	담당관	정 원	기 구
1987	1	5	19	10	333	부녀지도관 근로기준국－부녀소년과
1989	1	6	21	10	367	부녀지도관 근로기준국－부녀소년과
1990	1	6	21	11	383	부녀지도관 근로기준국－부녀소년과
1991	1	5	24	12	402	부녀지도관 근로기준국－부녀소년과
1992	2	5	24	12	411	부녀지도관 근로기준국－부녀소년과

자료: 행정자치부(1998).

(2) 정무장관(제2)실

1988년에 발족한 정무장관(제2)실은 정부조직법(제18조)과 국무총리훈령(제218호)에 의해 주요 업무는 '사회, 문화에 관한 업무를 대상으로 하되 특히 여성, 아동, 청소년, 노인문제와 문화, 예술 분야에 중점'을 두며, 업무의 추진방법은 '각계와의 대화, 여론수집 등을 통하여, 제기되는 문제들의 해결을 위한 대책을 건의하고 정책을 연구개발하며 소관부처 간의 상충되는 시책에 대하여는 이를 조정하여 대책을 수립한다'로 규정되어 있다. 따라서 정무장관(제2)실의 성격은 여성정책에 관하여 관련 기관에 명령권을 갖는 것이 아니라 영향력을 행하고 조언과 조정을 행하는 참모기관이라 할 수 있다. 그러나 1989년에 정무장관(제2)실 소관업무의 조정을 통해 사회문화에 대한 업무를 대상으로 하되 특히 여성 분야에 중점을 둠으로써 여성정책에 대한 총괄·조정기능을 강화하도록 하였으며,[61] 이어 1991년에는

---

61) 정무장관(제2)실의 인력 및 예산으로는 여성업무 외에 아동·청소년·노인 및 문화예술 분야까지의 업무수행은 역부족일 뿐 아니라 동 업무들은 체육부·문

정책추진의 효율성을 위해 4개의 조정관실을 두었다. 이는 정무장관(제2) 실의 조직개편과 확장을 통해 여성 관련정책의 효율적 추진을 도모하기 위함으로 판단된다. 실제로 〈표 Ⅲ-5〉에서 보는 바와 같이 정무장관(제2)실은 노태우 정부 내내 꾸준히 규모가 증가하여 임기후반에는 정원이 초기에 비해 2배나 될 정도로 확대되었다.

〈표 3-5〉 정무장관(제2)실 인원 및 예산변동 현황

(단위: 명, 천 원)

연 도	인 원	예 산	비 고
1988	20→28 (88. 2. 25)(88. 3. 18)	825,243	
1989	34 (89. 9. 21)	1,000,348	
1990	34 (89. 9. 21)	1,191,356	
1991	40 (91. 11. 25)	1,464,321	여성개발원 지도감독 권한위탁 여성개발원출연금 불포함
1992	40 (91. 11. 25)	5,741,810 (1,631,985)	이하(　)안은 여성개발원 출연금을 제외한 정무장관(제2)실 순수예산

자료: 행정자치부(1998) 및 정무장관(제2)실 내부자료. 황인자(1997: 36)

그럼에도 불구하고 노태우 정부에서의 정무장관(제2)실은 다음과 같은 문제점을 갖고 있었다. 첫째, 여성정책을 추진하기엔 예산이 너무 적었다. 1992년 정무장관(제2)실의 예산을 보면 16억 3천 2백만 원이다. 이는 우리 나라 전체 예산 33조 2천억 원의 0.005%밖에 안 되는 것이었고, 보통 20~

화부·보건사회부 등 소관부서가 뚜렷하고 아울러 향후 예상되는 다양한 여성 행정수요 및 여성부 신설요구 등을 감안할 때 여성문제에 대한 총괄·조정기 능의 강화로 실질적인 여성부 역할을 담당할 수 있도록 중점업무를 여성 분야 로 한정하였다(정무장관(제2)실, 1997: 7).

30억 원이 넘는 웬만한 여성단체의 1년 예산보다도 적은 것이었다(한겨레 신문, 1992. 2. 26). 둘째, 정무장관(제2)실은 정부 각 부처의 여성 관련 업무의 조정기능만 가지고 있어 집행력이 없었다. 정무장관은 '원, 부, 처의 장이 아닌 국무위원'에 대한 호칭으로, 법적인 지위는 산하에 행정기관을 관장하지 않는 국무위원이었고 정부조직법상 국무총리에 소속되어 있다. 또한 정무장관에게 주어진 업무는 '대통령 및 국무총리가 특히 지정하는 업무'를 수행하는 것이다. 즉 정부조직법상으로 정무장관(제2)실은 중앙행정기관이 아니며 업무도 한시적인 특명사항을 수행하도록 되어 있었다(장하진, 2002: 155). 셋째, 소속직원 20명으로 출발한 정무장관(제2)실은 기능직을 포함하여 40여 명의 인원으로는 여성정책에 대한 총괄부서로서의 역할을 하기는 역부족이라는 문제점을 안고 있었다(한국여성개발원, 1993: 24-34; 한국여성정치연구소, 1993: 8-11).

결론적으로, 여성정책이 다면적이고 종합적인 성격을 지녀 모든 부처와 관련이 있다는 점에서는 조정·총괄기능을 하는 정무장관(제2)실의 참모조직적 성격이 어떤 면에서는 효율적일 수 있다. 그러나 정무장관(제2)실은 인적·물적·무형적 자원이 모두 부족한 상태에 집행조직도 없고 조정권한도 충분하지 않았다는 점에서 한계를 가지고 있었다.

(3) 여성정책심의위원회

1983년 12월 발족된 국무총리직속하의 여성정책심의위원회(이하 심의위원회)는 국무총리의 최고정책자문기관이다. 심의위원회는 여성문제에 관한 기본계획과 종합정책의 수립에 관한 사항, 관계 행정기관 간의 여성 분야 시책의 종합·조정, 여성의 취업증대와 사회참여 확대, 그리고 여성의 지위 향상에 관한 사항, 여성 분야 국제협력에 관한 사항(신설'93. 12.9), 기타 여성정책 관련 주요 사항(개정 '93. 12. 9) 등을 심의·조정하는 기능을 담당하도록 되어 있다(정무장관(제2)실, 1995: 217).

심의위원회는 설치당시에는 국무총리가 위원장, 경제기획원장관과 보건사회부장관이 부위원장으로, 당연직과 위촉직을 합친 20명으로 구성되었다.

이후 위원회는 계속 휴지된 상태였다가 1988년 여성정책추진의 행정체계조
정 필요성에 의해 여성문제 전담을 위한 정무장관(제2)실이 신설됨에 따라
1988년 8월22일 대통령령에 의해 정무장관(제2)을 부위원장으로 추가하고,
위원회 간사기능을 국무총리행정조정실 소속공무원에서 정무장관(제2)실
소속 공무원으로 바꾸며, 실무위원회 위원장도 보건사회부 차관에서 제2정
무장관 보좌관으로 바꾸었다. 그리고 1989년부터는 위원회의 활성화를 위
해 분과위원회를 두고, 위원회 산하에 관계부처국장 및 민간위원으로 구성
된 실무위원회를 두어 위원회의 심의에 앞서 미리 위원회의 심의사항을 검
토하고 위원회에서 위임받은 사항과 관계기관과의 협조사항을 처리하였다.
또한, 1990년에는 여성문제에 관한 제반 사회여건의 변화에 효율적으로 대
처하기 위하여 위원회에 민간위촉위원의 참여폭을 확대하는 내용으로 규정
을 개정하였다.[62)

　이처럼 심의위원회에는 많은 관계부처가 포함되어 있음으로 해서 다면
적이고 종합적인 여성문제를 다루는 데 유리할 수 있었다. 그럼에도 불구
하고 그 운영상황이 지극히 저조하여 실제의 기능을 다하지 못하였다. 특
히 위원회는 여성정책에 관한 국가의 최고 정책형성을 하는 자문기관으로
행정에 대한 기속력이 없다. 물론 1989년 3월 29일에 열린 제6차 여성정책
심의위원회에서 동 위원회의 의결사항을 국무총리 훈령 또는 국무총리 지
시로 하게 됨에 따라 행정부 내에서는 행정 규칙적 효력을 갖게 되었으나
행정규칙은 일반적으로 법규가 아니기 때문에 수명기관이 이를 위반하여도
위법이 되지 않으며, 위법을 이유로 행정규칙 위반행위를 취소할 것을 청
구하는 행정소송을 제기할 수 없었다. 다만, 행정감독권을 통한 통제만이
가능한데 여성정책심의위원회의 의결사항은 행정기관 이외의 사기업이나
개인 간의 관계에는 행정규칙적 효력도 미치지 않으므로 단순한 권고 이상
의 의미를 가지지 못하는 한계가 있었던 것이다(김선욱, 1990: 112).

---

62) 여성정책 입안과정에 각 분야별 전문가의 학식과 풍부한 경험이 반영될 수 있
　　도록 하기 위해 위원수를 20인 이내에서 25인 이내로 확대하고, 당연직 위원
　　중 여성문제를 담당하는 대통령비서실의 정무직인 비서관과 행정조정실장을
　　삭제하고 문화부장관을 추가하였다(대통령령 제13136호, 1990. 10. 13).

(4) 한국여성개발원

한국여성개발원(이하 여성개발원)은 보건사회부 소속 정부출연 연구기관으로서 행정기관은 아니나 국가예산으로 운영되는 법인체로서 여성정책 관련국가기구의 하나이다. 이 기구는 여성과 관련된 제반문제에 관한 조사연구를 통해 여성문제에 대한 종합적인 연구를 수행하고, 여성정책 및 여성능력 개발, 여성정보제공을 통하여 여성의 사회참여, 복지증진에 기여하기 위한 목적으로 1983년 4월 21일 김영정 초대원장과 사무국 직원 5명 등 총 6명의 직원으로 현판식을 가졌다. 그 이후 계속적으로 여러 직급의 직원에 대한 특별채용 및 공개채용이 이루어졌고 그 해 9월에는 구 국립여성복지원 직원 35명이 흡수됨으로써 총 148명의 인력이 충원되었다.

여성개발원은 여성문제전담연구기관으로서 여성발전의 기본계획안을 마련하여 이를 토대로 국가여성정책을 수행하는 중요한 역할을 담당하였다. 특히 여성개발원의 조사연구 및 정책건의는 여성발전을 위한 제도적 장치로서의 법의 제·개정에 있어 직·간접적으로 기여하였다. 그러나 정부산하기관으로서 여성개발원은 정책을 연구하고 개발할 수는 있으나 이들 정책이 결정되고 집행될 수 있게 하는 권한은 없는 조직이었다. 따라서 여성개발원이 연구·개발한 정책이 실제로 정책에 활용되기에는 정치적인 요인 등에 의한 한계가 있었던 것으로 보인다.

나. 기 업

정책행위자로서 기업이 갖는 정책이익은 이윤의 극대화이다. 근로여성의 모성보호정책은 비용이 수반되는 문제이므로 기업은 기업부담을 최대한 회피하고 비용의 최소화를 통한 기업이윤의 극대화를 도모하고자 하였다.

따라서 1987년 남녀고용평등법의 제정에 대해서 경총은 이 법의 제정이 기업의 인력수급에 대한 법에 의한 강제력 개입으로써 기업의 인사정책에 혼란 및 역기능을 초래할 것이라고 주장하였다. 또한 근로여성의 모성보호정책에 대해서도 모성보호비용의 기업부담 등을 이유로 하여 유급생리휴가

폐지, 산전산후휴가 및 육아휴직 시의 무급, 여성과보호조항의 폐지 등의 정책선호를 가졌다.

경총은 사용자단체로서 산업화와 더불어 노사문제가 본격적으로 대두하기 시작한 1970년 7월 15일 '한국경영자협의회'로 설립되어 1981년에는 조직의 전국규모로의 확대에 대비하여 회의 명칭을 '한국경영자총협회'로 개칭하고, 시도단위에서 일어나는 노사문제해결의 구심점 역할과 노사협조체제구축을 목적으로 하는 '지방경영자협회' 설립을 추진하였다.[63]

1987년의 사상 유례없는 급격한 노사분규 사태를 겪으며, 경총은 회원사가 증가하였으며 1988년 12월 말 현재 경총 회원 수는 357개사에 이르렀다(경총, 1988: 9). 그리고 1989년에는 1980년대 후반 이후 격화된 노사문제를 보다 효과적으로 해결하기 위하여 경총을 중심으로 한 경제 6단체와 전국의 87개 경제단체가 업종별, 지역별 경제단체가 망라된 범경제계 협의기구인 '경제단체협의회'(이하 경단협)를 설립하였다. 사실상 경총과 경단협은 노사협력과 노사분쟁의 해결이라는 측면에서 상당한 업무상 중복이 있다. 그러나 경단협은 종합경제단체나 업종별 단체 중에서 경총의 비회원이 많은 상황에서 보다 효과적으로 노사문제에 대처하기 위한 협의체형식으로 결성된 것이며 실질적인 활동은 여전히 경총이 전담하고 있었다(김순양, 1994a: 102).

한편, 한 단체의 경제력은 그 단체의 자율성과 활동범위와 연관된다고 할 수 있다. 경총은 상당히 높은 재정자립도를 보이고 있는데 1992년 말 현재 경총의 1년 예산은 약 40억 원 규모로서 이 가운데서 회비수입이 점유하는 비율이 95% 이상을 차지한다(김순양, 1994a: 111). 반면 같은 기간 한국노총의 1년 총 수입은 17억 원 정도였다. 즉, 사용자 측의 노사문제전담기구인 경총의 이러한 높은 재정자립도는 예산에 의해 활동을 제약받는 노동계보다 활동의 범위를 훨씬 다양화·심화시킬 수 있을 것이라고 판단된다.

---

63) 지방경영자협회는 1981년 4월 부산경영자협회를 선두로 해서 대구(1981. 5), 광주전남(1981. 9), 대전충남(1981. 12) 인천(1989. 9), 강원(1984. 3) 전북(1983. 10), 충북(1986. 2), 경북(1986. 3), 경남(1983. 9), 울산양산(1990. 10) 제주(1989. 9), 경기(1991. 1) 등 전국 13개 시·도를 망라하는 지방경영자 협회를 회원사로 두고 있다.

다. 노 동

노동자들의 이익을 대변하는 기구로서 한국노총은 노동자의 권리 및 복지에 관련된 각종 사업추진을 목적으로 한다. 그럼에도 불구하고, 한국노총은 노동자들의 이익보다는 정권의 목표에 충실히 이바지하는 기구였다는 평가를 받았었다.[64] 노태우 정부에서 한국노총은 합법화되지는 않았지만 민주노총의 전신인 전국노동자대표자회의와의 차별화를 의식해야 했고 따라서 과거보다는 노동자이익을 보다 적극적으로 옹호 및 주장하기에 이르렀다. 여성근로자들의 모직제, 산전후 유급휴직기간의 연장(저소득층만을 우선으로 해서), 직장탁아시설확대 등이 있었고 구체적인 사회분담화방안 등은 거론되지 않았다.

노태우 정부의 노동부문의 조직화는 한국노총을 중심으로 이루어져 있다. 이 시기의 한국노총의 규모는 〈표 Ⅲ 성보호와 관련하여 한국노총은 초기에는 근로기준법상의 모성보호조항준수라는 소극적 이익을 지향하다가 노태우 정부 중기로 가면서 모성보호비용의 사회보험화, 탁아시설 및 제도 등에 대해 점점 더 많은 정책선호를 보이게 된다. 그러나 전반적으로 노태우 정부시기를 통틀어 한국노총의 근로여성의 모성보호를 위한 정책이익은 법조항준수(근로기준법·남녀고용평등법), 육아휴-6〉에서 보는 바와 같이 점차 증가하고 있었다.

---

64) 한국노총은 자유당집권기에는 이승만 정권 지지를 위한 활동을 전개하는 등 자유당 정권의 목표에 충실히 이바지하였고 1960년대에 들어서도 근로조건의 개선보다는 정부목표의 달성을 우선시하는 조직목표를 설정하고 5·16군사쿠데타 및 3선개헌에 지지를 표명하였다. 1970년대에도 10월 유신을 적극 지지하였으며 80년대에도 사회정화운동에의 협조, 4·13호헌조치에 대한 지지표명 등 정권의 목표에 대해 충실하게 지지를 표명해왔다(한국노총, 1979: 436-448; 김순양, 1994a: 122) 그러나 1987년 6·29선언이후의 민주화 추세와 전국민주노동조합총연맹(이하 민노총)을 건설하기 위한 전국노동조합협의회(1990. 1. 22)와의 조직경쟁 및 선명성 경쟁으로 인해 무비판적인 정부정책지지행위는 거의 없어지고 노동자 집단의 이익을 중시하는 방향으로 변하고 있다고 볼 수 있다.

〈표 3-6〉한국노총 년도별 조합원수 및 조직률

(단위: 명, %)

구 분	조 합 원 수(명)			조직률
	계	남	여	
1963	224,420	174,222	50,198	-
1970	473,259	357,881	115,378	-
1980	948,134	600,383	347,751	21.0
1986	1,035,890	724,566	311,324	16.8
1987	1,267,457	900,129	367,328	18.5
1988	1,707,456	1,232,400	475,056	19.5
1989	1,932,415	1,402,106	530,309	19.8
1990	1,886,884	1,384,730	502,154	18.4
1991	1,803,408	1,341,745	461,663	17.2
1992	1,734,598	1,323,521	411,077	16.4

자료: 노동부(각 년도). 『노동조합조직현황』. 한국노총(2001a)에서 재인용

전체 조합원 규모는 1987년 노동자대투쟁 이후인 1989년 조합원 193만 2,415명, 조직률 19.8%로 최고치를 기록하다가 1989년부터 점차 감소추세를 보인다. 그리고 1986년도 16개 회원조합, 12개 시도협의회, 25개 지구협의회를 갖추고 실무기구로 1실 5국 14부 체계를 가지고 있던 노총은 1992년에는 20개 회원조합, 15개 시도협의회(시도지역본부), 23개 지구협의회[65] 체계로서 실무기구는 3실 10국 22부 1연구위원으로 증가하였다. 또한 이 시기 한국노총은 규모의 증가뿐만 아니라 조직도 세분화되었는데[66] 이익집단의 복수화와 더불어 대국민, 대대중을 상대로 한 선전 및 홍보의 역할이 강화되었다

---

65) 지구협의회가 1986년보다 숫자가 적은 것은 1992년에는 지구협의회를 지역지부로 개명하면서 각 지역으로 지부를 몇 개씩 묶었기 때문이다.

66) 1986~87년의 사무차장직속의 홍보부가 1988년에는 사무총장 지휘하의 홍보실로 바뀌고, 1989년은 홍보실하에 2개의 부서(홍보부·출판부)가 만들어졌다(한국노총 사업보고서참조).

한편 한국노총 내 여성조직은 1986년부터 1988년까지는 여성국 아래에 여성부와 청소년부[67]로 체계화되어 있었고, 1989년부터는 청소년 대신 문화부가 여성국 산하에 위치하게 된다. 그러나 부서의 이름에서도 알 수 있는 것처럼 여성국 내에서의 업무도 여성부문만 별도로 독립 강화되지 못하고 청소년 관련 업무까지 관장하였다. 이는 정무장관실이 여성부문만 집중적으로 관장하는 것이 아니라 노인, 청소년 대책 등을 떠맡음으로 인해 초점이 흐려지고 실제로 여성정책부문에 전념하기 어려웠던 사례와 맥을 같이 한다고 볼 수 있다. 그러나 노태우 정부 말기로 가면서 한국노총 내에서 여성의 위상이 조금씩 고려되었던 것으로 보이는데 1991년부터 여성위원회의 설립도 그 예로 들 수 있다.

다음으로 한국노총의 재정상황을 살펴보면, 재정은 조합원의 의무금과 기타수입금으로 충당된다.[68] 실제 한국노총의 수입 중에서 회비수입이 차지하는 비중은 다른 단체에 비해서 상당히 낮은 수준인데 이러한 현상은 1970년대 이후 더욱 심화되고 있다. 1970년대 이후 정부로부터 노동회관 건립보조금, 노총간부 교육비 지원 등이 늘어나고 사용자 단체 등의 외부지원이 늘어나게 되는데, 이는 한국노총의 재정자립도를 점차 약화시키는 원인이 된다.[69]

특히 1980년대 이후 기업별노조체제로 노동조직의 구조가 바뀌면서 한국노총의 회비수입은 더욱 감소하게 된다(한국노총, 1992: 194). 반면 정부로부터의 재정지원은 1989년 18억 3천만 원, 1990년 31억 9천만 원, 1991년 57억 7천만 원 등 꾸준히 증가하였다(김영민, 1992: 185). 이 밖에도 직접적인

---

67) 1986년에는 청소년 대책부에서 1987년에서는 청소년지도부로 1988년에는 청소년부로 부서이름이 바뀌었다.

68) 의무금은 한국노총산하의 각 회원조합이 소속 조합원수에 따라서 매월 납부하는 것을 말하며 기타 수입금에는 국고보조금, 외부지원금, 자체수익금, 이자수입 등이 포함된다.

69) 1983년의 경우 총수입 455,889천 원 중에서 해당년도의 회비수입이 차지하는 비율은 246,450천 원으로서 54.1%에 불과한 실정이며 나머지는 이월의무금, 미수금, 잡수입, 차입금 등이었다. 특히 세입세출예산과 별도로 처리되었지만 특별회계를 보면 국고보조금이 415,379천 원이었으며 무역협회 등 외부단체의 보조금이 123,700천 원이나 되어 노총의 외부의존도는 매우 높은 편이다(노동부, 1984: 86).

국고보조 외에 정부는 노동조합에 대한 조세면제 등 한국노총에 대한 재정
상의 간접지원을 하였다(김순양, 1994a: 140). 그러나 이러한 정부로부터의
재정상의 지원은 한국노총의 재정자립도를 약화시켰음은 물론이고, 결과적
으로 한국노총의 활동 및 자율성을 제약하는 요인으로 작용했다. 이는 다시
한국노총이 조합원들로부터 불신을 받게 되는 원인이 되기도 했다.

한편 한국노총의 여성사업비규모를 살펴보면 총수입대비 1%도 안 되는
극히 저조한 수준이다. 여성사업비는 주로 여성노동자들을 대상으로 하는
조사사업 및 교육, 세미나 토론회 등에 쓰이는데 이렇게 적은 사업비로는
여성노동자들의 실태조사나 제대로 된 의식교육 및 정책개발을 위해서는
턱없이 낮은 비중이다.

〈표 3-7〉 한국노총의 여성사업비 비중

(단위: 원, %)

년 도	총수입(A)	여성사업비(B)	비 율(%)
1990	1,513,973,347	12,230,000	0.8
1991	1,700,562,414	9,800,000	0.6
1992	1,701,328,315	10,000,000	0.6

자료: 한국노총 내부자료

라. 여 성

여성이익집단은 유리한 여성정책확보를 위해 개별노동자의 법정투쟁을
지원하는 등의 방법으로 여론을 확산하는 한편 이를 토대로 여성운동단체
와 연대하여 입법청원과 입법운동을 수행한다. 우리나라의 이익집단으로서
의 여성단체는 대표적으로 여협과 여연이 있다. 여협은 1959년 김활란 박
사를 중심으로 여성단체 간의 협력과 친선을 도모하고, 여성단체의 발전과
복지사회를 이룩하는 일에 여성이 적극 참여하도록 권장하며, 여성 단체의
의견을 정부 및 사회에 반영함을 목적으로 8개 단체가 모여 설립한 여성단

체연합체이다. 그리고 여연은 1987년 이우정 회장을 초대회장으로 해서 25
개 단체로 설립되었다. 당시 여성연합의 회칙에 명시된 단체의 목표는 "본
연합은 여성운동 세력 간의 조직적 연대를 이루어 나가며, 사회의 민주화
와 자주화, 여성해방을 쟁취함을 목적으로 한다"고 밝히고 있다.

그러나 개정된 현행정관에서 여협은 스스로가 비정치적 협의체라고 분
명히 선언한 반면, 여연은 여성들의 요구를 묶어서 정치적 영향력을 발휘
하는 데 중점을 두며 특히 일하는 여성의 입장에 서서 활동하는 여성운동
단체로서의 특성을 보인다. 따라서 두 여성단체는 엄격하게 보면 성격상
차이가 있다.[70] 이러한 차이는 같은 정책이라 하더라도 서로 다른 노선을
취하였으며, 이는 이익결집기능의 미약성으로 나타나기도 하였다.

두 여성단체를 포함하여 여성단체는 1990년 현재 정부에 등록한 여성단
체만도 70개 단체에 이르고 있으며, 여연 산하의 25개 비등록 단체를 포함
하여 전국적으로 2,200개의 단체가 산재하여 양적으로 놀라운 발전이 있었
다(여성개발원, 1991 : 228).

그리고 여성단체의 양적 증가와 더불어 여성단체들은 동원력을 갖추게
되었다. 정책행위자로서 이들 여성단체들은 그 목적은 약간씩 다르지만 여
성의 이익이라는 측면에서는 서로 연대하기도 하여 공동의 목표를 이루는
데 협조하였다. 또한 여성단체에서 여성문제에 대한 의식을 가지고 활동한
인물들의 정부로의 흡수(경계침투)는 여성계의 목표를 이루는 데 일조를
하였다고 볼 수 있다.

그러나 여성단체의 활동과 성장에도 불구하고 여성단체 대부분이 내부
적으로는 열악한 재정환경 속에서 많은 어려움을 겪고 있는 것으로 나타나
고 있는바(김금래, 1997) 참고적으로 여성단체의 연간예산규모를 〈표 Ⅲ
-8〉를 통해 살펴보면 다음과 같다.

---

70) 예를 들면, 김영삼 정부시기에 한참 논의가 되었던 유급생리휴가폐지조항에 대
해서도 노동계 및 여연은 생리휴가의 무급전환은 시기상조라는 입장을 취했던
반면, 여협은 권리는 보장하되 무급으로 하자는 정부 측의 입장에 동조하는 등
같은 사항을 두고도 여연과 여협은 입장에서 차이가 드러난다.

〈표 3-8〉 여성단체 연간 예산규모

(단위: 개, %)

예산액	1천만 원 미만	1천만 원－5천만 원 미만	5천만 원－1억 원 미만	1억－2억 원 미만	2억－3억 원 미만	3억 원 이상	계
단체수	19	41	14	6	3	6	89
%	21.3	46.1	15.7	6.7	3.5	6.7	100.0

자료: 한국여성개발원(1990c: 175)

여성단체의 연간 예산 규모를 보면, 연간 예산 5천만 원 미만의 단체수가 전체의 67%로 대부분을 이르고 있고, 3억 이상의 예산규모를 가진 단체는 6개 단체로 6.7%에 불과한 실정이다. 조직확대는 물론 독자적인 사업을 추진하는 데 가장 중요한 요소는 재정이다. 그러나 이처럼 취약한 재정구조는 그동안 여성단체 활동의 전문화와 지속성, 단체활동 전문가의 육성을 저해하는 결정적인 장애요인이었다. 결국 이러한 장애요인은 여성단체 활동의 수혜자인 전체 여성의 발전을 저해하는 근원적인 문제와 연결된다고 볼 수 있다.[71]

마. 기 타

여성노동정책의 핵심행위자로서 정부·기업·노동·여성은 정책네트워크에서 활발한 상호작용을 통하여 행위자의 이익을 관철시키기 위해 노력한다. 그러나 그 외 주변행위자로서 의회·유엔여성차별철폐위원회·정당·언론들 또한 여성노동정책형성 및 결정에 영향을 미치게 된다.

---

71) 대부분의 여성단체들의 재정은 회원들의 회비가 주요 재정원이고, 그 밖에 찬조금, 외국재단의 상비지원금, 그리고 재정사업 등으로 재정을 충당하고 있다(여성개발원, 1985a: 23). 그리고 정부 각 부처에서는 자기 부처에 등록한 여성단체를 중심으로 지원금을 교부하고 있으며 한국여성개발원도 여성단체 지원사업을 전개하고 있다. 특히 정부부처의 여성단체 지원사업이 등록단체를 중심으로 이루어지고 있는 반면 한국여성개발원에서는 1989년 이래 비등록 단체에도 지원금을 교부하고 있다(여성개발원, 1990a: 235-236).

특히 의회와 관련해서 여성국회의원은 정책의제형성에 많은 영향력을 행사할 수 있다. 여성의원들은 법률안의 발의, 정부제출법안의 부결·폐기·철회·지연시키는 방법, 그리고 정부제출법안의 내용을 수정·통과시키는 방법 등의 입법권행사 및 동료의원설득 등을 통해 정책형성 및 결정에 기여한다. 또한 여성의원들은 예산심의 및 의결권을 통하여 여성정책결정과정에 영향을 미치고, 각 소관위원회에서의 활동 및 청문회, 공청회와 같은 공개적 절차를 통해 여성단체, 전문가, 언론, 국민에게 의사표시의 기회를 줌으로써 여러 집단의 의사를 결집시키는 역할을 한다.[72]

대한민국 정부수립 이후부터 노태우 정부인 제13대 국회까지 우리나라 국회에 진출한 여성의원은 총 61명인데,[73] 모성보호와 관련하여 남녀고용평등법이 제정되고 1차 개정이 이루어지는 12대와 13대 국회에서의 여성의원 비율은 각각 2.9%와 2.0%였다. 이중 13대 국회에서는 직접선거로 당선된 여성국회의원이 하나도 없는 상태였다. 노태우 정부에서 김영정 의원, 박영숙 의원을 중심으로 가족법개정 및 고평법 1차 개정 법률안을 국회에 발의하였지만 전반적으로 국회에서 모성보호정책과 관련한 관심 및 선호는 미약했던 것으로 보인다.

한편 정당은 정권획득을 목적으로 결성된 조직으로, 정당들은 정치적 이슈를 형성하고 이것을 정책화하여 공약화 함으로써 유권자들에게 지지를 호소한다. 특히 정책과정차원에서 정당의 역할을 보면 정책의제 설정과정에서

---

72) 연구결과에 의하면 여성의원들이 남성의원들보다 여성정책에 관심이 더 많고 이와 관련한 발언횟수도 많은 것으로 나타났다. 여성 관련문제에 대한 관심이 남녀에 따라 차이가 나타나는가를 분석한 결과 전체 299명의 국회의원 중 여성의원의 수가 불과 9명이라는 점을 감안해서 볼 때 발언한 의원 1인당 여성 관련발언횟수는 여성의원이 남성의원의 약 4배가량 되는 것으로 나타났다. 뿐만 아니라 전체국회의원을 기준으로 본다면 여성의원들이 남성의원들보다 무려 12배 정도나 더 많이 여성과 관련된 발언을 한 것으로 나타났다(박숙자·김혜숙, 1998).

73) 1대에서 13대에 이르기까지 의원총수가 2934명이었음을 감안할 때 국회에서 여성의원의 비율은 평균 2.0%이다. 그러나 이 2%도 모두가 직접선거에 의해 된 것이 아니라 전국구와 같이 간접선거 형태로 국회에 진출한 숫자가 상당수이다(손봉숙, 1991a: 4).

이익결집기능을 수행하는데, 이익결집기능이란 각종 요구들을 행정 및 정치체제에 정책대안으로 전환시키는 것을 말한다. 이러한 정당 내에서도 집권여당은 정책결정단계에서 당정협의회와 당정협조 전담부서의 운영 등을 통하여 정부에 영향력을 행사하며 때로는 정당에서 결정한 정책들을 직접 입법부에 제출하여 통과시킴으로써 실질적으로 정책형성을 주도한다(이종수·윤영진, 1997: 233). 그리고 야당은 정책비판과 정책대안의 제시 등으로 국민들로부터 정치적 지지의 확보노력 외에 그들의 목적을 위해 야당끼리 연합하거나 개혁정책을 바라는 주요 사회세력과 연합하여 정치적 지지와 이미지의 고양을 도모한다(정양숙, 1998: 47). 정당과 의회의 관계에 있어서도 정당이 의회의 활동에 미치는 영향은 매우 크다. 의회에서 의원들의 입법활동은 소속정당의 정책에 의거하고 중요한 의제에 관해서 의원은 거의 당규와 당의를 쫓게 되어 있으며 따라서 의회 내에서의 토의나 심의가 형식화되는 경향이 있다(김영평, 1985: 36). 모성보호와 관련한 정책들이 이루어지는 과정에서 여성단체와 노동계에서 정부여당을 비롯한 야당에게 그들의 의견을 제시하고 면담방문을 통하여 정책요구를 하는 것도 실제 정당이 의회와의 관계에 있어서도 중요하고 정책결정에 미치는 영향이 크기 때문이다. 1987년 고평법 제정과정에서도 민정당의 정순애 여성국장의 역할이 매우 중요한 기여를 하였던 것으로 나타났다.[74] 고평법 제정과정에서는 정부와 당시 여당인 민정당이 법제정을 주도하였으며 1차 개정과 관련해서는 개정을 반대하였으나 당시 정치권의 여소야대 상황으로 어쩔 수 없이 개정이 이루어지게 되었다. 따라서 노태우 정부에서 정부와 여당이 진정으로 여성노동자의 권익을 추진하려는 의지가 있었다고 보기는 어렵다.

---

74) 당시 고평법 제정과정에서 민정당 정순애 여성국장은 노동부 김송자 국장과 밀접한 관계를 유지하면서 정보를 제공하여 1987년 가을 정기국회에 고평법이 정기국회법률안건에 올리도록 결정적인 기여를 해주었다고 회고하고 있다(김송자, 2001: 126-134).

2. 정책행위자의 상호작용

가. 남녀고용평등법 제정 및 개정배경

한국경제는 1960~70년대의 산업화추진으로 인해 비약적 경제발전을 이룩하고 1980년대 들어서는 세계경제의 회복세에 힘입어 높은 경제성장을 보이기 시작했다. 이와 함께 노동 시장 내에서는 미혼의 미숙련 생산직 여성의 수가 점차 감소하는 한편 기혼여성인력이 이를 대체하는 현상이 일어났다. 또한 점차 고학력여성들의 전문직·사무직으로의 진출이 늘어나는 추세를 보이고 있는 상황에서 여성노동에 대한 인식과 고용기회, 대우에 있어서의 평등의식이 점차 높아지게 되었다.

그러나 1953년에 제정된 노동조합법과 근로기준법은 헌법의 남녀평등원칙을 노동관계에서 차별금지로 구체적으로 규정하고는 있었지만 법적 규정의 애매함과 추상성, 낮은 사회적 인식 등으로 인해 노동현장에서는 여전히 성차별적 관행과 규제가 만연되어 있었다.

이 시기 정부는 유엔의 여성차별철폐협약에 비준하는데, 이 협약이행에는 남녀고용평등을 구체적으로 보장하는 조치를 취해야 한다는 것이 의무사항이 되어 있었고 유엔가입을 앞두고 여성·노동계를 위한 최소한의 법정비가 필요한 시점이었다. 따라서 1985년 4월 국무총리 산하의 여성정책심의위원회에서는 고평법의 제정을 정책과제로 선정하게 되었다. 그 후 여성개발원에 의해 「여성고용촉진법제에 관한 연구」등이 수행되었으나 당시에는 적극적으로 고평법제정이 이루어지지 않다가 1987년 말 대통령선거에서는 남성보다 31만 표나 더 많은 여성의 표를 의식하여 입법추진된 것이다. 그러나 추진과정이 공개적 여론수렴과정을 충분히 거치지 않고 이루어지는 과정에서 고용평등에 중요한 조항들이 누락되는 결과를 가져왔다. 따라서 고평법은 제정됨과 동시에 여성단체 등에 의해 대부분 개정운동에 들어갔고 여성계의 지원을 받으며 1차 개정에 이른다.

나. 정보흐름

(1) 권력수준으로의 정보흐름: 정책 건의·청원

고평법은 1987년 12월 4일 제정되었고 정부는 1988년 2월 13일 고평법
의 시행을 입법 예고한 상태에서 시행령을 마련하고 있었다. 때문에 정부
와 민정당은 1988년 중에는 노동관계법을 개정하지 않는다는 방침을 세웠
으나 경총과 한국노총 그리고 여성계에서는 '고평법 시행령' 제정방향 및
개정에 대해 노동부에 건의하는 등의 활동을 하였다. 상호작용을 하는 데
있어 행위자의 이익표출은 행위자의 의도한 정책목표를 달성하는 데 있어
서 매우 중요하다. 이익표출에 있어서 표출행위의 빈도는 상호작용의 강도
및 중요도를 파악하는 중요한 요소이다. 이 시기 모성보호와 관련한 정책
건의나 청원수는 1988년에 가장 집중적으로 많이 있었고 이의 결과 1989년
의 1차 개정에 이르게 되었다.

노태우 정부시기에 고평법 개정과정에서 행위자로는 노동계가 가장 많
은 모성보호관련정책건의 및 청원활동을 하였으며 1차 개정이 이루어진 후
에도 지속적으로 모성보호정책에 대한 이익표출을 하였다. 경총도 1988년
정책건의가 3회 있었으며 1차 개정을 앞두고 권력수준으로의 적극적인 이
익표출을 하였다.

〈표 3-9〉 모성보호정책 건의·청원

구 분	1987	1988	1989	1990	1991	1992	합 계
노 동	1	2	1	2	2	2	10
경 영	1	3			1	1	6
여 성		2				1	3
합 계	2	7	1	2	3	4	19

주 1: 노동은 한국노총의 집계
주 2: 경영은 경총의 집계

특히 노태우 정부에서의 모성보호정책과 관련하여 고평법 1차 개정이 이

루어지기까지의 각 행위 주체자들의 입장을 정리해보면 〈표 Ⅲ-10〉와 같다.

경총은 고평법안이 확정되자 남녀차별로 인한 우수한 여성인력의 사장을 방지한다는 점에서 기본적으로는 찬성하였다. 그러나 이 법의 제정은 기업의 인력수급에 법에 의한 강제력이 개입되게 함으로써 기업의 자유로운 인사정책에 혼선을 가져올 뿐만 아니라 오히려 역기능을 초래할 것이라며 별도의 정책건의를 하였다. 경총은 첫째, 여성의 고용확대는 법에 의한 강제보다는 기업의 인력채용의 자율성을 보장하면서 지도·지원하는 차원에서 해야 할 것을 요구하였다.

〈표 3-10〉 행위주체자들의 모성보호정책에 대한 입장

구 분	정 부	기 업	노 동	여 성
여성의 유해·위험사업장, 휴일근로·야업금지, 시간 외 근로, 갱내노동금지		폐지(87)		
생리휴가, 산전산후휴가, 육아기간		무 급	유급휴일화(실제 사용토록지도), 모성보호와 유아에 대한 특별조항보다 구체적 명시, 산전후60→저소득층에 우선하여 90일로 연장(92)	육아휴직기간의 근속연수삽입(88)
태아검진			임신 중 월 1일 제공	
육아시설	상시근로자 300인 이상으로	적용대상을 500인 이상 사업체 중 기혼여성이 일정 수 이상인 경우로	1백인 이상의 사업장으로 확대, 직장탁아시설확대	
기 타		고평법벌칙규정 없도록 할 것	근로기준법상의 모성보호조항강화(89), 사업주의 모성보호 위한 건강진단의무화(89), 산전산후유급휴직과 유산휴직 보장 및 강화(89)	

둘째, 여성의 유해·위험사업장에의 사용금지, 휴일근로, 야업금지, 시간외 근로금지, 갱내노동금지 등 기업의 여성채용기피이유가 되고 있는 근로기준법상의 여성과보호조항을 폐지하여 여성고용확대를 도모할 것을 건의하였다. 또한 생리휴가, 산전산후휴가, 육아기간 등을 무급으로 하고 특정사업장에 대해서는 이들 조항의 적용제외를 규정하여 기업의 자발적인 여성채용의 확대를 유도하며 여성직종의 개발, 직업훈련의 강화, 여성근로환경 개선 및 탁아소 등 부대시설에 대한 재정·금융지원 등 보다 다각적인 정책구상이 필요하다고 지적하였다. 셋째, 고평법은 기본이념을 정립하고 각 당사자의 책무이행을 지도·지원하는 것이어야 하므로 벌칙규정이 없도록 할 것을 주장하였다(경총, 1988: 68).[75]

이러한 일련의 건의들을 볼 때 경총의 기본적 입장은 지나치게 정책적인 여성인력보호는 인력의 수급기능을 더욱 악화시켜 남녀임금차별을 초래하며 여성취업자들의 보호조항들이 여성의 경제참여확대와 마찰을 일으킨다는 것이었다(경총, 1988: 64-66). 그러나 6·29로 인해 등장한 노태우 정부는 민주적 절차가 어느 정도 회복된 시기로서 정부는 노사관계에 대해 직접적으로 개입하는 것을 회피하였고 더구나 제13대국회의 여소야대 상황은 정부가 기업을 과거처럼 옹호해 줄 수 없는 형편이었고 기업들도 과거처럼 국가권력에 전적으로 의존할 수 없는 상황이었다.

한편, 한국노총은 1988년 3월 23일 '남녀고용평등법의 제정 의의와 문제' 토론회 결과를 노동부에 건의하였고 동일가치 동일임금 명문화, 혼인·임

---

75) 또한, 경총은 여성근로자 고용에 있어서의 다음과 같은 문제점들을 들어 고평법안의 수정을 요구하였다. 첫째, 여성근로자는 상당수가 스스로 결혼과 함께 직장을 떠나기 때문에 재직기간이 짧아 기술축적이 어렵고, 둘째, 근로기준법상의 여성보호조항이 기업입장에서 남성을 선호하는 경향에 기여하며 여성인력의 고용은 복잡한 노무관리를 초래하며 여성근로자를 위한 별도의 시설 및 작업환경을 필요로 하므로 기업입장에서는 부담이 된다는 것이다. 그러나 이러한 주장은 한국기업의 여성근로자에 대한 인식의 수준을 의미하는 것이기도 하다. 모성보호는 바로 첫 번째와 같은 이유로 필요한 것이며 두 번째와 같은 이유로 사회적 재생산기능을 가지는 여성에 대한 보호가 개인의 문제가 아니라 사회공동의 책임이라는 인식의 전환이 필요한 것이다.

신·출산 등을 이유로 한 해고·휴직·감봉 등 불이익조치금지 규정신설을 천명한 고평법 개정안을 마련했다.[76]

또한 고평법의 시행을 약 한달 앞둔 1988년 3월 3일 고평법에 대한 간 담회를 통해서 한국부인회 등 여성단체들은 법 자체가 선언적·권고적 규 정으로 일관되어 그 효력이 의문시되고 있다며 근로여성의 권익을 위하여 노동부가 마련한 시행령안의 적용범위 확대와 고평법위반에 대한 벌칙 강 화 등을 건의하였다(경향신문, 1988. 3. 4). 또한 여성단체는 고평법 공개토 론회, 자료집 발간 및 개정안마련 등을 진행해나갔다. 그리고 1988년 7월 1 일에는 고평법 개정시안을 국회에 직접 제출하는 등[77] 적극적인 법개정운 동을 전개하였다. 특히 이러한 여성단체의 개정활동은 한국노총의 남녀고 용평등법 개정활동의 지원을 받았다.

즉, 행위자로서 노동계 및 여성계는 모성보호조항의 강화와 고평법위반 에 대한 벌칙강화 등을 주장한 반면 경총은 정부의 강제력보다 기업의 자 율성에 맡겨줄 것을 건의하였다.

결국 여성단체와 한국노총의 법 개정활동은 평화민주당의 박영숙 의원, 통일민주당의 김광일 의원 등 149인의 의원으로 하여금 남녀고용평등법의 개정법률안을 1988년 12월 15일 국회에 발의케 하였고,[78] 이러한 노력들은

76) 이 개정안은 성차별을 이유로 부당한 채용 또는 근로조건의 불이익을 받지 않 도록 한다. 근로여성위원회의 심의결정사항 시행의 실행성을 강조한다. 노동평 등을 원칙으로 한 동일가치노동 동일임금을 보장한다. 여성의 혼인·임신 또는 출산을 이유로 하고, 휴직 감봉을 금지한다. 육아휴직을 이유로 근속연수에 불 이익을 받지 않도록 한다. 분쟁의 자율적 해결기간을 10일 이내로 규정하여 신 속을 기한다. 위원회의 공정성을 보장하기 위해 구성된 위원회 구성원은 해당 단체에서 추천토록 한다. 근로여성위원회가 지방노동행정기관 산하의 고용문제 조정위원회의 결정을 재심할 수 있는 제도를 신설한다. 분쟁조정기간을 30일, 재조정기간을 15일로 규정하여 장기화의 지연을 규제하고 불만에 대한 공정성 을 확보한다. 조정결과의 효력을 재판상 화해와 같이 하고 관계당사자 간 합의 사항을 서명, 날인하도록 한다. 법적 강제력을 가질 수 있는 벌칙조항은 근로 기준법에 의거한다(동아일보, 1988. 7. 14; 서울신문, 1988. 7. 15).

77) 여성단체들이 직접 국회를 상대하여 시안을 내게 된 것은 이 법의 개정에 대 한 최소한의 요구를 정당차원에서 검토되기를 기다리면 시간이 너무 많이 걸 리고 시급한 문제이므로 이를 촉구하는 의미에서였다.(조선일보, 1988. 6. 23)

노동관계법 개정 시 여성계와 노동계의 주장을 대폭 수용한 고평법 1차 개
정과 생리휴가를 청구하지 않더라도 월 1일의 유급생리휴가를 주도록 하는
등 근로기준법의 개정을 가져왔다.

그러나 남녀고용평등법 제정을 계기로 여성근로자에 대한 시각을 '보호'
에서 '평등'으로 전환시켜야 한다는 주장이 기업과 정부의 경제 관련부처에
의해서 제기되면서 모성 및 여성보호의 축소와 폐지가 제기되었다. 1990년
4월 상공부는 여성근로자에 대한 시각을 '보호'에서 '평등'으로 전환해야 될
시점에 있다고 주장하면서 생리휴가제를 폐지하고 여성근로자 야간작업이
나 유해업종에 대한 제한규정 등 여성에 대한 특별보호규정을 삭제하려 하
였다.79) 반면 여성노동계는 1990년을 '모성보호의 해'로 1991년을 '평생평
등노동권 확보의 해'로 정하고 모성보호의 사회적 의미를 확산시키며 국가
정책적인 차원에서 모성보호제도가 확립될 수 있도록 운동을 전개했다.

이어 1992년부터는 근로기준법의 여성근로자보호조항과 관련하여 노동
계·여성계·경영계 등이 다시 한번 대립하게 된다. 한국노총은 1992년 전
국 여성노동자대회를 개최하고 여성노동자의 평등하고 인간다운 삶을 보장
하기 위하여 남녀고용평등법의 정착 실현, 여성노동의 고용안정 정착 실현
및 모성보호를 촉구하는 결의문을 채택하고 이를 관련 기관에 건의한다(경
총, 1993: 411). 이에 여연도 1992년 5월 22일 한국노동연구원의 노동관계
법 연구위원회에 근로기준법 중 여성 관련조항에 대한 개정요구안을 제출

---

78) 이들이 발의한 주요 개정내용은 ① 차별의 정의 명확화 ② 국가와 지방자치단
체가 근로여성위원회에서 심의·의결된 사항 시행 시 동위원회에 세부계획 보
고 ③ 동일노동 동일임금 ④ 근로계약 체결 후 혼인·임신·출산 등의 이유로
불이익을 받지 않도록 하며 ⑤ 분쟁해결에서 입증책임을 사용자가 지도록 하
며 ⑥ 벌칙조항의 강화 등이다.

79) 그러나 기업과 정부 측에서 보호에서 평등으로의 시각전환을 주장하며 생리휴가
폐지 및 여성특별보호조항을 폐지하려는 것은 지나친 자본의 논리이다. 왜냐하
면 이제 경우 남녀고용평등법이 제기되었고 아직도 현실은 고용현장에서 차별이
만연하고 있으며 서구 선진국가들처럼 모성보호가 제대로 확보되지 못한 상황이
기 때문이다. 서구국가의 경우 생리휴가는 없지만 노동시간이 짧고 노동조건도
훨씬 양호하다. 서독의 경우 노동시간이 주 40시간이고 연 6주의 질병유급휴가
제도가 있어 생리휴가와 같은 방식으로 사용할 수 있다(신경아·차인순, 1991).

하였고, 7월 28일에는 ILO공대위와 전노협에 근로기준법 개정요구안에 여성 관련개정요구안 추가요청서를 제출한다.

그리고 여연을 비롯한 여성계 10개 단체는 대통령선거일이 공고된 11월 20일 여성노동자료집 『일하는 여성이 바라는 여성노동정책은?』을 펴내고 정부와 기업체 양쪽에 여성노동자가 평등한 노동권을 가질 수 있는 노동정책마련을 촉구했다. 특히 이 자료집에서는 모성보호확대를 위해 산전산후휴가 90일 이상 확대, 육아휴직을 위한 사회보장제도 마련, 유급유산휴가제 실시, 임신 중 여성의 야간근로 전면금지, 임신 중 정기검진휴가제 실시, 자녀간병휴가제 실시 등이 마련돼야 한다고 촉구했다. 특히 자녀간병휴가제, 유급유산휴가제, 임신 중 여성의 야간근로 전면금지 등의 주장은 노동계의 그것과 비교해 볼 때 더욱 강도 높은 요구라 할 수 있다. 또한, 여성계에서는 육아휴직기간의 근속기간포함, 육아휴직의 남녀공유, 모성보호비용의 사회분담원칙을 내놓았다. 그러나 경영계에서는 이러한 모성 관련조항들이 사실상 비용의 문제와 관련되기 때문에 기업들이 여성고용을 기피하게 되는 원인이 된다며 생리휴가제도의 폐지의 입장을 취한다.

종합해보자면, 노태우 정부의 모성보호와 관련한 행위자들의 상호작용은 첫째, 정책건의 및 청원을 통한 정보흐름은 초기에는 열악한 근로환경을 감안할 때 근로기준법상의 모성보호조항이 잘 지켜질 수 있도록 요구하고 벌칙조항에 대한 강화요구 정도이다. 그러나 후기로 가면서 선거를 의식한 여성 및 노동계의 요구의 수준이 높아졌다. 특히 여성단체의 모성보호와 관련한 요구는 비용의 사회분담화나 출산휴가기간연장 유급육아휴직 등 진일보하였다. 둘째, 1988년 4월 시행도 해보지 않은 시점에서부터 1차 개정 운동이 일어났는데[80] 1차 개정을 앞두고 권력수준으로의 정보흐름인 정책건의 등이 많이 일어났으며 기업의 대중수준으로의 정보흐름은 한 건도 없었다.

---

80) 이는 제정 자체가 정부주도로 급하게 이루어지다 보니 국제적·보편적 입법동향과 달리 남녀평등이념이 철저하지 못하고 실효성이 적은 문제, 동일가치노동의 동일임금규정과 차별의 정의규정, 여성고용차별행위에 대해 근로기준법보다 벌칙을 낮게 하는 등의 입법상의 중대한 미비점(한국여성개발원, 1999) 등이 발견되었기 때문이다.

(2) 대중수준으로의 정보흐름: 성명서・결의문・여론동원

고평법과 근로기준법의 제정 및 1차 개정 이후에도 한국노총은 그들의 요구사항을 대중수준으로 확산시키기 위해 성명서・결의문 발표 등을 통해 여성계나 경영계보다도 더욱 다양한 활동을 벌였다.

〈표 3-11〉 성명서・결의문

구 분		1987	1988	1989	1990	1991	1992	합 계
노 동	성명서			1	2	1		4
	결의문	1	1	1	2	1	1	7
경 영								
여 성			1		1		2	4
합 계		1	2	2	5	2	3	15

한편 여성계는 이 시기 총 4건의 성명서・결의문을 발표하였는데,[81] 이는 노동계와 마찬가지로, 고평법 제정 이후 여성계가 고평법의 문제점을 개선하고 실효성을 강화하기 위한 법개정운동을 꾸준히 전개하면서 성명서・결의문 발표 등의 방법보다는 서명운동과 각 여성단체 및 노동조합과 대학 등에서 순회강연, 고평법 개정촉구를 위한 피케팅과 가두전단 배포 등의 방법을 통해 대중수준으로의 여론 확산을 위하여 꾸준한 활동을 전개하였기 때문이다.

그리고 대중수준으로의 성명서나 결의문을 통한 정보흐름이 노동계의 경우 행사 때마다 1회 정도씩 이루어진 반면 경영계는 단 한건도 없었던 것이 특징이다. 이것은 1987년 이후 노동이익집단들의 대중수준으로의 의사표출이 많아진 것에 비해 기업이익집단이 대중을 상대로 기업의 이익을

---

81) 성명서・결의문 외에 1989년도에는 1회의 면담 및 방문, 3회의 시위가 있었다. 이후 1990년 3월 8일에는 세계여성의 날을 맞아 남녀고용평등법의 대폭개정과 의무채용제 채택 등을 내용으로 하는 특별성명서를 발표하고, 여성노동자의 모성보호 및 탁아시설 확충 촉구결의대회를 실시하였다(경총, 1991: 82).

표출하는 행위는 사회분위기로 보거나 기업문화로 보거나 아직 익숙하지
않은 탓에도 기인한다고 볼 수 있다.

1차 개정 이후 이루어진 90년과 91년의 내용을 살펴보면 탁아시설확충
및 탁아제도의 정착과 모성보호를 위해 육아휴직제의 정착 등 직장과 가정
의 양립과 관련된 요구들이 있었다(한국노총, 1992: 706-707). 또한 1992년
에는 정부의 노동법 개정 움직임에 있어서 경총이 생리휴가 폐지 등을 중
심으로 하는 노동관계법 개정안에 대해 5월 20일 여성단체들은 "근로기준
법에 명시된 여성의 권익·모성보호조항마저도 무시한 개악안"이라고 비난
하면서 철회촉구 성명서를 내고 여론화함으로써 이를 저지시켰다. 그리고
11월에는 김주미 씨 소송사건과 관련하여 여성민우회, 서울여성노동자회
등 여성단체들을 중심으로 하여 '임신 중 생리휴가에 대한 우리의 입장'이
라는 성명을 발표하였다.[82] 이렇게 신청하지 않아도 유급으로 주는 생리휴
가조항에 대해 기업은 지속적으로 이의 폐지 또는 무급으로의 전환을 주장
했고 여성계와 노동계는 우리나라의 열악한 근로상황을 고려해 볼 때 이는
모성보호로서 지켜져야 할 사항이라면서 존속을 주장하였다. 그러나 이 조
항은 이후 김대중 정부의 모성보호확대과정에 이르기까지도 계속 논란을
거듭하게 된다. 또한 1990. 1. 1~1991. 12. 30까지의 기간에 모성보호와 관
련한 여론동원을 살펴보면 신문사로는 한겨레(19회)가 가장 많이 다루었으
며 동아일보(1회), 경향신문(1회)이 가장 낮았다. 기사가 실린 면도 여성면
이 25회, 다음이 사회(8회), 기획·연재(7회) 순으로 횟수나 중요도 측면에
서 아직까지 여론형성이 크게 이루어지지 않은 것으로 보인다.

---

82) 1992년 6월 20일에는 산업디자인 포장개발원 출판과에 근무하는 김주미(32)씨
   가 임신 중 생리휴가의 적법성에 대해 처음으로 소송을 제기한 사건이 있었다.
   이는 김씨가 임신한 기간 10개월 동안 생리휴가를 인정하지 않은 기업에 대해
   법원이 손을 들어준 사건으로 생리휴가유급화에 대해 여성계와 노동계의 비상
   한 관심을 불러일으켰다. 특히 여성계는 현실적으로 기혼직장여성을 위한 정기
   검진, 입덧휴가 등이 없는 상황에서 근로기준법상 생리휴가조항의 입법취지가
   여성의 모성보호를 위한 것이므로 임신 중의 여성에게는 마땅히 생리휴가를
   주어야 한다고 강조하였다(한겨레신문, 1992. 11. 6).

다. 인사흐름

정책형성 및 정책의 최종법안통과에 있어서 누가 어떤 자리에 있었고 어떤 역할을 했는가 하는 것은 여성정책과 관련해서 특히 중요하다 할 것이다. 그러나 어떤 인사가 무조건 그 자리에 있었다고 해서 여성정책에 다 영향을 미친다는 것은 아니다. 여성의 문제를 진심으로 공감하고 또 변화를 추구하고자 하는 의지가 있어야 한다. 그렇지만 현실적으로 여성의 문제를 공감하고 특히 모성보호정책에 대한 의지를 갖고 변화를 끌어내기 위해 노력하는 인사가 누구이며 그를 파악해낸다는 것은 무척 어려운 일이다. 특히 의지가 있었는지를 파악하는 것은 더더욱 어렵다고 할 수 있다. 따라서 여기에서 다루고자 하는 인사의 흐름은 주로 정책결정과정에 영향을 줄 수 있는 정·관계의 인사들을 중심으로 그들의 과거 활동경력을 참조해가며 살펴보고자 한다.

노태우 정부시기는 모성보호정책의 준비기에 해당하며 이시기는 여성의 국회진출도 활발하지 않았다. 노태우 정부의 13대국회에는 지역구출신의원은 한명도 없고 전국구출신의 여성의원들이 6명이었다. 한편 고평법 제정 당시 법안을 발의하였던 김영정 의원은 한국여성개발원장을 역임했으며 고평법 1차 개정 시 개정법률안을 발의한 박영숙 의원은 여성단체활동을 하다가 국회로 진입한 케이스다. 한편 고평법 제정과정에서 노동부의 여성국장인 김송자와 당시 여당인 민정당의 여성국장인 정순애는 긴밀한 상호 협조관계를 가지고 있었던 것으로 보인다. 당시 여성국장 정순애는 여당 쪽으로 들어가는 다수의 정책 관련정보들을 노동부 김송자 국장에게 알려주고 주요한 정보들과 방법들을 가르쳐 주기도 했다(김송자, 2001).

그러나 전반적으로 노태우 정부에서는 근로기준법조차 잘 안 지켜지는 상황에서 여성근로자의 모성보호와 관련하여 여성계나 노동계의 요구나 이익투입활동이 활발하지 않았으며 이에 따라 1차 개정과 관련하여서 여성의원들의 활발한 역할도 찾아보기 어렵다. 이는 고평법제정은 정부주도로 이루어졌으며 1차 개정은 정부에서는 원하지 않았기 때문인 점도 작용한 것으로 보인다.[83]

라. 연계행위

(1) 공식적 연계

(가) 여성정책심의위원회

여성정책심의위원회는 정부와 여성계의 상호작용의 접촉통로로써 기능한다고 볼 수 있다. 노태우 정부에서 여성정책심의위원회는 총 7회의 회의가 열렸는데, 1988년 이후 5차 심의위원회의 개최 이래 심의안건의 주요 내용은 여성문제의 중요성, 여성의 정책결정과정에서의 참여 및 의식화, 성폭력 등 여성과 관련된 전반적인 주제가 폭넓게 다루어졌다. 그러나 여성노동정책, 특히 점차 증대하는 여성의 사회참여현실에서 여성의 모성보호와 관련되는 안건은 한건도 다루어지지 않았다(정무장관(제2)실, 1995). 이는 어쩌면 당연한 상황으로서 기업과 밀접한 관계에 있는 경제기획원장관과 모성비용의 사회부담화가 이루어지게 되면 당장 영향을 받게 될지도 모를 보건복지부장관[84] 등이 부위원장으로 있는 심의위원회에서 기업에 부담을 줄 수 있는 모성보호정책이 논의되기는 어려웠으리라 짐작된다. 하여튼 여성정책심의위의 의제들을 통해 볼 때 노태우 정부에서는 여성노동 특히 모성보호와 관련된 문제가 주요 이슈로 부각되지 못했음을 알 수 있다.

(나) 간담회 · 공청회 · 토론회 · 회의

고평법이 국회의결을 거쳐 확정된 지 채 한 달도 되기 전인 1987년 11월 19일 대한YWCA연합회를 중심으로 고평법 법안제정내용의 문제점에 대한 세미나가 열렸다. 이어 1988년 3월 2일에는 한국가정법률상담소의 고평법 설명회, 3월 3일 한국부인회의 고평법 간담회, 5월 7일 한국여성민우

---

83) 노태우 정부의 인사흐름에서 여성의원이나 관료의 역할 및 기여도를 확인 추적하는 것은 자료수집의 어려움과 당시 상황을 증언해 줄 수 있는 인사의 작고 등으로 인해 충분한 연구가 이루어지지 않았음을 밝힌다.

84) 김영삼 정부의 세계화추진위원회에서 여성의 사회참여확대를 위하여 모성보호비용의 사회분담화방안이 나왔을 때도 보건지부관계자는 재정부담이 의료보험에서 갹출되어야 할지도 모른다는 사실이 부각되자 강경한 반대 입장을 취했다고 한다(조은, 1996).

회의 남녀고용평등법 공개토론회 및 자료집 간행, 6월 21일 여연의 고평법 개정 시안의 확정을 위한 세미나 개최, 1989년 2월 11일 여연의 고평법 개정에 대한 4당 초청토론회 개최 등 고평법에 대한 일련의 개정촉구활동들이 여성계를 중심으로 해서 지속적으로 일어났다.[85]

노태우 정부는 〈표 3-12〉를 보면 알 수 있듯이 고평법과 관련하여 개최된 간담회·세미나·토론회 등에서 다른 행위주체보다도 특히 여성계의 활동이 매우 활발하였음을 알 수 있다.[86]

〈표 3-12〉 간담회·세미나·공청회·회의 [87]

구 분	1987	1988	1989	1990	1991	1992	합 계
노 동		1	2	1			4
경 영				1			1
여 성	1	4	1	1		6	13
합 계	1	5	3	3	0	6	18

주: 노동계는 한국노총만 집계

---

85) 이 과정에서 1988년 3월 23일 한국노총주최로 열린 남녀고용평등법에 대한 토론회에서는 법의 위반에 대한 벌칙강화를 주장하는 의견이 대부분이었지만 한국의 남녀차별은 노동관행·노동행정의 취약성·여성운동의 취약성에서 유래하는 것이며 고용상 남녀평등은 근로기준법 5조의 올바른 적용으로 실효를 거둘 수 있다고 지적하고 오히려 이 법으로 기업부담이 커져서 여성채용을 막게 되는 것이 아니냐는 의문도 제기되었다.(한국일보, 1988. 3. 25).

86) 여성단체들은 남녀고용평등법 공개토론회 및 자료집의 간행으로 홍보활동을 전개하였고, 여연 내의 법학자·사회학자·여성운동가 등으로 구성된 산하 특별위원회의 연구를 기초로 노동현장에서 실제 효력을 거둘 수 있는 내용의 개정안을 마련하여 5월 30일 4개 정당에 보냈고, 6월 16일 개정시안의 확정을 위한 세미나 개최 후 6월 21일 개정시안을 발표하였다. 여성단체들의 남녀고용평등법 개정시안의 주요 내용은 다음과 같다. 첫째, '성에 의한 차별'과 '모성보호'에 관한 명확한 개념의 규정을 신설하고 둘째, 남녀 동일노동 동일임금에 관한 구체적 명시, 셋째, 모성보호 조항의 강화를 위해 근로기준법상의 출산휴가 대상의 확대적용, 육아 휴직기간을 '휴직'이 아닌 '근속기간'으로의 포함, 여성근로자 대다수가 혜택 받을 수 있는 적정한 육아시기 기준 등 제시, 넷째, 기혼여성 재취업 원조에 대한 규정의 신설, 다섯째, 남녀고용평등법의 강행성과 벌칙규정의 강화와 위원회의 감시기능 강화, 여섯째, 법의 적용대상 및 범위의 확대와 고용촉진을 위한 규정의 신설 등의 내용을 담고 있다.(한국경제신문, 1988. 6. 23).

110

이를 통해, 고평법 제정과 1차 개정과정에서 정책행위자들 간에서도 노동계는 주로 성명서와 결의문 발표 등에서 활발한 활동을 보인 반면 여성계는 이러한 방법들보다는 간담회와 토론회 개최 또는 자료집 발간 등의 방법을 주로 이용하여 상호작용을 해왔음을 알 수 있다. 경총의 경우는 1990년에 1회[88]의 이익표출활동을 벌였다. 이는 다른 기간에 경총의 활동이 단 한 건도 없는 것과 대조된다. 이는 모성보호가 아직도 정책행위자들 특히 기업에게 중심이슈로 부각되지 못하고 있다는 것을 상징적으로 반증하는 것이며 따라서 기업에서도 이에 대한 대응필요성을 크게 인식하지 않았던 것으로 볼 수 있다.

1992년부터는 여성계의 활발한 활동이 있었다. 1992년부터 1993년까지 여연·여협·여성민우회·여성노동자회 등 여성단체와 한국여성개발원 등의 전문가행위자, 그리고 한국노총 등은 남녀고용평등법의 정착화를 위한 토론회, 평생평등노동권확보를 위한 모집과 채용에서의 남녀고용차별개선 및 차별임금개선, 직장탁아소 설치 등을 주제로 각종 토론회 및 간담회를 개최하였다. 특히, 여연은 1992년 대통령선거에 즈음하여 여성노동자들의 모성보호와 평생평등노동권 확보를 위해 반드시 확보되어야 할 정책과제를 마련하고 이의 실현을 위해 노조 등과의 연대활동을 수행한다. 구체적으로는 여성노동정책 마련을 위한 간담회가 있었고 『일하는 여성들이 바라는 여성노동정책은?』이라는 자료집을 제작 배포하였다. 이는 제조업과 사무직

---

87) 간담회·세미나·공청회·토론회 등은 노동계의 경우 한국노총의 『사업보고서』, 민주노총의 『사업보고서』, 경영계의 경우 경총의 『사업보고서』와 『노동연감』 각년도, 그리고 이 시기의 일간지 검색(KINDS)을 통해 분석되었다. 따라서 그 외비공식적인 소규모 간담회나 토론회 등은 집계에서 제외됨을 밝힌다.

88) 경총은 1990년 고평법상의 문제와 개선방안의 모색을 위한 여성 관련회의를 개최하고, 고평법 제정은 오히려 여성고용을 감소시키는 요인이 되었다고 지적하였다. 이어 고평법의 문제점으로 법규위반에 대해 법적 규제나 처벌보다는 권고나 권유로 처리해야 바람직하며 여성근로자 본인도 업무수행능력에 있어 남자와 동일하다는 면모를 보여주어야 할 것과 한국노총이나 여성단체에서 교육훈련 및 시간제노동을 취업인구증가 및 고용기회의 확대 등의 측면에서 긍정적으로 볼 것 등을 제안하였다.

노조·여성단체·노동운동단체가 공동으로 여성노동정책을 마련하고 실천 활동을 전개한 최초의 활동으로, 이후 여성운동 이슈를 중심으로 한 연대 의 기초를 마련하였다고 볼 수 있다(여연, 1993: 22-23).

(2) 비공식적 연계: 방문·전화·서신 등[89]

고평법제정과정에서는 비공식적 연계행위가 중요함을 알 수 있는데 제 정과정에서 노동부의 김송자 국장과 민정당의 정순애 여성국장의 지속적인 긴밀한 관계를 통한 정보교환, 관련 국회의원들과의 방문, 서신, 전화 등을 통한 비공식적 연계가 법안상정 등에 중요한 기여를 한 것으로 볼 수 있다 (김송자, 2001). 또한 고평법 개정과정에서는 특히 고평법이 가지는 중요성 에 비추어 볼 때, 여성계 내의 몇몇 단체만이 아니라 여성계와 노동계가 힘을 합쳐야 한다는 인식하에 이익표출행위에서 상호 협조적으로 활동을 추진하기도 하였다. 이 과정에서 1989년 2월 15일 이우정 등 여연 임원들 이 국회노동위원회 위원장을 방문하여 고평법개정을 촉구하기도 하였다.

종합적으로, 노태우 정부에서의 고평법 개정당시 행위주체들 간의 이익 표출활동을 통한 상호작용은 독자적으로 이익투입을 하기보다는 상호 연계 를 통하여 개정에 관한 의견을 도출하고 합의하였으며 정보흐름은 성명 서·결의문·면담방문 등의 방법보다는 정책건의나 청원을 통해 많이 이루 어졌음을 알 수 있다. 즉, 행위자로서 기업과 노동계는 주로 정부에 대한 정책건의라는 형식을 통하여 의견표출을 하였고 여성노동계의 의사표출은 간담회나 공청회 등을 통해 주로 한 것으로 드러났다. 이는 당시 여성계와 여성노동계가 압력단체로서 크게 성장하지 못한 상태에서 언론이나 성명을 통한 대중수준으로의 표출보다 전문가나 각계의 이해관계자들을 모아 놓고 한정된 장소에서 이루어지는 간담회나 세미나 등을 통해서 개정의 취지나 필요성 등에 대해 더 많이 알리고 인식을 공유할 수 있는 공식적 연계를 더 중시하였던 것으로 나타났다.

---

89) 본 연구에서는 비공식적 연계로 이루어지는 방문, 전화, 서신 등은 그야말로 비공식적으로 수시로 이루어지기 때문에 빈도를 산정할 수 없었음을 밝힌다.

3. 정책행위자의 관계구조

가. 정책행위자의 수와 유형

1975년 세계여성의 해 이후 국제사회의 흐름은 전두환 정부를 거쳐 노태우 정부의 여성정책환경을 제한했다. 또한 80년대 후반은 국내적으로도 여성단체 및 사회단체의 태동과 성장이 있었는데 특히 80년대 들어와 UN가입, ILO가입 등을 전후해서 한국의 여성정책은 국제사회의 흐름 및 동향의 영향을 많이 받았다고 할 수 있다.

나이로비 미래전략이나 UN여성차별철폐협약 및 ILO는 여성정책을 추진하는 데 있어서 충분한 재원을 갖고 정부시책에 영향을 미칠 수 있는 국가기구의 중요성을 강조하며 국가기구의 설치 및 강화를 권고하였다. 전두환 정부에서 설립한 한국여성개발원은 최초의 정부출연 여성연구기관으로 심층적인 여성정책개발 및 연구 등을 수행하였다. 여성개발원은 이후에도 모성보호를 위한 주요한 관련법이 되는 남녀고용평등법제화의 구체적인 입법방향을 제시하고 다른 나라들의 사례를 연구하는 등의 연구활동을 통해 중요한 입법지침 및 자료를 제공하였다. 또한 노태우 정부의 여성정책전담기구로 정무장관(제2)실이 있었으며 노동정책전담으로는 노동부가 주요 정부행위자였다. 노태우 정부는 여성정책의 태동기로서 근로여성의 모성보호를 위해 적극적인 선호나 입장은 가지지 않았던 것으로 분석된다. 이는 여성의 노동환경이 당시까지도 열악하고 근로기준법조차도 제대로 준수되지 못했던 상황에서 노동부도 여성근로자들의 생활환경개선 및 기업들에게는 근로기준법을 준수하도록 지도감독하는 데 더 주안점을 두고 있는 데서도 나타난다.

정책행위자로서 기업도 1987년의 노동자 대투쟁을 거치면서 노동계에 공동대응할 필요성을 갖고 경총 외에 1989년 경단협을 설립하여 노사문제에 기업의 이익을 대변하는 활동을 하였다. 한편 노동계도 민주노총의 전신인 전국노동조합협의회(전노협)를 출범시켰다. 여성계에서는 한국여성단체연합, 한국여성노동자회, 여성민우회 등이 80년대 후반 창립되었다. 그러나 노태우 정부에 일어났던 고평법 1차 개정과 관련해서는 한국부인회 한국가정법률상담소 한국YWCA 등이 간담회나 토론회 등을 통하여 고평법 제정의 문제점을 알리고 개정을 촉구하는 역할을 하였다.

이렇게 고평법이 제정된 이후 1차 개정과정에서는 여성계와 노동계에 의해 토론회와 성명서들이 다수 발표되기 시작하는 등 제정과정보다 좀 더 적극적으로 행위자들의 상호작용 및 참여가 이루어졌다. 정부 측 행위자로서는 노동부와 민정당이 주도적 행위자로서 참여하였고 기업 측 행위자는 경총이, 노동 측 정책행위자는 한국노총이 정책네트워크의 중심부에 위치했다. 그리고 여성계에서는 한국여성단체연합, 한국부인회, 한국가정법률상담소, 한국 YWCA연합회 등이 있었으며 이 밖에도 기타 정당, 국회, 언론 등이 정책네트워크의 주변부에 위치해 있었다.

고평법 제정당시는 여당이 중심적 역할을 하여 제정을 하였고 국회차원의 토론회나 공청회가 1차례도 없었다는 점에서 국회의 역할도 소극적이었다고 볼 수 있다. 그러나 1차 개정 시에는 여소야대의 상황 속에서 야3당이 정치적 우위를 확보하기 위해서 여성단체와 노동단체의 요구를 적극 수용하여 개정을 이루도록 함으로써 야당이 중심적 역할을 하였다고 볼 수 있다. 또 이 시기 언론은 모성보호를 주로 '여성'면에서만 다루었으며 다룬 빈도수도 그리 높지 않은 것으로 나타나 여론형성에 그다지 많은 영향을 미친 것으로 보기는 어렵다.[90]

나. 관계의 성격

노태우 정부 초기는 정당성문제에서 어느 정도 벗어나 있기는 하지만 민주화달성을 가장 중요한 과업으로 생각하였기 때문에 기업과의 관계에 있어서 과거 권위주의 정부 시대와는 달리 중립적인 입장을 보였다. 또한 1988년

---

90) 이 시기는 이후에 다루어질 김영삼 정부나 김대중 정부에 비해서 언론의 보도 횟수나 차지하는 면으로의 중요도 등에서 많이 떨어지는 것으로 나타났다. 그러나 이는 이 시기가 또한 모성보호에 대해 사회적으로 낮은 인식 및 여성계의 활동도 이후 대두되는 개정활동에 비해 저조하였기 때문일 수도 있는 것으로 보인다.

총선에서 성립된 여소야대 국회는 집권당과 정부의 힘을 크게 약화시켰고 국민여론과 야당이 원하는 방향으로 정국이 운영될 수밖에 없는 구조였다. 이러한 구조 속에서 불완전하나마 '5공 청산'작업이 이루어질 수 있었고 민주주의의 사회적 측면으로 노동자들의 단결권, 사회적 형평성 등도 어느 정도 심화되었다(최영기 등, 2001: 288). 고평법 제정 이후 곧바로 여성계와 노동계에서 개정운동이 일어났으나 정부와 민정당은 실시도 해보지 않은 상태에서 개정은 불가능하다며 연내 개정불가침을 고수하였으나 결국에는 1차 개정을 하게 된다. 이러한 배경에는 이 같은 민주주의의 심화에 따른 사회적 배경과 여소야대의 정치적 상황이 여성·노동계에 유리한 국면으로 작용하였기 때문이다.[91] 즉 당시 여당의원보다 야당의원이 많았던 정치구조와 노동운동을 지원해 왔던 국회 노동분과위원회 야당의원들이 여성단체의 개정의견을 적극 반영하려고 했던 상황이 주요한 요인이었다(한국여성개발원, 1999). 따라서 정부와 여성 및 노동계와는 갈등적 관계였다고 할 수 있다. 그러나 정부는 90년의 3당 합당과 공안정국으로 가면서 다시 기업과 협력적 관계를 맺게 되고 그동안 자제해왔던 노사분규에 대한 국가권력의 직접적 개입을 늘렸으며 공세적인 노동정책을 펼치게 된다.

다. 관계의 강도

관계의 강도는 상호작용의 빈도를 포함하여 정책행위자 간의 관계의 지속성, 관련성의 정도 등을 종합적으로 포함한다. 노태우 정부는 모성보호와 관련하여 행위자의 정보흐름의 빈도도 1차 개정 시에만 좀 활발하였고 전반적으로 그리 활발한 흐름은 없었다. 고평법 제정 및 1차 개정과정 자체가 국제기구의 협약으로부터의 제약, 경제발전에 따른 여성노동자의 증가, 여소야대의 미묘한 정치상황 등의 영향이 더 컸기 때문에 행위자로서 정부와 기업이나 정부와 여성계의 활발한 상호작용은 없었다. 따라서 연계행위로서 여성정책심의위원회에서도 모성보호정책은 단 한 건도 다루어지지 않았으며 간

---

91) 또한 1988년 4월총선에서 한국노총은 전국구 1명 지역구 6명 등 7명이 국회로 진출하는 등 노동의 정치세력화 움직임이 강화되었다.

담화나 세미나 등도 활발히 이루어지지 않았다. 다만 1992년 선거를 앞두고 여성계의 주최의 간담회 토론회가 6회였으며 비공식적 연계 또한 활발하게 일어나지 않았다. 이는 1980년대 말의 상황이 아직도 여성의 모성보호보다 고용환경의 문제, 근로자의 생존권, 임금, 고용차별 등에 맞추어져 있는 상황이므로 모성보호확대를 이루기 위한 행위자들의 적극적인 입장표명이나 밀접한 상호작용 등은 일어나지 않은 것으로 보인다. 따라서 이 시기 정부를 중심으로 한 정책네트워크의 행위자 간의 관계의 강도는 김영삼 정부나 김대중 정부에 비해 상대적으로 약했던 것으로 보인다.

라. 네트워크의 경계

정책네트워크에서 구조적 측면에 대한 분석으로 네트워크의 경계와 연계에 대한 분석이 있다. 경계란 정책결정과정에서 참여희망자에 대한 배제의 정도를 의미하는 것으로서 정책결정과정에 이해관계자의 참여가 개방적인지 혹은 폐쇄적인지에 관한 것이다. 이러한 관계구조를 통해 정책네트워크의 성격을 보다 확실히 파악할 수 있다. 초기 모성보호정책의 도입을 위한 고평법 제정 시 네트워크의 경계는 정부주도의 폐쇄적 측면이 강했다고 볼 수 있다. 이는 선거를 앞둔 시점에서 여성의 표를 의식하면서 매우 촉박한 일정을 가지고 일어났다는 점과 충분한 여론수렴의 과정을 거치지 않고 민정당과 정부중심으로 제정이 이루어졌다는 측면에서 다양한 행위자들의 참여를 제한했다고 볼 수 있다. 그러나 노태우 정부 초기에 이루어진 고평법 1차 개정 시에 네트워크는 보다 개방적인 성격을 갖게 되었는데 정부 초기의 민주화분위기와 1988년 총선에서 만들어진 여소야대의 국회와 같은 정치구조에서 여성계와 노동계의 이익표출활동 및 참여가 이루어졌기 때문이다.

마. 영향력 관계

남녀고용평등법의 제정은 정권 초기부터 정당성의 문제를 안고 있었던 전두환 정부가 퇴임 후의 안위를 보장받기 위해서 노태우에게 정권을 이양해야 했던 필연성의 문제를 갖고 있었으며 따라서 남성보다도 31만 표나 더 많은 여성유권자를 외면할 수가 없는 상황이었다. 게다가 권위주의정부에서 민주화로 진행하고는 있지만 아직까지 기업은 정권에 대해 강력한 대응세력이 되지 못하던 때였다. 따라서 기업 측의 입장에서 보면 그리 반길 수 없는 남녀고용평등법을 제정할 수 있었던 것은 정부가 기업보다 더 많은 영향을 행사할 수 있었기 때문이다.

그러나 1차 개정은 어느 정도 민주화가 추진되는 과정에서 일어난 것으로서 정부의 의지라기보다 정치적인 요인에 의해서 일어난 경향이 강하다. 정부는 연내에 개정을 원치 않았음에도 불구하고 당시 여소야대의 정치상황과 여성노동계의 지속적인 요구 등 사회적 압력으로 인한 요인이 개정을 이룬 주요 원인으로 볼 수 있으며 따라서 이 시기는 여성 및 노동계가 정부보다 영향력관계에서 우위에 있었던 것으로 보인다.

상기한 모성보호정책네트워크의 내용을 종합하면 다음의 〈표 Ⅲ-13〉와 같다.

〈표 3-13〉 모성보호정책네트워크: 노태우 정부

구 분	행위자의 수	관계의 성격			강 도	경계구조	영향력관계
	규 모	정부·기업	정부·노동	정부·여성	상호작용의 강도	개방의 정도	크기
내 용	적 음	중립	갈등	갈등	약	약	정부 〈여성·노동〉

제3절 산출로서의 모성보호정책

노태우 정부하에서 정책네트워크를 통하여 산출된 모성보호정책은 남녀고용평등법의 제정(1987년 12월 4일)과 1차 개정(1989년 4월 1일) 그리고 근로기준법개정(1989년 3월 29일)이 있었다.

1. 남녀고용평등법

남녀고용평등법은 총 6장으로 이루어져 있는데 제1장은 총칙으로서 헌법의 평등이념에 따라 고용에 있어서 남녀의 평등한 기회 및 대우를 보장하는 한편 모성을 보호하고 직업능력을 개발하여 근로여성의 지위향상과 복지증진에 기여함을 목적으로 한다(제1조)고 밝히고 있다. 또한 근로여성은 경제 및 사회발전에 기여하며 다음 세대의 출산과 양육에 중요한 역할을 담당하는 자이므로 모성을 보호받으며 성별에 의한 차별 없이 그 능력을 최대한 발휘할 수 있도록 하는 것을 기본이념으로 한다(제2조)고 천명하고 있는데, 이는 모성보호의 중요성을 강조하고 있는 것이다. 제2장은 고용에 있어서 남녀의 평등한 기회 및 대우에 관한 항목으로 모집과 채용, 교육, 배치 및 승진, 정년·퇴직 및 해고에서의 차별을 금지하고 있으며 또한 혼인·임신 또는 출산을 이유로 퇴직하는 근로계약을 금지하고 있다. 제3장은 모성보호 및 복지시설 설치에 관한 장으로서 육아휴직, 육아시설 및 복지시설 설치에 관해 규정하고 있다. 즉, 사업주는 육아휴직을 이유로 어떠한 불리한 처우도 해서는 안 되며, 근로여성의 계속 취업을 돕기 위해 수유, 탁아 등 육아에 필요한 시설을 제공하여야 함을 제시하고 있다. 그리고 제4장은 분쟁조정에 관해서, 제5장은 보칙, 제6장은 벌칙에 관한 내용으로 구성되어 있다.

그러나 남녀고용평등법은 1985년에 제정된 일본의 남녀고용기회균등법[92]을 정확한 이해 없이 모방하는 과정에서 동일가치노동의 동일임금규정과 차별의 정의규정 등이 없으며, 여성고용차별행위에 대해 근로기준법보다 벌칙을 낮게 하는 등[93]의 입법상의 중대한 미비점을 드러내었다. 따라서 제정과 동시에 여성계와 노동계에서 곧바로 1차 개정운동이 일어났으며 민정당이

---

[92] 일본의 균등법에는 동일가치 동일노동임금규정이 없는데 그것은 여성인 것을 이유로 하는 임금차별금지규정이 노동기준법(제4조)에 이미 있기 때문이다(한국여성개발원, 1999).

[93] 정년·퇴직·해고에 있어서의 남녀 차별 시, 그리고 근로여성의 혼인·임신·출산을 이유로 하는 불리한 퇴직고용계약을 할 경우 250만 원 이하의 벌금에 처한다고 규정하고 있으며 법인과 개인에 대한 양벌규정을 두고 있다.

1988년 중에는 노동관계법을 개정하지 않는다는 방침을 세웠음에도 불구하고[94], 여성단체와 노동계의 고평법 개정 노력은 1988년 12월 15일 고평법 개정법률안의 국회 발의를 이끌어내었다. 이후 1989년 3월 8일에는 국회 노동위원회에서 동 노동임의 조항신설, 육아휴직기간의 근속연수 포함, 분쟁 해결 시 사용자에 대한 입증책임 부여, 위법 시 처벌강화를 골자로 하는 법개정이 의결되었고, 3월 9일 임시국회 본회의에서 고평법 개정안이 의결되었다. 즉 여성 및 노동계의 주장이 대부분 반영된 법개정을 가져오게 된 것이다.

2. 근로기준법

노태우 정부에서 개정된 근로기준법(1989년 3월 29일)은 여자와 18세 미만인 근로자의 심야노동 및 휴일근로는 노동부장관의 인가와 본인의 동의를 얻어야만 가능하도록 하였는데(제56조) 이는 경총의 입장을 반영하여 완화시킨 것이다. 그리고 생리휴가는 과거에는 여자가 생리휴가를 청구하는 경우에 월 1일의 유급생리휴가를 주도록 하였던 것을 여자근로자의 청구가 없는 경우에도 월 1일을 주도록 하여(제59조) 여성의 모성부분을 강화시켰다.

〈표 3-14〉 노태우 정부의 모성보호정책

	남녀고용평등법	제정 및 1차 개정
모성보호관련법	근로기준법	개정
	고용보험법	해당 없음
정책내용	남녀고용평등법	육아휴직기간의 근속연수 삽입(고평법)
	근로기준법	·여자와 18세미만인 근로자의 심야 노동 및 휴일근로 조항완화 ·생리휴가조항의 강화

---

94) 민정당은 고평법 개정에 대한 4당 초청토론회를 통해서, 제정된 고용평등법을 어느 정도 시행해 본 후 점진적으로 그 문제점을 보완해야 한다고 주장하였다.

제4절 소결론

여성의 모성보호와 관련해서는 해방 이후 근로기준법밖에 없었던 나라에서 1987년 말과 1989년 초 두 번에 걸쳐서 남녀고용평등법의 제정과 1차 개정이 있었고 근로기준법의 개정이 일어났다. 이는 그간 경제수준의 향상과 여성의 교육수준의 증가, 여성의 취업률의 증가와 교육받은 여성들의 여성운동의 결과이기도 하다.

그러나 모성보호관련법의 제정 및 개정은 진정으로 여성의 모성을 보호하기 위한 것이라기보다는 다분히 정치적 목적 및 정치적 환경하에서 어쩔 수 없이 일어나게 된 측면의 성격이 강하다고 볼 수 있다. 먼저 고평법의 제정은 국제사회에서 정권의 정당성을 인정받고 남녀차별국가라는 오명을 벗기 위한 노력의 결과이기도 했지만 전두환 정부에서 노태우 정부로 정권의 순조로운 이양을 위해서 여성유권자의 표를 가장 염두에 두었기 때문으로 볼 수 있다. 그 후 정부와 민정당은 여성계와 노동계의 요구에도 불구하고 고평법개정을 하지 않기로 하였지만 결국에는 또다시 1년 만에 고평법 1차 개정 및 근로기준법 개정을 하게 된다.

먼저 고평법 1차 개정 당시 정책네트워크의 행위자들의 상호작용을 살펴보면 상호작용은 그리 활발하지 않았고 이익표출을 하는 데 있어서도 대중수준으로의 정보흐름보다는 정부에 정책을 건의하거나 청원하는 권력수준으로의 상호작용을 선호하였다. 즉 민주화의 정도가 성숙하지 않은 상태에서 상향식 의사통로를 더 선호하는 경향이 있었다. 이시기 행위자의 조직자원과 재정은 정부·기업·여성·노동부문 모두에게 취약한 것으로 나타났는데 이는 여성노동 또는 '모성보호'가 행위자들에게 있어서 중요한 관심의 대상이 아님을 반증하는 것이기도 하다.

그럼에도 불구하고 개정이 이루어지게 된 것은 당시 여소야대의 정치상황에서 국회노동위원회야당의원들이 여성계와 협력적 관계를 유지한 점, 정부 초기의 민주화로 인한 사회부문의 강화에 힘입은 여성노동부문의 우위현상이 모성보호정책결정에 가장 영향을 많이 미쳤다고 볼 수 있다.

이상에서 노태우 정부의 모성보호정책결정과정에서의 정책네트워크를 본 연구분석틀에 의거해서 종합적으로 나타내면 〈그림 3-1〉과 같다.

〈그림 3-1〉 노태우정부에서의 모성보호정책네트워크와 모성보호정책

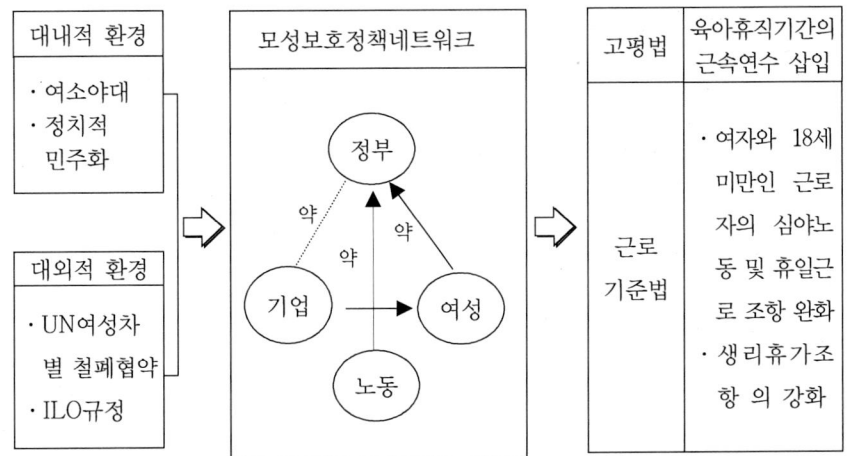

참조: 중립적:
　　　노동, 여성이 정부에게 영향을 주면서 갈등적 관계:

제4장 김영삼 정부의 여성정책네트워크

제1절 정책환경

1. 대외적 환경

가. 제4차 세계여성회의(북경회의)

유엔 50주년을 맞은 1995년 9월 북경에서는 유엔 제4차 세계여성회의(이하 북경대회)가 열렸다.[95] 이 대회에서는 2005년까지 향후 10년간 남녀평등과 여성발전을 위한 범세계적인 선언과 행동강령이 189개 국가의 만장일치로 채택되었다. 이 행동강령은 각국의 정부와 여성 활동가들에게 '각종 정책에 성인지적 관점을 부여하고, 정책이 여성과 남성에게 영향을 미칠 수 있도록 해야 한다'고 못박고 있다. 또한 '국가발전의 중요한 항목으로서의 젠더(gender)'를 제시하고 있다. 이는 그동안 여성문제를 특수한 문제로 상정하고, 여성들에게 혜택을 주기 위해 세웠던 전략(WID: WomeninDevelopment)에서 여성과 남성이 함께 상호 관계를 이루면서 국가발전을 도모해야 한다는 전략(GAD: GenderandDevelopment)으로 전환되고 있는 것이다. 즉 GAD전략은 남녀간의 사회적 관계에 중점을 두고, 남성과 여성이 함께 국가발전에 기여할 수 있도록 함으로써 궁극적으로는 '성 주류화(gendermainstreaming)'를 도모하자는 것이다. 결국 정책결정과정에 여성이 동등하게 참여할 수 있도록 하여 양성에게 동등한 기회를 부여하자는 의미와 같다.

또한 이 행동강령은 총 6장 362개항으로 구성되어 있는데 제5장 제도적 조치에서는 성평등적 관점에 근거한 분석을 정책과 프로그램에 통합할 수

---

95) 한국도 여성계에서 『한국여성NGO위원회』를 중심으로 해서 사상 최대규모인 700여 명이 이 대회에 참가하여 UN의 활동방향과 전략 그리고 다른 나라의 참가자들과의 교류를 통한 학습의 기회를 증가시켰다.

있는 권한과 역량을 가진 국가기구와 기타 정부기구를 설립하거나 효율성을 향상시키는 것이 필요하다고 촉구하고 있다(여성개발원, 1995: 135).

이처럼 북경여성대회는 유엔이 주최한 네 번째 세계여성회의로 이전까지 대부분 정부와 남성이 주도했던 것과는 달리 순수 여성운동단체를 중심으로 이루어졌다. 그리고 이를 통해 채택된 행동강령은 남녀평등사회의 실현을 위해 국가의 역할은 물론 여성단체의 역할, 여성운동의 전략 및 행동 그리고 여성들의 국제 네트워크를 강조하였다. 그리고 이 대회가 끝난 후부터 유엔은 행동강령에 의해 국가와 민간단체가 모든 정책과 프로그램에 성주류화를 실현하며 적절한 전략과 실천방안을 지속적으로 실행하도록 책무를 부여하고 있다. 이에 따라 우리나라도 북경대회에서 이루어진 합의사항을 어떻게 실천에 옮기느냐 하는 문제를 두고 여성계가 더욱 활발한 활동을 벌이게 되었으며, 정부도 세계화추진위원회를 통하여 여성의 사회참여를 확대하기 위한 10대 과제를 발굴 및 추진하였다.

나. WTO 체제출범 및 OECD 가입

김영삼 정부는 특히 세계경제체제로부터의 영향을 많이 받게 되었는데 먼저 1995년 1월에 출범한 WTO로 세계시장개방을 주축으로 하는 새로운 무역질서가 수립되었다. WTO는 기존의 GATT와는 달리 UR협정 위반국에 대해 강력한 규제를 할 수도 있다.

또한 우리나라는 1996년 12월 12일 세계의 '선진국 클럽'이라 일컫는 경제협력개발기구(OECD)의 29번째 회원국이 되었다. 원래 OECD는 경제협력과 경제발전을 위해 주요 국가 간의 협의를 긴밀히 하려는 목적으로 탄생한 기구이므로 각 회원국은 다른 회원국들과 여러 경제문제에 대해 협조해야 하는 권리와 의무가 동시에 발생하게 된다. 따라서 WTO 출범으로 세계는 전방위 무한경쟁시대로 돌입하였고 OECD 가입에 따른 시장개방은 국내의 기업들에게도 외국 기업과의 치열한 경쟁을 벌여야 하는 부담을 안게 하였다. 때문에 우리나라도 국제 시장에서 생존하기 위해서는 경쟁력을 갖추는 일이 시급한 문제로 대두되었다.

한편, OECD로의 가입은 선진국 수준으로의 복지 향상을 약속하는 것이기도 하다. 때문에 가입 이후 경제 못지않게 고령층과 청소년, 여성에 대한 복지부분 등 '삶의 질'을 높이기 위한 정책적 배려가 뒤따라야만 한다. 실제로 유엔이 각 국의 남녀평등 정도를 조사하기 위하여 개발한 남녀평등지수(GDI)에 의하면 상위 1~21위까지의 국가가 모두 이 OECD의 회원국이었다. 이는 OECD 가입이 여성의 지위향상에 상당히 긍정적인 영향을 미치게 된다는 것을 말해주는 것이다.[96] 따라서 한국도 OECD 가입과 더불어 여성의 사회참여를 확대하고 복지를 증진시키기 위해, 특히 모성보호의 부문도 선진국 수준으로 끌어올리기 위한 도전을 받게 되었다.

다. 여성 관련 국제협력강화

김영삼 정부는 개방화·지구화의 시대를 맞이하여 세계화를 국가적 아젠다로 하면서 다양한 국제기구들에서 활발한 활동을 보였다. 우리나라는 1991년 유엔에 가입하였고, 1994년에는 유엔여성지위위원회의 위원국이 되었다. 유엔의 목표 및 원칙은 유엔의 여성 관련 기구를 중심으로 구체적으로 실현되고 있는데 경제사회이사회 산하 기능위원회의 하나인 여성지위위원회가 여성지위향상을 위한 이러한 유엔의 노력을 통합하는 기구였다.[97]

그리고 1996년에는 김영정 전 정무장관(제2)이 한국여성으로는 처음으

96) OECD 내에는 여성과 관련된 업무를 담당하고 있는 조직들이 다수 있다. OECD의 26개 분야별 위원회 중 여성과 관련된 위원회는 '고용·노동·사회문제위원회(ELSA)'가 있으며, 이 위원회 산하에는 '경제에 있어서 여성의 역할에 관한 작업반'이 있고, OECD회원국 내에서 경제와 관련된 여성의 역할을 모니터링 하는 임무를 맡고 있다. 또한 OECD산하에 설치된 개발원조위원회(DAC)는 회원국들의 공적개발원조(ODA)지원정책을 검토하는데, 이 개발원조위원회산하의 '개발에 있어서의 여성에 관한 전문가그룹'은 각국이 공적개발원조를 함에 있어서 여성에 대해 충분한 관심을 기울이도록 촉구하는 임무를 맡고 있다.

97) 지역차원에서의 여성발전사업은 경제사회이사회 산하의 아태경제사회이사회(ESCAP) 등 5개 지역위원회에서 담당하고 있는데, 이들은 해당지역에서 유엔의 여성발전사업을 추진하고 있으며 그 지역에 적합한 후속조치를 마련한다.

로 세계여성차별철폐위원회 위원으로 선출되어 여성정책에 있어 유엔과 한
국을 잇는 중요한 인적 네트워크를 형성하게 되었고 다음해인 1997년에는
우리나라가 유엔 여성지위위원회 위원국으로 재선되었다.

이처럼 다양한 국제기구에서의 활약에 힘입어 정부는 유엔 기구에 기여
금을 제공하고, 아태지역 여성개발 국제협력사업과 국제 분야 정책결정과
정에의 여성참여 확대사업 등을 통해 여성 관련 국제협력을 강화하고 있
다. 또한 정부는 1995년의 제4차 세계여성회의 후속사업을 수행해야 했다.

이렇게 북경회의와 WTO 체제 출범 및 OECD 가입과 이에 따른 여성에
대한 국제협력 강화라는 대외적 정책환경은 문민정부가 내걸은 '세계화'와
더불어 정책네트워크에 영향을 주는 주요한 요인으로 볼 수 있으며, 이는
정부로 하여금 여성정책을 검토 강화하여 한국여성의 사회참여와 여성인력
활용에 대한 관심을 높이는 데 중요한 기여를 한 것으로 보인다.

2. 대내적 환경

가. 정치적 환경

(1) 개혁정책

1993년 출범한 김영삼 정부의 정치적 과제는 권위주의 유산을 청산하고
부정부패를 척결하는 한편 노태우 정부에서 시작되었던 민주화를 심화시키
는 것이었다(김영명, 1999: 294). 이를 위해 문민정부는 군부 내 핵심조직
인 '하나회'를 해체하고 군을 개혁하였으며, 노태우 전 대통령의 비자금폭
로사건을 계기로 5·18특별처리법을 통한 역사바로세우기 작업을 하였
다.[98] 또한 금융실명제와 부동산실명제의 실시를 통해 경제정의를 실현하

---

98) 또한 '공직자윤리법'을 개정하여 주요 공직자 9만 여 명의 재산등록 및 고위공
무원의 등록재산을 공개하였으며, '공직선거 및 선거부정방지법'과 '정치자금법'
의 제·개정 및 지방자치제의 확대 등을 통해 민주주의의 제도적 기반을 넓히
고자 하였다. 이 밖에도 분야별 위원회를 통한 행정개혁작업을 수행하는데 특
히 행정쇄신위원회를 통하여 수행했던 광범위한 개혁은 주목할 만하다.

고자 하였다. 또한 김영삼 정부는 노태우 정부시기에 수립한 제7차 경제사
회발전5개년계획(1992~1996년)을 수정해 1993년 6월 신경제 5개년계획
(1993~1997년)99)을 마련하였다. 이 계획의 중요한 골자 중의 하나는 기업
의 창의력이 최대한 발휘할 수 있도록 기업에 대한 각종 규제를 적극 완화
하여 기업의 경쟁력을 강화한다는 것이다. 이에 따라 초기에는 개혁사정의
대상이 되었던 재벌을 비롯한 경영계는 다시 정부와 협력적인 관계를 구축
하게 되고 세계화와 경쟁력 강화라는 목표아래 재벌은 다시 정부의 성장
정책의 주역이 되었다(김엘림, 1994c: 116). 그렇지만 이 시기는 민주화의
진전으로 다양한 시민운동들이 활성화되어 환경·노동·여성운동 등을 중
심으로 하는 시민단체들의 활동이 활발해졌고 정부도 이들의 의견을 적극
수용하려는 자세를 보였다.

(2) 노사관계

노동운동은 1990년대 들어서면서 커다란 변화를 겪게 되었다. 1990년대
의 국가경쟁력 강화논리로 인해 노사관계가 안정화되는 한편 근로자들의
소득수준이 높아지고 개인주의화되면서 노동조합(이하 노조)의 조직률은
계속적으로 하락하였다. 1993년 이후부터는 한국노총을 탈퇴하는 노조가
증가하였고 한국노총에 대항해서 민주노총이 1995년 출범을 하였다(경총,
2000: 김영명, 1999: 310). 민주노총은 창립에 즈음한 선언과 더불어 7개의
강령과 이 강령을 구체화한 20개항의 기본과제를 채택하였는데 여성노동자
와 관련한 강령은 다음과 같다.

---

99) 신경제5개년계획은 인력개발 및 활용정책을 포함하고 있는데 이것이 1993년 말
에 노동부가 마련한 신인력정책이다. 신인력정책은 경제상황변화에 유연하게 대
처하기 위하여 노동력의 수급조절이 탄력적으로 이루어질 수 있게 하는 정책으
로서 이의 일환으로 단순경미한 작업이나 비정규직노동에 부족한 인력을 충원
해주고 기업의 인건비 절감을 위해 주부·고령자·장애인을 산업인력화하는 한
편 시간제근로의 활성화 및 파견법 제정, 기업인사제도 개편, 인력정책차원에서
의 보육시설 집중지원 등의 조치를 시도한다는 것이다(김엘림, 1994c). 그러나
여성노동계에서는 신인력정책이 성별 역할분업의 기조를 유지하면서 유연시장
과 경쟁의 논리를 내세움으로써 여성고용확대의 효과보다는 자칫 여성들의 고
용불안정과 남녀격차를 가속화할 가능성이 더 큰 정책이라고 우려하였다.

······. 중략 ······ 우리는 생활임금확보, 고용안정 보장, 노동시간
단축, 산업재해추방, 모성보호확대 등 노동조건을 개선하고 남녀평등
실현 등 모든 형태의 차별을 철폐하고 안전하고 쾌적한 노동환경을
쟁취한다(민주노총, 1996).

이상에서 보면 민주노총은 출범 당시부터 모성보호확대 및 남녀평등을
구현해야 할 기본가치로 인식하고 있음을 알 수 있다.

또한 이 시기 민주노총을 비롯한 국내의 재야노동단체는 국내의 노동3
권 문제를 국제적으로 제기하기도 하였는데 그동안 ILO 등에서는 한국정
부에 대하여 노동법의 개정을 통해 노동3권을 보다 확실히 보장할 것을 권
고해왔었다. OECD에서도 한국의 OECD에의 가입을 앞두고 경제 전반에
대한 검토를 하는 과정에서 노동3권의 측면에서 몇 가지를 지적하며 이를
단시간 내에 개정할 것을 요구해왔다(배무기, 1997: 12).[100] 결국에는 이러
한 상황들이 노동법 협상에서 중요한 영향을 미치게 되어 1996년 4월 정부
는 신노사관계 구상을 발표하게 되고, 이후 대통령직속의 노사관계개혁위
원회가 발족돼 노동법 개정을 추진하게 된다. 이를 통해 노동자들의 단체
결성과 교섭의 폭이 넓어지게 되었다.

특히 김영삼 정부는 출범 이후 여성노동정책에서 종전과는 다른 중요한
변화를 시도하였는데 1988년 4월 남녀고용평등법 실시 이후 그 이행에 관
해서 가장 적극적인 행정지도를 실시하여 금융기관의 여행원제와 30대 그
룹회사의 성별분리호봉제를 폐지시키고 범정부적 차원에서 추진된 종합적
여성노동정책의 청사진이라 할 '제1차 근로여성복지기본계획' 및 '여성발전
기본법'을 비롯한 각종계획을 수립하였다. 이는 지금까지 단편적·부분적으
로 시행되어 오던 여성노동정책을 체계적으로 추진할 수 있는 기본틀을 마
련하고 기존의 여성노동정책과 관계법제의 전면적 개편을 도모했다는 점,

---

100) 그 외의 국제노동조직 등에서도 오래 전부터 복수노조금지, 정치활동 금지,
제3자 개입금지조항폐지, 기타 공무원과 교원의 단결권보장 등의 노동관계법
의 개정을 요구해왔다.

그리고 여성 고용차별의 근본원인이 가정과 직장에서의 성별 역할분업과 성차별의식에 있다는 것을 인정하고 이를 개선하기 위한 다양한 정책과제를 설정하고 있다는 점에서(김엘림, 1994) 여성노동정책의 진일보한 변화를 보여주었다.

(3) 여성단체들의 활동

김영삼 정부는 1994년 차기 국정목표로 세계화 추진을 선언하고 1995년 세계화추진위원회를 구성한다. 이 위원회는 1995년부터 1997년까지 총 52건의 과제를 선정하는데, 1995년도 세계화과제 26개 중 2개의 과제가 여성과 관련한 과제일 정도로 여성부문에도 비중을 두었다.

그동안 한국여성의 지위와 인력활용은 세계적 수준에서 보았을 때 문제가 될 만큼 낮았었다. 국제경영개발원(IMD)과 세계경제포럼(WEF)이 공동으로 내놓은 『세계경쟁력 보고서』에서는 1994∼1995년 2년에 걸쳐 조사대상국 중 한국을 남녀고용에서 가장 차별이 심한 나라로 평가하였다.[101] 따라서 정부는 21C 세계화·정보화 시대를 맞아 이에 걸맞은 획기적인 여성정책이 필요하다는 절박한 인식을 하게 된 것으로 보인다. 이에 따라 1995년 처음으로 정무장관(제2)실 주도하에 10월을 '남녀고용평등의 달'로 제정하는가 하면 민간단체들은 여성차별적인 직장 내 관행을 감시할 '고용평등추진본부'를 구성하기도 하였다.

그리고 여성권익향상이라는 공동목표아래 여성단체들 간의 연대활동도 활발해졌다. 이 기간에 한국여성정치연구소와 여협·여연 등 61개 여성단체가 국회 내 여성특별위원회 신설을 위한 연대활동을 전개하여 1994년 6

---

101) 1994년에는 41개 국가 중 41위, 1995년에는 48개 국가 중 48위였다. 또한, 1995년 국제개발기구의 『인간개발보고서』에서는 한국여성의 능력활용에 문제가 있음을 보여주고 있다. GNP에서는 132개국 중 27위인 한국이 여성개발지수(GDI)에서는 130개국 중 37위, 여성권한지수(GEM)에서는 116개국 중 90위에 그치고 있다. 여성의 취학률은 세계 130개국 중 27위, 대학교육에서 여성비는 127개국 중 43위인 데 반하여 여성의 경제활동 참가율은 127개국 중 59위, 행정관리직에서 여성이 차지하는 비율은 116개국 중 112위이다. 그리고 여성근로자 평균임금은 조사가능한 나라 55개국 중 54위이다(조은, 1996: 31).

월 국회에서 여성 관련법안 및 정책을 전담하기 위한 여성특별위원회를 신설케 하였다. 그리고 같은 해 8월에는 여협·여연 등 56개 여성단체가 참여하여 '할당제 도입을 위한 여성연대'를 구성하면서 지방의회에 여성참여를 확대하는 계기를 마련하였다. 즉 여성계가 이슈에 따라 연대하는 정책네트워크의 모습을 보여주고 있다. 또한 1995년 북경에서 열린 세계여성대회 이후 세계화추진위원회는 '여성의 사회참여확대를 위한 10대 과제'를 발표하였다.[102] 이 과제는 여성발전기본법제정, 여성의 공직참여비율제고, 모성보호비용의 사회분담 등을 골자로 하고 있는데 그간 여성의 사회진출에 대한 제도적 뒷받침을 주장해 온 여성계의 요구가 대폭 수용되었다고 할 수 있다.

나. 경제적 환경

김영삼 정부는 세계화와 그에 따른 경쟁력 강화에 목표를 두고 성장 정책을 추진하였다. 1993~1995년까지 우리나라 경제는 꾸준한 성장추세를 보여 왔다.[103] 그러나 1996년 경제성장률이 주춤하기 시작하면서 1997년 1월 한보철강의 부도로부터 시작된 대기업들의 연이은 도산과 은행권, 금융권의 부실, 연이어 불어 닥친 동남아의 경제위기 등을 계기로 외환위기에 직면하게 되었고 이로 인해 IMF 관리체제로 들어가게 되었다.

한편 1980년대 이후부터 이루어진 꾸준한 경제성장에 의해 노동시장은 기존의 노동력 풀에만 의존하는 데는 일정한 한계에 이르게 되고, 이러한 인력난은 여성으로 하여금 노동시장에 진출할 수 있는 기회를 부여하였다.〈표

---

102) 이러한 과제의 선정배경에는 앞으로의 시대는 산업구조의 변화에 따라 여성의 역할이 많이 요구되는 사회이며 여성의 사회참여확대는 국가경쟁력강화의 필수적 요소이고 삶의 질의 향상을 위해서도 필수적이라고 보고 있기 때문이다. 따라서 여성의 사회참여확대를 단기과제와 중기과제로 나누어 10대 과제를 선정하였다(세계화추진위원회, 1998).

103) 1993년의 경제성장률은 GNI기준으로 5.7%였고 1995년은 8.1%의 성장률을 보였다. 그러나 1996년에는 4.8%, 1997년은 2.1%로 급격히 떨어졌다(한국은행, 국민계정참고).

4-1〉을 보면 여성의 경제활동참가율이 지속적인 경제성장과 산업구조의 고도화 및 여성의 고학력화에 따른 사회참여의 욕구증대로 인해 1980년 42.8%에서 1996년 48.7%로 크게 증가함을 알 수 있다. 이렇게 여성의 경제활동참여가 늘어나면서 직장보육시설이나 탁아에 대한 수요가 급증하게 되었다. 이러한 욕구의 증대는 정부로 하여금 「영유아보육사업확충대책」을 수립하여 시행케 하며(김태홍, 1997: 854) 고평법 내에 직장보육시설과 관련한 조항의 강화를 이끌어 내게 된다. 한편 여성의 경제활동참가가 크게 늘어나긴 하였지만 기간별로 보면 1990년~1995년의 기간 동안 여성경제활동참가율은 1.3%만이 증가함으로써 1985~1990년의 여성경제활동참가증가율 5.1%와 비교해볼 때 여성의 경제활동참가가 점차 둔화되고 있음을 알 수 있다.

〈표 4-1〉 경제활동 참가율 추이

(단위 %)

구 분	1990	1993	1994	1995	1996	1997
전 체	60.0	61.1	61.7	61.9	62.0	62.2
남 자	74.0	76.0	76.4	76.5	76.1	75.6
여 자	47.0	47.2	47.9	48.3	48.7	49.5

자료: 통계청. 『경제활동인구연보』 각 년도.

그렇다면 이 기간에 노동시장에 유입하게 된 여성들의 취업구조는 어떠한 특징을 보였는가? 먼저 연령별 여성의 취업구조를 살펴보면 20~24세 여성의 경제활동참가율이 가장 높으며, 오히려 25~34세 연령층에서는 결혼과 출산 등의 이유로 노동시장에서 빠져나갔다가 자녀가 어느 정도 성장한 40~44세 연령층에서 다시 증가하는 M자형 구조를 나타내고 있다.[104] 이는 여성의 경제활동에는 결혼과 출산 그리고 육아가 큰 영향을 미치고 있기 때문으로 해석할 수 있다.

---

104) 그러나 이 시기는 본 연구 6장의 종합분석의 그래프에 나와 있는 것처럼 노태우 정부보다는 약간 완화된 M자형이다.

즉 여성은 결혼과 출산 그리고 육아에 의해 장기근속이 불가능하며, 이는 여성인적 자원에 대한 교육훈련투자를 저해하게 함으로써 여성을 저임금·단순직에 집중하게 만든다.

한국사회는 1980년대에 비교해서 노동시장에 진출하고 있는 여성의 수가 증가하고는 있으나, 여성이 노동시장으로 진입함에 있어 결혼과 육아 등 여성만이 처하게 되는 구조상의 난관이 여전히 존재하고 있었다. 이러한 문제는 교육기회 및 수준의 확대와 더불어 고학력 전문여성들이 증가함으로써 보다 구체적인 정책대안을 요구하게 되었고 정부로 하여금 여성인력의 활용을 통한 경쟁력을 높이기 위해서는 과거 미혼여성중심의 노동정책에서 탈피할 것과 기혼여성의 모성을 보호하며 가정과 직장을 양립할 수 있는 정책방안의 모색을 촉진시켰다.

다. 제도적 환경

(1) 여성정책 관련 국가기구

김영삼 정부는 1994년부터 1997년까지 유엔여성지위위원회의 위원국이 됨으로써 우리나라 여성의 국내외적 위상과 역할에 관해 깊은 정책고려를 할 수 있게 되었다. 이 시기에 이루어진 여성정책 관련 국가기구의 변화는 크게 두 가지, 여성노동행정기구의 확대개편과 국회여성특별위원회의 설치로 요약할 수 있다.

첫째, 여성노동행정기구의 확대개편과 관련하여 김영삼 정부는 1995년 5월 1일 대통령령인 '노동부와 그 소속기관의 직제규정'을 개정하여 중앙 및 지방노동관서에 여성노동문제에 관한 행정전담체제를 마련하였다. 먼저 그동안 그 기능이 모호하였던 노동부의 부녀지도관 대신에 근로여성정책관[105]

---

105) 직제규정 개정당시 노동부 근로여성 관련 행정체제는 부녀지도관과 근로기준국의 하부조직으로서 부녀소년과가 있었다. 부녀지도관은 노동부차관을 보좌하는 지위에 있으면서 부녀 또는 소년근로자의 특별보호, 여성근로자의 교양지도, 근로자가족계획사업의 지도 및 계몽, 근로자의 문화활동진흥에 관하여 차관을 보좌하는 기능을 가졌다.

이 신설되어 근로여성에 관한 기본정책수립과 제도의 조사 및 연구·남녀고
용차별의 개선·근로여성의 모성보호 및 취업지원·근로여성정책의 협의 및
조정에 관한 업무를 수행하게 되었다. 그리고 1996년에는 다시 부녀소년과
와 근로여성정책관을 폐지하고 근로여성국을 신설하며 지방노동청에도 근로
여성과를 신설하게 되었다(한국여성개발원, 1999: 120).

둘째, 1994년 6월 28일 공포된 국회법 개정에 의해 국회여성특별위원회
(이하 국회여성특위)가 특별위원회로 설치되었다.[106] 국회여성특위는 여성
의 복지와 권익의 향상에 관련된 제반 정책사항에 대해서 논의하고 정책대
안을 개발하여 소관위원회를 비롯하여 관계기관에 제시하는 등의 역할을
하였다.[107] 그러나 국회여성특위는 상임위원회와 달리 법률안 제출권 및
예산안 심사권이 없어 여성과 관련된 법률안에 대하여 의장이 의견제시를
요구할 경우에만 의견제시를 할 수 있었다. 이처럼 국회여성특위는 상설위
원회가 아닌 특별위원회로서의 여러 한계점을 가짐에도 불구하고 국회여성
특위를 통하여 여성 관련 입법의 공식채널이 확보되었다는 점에서는 여성
정책발전의 교두보를 확보했다고 할 수 있다.

(2) 여성정책 관련 국가계획

김영삼 정부는 다른 정부들보다 여성정책의 기반이 되는 법과 이에 근
거한 계획을 많이 만들었다. 먼저 여성정책의 근간이 되는 기본법으로서
1995년에 여성발전기본법을 제정하였고 이에 근거하여 여성정책기본계획이
만들어졌다. 또한 남녀고용평등법에 근거하여 제1차 및 2차 근로여성복지

---

106) 국회여성특별위원회의 설치과정에서 무엇보다 여성계의 노력이 두드러졌다.
1993년 1월 한국여성단체연합이 펴낸 「여성정책해설집」에서 국회에 상임위원
회로서 여성위원회의 설치를 건의한 이래 한국여성정치연구소의 건의, 여야
여성국회의원들의 합의 그리고 여성단체들의 건의에 힘입어 1994년 6월 22일
강선영, 이우정, 주양자, 강부자의원외 38인이 "여성특위구성결의안"을 발의하
였다. 그리고 제169회 국회 제1차 본회의에서 의결됨으로 상설 특별위원회로
여성특별위원회가 설치되었다(국회여성특별위원회, 1998: 3).
107) 국회여성특위는 정무장관(제2)실, 보건복지부, 노동부, 한국여성개발원의 4개
부처가 그 관련 부처가 되어 이들 기관으로부터 업무현황을 보고 받는다.

기본계획을 마련하였으며 세계화추진위원회에 의해 여성의 사회참여 확대
를 위한 10대 과제를 마련하기도 하였다. 이러한 계획 및 과제들은 여성의
경제활동참가를 높이기 위해서는 기본적으로 여성근로자의 모성보호, 모성
보호비용의 사회분담화, 그리고 가사와 직장생활의 양립을 위한 사업장 보
육시설확충 및 기업에 대한 육아휴직장려금실시를 포함하고 있다. 따라서
이는 다른 어느 역대 정부보다 종합적이고 구체화된 여성정책틀을 만들었
고 이후 나아가야 할 방향을 잡아놓았다고 평가할 수 있다. 그러나 대부분
남성들로 구성되어 있는 공직사회에서 모성보호가 이해와 공감대를 형성하
기에는 아직 생소한 단계였고 따라서 범부처적으로 인식을 공유하지는 못
한 것으로 보인다. 이러한 결과 모성보호정책은 김영삼 정부뿐만 아니라
모든 정부가 여성의 건강권과 모성보호라는 인권의 차원에서가 아니라 국
가인력확보라는 경제정책의 측면에서 접근하는 측면이 강하다. 이것은 아
직도 여성정책에 대한 인식이 척박한 상황에서 모성보호를 이끌어 내기 위
해서는 여성계와 여성정책을 담당하는 부처들로부터 인권보다 경제논리의
측면이 보다 설득력이 있다고 보고 이 논리를 강조한 때문이기도 하다. 다
음에는 그 구체적인 내용들을 살펴보기로 한다.

(가) 여성발전 기본법 제정

정부는 1995년 여성의 사회참여확대를 위한 10대 과제의 하나였던 여성
발전기본법을 제정하였다.108) 이 법안을 제정하게 된 배경은 첫째, UN가
입과 유엔여성차별철폐협약에 따라 협약당사국으로서 모든 형태의 남녀차
별을 철폐하고 사실상의 평등을 위한 적극적 조치를 취할 의무를 가지고
있던 정부는 이에 따른 기본법 제정이 필요했기 때문이다. 둘째, 현재까지
우리나라는 고용 분야에 국한된 '남녀고용평등법'이 유일한 법적 장치였기

---

108) 이 법안은 초기에는 세추위에서 남녀평등촉진법 또는 남녀평등기본법 등으로
제안될 예정이었으나 우리 사회에서 남녀평등이란 용어에 대해 가지고 있는
저항감 때문에 결국은 '여성발전기본법(가칭)'으로 과제명이 선정되었고 이어
1995년 12월 19일 임시국회에서 신한국당과 국민회의의 통합안으로 통과되었
다(조은, 1996).

때문에 여성정책을 뒷받침하기 위해서라도 법적 근거마련이 필요하였기 때문이다(조은, 1996). 따라서 여성발전기본법은 세계화추진위원회의 「여성의 사회참여확대방안(10대과제)」을 구체적으로 시행하는 법적 근거가 된다.

이러한 필요성에 의해 제정된 이 법은 헌법의 남녀평등이념을 구현하기 위한 국가와 지방자치단체의 책무 등에 관한 기본적인 사항을 규정함으로써 정치·경제·사회·문화의 모든 영역에서 남녀평등을 촉진하고 여성의 발전을 도모함을 그 목적으로 하고 있다. 특히 여성발전기본법은 모성보호를 여성의 임신·출산·수유기간 중의 보호로 규정하고(제18조) 모성에 대한 특별보호와 이를 이유로 한 불이익금지(제18조제1항), 취업여성의 모성보호비용에 대한 사회분담화(제18조 제2항)에 대해 규정하고 있다.

또한 여성발전기본법은 제29조에 여성발전기금설치에 관해 명시해놓고 있는데 여성발전기금은 정치·경제·사회·문화의 모든 영역에서 남녀평등을 촉진시키고 여성의 발전을 도모하는 사업을 정부 차원에서 종합적이고 체계적으로 수행하기 위해 조성하는 것으로 되어 있으며 기금조성 및 97년 운용계획 수립 및(1996. 9) 98년도 기금운용계획(안)이 수립되고(1997. 6) 이후 총 1000억 원을 목표로 기금을 조성하게 되며 98년 5월부터 기금사업이 개시된다. 여성발전기금은 여성의 권익증진을 위한 사업, 여성단체사업, 여성 관련 시설의 설치 및 운영의 지원, 여성의 국제협력사업의 지원 등 여성발전을 위해 사용되게 된다.

여성발전기본법은 여성계로부터 일부 비판을 받기도 했지만(정강자, 1996: 15)[109] 그럼에도 불구하고, 그동안 개별적으로 산만하게 흩어져 있던 여성 관련 법령들을 기본법 체계 속으로 들어오게 함으로써, 이후 여성 관련 법·제도의 정비와 여성정책 추진이 일관성이 있고 체계적으로 이루어질 수 있는 계기를 마련하였다[110]는 점에서 의미가 크다고 할 것이다.

─────────────────

109) 여성계가 가장 큰 문제로 제기했던 사항은 기본법의 핵심이라고도 할 수 있는 제3장 제15조-28조 '여성정책의 기본시책' 관련 시행령이 거의 백지상태로 남겨져 있다는 점이다. 이 조항은 직장 내 성희롱예방, 모성보호강화, 가정·학교·사회교육 및 여성복지 증진, 가사노동의 경제적 가치인정 등 여성문제 전반을 다루는 중요한 부분이다(한겨레신문, 1996. 5. 23; 국민일보, 1996. 5. 17).

(나) 제1차 여성정책기본계획(1998~2002)

여성발전기본법에 따라[111] '여성정책기본계획(이하 기본계획)'이 1997년 12월 정무장관(제2)실을 중심으로 수립되어 여성정책심의위원회에서 심의·확정되었다. 이 계획은 우리나라 최초의 여성발전을 위한 국가차원의 중장기 종합계획이다. 기본계획은 건강한 가정의 구현과 국가 및 사회발전에 남녀가 공동으로 참여하여 책임을 분담하는 사회시스템 구축을 목표로 한다. 이를 위해 6개의 기본전략과 20대 정책과제를 제안하고 있다. 그 내용은 다음의 〈표 4-2〉와 같다.

이 계획은 남녀평등의 촉진, 여성의 사회참여, 여성의 복지증진에 그 주요 목표를 둔 것으로, 여성고용의 촉진 및 안정을 위한 지원강화 부문에서 점차 늘어나는 여성의 경제활동 참여증대에 부응하여 직장과 가정의 양립을 지원하기 위한 구체적 방안을 제시하고 있다. 즉 육아휴직제의 정착,[112]

---

110) 여성발전기본법의 주요 내용은 다음과 같다. ① 여성에 대한 잠정적 우대조치의 도입근거마련: 국가와 지방자치단체는 여성의 참여가 현저히 부진한 분야에 대해 합리적인 범위 안에서 잠정적인 우대조치를 취할 수 있도록 했다. 정부는 95년 12월 12일 공무원임용시험령을 개정하여 한시적인 여성채용목표제를 도입하였고 공기업의 신규직원 채용 시에도 여성응시자에 대한 가산점 여부 등 여성고용인센티브제도의 도입을 권고해 나가고 있다. ② 여성정책의 체계적이고 유기적인 추진을 위해 정무장관(제2)은 여성정책 기본계획을 5년마다 작성하여야 하고 각 부처와 시·도는 이에 따른 연도별 계획을 수립하고 정무장관(제2)은 그 이행상황을 점검한다. ③ 여성에 대한 차별을 시정하기 위한 성차별개선위원회를 정무장관(제2)소속하에 설치·운영한다. ④ 여성발전기금을 설치·운용함으로써 여성의 권익증진을 위한 사업, 여성단체사업, 여성 관련 시설의 설치·운용, 여성의 국제협력사업, 여성의 능력개발, 여성의 자원봉사 활동 등 남녀평등실현과 여성발전을 위한 사업의 지원에 사용하게 된다. ⑤ 남녀평등의 촉진 등에 대한 범국민적인 관심을 높이기 위해 매년 7월 1일부터 7월 7일까지를 '여성주간'으로 지정하고 다양한 행사를 실시한다.

111) 여성발전기본법에는 여성정책에 관한 기본계획을 5년마다 수립하도록 규정하고 있다.

112) 이를 위해 육아휴직장려금 지급대상을 현행 70인 이상 사업장에서 50인 이상으로 확대하고 장기적으로 5인 이상 사업장까지 단계적으로 확대할 것과 육아휴직 장려금 지원액을 현실에 맞게 조정, 육아휴직제의 신축적 운영방안을 위해 육아휴직기간의 분할사용제도 등 다양한 육아휴직 형태를 검토하였다.

현재 공무원법 및 교육공무원법에 있는 가족간호휴직제 도입추진, 직장보육시설 설치확대를 들고 있다. 또한 다양한 여성·가정복지서비스의 확충부문을 통해 근로여성의 모성보호강화와 건강증진을 위한 출산휴가제도의 정비[113] 등을 강조하고 있다.

〈표 4-2〉 제1차 여성정책기본계획 기본전략과 20대 정책과제

기본전략	20대 정책과제
법·제도 및 관행의 개혁과 여성의 대표성 제고	· 사회전반의 성차별적 제도 및 의식 개선 · 정책결정과정에 여성참여 확대
여성고용의 촉진 및 안정을 위한 지원 강화	· 고용기회균등 기반의 확립 · 여성고용의 촉진 · 직장-가정양립 지원체제 확립 · 여성근로자의 근로여건 개선
여성의 경쟁력 제고를 위한 교육체계 확립	· 남녀평등교육을 위한 여건 조성 · 여성전문인력의 적극적 양성 · 여성의 평생교육 지원
다양한 여성·가정복지 서비스의 확충	· 여성의 건강증진 및 성비불균형 해소 · 보육사업의 확충 및 내실화 · 여성농어업인의 부담완화와 권익신장 · 요보호여성의 복지증진 · 고령화시대의 여성복지 증진 · 여성에 대한 폭력의 근절
여성의 문화·사회활동 활성화를 위한 기반구축	· 여성의 문화활동 활성화 · 여성자원봉사활동 등 시민운동 지원 · 여성단체활동 지원
국제협력과 통일에의 여성역할 증대	· 여성의 국제협력 강화 · 통일에의 기여

---

113) 유급산전산후휴가기간을 현행 60일에서 ILO 기준으로 상향조정할 것과 출산간호휴가제 도입으로 남자근로자에게 본인이 청구 시 일정기간 산모를 간호할 수 있도록 하는 제도 도입, 또한 일정 개월 이상 태아의 유산·사산 시 출산휴가부여에 대한 행정지도 강화 및 제도화 방안 강구가 있었고 유급출산휴가 급여를 의료보험·고용보험 등의 사회보험에서 부담하는 방안을 검토할 것을 요구하였다.

이 계획에 따라 중앙행정기관의 장과 특별시장·광역시장 및 도지사는 매년 1월말까지 당해 연도의 소관 여성 관련 업무에 관한 시행계획안을 각각 여성특별위원회에 제출해야 한다. 그리고 여성특위는 이 시행계획안을 총괄·조정하여 대통령의 승인을 얻어 이를 확정한다. 따라서 여성정책기본계획은 정부 전 부처와 지방자치단체가 참여하는 국가계획이며, 사회 모든 분야를 망라하여 5년간 각 기관 간 유기적 연계 속에서 일관성 있게 추진되는 중장기 종합계획이었다.114)

(다) 제1차 근로여성복지기본계획(1994~1997)

고평법에 노동부장관으로 하여금 근로여성복지기본계획(이하 기본계획)의 수립의무가 부과되고 있음에도 불구하고 이후 6년이 지난 1994년 4월 정부는 '제1차 근로여성복지기본계획'을 발표한다. 이 계획의 정책과제는 평등이념의 함양, 기회균등의 실현, 모성보호와 육아지원, 여성인력의 노동력화, 취약여성근로자 보호와 복지증진, 국제협력증진, 행정기반 구축으로 되어 있다. 이 중에서 모성보호와 육아지원에 관한 세부정책내용을 보면 근로여성 특별보호 규정의 합리화, 모성보호의 확대, 모성보호비용의 공공부담화, 보육시설의 확대 등이다. 즉 정부는 모성보호확대, 모성보호비용 분담화 등 노태우 정부 후반기부터 여성계에서 요구한 내용들을 대폭 수용했다고 볼 수 있으며 또한 기업에서 요구해 온 근로여성의 특별보호규정도 현실에 맞게 완화시키고자 했다.

1차 기본계획은 지금까지 여성인력정책이 단편적·부분적으로 실시되어 오던 것을 탈피하여 범정부적 차원에서 체계적·종합적으로 추진될 수 있는

---

114) 그러나 이와 같이 외형적으로 체계적인 틀을 갖추고 있음에도 불구하고, 이 계획은 크게 두 가지 점에서 한계가 지적되고 있다. 첫째는 제1차 여성정책기본계획은 144개나 되는 많은 세부과제를 망라하였으나, 실제로 추진된 실적은 기대에 못 미치고 있으며 내용적으로 형식화되어 있는 면이 많다는 것이다. 둘째는 계획을 주관하는 부처가 1997년 정무장관(제2)실 계획안 마련→1998년 여성특별위원회 계획추진→2001년 여성부로 이관하는 등 세 번이나 바뀌었고, 그 위상과 권한이 낮은데다가 외부의 협조체계도 미흡하여 안정적인 정책환경에서 종합적인 여성정책을 시행하기 어려웠다는 점이다.

기본틀을 마련했다는 점에서 그 의의가 있다. 또한 이러한 기본이념과 목표
는 모성보호정책과 관련해서도 이전과는 또 다른 정부 인식과 정책변화 의
지를 나타낸 것이라 할 수 있다. 그러나 1차 기본계획은 생리휴가를 비롯한
여성보호규정을 완화 내지 폐지하려는 계획을 설정하고 있어 이는 이후 노
동계와 여성계의 지속적인 저항과 반발을 초래했다.115)

(라) 제2차 근로여성복지 기본계획(1998~2002)

제2차 근로여성복지 기본계획은 김영삼 정부에서 제정된 제1차 근로여성
복지 기본계획과 달리 '직업능력개발'과 '고학력 여성취업지원'을 우선과제로
제시하면서 가사와 직장의 병존 지원을 중시하였다. 이를 위해 사업장 보육
시설 확충과 운영의 내실화, 육아휴직 및 여성 재고용·장려제도의 활성화를
제시하였다. 또한 여성근로자의 모성보호를 위해서 모성비용의 사회화방
안,116) 근로여성 특별보호조항의 합리화방안 등을 포함하였다.117) 다음 〈표
4-3〉는 제1차와 제2차 근로여성복지기본계획의 중점과제를 비교한 것이다.

---

115) 또한 이 계획은 시간제 근로의 활성화, 탄력적 근로시간제, 근로자파견법제정,
기혼여성재고용제도 등의 정책을 추진과제로 제시함으로써 성별 역할분업관
에 기초하여 여성의 단순직화나 비정규직화를 유도하여 여성의 고용불안정을
가속화시키고 성별역할분업의 구조를 고착화시킨다는 비판도 받았다(여성개
발원, 1999: 118).

116) 현재 임신 중의 여자에 대한 산전산후 60일의 유급출산휴가제도가 있으며 출
산휴가비용을 전액 사업주가 부담하고 있다. 모성보호는 사회적 책임이 있음에
도 불구하고 고용주만의 부담이 되고 있어 여성고용을 기피하는 요인이 되고
있다. 일본·독일·프랑스·스웨덴·노르웨이·네델란드·벨기에·스위스·핀
란드 등 대부분의 국가에서 산전산후 휴가기간 동안의 급여를 의료보험에서
부담하고 있다. 또한 휴가 이전 소득의 60~100%를 보장하고 있으며 따라서
정부에서도 이의 사회분담화를 계획하고 있는 것이다.

117) 이는 여성이 다양한 분야에 취업하는 추세이며 근로환경도 육체적 근로의 강도
가 약화되고 정신적 근로와 병행하는 형태로 변화하고 있는 추세에 따라 여성
의 야업과 휴일·연장근로 금지규정을 조정, 또 현재 여성에 대해 취업을 제한
하고 있는 직종(중량물 취급업무 등 6개 직종)을 국제적 기준에 맞도록 조정을
요하고 있다. 또 산전후휴가규정을 국제기준에 맞게 조정하여 이를 위해 노·
사 단체, 공익 등 각계의 의견을 수렴하여 개선·추진하며 생리휴가는 임산부
의 경우에는 태아검진휴일제도로 사용한다는 것이다(노동부, 1997: 37).

〈표 4-3〉 제1 · 2차 근로여성복지기본계획 중점과제 비교

제1차 근로여성복지기본계획(1994-1997)	제2차 근로여성복지기본계획(1998-2002)

I. 평등이념 함양
  1. 학교교육 및 유아교육 과정의 남녀 평등
    의식 고취
  2. 국공립연수기관 및 사회교육단체의 남녀
    평등교육
  3. 대중매체를 통한 의식개선
	I. 직업능력개발
	  1. 공공직업훈련기관의 여성훈련확대
	  2. 여성의 경쟁력 우위분야 인력양성
	  3. 주부를 위한 프로그램 개설 · 운영
	  4. 여성단기적응훈련과정 운영
	  5. 일하는 여성의 집 운영 활성화

II. 기회균등의 실현
  1. 법이행을 위한 홍보 · 계몽
  2. 고용차별제도의 개선
  3. 차별적인 모집 · 채용근절
	II. 고학력 여성취업지원
	  1. 신규 대졸여성 취업지원
	  2. 취업알선기능 보강

III. 모성보호와 육아지원
  1. 근로여성특별보호 규정의 완화
  2. 모성보호의 확대
  3. 모성보호 비용의 공공부담화 추진
	III. 가사와 직장병존지원
	  1. 사업장 보육시설 확충 및 운영내실화
	  2. 육아휴직, 여성재고용장려제도 활성화
	  3. 단시간근로의 촉진 및 보호
	  4. 재택근무 활성화
	  5. 가족간호휴직제도 도입

IV. 여성인력의 노동력화
  1. 직업능력개발
  2. 취업알선기능 보강
  3. 가정 · 직장병존적 근로형태 및 제도개발
	IV. 고용기회균등실현
	  1. 남녀고용평등의식 제고를 위한 홍보강화
	  2. 고용차별 개선지도 강화
	  3. 여성근로자의 부당해고 예방을 위한 지도
	    강화
	  4. 성차별사례 공표제도 도입
	  5. 여성의 공직진출 기회 확대
	  6. 공기업 여성고용 촉진
	  7. 여성고용 우수기업에 대한 지원

V. 취약여성근로자 보호와 복지증진
  1. 가내근로자 보호
  2. 파견근로자 보호
  3. 여성근로자 보호를 위한 복지프로그램
    운영
	V. 여성근로자의 모성보호
	  1. 모성보호비용의 사회화
	  2. 근로여성의 특별보호조항의 합리화

VI. 국제협력
  1. 고용평등과 여성근로자 보호에 관한
    ILO 협약 비준
  2. 국제교류활성화
	VI. 취약여성근로자 보호와 복지증진
	  1. 가내근로자 보호
	  2. 파견근로자 보호
	  3. 여성근로자의 건강보호
	  4. 종합근로복지센터 건립 · 운영

VII. 행정기반의 구축
  1. 여성노동행정기구 조직의 확대
  2. 여성 관련 통계 년 1회 정비
  3. 고용평등정책에 대한 자체심사 분석체계
    년 1회 마련
	VII. 국제협력증진
	  1. ILO협약비준
	  2. 국제교류 활성화
	
	VIII. 근로여성 관련 행정조직 확대

자료: 여성개발원(1999: 119)

(마) 여성의 사회참여를 확대를 위한 10대 과제

대통령자문기구인 세계화추진위원회는 각 분야마다 세계화 추진방안을 계획·수립하였는데 여성 분야에서도 세계화 추진과제의 하나로 '여성의 사회참여를 확대하기 위한 10대 중·단기 중점추진과제'를 마련한다.[118] 그 기본방향은 여성의 육아 등 가사활동부담의 사회분담, 공공부문부터의 여성의 사회참여확대방안, 여성의 취업 및 전업에 필요한 기술교육 및 정보활용체제구축, 성 차별적 관행과 인식 시정을 위한 법 체제 정비 등이다. 이 중 '모성보호비용의 사회적 분담체제확립'은 모성보호를 위한 비용을 기업이 전액 부담하는 것은 여성 고용을 기피하는 요인으로 작용할 수 있음을 인식하며 사회보장체제의 틀 내에서 기업의 여성고용비용부담을 완화하고자 한 것이다(세계화추진위원회, 1998: 287).

그러나 이후 이 문제는 매우 논란이 되었고 끝까지 각 부처 간의 입장차이가 조정되지 않아 결국은 모성보호비용의 사회적 분담을 위한 재정확보는 국민복지단 협의사항으로 넘어가게 되었다. 그리고 생리휴가조항 및 심야근무금지 등 근로기준법 중 여성 관련 조항도 매우 논란이 되었는데 존속을 주장하는 여성계의 입장과 여성고용에 방해가 된다며 폐지를 주장하는 기업 및 기업의 입장을 대변하는 정부 관련 부처 간의 대립이 팽팽하였다.[119]

그러나 이렇게 김영삼 정부에서 이루어진 여성의 사회참여확대방안, 여성발전기본법, 제1차 여성정책기본계획, 제1·2차 근로여성복지기본계획 등 다양한 계획 또는 법안은 점점 늘어나는 여성의 경제활동 증가에 부응하고 여성의 고용을 촉진시키기 위해 모성보호와 직장과 가정의 양립방안 등을

---

118) 이는 단기과제와 중기과제로 나뉘어져있다. 단기과제는 ① 민간참여를 통한 보육시설의 확대 및 내실화, ② 방과 후 아동지도제도 도입, ③ 학교급식의 전면확대, ④ 여성의 공직참여비율제고 목표설정, ⑤ 공기업 신규채용 시 여성고용인센티브제도 도입이고, 중기과제는 ⑥ 모성보호비용의 사회적 분담체제확립, ⑦ 여성인력 양성체계 확대 확충·개선, ⑧ 여성 관련 정보네트워크구축, ⑨ 여성발전 기본법 제정 추진, ⑩ 대중매체를 통한 성차별의식 개선 등이다.

119) 여성계에서는 과제 중에서 특히 모성보호와 관련된 사항의 문제점으로 모성보호비용의 사회부담화에 대한 재정조달방법 등 구체적인 방안을 전혀 제시하지 않음으로써 그 실효성이 미흡한 것으로 평가하였다(정강자, 1996: 14).

구체화시켰다. 오늘날 세계적인 추세는 평등은 강화하고 보호는 직접적인 여성의 모성과 관련해서 최소한으로 제한하는 추세다. 기업도 이러한 추세를 근거로 이제는 보호가 아니라 평등으로 가야 한다며 생리휴가나 여성보호조항 등의 폐지를 주장하여왔고 정부도 기업의 이러한 논리를 받아들여 직접적 모성보호는 강화하고 간접적 모성보호에 해당되는 부분은 약화 또는 완화하고자 하였다. 그러나 사회복지제도가 잘 되어 있는 서구와 달리 우리는 국제수준의 모성보호가 아직 정착되어 있지도 않는 상태에서 노동현실은 너무 열악하기 때문에 생리휴가 및 야업, 휴일, 연장근로금지도 지켜져야 한다는 것이 여성·노동계의 주장이다.

이렇게 김영삼 정부의 여성정책은 국제적으로는 변화하는 국제사회의 여성의 사회참여 및 고용활성화와 국내적으로는 고학력의 우수한 여성의 경제활동 증진, 노동력 부족 해결을 위한 기혼여성활용 등을 통해 남녀평등을 촉진하고자 하였다. 비록 이러한 계획들이 주로 김영삼 정부 후반기에 나온 것으로서 당대에 집행되지 못하고, 임기 이후로 넘어가는 정책들이 많기는 하였지만 모성보호와 관련해서 보다 구체적이고 체계적으로 정책이 논의되었다는 점과 정책수립과정에서 정부·기업·여성·노동·전문가들의 팽팽한 시각차와 입장이 개진되었다는 점은 모성보호의 중요성과 사회적 인식을 이끌어 내는 데 중요한 밑바탕이 되었으며 실제로 김대중 정부는 이러한 계획들에 근거해서 명분과 당위성을 가지고 모성보호확대정책을 추진할 수 있었다.

제2절 모성보호정책네트워크

1. 정책행위자

가. 정 부

김영삼 정부는 증가하는 여성의 경제활동참여와 유엔의 여성지위위원회의 위원국으로의 진출, WTO출범 및 OECD 가입 등의 국제경제환경변화에 대응해서 경쟁력을 갖추기 위해 여성고용촉진을 통한 사회참여를 높이고자 하였다. 이를 위해 정부는 기본적으로 비용의 사회분담화 등 모성보호를 확대하며 여성의 특별보호조항을 완화하려 하였다. 1993년 3월 이인제 노동부장관의 청와대 업무보고 시 대통령은 남녀고용평등법을 강력히 시행하도록 지시했으며 이어 노동부는 여성의 경제활동참여를 유도하기 위해 모성보호 및 직장과 가정의 양립지원방안을 강구하게 되었다. 다음에는 정부여성 관련부처를 중심으로 조직화의 정도 및 예산, 그리고 행위자로서 조직의 역할을 살펴보기로 한다.

(1) 노동부

김영삼 정부에서의 노동부 기구 및 정원은 후기로 가면서 약간 축소되는 모습을 보여주지만 여성노동정책과 관련해서는 강화되는 모습을 보여주고 있다. 여성 관련 조직은 1995년 여성노동행정기구의 확대개편에 의해 그동안 그 기능이 모호하였던 부녀지도관 대신에 근로여성정책관을 신설하였다. 1996년에는 근로여성정책관과 부녀소년과를 폐지하면서 대신 근로여성국을 신설하는 등 여성노동 관련 기구의 변화 및 강화가 이루어지고 있다. 또한 중앙 및 지방노동관서에 여성노동문제에 관한 행정전담체제를 마련하기 위하여 6개 지방노동청에 근로여성과를 설치하였는데 이는 여성노동의 소관부처로서 여성노동정책의 관심을 반영하는 것이라 볼 수 있다.

〈표 4-4〉 김영삼 정부에서의 노동부조직

(단위: 개, 명)

년 도	실	국	과	담당관	정 원	기 구
1994 (1.22공포)	2	5	24	12	410	부녀지도관 근로기준국 – 부녀소년과
1994 (4.22공포)	2	5	24	11	406	〃
1995	2	4	23	13	388	근로여성정책관(명칭변경) 근로기준국 – 부녀소년과
1996	2	4	23	13	402	근로여성국 – 근로여성정책과 – 부녀소년지원과
1997	2	4	23	13	397	〃
1998	2	4	22	17	377	〃

자료: 행정자치부(1998)

　그러나 한편 노동부의 영향력을 알 수 있는 것으로는 위와 같은 조직화 외에도 인적구성과 예산을 들 수 있는데, 역대의 노동청장과 노동부장관이 경찰간부와 군출신들로 대부분 충원되었다는 사실과 노동부의 예산이 〈표 Ⅳ-5〉과 같이 우리나라 일반회계 전체 예산 중 차지하는 규모가 0.5%도 되지 않는 사실을 통하여 노동부의 위상을 짐작할 수 있다. 물론 노동부 예산이 타 부처에 비해 적은 것은 사업부처가 아니기 때문이기도 하지만 장관의 출신배경과 조직의 규모, 예산을 통하여 볼 때 노동부는 여성노동정책과 행정에 있어서 주도적인 역할을 하기에는 한계가 있었음을 알 수 있다.

〈표 4-5〉 연도별 노동부 예산추이

(단위: 백만 원)

년 도	전체 예산	노동부예산	구성비(%)
1993	38,583,715	170,435	0.44
1994	44,935,820	192,707	0.43
1995	51,881,113	211,212	0.41
1996	57,962,100	268,175	0.46
1997	65,959,066	317,239	0.48

자료: 이순호(1999: 129)

이러한 상황은 근로여성의 복지에도 그대로 반영되는데 노동부 예산 중에서도 여성노동 자원과 관련해 편성된 복지예산은 특히 저조함을 알 수 있다. 1996년도의 경우를 보더라도 여성복지 예산은 79억 5700만 원으로 이는 노동부예산 2681억 7600만 원의 3.00%에 불과한 것으로 나타났다.[120]

〈표 4-6〉 여성복지 예산추이

(단위: 백만 원)

구 분	1992	1993	1994	1995	1996
예 산	9,528	5,435	4,771	7,466	7,957

자료: 여성특위(1996: 17-18)

(2) 정무장관(제2)실

1994년 11월 26일 정무장관별 기능조정에 의해 제1정무장관이 국회·정

---

120) 이를 항목별로 살펴보면 다음과 같다.

〈표 4-7〉 항목별 여성복지 예산(1996년)

(단위: 백만 원)

구 분	노동부예산	여성복지예산	%	주 요 내 용	
일반회계	268,176	7,957	3.00		
인력개발	146,574	-		-	
사회보장	121,602	7,957	6.54	○남녀고용평등	235
				-고용평등의식고취	129
				・고용평등의 달 행사	22
				・고용평등홍보	91
				・고용평등 심포지엄	16
				-근로여성 특별보호	61
				-여성 관련 국제회의참가	9
				・UN여성지위향상위	6
				・성차별철폐위원회	3
				-근로여성고용문제조정	36
				○전문직 여성취업알선	16
				(지원센터운영)	
				○근로여성현장교육 및	127
				문화생활지원	
				○일하는 여성의 집 설치	3,210

주: 여성근로자복지 관련예산은 여성만을 위하여 별도로 예산을 발췌한 것이며 그 외의 예산은 남녀공용으로 사용되나 남녀구분을 할 수 없어 제외하였음.

당 등 정치 관련 사무를 담당하는 한편 제2정무장관은 여성정책 관련 사무를 담당하게 되었다. 또 1996년에는 정무장관(제2)실의 인원을 53명으로 대폭 보강하여 점증하고 있는 여성정책수요에 능동적으로 대처하고 여성정책조정기능을 강화하도록 하였다.

또한 여성정책을 효율적으로 담당하기 위해서는 예산도 뒷받침되어야 하는데 정무장관(제2)실의 예산은 1993년 61억 8211만 원 정도였으나 이후 꾸준한 증가를 보여 1997년에는 192억 원에 달하였다. 이는 1997년에 여성개발원 출연금과 여성발전기금 조성이라는 명목으로 예산의 증가가 이루어졌기 때문이다.[121] 이처럼 여성정책을 주로 담당하였던 정무장관(제2)실의 인력과 예산의 증가는 그동안 여성계에서의 끊임없는 요구와 정부의 여성정책에 대한 의지와 관심도를 반영한 것이라 볼 수 있지만 한 국가의 여성정책을 전담하는 정부기구로서 정무장관실의 예산과 인원은 그 기능에 비하면 매우 저조한 수준이라 할 수 있다.

〈표 4-8〉 정무장관(제2)실 인원 및 예산변동 현황

(단위: 명, 천 원)

년 도	인 원	예 산	비 고
1993	39 (93. 8. 9)	6,182,117 (1,878,292)	정부조직 개편
1994	39 (93. 8. 9)	7,246,440 (1,923,540)	
1995	39 (93. 8. 9)	8,831,871 (2,312,617)	
1996	53 (96. 6. 29)	8,037,493 (2,826,587)	여성발전기본법 시행 - 여성발전기금 신설
1997	52 (97. 3. 20)	19,188,026 (3,347,705)	여성개발원 출연금(58억), 여성발전기금(100억)포함

자료: 정무장관(제2)실 내부자료. 황인자(1997: 36)

---

121) 출연금(58억 원)과 기금전출금(100억 원)을 제외한 정무장관(제2)실의 순수예산은 33억 원으로 실제는 4배 정도 증가한 것이지만 이 중에서 인건비 등 경직성 경비를 제외하면 순수사업비는 17억 원에 불과하다(황인자, 1997: 34).

(3) 여성정책심의위원회

김영삼 정부에 들어와서 여성정책심의위원회(이하 심의위원회)는 규모
가 더욱 커져 위원장 1인과 부위원장 3인을 포함한 35인 이내의 위원으로
구성되었다. 위원장은 국무총리, 부위원장은 재정경제원장관, 통일원 장관,
정무장관(제2)이 되었으며 1996년에는 여성문제 전문가 19명이 민간위원으
로 위촉되기도 한다. 심의위원회는 본 위원회와 2개의 분과위원회, 1개의
특별분과위원회 그리고 여성정책심의 실무위원회 등으로 구성되어 있는 등
그 조직과 규모가 매우 광범위했다(여성개발원, 1996a).[122]

그러나 심의위원회는 국무총리 산하에 30여 개나 되는 위원회 중 하나에
불과하였고, 국무총리를 위원장으로 하는 자문위원회 형태를 띠고 있었다는
점, 게다가 방대한 규모로 인하여 1년에 1회 정도밖에 개최되지 못해 실효성
이 적었으며, 국무총리의 정책자문기관으로서 행정적 기속력이 없었다는 한
계를 가지고 있었다(장하진, 2002: 155; 김선욱, 1999: 12). 또한 한국여성개
발원의 김엘림 박사는 이러한 행정위원회에 대해 위원구성현황과 운영을 중
심으로 볼 때 첫째, 공무원의 비중이 민간인에 비해 상당히 높다는 점에서
위원회의 운영이나 심의가 형식적이 되거나 민주적 토의가 어려울 수 있다는
것과 정책결정과정에 여성노동운동의 입장을 반영하기 힘들지 않는가 하는
의문을 제기하고 있으며 둘째, 민간위원의 전공, 경력, 활동 분야 및 상황을
살펴볼 때 여성노동정책이나 기본계획을 심의하는 데 있어서 이들이 과연 전
문성과 대표성을 가진 인사로서 여성노동자의 처한 현실이나 입장을 대변할
수 있는지 의문을 제기하고 있다(김엘림, 1994c: 120).

이상을 종합해 볼 때 여성정책심의위원회의 의결사항을 정책으로 반영
하여 강력한 여성정책을 추진하는 데는 한계가 있었다고 보여진다.

---

122) 분과위원회는 정치·경제에 관한 사항을 관장하는 제1분과위원회, 사회·교육
    과 그 외에 관한 사항을 관장하는 제2분과위원회가 있으며 특별분과위원회는
    여성정책에 관한 현안사항을 심의하기 위하여 심의위원회 내에 위촉직 위원
    들로만 구성된다. 또한 실무위원회는 심의할 안건을 사전 검토 조정하며 위원
    회에서 위임받은 사항과 관계기관과의 협조사항을 처리하기 위하여 정무차관
    (제2)을 위원장으로 하고 관련 부처 국장급인 당연직 위원과 민간위촉위원
    총 28명으로 구성되어 있다.

(4) 한국여성개발원

여성문제 전담연구기관으로서 여성의 사회참여와 복지증진에 기여하기 위해 1983년 발족됐던 한국여성개발원은 1995년에는 기존의 4실 1국 체제를 연구본부·사업본부·사무국으로 기구를 줄이면서 다른 부서 인원을 연구 인원으로 변경하는 등 연구 기관으로의 성격을 강화하였다.[123]

한국여성개발원은 여성노인, 성차별, 성희롱, 가족, 결혼, 여성노동, 고용차별 등 다양한 분야의 여성정책을 개발하고 대안을 제시하였다.

김영삼 정부에서 한국여성개발원은 노동정책과 관련하여서 각국의 여성차별철폐조치, 기혼여성의 취업 및 재취업 등 고용정책에 관한 연구, 모성보호비용의 사회분담방안 연구 및 세미나 등을 통하여 기업과 취업여성이 일방적으로 지고 있는 모성보호비용을 사회가 일정수준 분담해야 한다고 주장하였으며 여성계나 정부 및 기업에 정보도 제공하고 정책제안을 하기도 하였다. 그러나 김영삼 정부에서 이러한 여성개발원의 여성정책연구가 적극적으로 정책화되지는 못했는데 이는 연구를 정책화할 행정조직이 미비했고 또한 연구의 여론화를 위한 시간이 더 필요했기 때문으로 보인다. 이러한 여성개발원의 연구 성과들은 이후 김대중 정부에 들어와서 진행되는 모성보호논의에 중요한 밑거름이 되었다.

나. 기 업

경총은 1994년부터 1997년에 이르기까지 꾸준히 조직을 개편한다. 〈표 4-9〉을 보면, 1996년 일반회원수가 100여 개 감소하였고 이는 1997년까지도 이어지고 있음을 알 수 있다.

---

123) 연구본부는 기존의 조사연구실과 교육연수실이 통합된 것이다. 반면 사업본부는 업무가 대폭 줄고 단순화됐다. 기존 사업본부가 담당하였던 교육연수, 교육자료개발, 자원활동, 홍보출판, 단체협력 등 여러 분야의 사업들이 대폭 축소되거나 통합됐다. 여성인력의 취업 창구로 개설했으나 이용 실적이 많지 않던 인력 은행은 인원과 업무를 대폭 줄였고, 상담사업도 폐지했다. 대신 정부의 세계화 추진 정책에 따라 사업본부 내의 국제협력부 역할은 강화하였다. 각종 국제회의와 세미나를 개최해 아태지역에서 여성연구센터로 자리 잡는다는 것이다(조선일보, 1995. 6. 6).

〈표 4-9〉 한국경총 연도별 회원수

(단위: 명, 개)

구 분	1993	1996	1997
회 장	1	1	1
부회장	13	23	22
고 문	8	10	11
상임위원회	11	12	12
이사회원	92	95	93
상임이사	4	3	3
감 사	3	3	3
일반회원	295	177	183
단체회원	37	36	36
지역회원	3372	3375	3291
비 고			명예회장 1

주: 임원＋일반회원＝서울경총회원
자료: 한국경총(각 년도). 『사업보고서』에서 재구성

경총은 서울경총과 지역회원으로 나누어진다. 서울은 대기업이 많이 가입해 있고 지방은 중소기업위주로 가입되어있다. 지방의 경우 규모가 작음으로 인해 경제환경의 영향을 받는 폭이 크고 이에 따라 회사부담의 폭이 크다고 할 수 있다. 서울경총회원사는 1993년 427개에서 1997년 328개로 그 수가 감소하였다. 이는 1996년 이후 경제위기가 불어 닥치기 시작하여 IMF위기상황을 맞이하게 되는 시기로 기업들이 어려움을 겪고 있음을 나타내주고 있다.

한편 경총은 1994년 UR 협상타결과 WTO 체제출범으로 국제경쟁이 치열해지는 상황에서 다양해지는 노사문제에 효율적으로 대처하기 위해 1994년부터 1997년에 이르기까지 꾸준히 조직을 개편하였다.

1997년에는 연초부터 1996년 말의 노동관계법 여당단독처리에 대한 노동계총파업사태로 노사관계에 심각한 우려가 대두되자 사무국조직도 복잡다양해지는 노사문제에 적극대처하기 위해 정책본부아래 노동정책실을 신설함과 동시에 노사협력부를 노사대책부로 개칭하고 부설기구인 산재보험

사업부를 운영본부 아래에 두고 노동경제연구원 부속으로 연구원을 신설하여 노사문제·노동경제 전문연구기구로서의 역할을 다할 수 있도록 개편하였다(경총, 2000).

다. 노 동

1980년대 후반 활발하게 전개되던 노동조합 활동은 1989년을 정점으로 조직률과 조합원수가 계속 감소하는 추세를 보이고 있다. 특히, 1997년과 1998년에 노동조합 조직률이 크게 감소하는데 이는 당시의 경제위기 때문으로 판단된다. 이 기간의 한국노총 조합원수를 보더라도 조합원수가 1995년 120만 8052명에서 1997년에는 93만 8299명으로 지속적으로 감소하고 있는 것을 알 수 있다.[124]

〈표 4-10〉 한국노총 년도별 조합원수

(단위: 명, %)

구 분	1995		1996		1997	
	조합원수	%	조합원수	%	조합원수	%
남 성	940,883	77.9	917,346	79.1	768,203	81.9
여 성	267,169	22.1	242,560	20.9	183,867	19.6
전 체	1,208,052	100.0	1,159,906	100.0	938,299	101.5

자료: 노동부(2001)

한편, 한국노총 내에서 모성보호와 관련한 활동들은 여성본부를 중심으로 이루어지고 있는데, 여성사업은 그 예산으로도 알 수 있듯이 상당히 저조하였다. 〈표 4-11〉은 한국노총의 여성사업비 현황을 나타낸 것이다. 이를 보면 한국노총의 여성사업비는 1993년도부터 1995년까지는 변동이 없이

---

124) 김영삼 정부에서 결성되어 김대중 정부에 가서야 합법화된 민주노총의 경우는 한국노총과 달리 조합원 숫자가 계속 증가하였다. 민주노총 조합원수는 이 기간 우리나라 전체의 조합원이 줄어드는 가운데서도 계속 늘어나는 추세를 보이고 있다(한국노총, 2001a).

총수입 대비 0.6%를 유지해오다가 1996년도와 1997년도는 0.8%로 증가하고 있음을 알 수 있다. 그러나 이러한 사업비비중은 노총의 전체 조합원수 대비 여성조합원 비율 20%를 고려할 때 매우 낮다고 볼 수 있다.

〈표 4-11〉 한국노총 여성사업비 비중

(단위: 천 원, %)

년 도	총수입	여성사업비	구성비
1993	1,783,354	10,000	0.6
1994	1,413,275	9,000	0.6
1995	1,563,080	9,000	0.6
1996	1,730,759	13,000	0.8
1997	2,042,465	17,000	0.8

자료: 한국노총 내부자료

라. 여 성

1980년대 후반기가 노동·인권·통일운동에 중점을 두었다면 1990년대 전반기는 비정규직문제, 파견법제정반대문제, 신인사제도, 성희롱·성폭력 등의 문제점에 여성계에서는 더욱 주력하였다. 여연은 1992년에 이어 1993년도에도 성폭력추방 및 성폭력특별법제정에 주력하였다. 그리고 기층여성 운동력 강화사업으로 여성노동자들의 모성보호와 평생평등권 확보, 모성보호의 확대와 비용의 사회부담 방안 등을 행위자이익으로 설정했다. 1996년 4월 11일 15대 총선을 앞두고는 여연은 각 정당의 여성정책수립에 반영되도록 하기 위한 '10대 여성정책과제' 속에 산전산후휴가를 90일로 확대, 모성보호 비용을 사회 분담화 할 것, 여성농민을 농업전문경영인력으로 육성하고 여성농민의 건강권과 모성보호를 보장할 것 등을 주장하였다.[125]

김영삼 정부에서 여성단체는 수적으로 약간의 성장추세를 보이고 있다.[126]

---

125) 그 외 가정폭력의 예방과 피해자 보호를 위한 '가정폭력방지법'을 제정할 것, 여성정책의 주무부서인 '여성부'를 신설하고 지방자치단체는 여성국(여성과)을 만들 것, 정치·고용·교육·훈련·언론·문화 분야에 최소한 30% 여성할당제를 실시할 것 등도 들어 있었다.

〈표 4-12〉 여성단체 현황

(단위: 개)

구 분	1994	1996
단체수	62	68
지부수	829	787
임원수	875	943
회원수	5,546,172	8,663,010

주: 사회단체수는 제외됨
자료: 보건복지부(1994, 1996). 『여성단체현황』

한편 여성단체는 예산 부족으로 인하여 활동 위축의 어려움을 겪었다. 1994년 9월 정무장관(제2)실이 국회에 제출한 국정감사 자료에 따르면 정부기관에 등록된 여성단체는 모두 82개로 이 가운데 정부의 예산지원을 받는 단체는 12개에 불과하였다. 그나마 정부의 예산지원을 받는 단체들 대부분의 경우가 정부의 지원이 크게 줄어들었다(국민일보, 1994. 9. 27).

여협과 여연의 경우를 살펴보면, 1995년부터 1997년의 기간에 여협은 7개 사업에서 그리고 여연은 4개 사업을 추진하면서 중앙부처로부터 재정지원을 받았는데, 여협이 1995년 2억 629만 5천 원, 1996년 1억 9777만 4천 원, 1997년 1억 8295만 원으로 점차 감소추세를 보이는 반면 여연은 1995년 2600만 원, 1996년 2700만 원, 1997년 3980만 원으로 점차 증가하고 있다. 그러나 같은 기간의 여협의 재정 정도와 비교해볼 때 여연의 그것은 매우 적다.

한편, 1996년 한국의 경제협력개발기구(OECD) 가입으로 여성단체활동에 대한 외국의 지원이 중단되면서 여성운동단체들은 더욱 예산 부족의 어려움에 처하게 되었다. 그러나 여성운동단체들은 그들의 부족한 예산에도 불구하고 지속적으로 활동해 나갈 수 있는 방안을 모색하여 상근자를 소수

---

126) 그러나 1997년도 우리나라 전체 15세 이상 인구가 약 1800만임을 감안한다면 〈표 Ⅳ-12〉의 1996년도 회원수만 보더라도 15세 이상 인구의 절반 가까운 여성이 각종 단체에 가입되어 있다는 것은 무리라고 판단되며 여러 단체에 중복가입한 여성의 수치가 총합되어 회원수가 높아졌거나 아니면 정부보조금을 타기 위해 회원수를 불리기도 했을 것이라고 추측된다.

정예화하고 자원활동가를 적극 활용하는 방식으로 조직의 몸체를 줄이면서 활동기반을 강화하는 쪽으로 조직 운용방식을 바꾸어 나갔다. 그리고 여성단체들은 이슈별로 연대활동을 함으로써 그 세력을 확대시키고 압력단체로서의 역할을 강화하였다. 취약한 여성단체의 재정과 조직을 볼 때 훨씬 효과적으로 여성운동을 수행할 수 있는 전략이라 평가된다.

마. 기 타

모성보호의 정책결정을 위해 이익활동을 벌이는 행위주체자는 정부·기업·노동·여성으로 대표되겠지만, 김영삼 정부의 시기에는 주변행위자로 정당·유엔·언론·국회여성특별위원회 등이 있었다.

정당은 선거를 통한 정치권력의 획득을 목표로 하므로, 무엇보다도 유권자들을 의식하지 않을 수 없다.

따라서 1996년 4월 11일의 국회의원선거를 두고 각 정당은 50.6%의 여성표를 잡기 위해 많은 여성 관련공약을 내놓았다.[127] 특히 모성보호와 관련해서 여성노동자뿐만 아니라, 일반 시민들에게도 모성보호의 중요성을 인식시킬 수 있는 중요한 역할을 수행하였다. 그러나 각 정당이 모성보호의 중요성에 대해서는 인식하고 있었지만, 구체적으로 모성보호비용을 어떻게 마련하는가하는 핵심문제로 들어가면 사회보험 등 공공부문에서 분담토록 한다(신한국당), 사회부담으로 한다(국민회의), 사회적 분담체계를 확립한다(민주당)는 등의 모호한 표현만을 쓰고 있을 뿐 구체적인 안을 제시하지는 못하였다.

또한 이 시기 국회여성특별위원회가 만들어 졌는데 여성특위는 관련 부처로부터 업무현황보고를 듣고 여성의 복지와 권익에 관련된 제반정책을 논의

---

127) 여론조사기관 리서치앤리서치가 전국의 기혼여성 5백 명을 대상으로 선거행태에 관한 여론조사를 실시한 결과 응답자의 69.4%가 4월 총선에서 여성들을 위한 공약에 관심이 있다고 답하면서 65.6%가 「남편이 특정후보를 지지할 것을 권유하더라도 이를 따르지 않겠다」고 답해 여성표의 독립성을 나타내주었으며 후보자들도 여성표를 얻으려면 여성을 위한 정책마련에 힘써야 함을 나타내주고 있다(국민일보, 1996. 2. 26).

하여 정책대안을 개발하고 관련 부처에 의견을 제시하는 중요한 역할을 하였다. 국회여성특위는 1994년 후반기에 만들어져서 김영삼 정부에서 이루어지는 고평법 2차 개정과정에서 역할을 할 시간을 갖지 못했으나 이후 김대중 정부 들어 IMF과정을 거치면서 모성보호의 중요성을 판단하고 이를 이슈화하여 공중의 의제로 부각시키는 데 있어서 중요한 역할을 하였다.

한편 이 시기 언론도 모성정책을 여론화 하는 데 기여하였다. 총 10개 신문사에서 232회 게제되었는데 한겨레신문이 69회로 가장 많았으며 경향신문 29회 동아일보가 10회로 가장 적게 보도되었다. 이와 더불어 기사를 통하여 내용의 중요도를 알 수 있는데 여성면이 106회로 가장 높았으며 기획·연재 순이었다. 이는 김대중 정부의 언론보도양태와는 상당히 다른 모습을 보여준다. 어쨌든 김영삼 정부에서는 노태우 정부와 비교해 볼 때 모성보호와 관련한 여론형성에 언론이 상당히 기여하였다고 할 수 있다.

2. 정책행위자의 상호작용

가. 김영삼 정부에서의 모성보호논의과정

남녀고용평등법이 1차 개정되었음에도 불구하고 실제 노동현장에서는 관행적 성차별이 계속되고 있었다.[128] 1993년에 들어서자마자 전노협, 한국여성노동자협의회 등 6개 단체로 구성된 전국여성노동자대회 공동위원회는 출산휴가 90일 보장, 직장탁아소설치의무화 등을 포함한 공개질의서를 청와대

---

128) 남녀고용평등법이 보다 강화되었지만 남녀구분 없는 채용조건을 내세운 사기업이 52.6%에 불과하고 남성만 채용이 20.6%, 여성만 채용이 9.9%, 남녀직종별 구분채용이 16.9%로 지원자격부터 성차별이 많았다. 또한 한국부인회가 남녀고용평등법시행 1주년을 맞아 서울지역 남녀직장인 1,107명을 대상으로 실시한 의식조사결과 신입사원의 채용 및 승진, 사업장 내의 대우나 퇴직문제 등에서 성차별이 계속되고 있으며 결혼퇴직압력이 여전히 강요되고 있는 것으로 나타났다. 또 산후휴가, 생리휴가, 육아나 탁아 등 편의 시설 마련 미흡, 여성노동자에 대한 홀대가 계속되고 있는 것으로 나타났다(동아일보, 1989. 12. 30; 중앙경제신문, 1989. 4. 16).

에 보내는 등 모성보호강화를 요구하고 있었다. 그러던 중 1993년 5월 7일 서울민사지법은 임신 중 생리휴가 사용 및 산전산후기간 중 월차지급 청구소송에 대해 "산전산후 월차지급은 인정하고 임신 중 생리휴가 사용분은 기각한다"는 판결을 내려 여성계의 고평법 개정운동에 반향을 일으켰다. 현행의 근로기준법 제59조 생리휴가에 관한 조항은 "여자근로자에게 월 1일의 유급휴가를 주어야 한다"고 규정하고 있으나 임신 중 생리휴가사용에 대해서는 명문화되어 있지 않아 노사간에 생리휴가 인정을 둘러싸고 마찰이 빚어져 왔다. 이에 한국노총 등 여성노동계에서는 "생리휴가는 애초에 모성보호를 위해 만든 것인 만큼 임신한 여성의 생리휴가사용을 명문화 하는 것이 필요하다"며 임신 중 생리휴가사용인정을 요구했다. 또한 한국여성연구회가 93년도에 실시한 연구에서 전국 94개의 노조를 대상으로 설문조사한 결과 93.6%의 노동자가 현행 모성보호제도에 불만을 표시했다는 결과가 나오는 등 사회적으로 산전후휴가확대 모성비용의 국가부담화 및 육아휴직확보 등에 대한 요구가 있었다.

1994년에 들어서면서 노동부는 「근로여성복지기본계획안」에서 사회활동을 활발히 할 25~34살의 여성이 취업률이 지나치게 낮은데도 모성보호와는 별도로 생리휴가 등 유사모성보호까지 인정함으로써 기업들이 고용을 꺼리는 요인이 되고 있다며 생리휴가를 무급으로 전환하는 대신 현재 60일의 산전산후휴가기간을 90일로 연장, 남자에게도 부인이 출산했을 경우 일정기간 간호휴가를 사용하도록 하는 방안을 적극 추진키로 했다.

이에 대해 유급출산휴가연장 등 모성보호부분에는 찬성이지만 생리휴가폐지에 대해서는 한국여성노동자협의회, 여연, 한국여성민우회 등 여성근로자권익을 강조하는 단체들과 정부출연기관인 한국여성개발원조차도 현재 우리나라의 임금수준과 근로조건 아래서 당장 유급생리휴가 폐지는 문제라고 지적하였다. 그러나 한국여성단체협의회는 권리는 보장하되 무급으로 하는 입장을 가지고 있다. 또한 한국노총, 전 노련 등 노동계에서도 이는 모성보호정책에 역행하는 처사라며 강력히 반발하였다. 또한 사무직여성의 95.2%가 생리휴가무급화에 반대한다는 연구결과가 있었다. 한국여성개발원

도 장기적으로는 여성만을 위한 보호조항이 폐지되어야 하지만 유급생리휴
가폐지제도가 저임금에 시달리는 생산직 여성노동자들에게 보상의 성격이
강하기 때문에 무급화는 아직 시기상조라는 입장이다(1994. 1. 10). 즉 다
수의 여성계와 노동계는 생리휴가 무급화에 대해 반대를 표명하였다.

이런 과정 속에서 세추위에서 마련한 「여성의 사회참여확대를 위한 10
대과제」는 출산과 육아 등 모성보호비용을 사회가 분담하도록 한다는 방침
아래 고용보험에서 지급하는 육아휴직장려금 지급범위를 현행 70인 이상
사업장에서 오는 98년까지 50인 이상 사업장으로 확대하고 장기적으로는 5
인 이상 사업장으로 확대하기로 하였다. 이러한 세추위 안에 대해 여성계
도 환영하면서 고용주가 부담하고 있는 출산휴가급여를 사회보험으로 충당
해야 한다고 주장하였다.

김영삼 정부에서 이루어진 모성보호정책에 관한 논의는 출산휴가기간의
연장, 모성보호비용의 사회분담화 등은 구체적 방식에 있어서 차이가 있기
는 하지만 정부·기업·여성·노동으로 이루어지는 정책행위자들 간에 합
의를 보고 있다. 그러나 생리휴가에 대해서는 첨예한 대립을 하고 있다.

모성보호에 관한 정부의 입장도 조금 더 구체적으로 들어가서 보면 노동
부와 정무(제2)장관실은 생리휴가는 폐지되어야 하는 반면 출산휴가기간은
연장, 태아건강검진실시 등 모성보호는 더 강화하고자 하는 반면 통상산업부
및 재정경제원과 같은 기업과 밀접한 관계를 맺고 있는 경제 관련부처는 「여
성인력활용촉진대책」 및 「여성의 경제활동참가 활성화 방안」 등을 통해 유
급생리휴가의 폐지 및 심지어는 산전후휴가의 무급화(통산부)를 주장하였으
며(국민일보, 1995. 6. 1) 시간 외·야간·휴일근로금지에 대해서도 관리전문
직이나 연구개발직 등 특정한 직종에 대해서는 이를 허용하자는 입장이었다.
즉 정부 내에서도 부처 간에 의견일치가 이루어지지 않았으며 경제 관련 부
처들은 모성보호에 대해 강한 거부감을 가지고 있는 것으로 보인다.

그리고 이러한 논의들은 1995년 6월의 지방선거, 1996년 4월의 총선,
1997년 12월의 대선 등 선거를 앞두고 정부 측에서 발표되거나 여성계에서
요구하는 형태로 많이 이루어졌는데 정부에서도 여성유권자의 표를 의식한

선거용이라는 측면도 있지만 여성계에서도 선거라는 변수를 적절히 활용하여 여성표라는 정치적 자원을 가지고 모성보호정책을 제안하는 모습도 보여주었다. 선거라는 정치적 환경은 정책네트워크의 여성·노동행위자들의 이익표출활동을 더욱 활성화시키고 있으며 정부는 여성노동정책에 더 우호적으로 반응하는 경향을 보여주고 있다.[129)]

나. 정보흐름

(1) 권력수준으로의 정보흐름: 정책 건의·청원

1차 개정이 이루어진 후 노태우 정부 후반부부터 지속적인 정책행위자들의 정책 건의·청원 등의 활동이 있었는데 고평법 2차 개정을 앞둔 1994~1995년 노동계와 경총을 중심으로 하여 정책 건의·청원 활동이 이루어진다.

이는 대체적으로 근로기준법의 여성 관련조항 중 유급생리휴가폐지·산전산후유급휴가·모성보호비용의 사회분담화 등과 관련하여 행위주체자들의 이익이 첨예하게 대립되었기 때문이다. 특히 1995년에 경영계에서의 정책건의가 다른 행위자집단보다 높게 나타나고 있는데, 이는 근로여성복지기본계획과 관련하여 여성의 생리휴가 조항은 비용이 수반되는 문제이므로 기업들이 매우 민감하게 대응하고 있었음을 말해주는 것이다.[130)] 이 기간에 이루어진 기업·노동·여성계의 정책 건의·청원 사항에 대해 정리해보면 〈표 4-13〉과 같다.

---

129) 선거라는 정치적 요인은 때로는 안 되는 것도 되게 할 수 있는 중요한 변수라는 것을 정당활동 및 국회의원을 역임한 전 정무(제2)장관 K 씨와의 인터뷰를 통해서도 확인할 수 있었다.

130) 실제로 한국여성개발원이 서울에 거주하는 100개의 기업을 대상으로 실시한 조사결과 기업에서 모성보호제도 중 생리휴가비용지출이 가장 많은 것으로 나타났다(조선일보, 1994. 12. 8).

〈표 4-13〉 정책 건의·청원 건수(1993~1997)

(단위: 회)

구 분	1993	1994	1995	1996	1997	계
노 동	1	2	1	1	1	6
경 영	1		3	1		5
여 성		1		2	2	5
계	2	3	4	4	3	16

경총은 1992년 5월 27일 '노동법 개정에 관한 경영계 의견' 및 1993년 5월 13일 '남녀고용평등정책에 대한 경영계의 의견'을 통해 '모성은 보호하되 그러나 여성은 평등하게 대우한다'는 세계적 추세에 비추어 볼 때 생리휴가제도를 폐지하고 현재의 60일 산전산후휴가를 72일로 확대하는 등 모성보호관련조항을 제외하고는 일반 근로조건상 남녀를 구별하는 것은 지양해야 하며 여성에 대한 특별대우는 여성의 고용감소효과를 초래할 것이라는 내용을 건의하였다. 또한 장기적 안목에서 남녀고용평등의 진정한 실현을 위해서는 근로기준법과 남녀고용평등법상의 여성특별보호규정을 정비하는 것이 우선적임을 제안하였다(경총, 1994: 396).

또한 정부는 현행 근로기준법에서 여성근로자보호조항인 연장·야간·휴일 근로제한 취업직종제한 등과 관련한 조항을 폐지키로 한다. 그리고 여성의 취업문호를 넓히고 직장여성의 모성보호를 강화하기 위해 유급생리휴가제를 폐지하는 대신 태아검진휴일, 남성근로자를 위한 출산간호휴가제 등의 도입, 60일로 되어 있는 산전산후유급휴가의 90일 확대,[131] 모성보호비용의 사회분담화 등의 방안을 골자로 하는 근로여성복지기본계획안을 마련하게 된다(경향신문, 1994. 2. 4).

---

131) 태아검진휴일은 임신 중인 근로자가 태아와 산모건강점검을 할 수 있도록 월1회 유급휴가를 쓸 수 있도록 하는 것이다. 출산간호휴가제는 남성도 7일 이내의 출산간호 휴가를 부여토록 하는 것이며, 출산휴가는 근로자가 유산·조산·사산했을 시 임신 4~7개월 미만은 산후휴가만, 임신 8개월 이상은 정상분만자와 동일한 휴가를 받을 수 있도록 법제화하도록 하였다.

즉 김영삼 정부는 국정운영의 틀로 설정한 국가경쟁력 강화를 위해 기
업의 규제를 완화하는 정책과 신인력정책을 배경으로 부분적으로는 고용평
등과 모성보호를 강화하는 대신에 생리휴가의 무급화를 비롯한 여성보호규
정을 폐지하거나 완화하고자 하였다. 이는 성별 역할분업구조를 전제로 한
것으로 여성노동계의 반대에 부딪치게 된다. 김영삼 정부의 각 행위자들의
정책입장은 다음 〈표 4-14〉와 같다.

〈표 4-14〉 근로여성복지기본계획안에 대한 행위자들의 정책입장

구 분	정 부	경 총	노 총	여 성
산전산후유급휴가	60일→90일	60일→72일	60일→저소득층에 우선해서 90일 또는 12주('92)	90일 이상
육아휴직기간	남자도 1년간육아휴직가능		무급의 육아휴직기간연장	유급휴직
육아휴직의 근속기간포함		노사자율		포함 및 육아휴직의 남녀공유
임신 중 정기검진일	실시(월1회)		실시(월 1일)	실 시
유급유산휴가	4-7월: 산후휴가만 8월 이상: 정상분만자와 동일			실 시
임신 중 여성의 야간근로				금 지
가족간호, 자녀간병휴가제	출산간호휴가제(남성)			실 시
생리휴가	폐지→무급	폐지→무급	유급, 존속	·여연,노총 – 생리 휴가의 무급은 시 기상조 ·여협, 노동부, 정 무장관실 – 권리 는 보장하되 무 급으로
모성보호비용	사회분담화			사회분담화
야업금지, 휴일근로금지, 시간 외 근로금지, 갱내근로금지	폐지	정비		

이후 1995년에는 5월 18일 통상산업부의 지금까지의 정책기조와는 다른 유급생리휴가 및 산전산후휴가 등의 무급화를 방안으로 한 '여성인력활용 촉진대책'에 대해 한국노총은 생리휴가·산전산후휴가 무급화 계획이 현재 산업현장에 종사하는 여성 모두에게 불안감을 확산시키고 있다며 근로조건 과 모성기능 보호를 저하시키는 정부의 실효성 없는 대책을 철회할 것을 촉구했다. 그리고 노동부는 통상산업부의 '여성인력활용 촉진대책' 중 노동 부 관련 사항이 부처 간 사전협의가 없이 일부 언론에 보도된 점에 대해 통상산업부 측에 이러한 일이 다시 일어나지 않도록 협조를 촉구하였다. 이후 통상산업부는 여성인력활용촉진대책은 인센티브 제공 등을 통하여 여 성인력의 경제활동 참여를 촉진하기 위한 것인바, 동 대책과 관련된 구체 적 시책을 추진함에 있어 노총의 건의 내용이 충분히 반영될 수 있도록 노 력하겠다는 회신을 보냈다(한국노총, 1996: 558-559).[132]

한편 민주노총은 1995년 경총이 '다른 나라에서 찾아보기 힘든 여성에 대한 과보호조항'이기 때문에 생리휴가를 폐지해야 한다고 주장한 데에 대 해 여러 반박이유를 대며 남녀 모두에게 월 1일 이상의 유급병가를 부여해 야 할 것을 주장하였다(민주노총, 1996: 101-102).[133]

종합해보면 김영삼 정부에서는 영유아보육법시행, 근로기준법개정, 고평 법개정, 근로여성복지기본계획, 여성의 사회참여확대방안을 세우는 등 여성 노동정책 및 모성보호정책에 대한 의지가 있었던 것으로 보인다. 그럼에도 불구하고 모성보호비용의 분담방식 및 생리휴가폐지 등 구체적인 방법의 논의과정에서 부처 간의 이해가 엇갈리어 합의를 도출하지 못하였다.

이는 경제 관련 부처와 여성·노동부처 간의 인식의 차이를 드러내기도 하 는데 기업과 밀접한 관계를 가지고 있던 당시 경제 관련 부처의 영향이 크게

---

132) 실제 생리휴가와 관련해서 논란이 많았다. 세추위 여성10대 과제를 선정하는 과정에서도 여성의 출산휴가와 생리휴가문제는 경제 관련 부처들과 노동부 간에 의견이 달랐다.

133) 민주노총이 경총에 반대하여 내세운 근거는 다음과 같다. ① 생리휴가는 여 성·킬 수 있는 성질의 것이 아니므로 이것을 생리휴가폐지와 연관시킨다는 것은 타당성이 없다(민주노총, 1996: 101-102).

작용한 것으로 보인다. 이는 세계화추진위원회에서 할당제 논의가 나왔을 때 사기업들이 당장 자신들에게 미칠 파급효과를 간파해 재정경제원 등에 반대 로비를 펼침으로 인해 차관회의에서 거의 확정된 내용이 차관회의 이후 재정 경제원 등의 반발로 뒤집어 지는 상황(한겨레, 1995. 10. 15)을 보더라도 미루 어 짐작해 볼 수 있다. 즉 '신경제100일계획'이래 재벌이 다시 성장정책의 주 역으로 등장하면서 기업의 영향이 강화된 것을 알 수 있다.

이는 OECD 가입준비 및 1995년의 WTO출범과도 연관된 것으로 세계화 와 기업의 경쟁력 강화가 김영삼 정부의 국정관리목표가 됨으로써 정부는 기업 측의 입장도 고려하지 않을 수 없게 되었다. 즉 세계화가 여성정책네 트워크에 여성노동과 관련해서 어느 정도 모성보호의 수준을 올려놓도록 했지만(산전산후유급휴가기간의 확대, 유급유산휴가, 출산간호제, 모성보호 비용의 사회분담화 등)생리휴가폐지문제와 야업금지 등 여성의 특별보호조 항 등 비용이 들어가는 문제에 대해서는 비용부담을 강조하면서 이의 폐지 및 무급화를 주장하는 자본의 요구도 무시할 수 없게 된 것이다.[134] 이러 한 딜레마상황에서 김영삼 정부가 택한 결정은 선택을 최대한 보류하거나 지연시키는 전략으로서 모성보호비용의 사회분담화나 출산휴가기간의 연 장, 가족간호휴직제, 가사와 직장의 병존 지원 등 모성보호확대와 관련한 대부분의 정책들의 시행시기를 제1차 여성정책기본계획이나 제2차 근로여 성복지기본계획을 통하여 1998~2002년 사이로 계획하였다. 결국 이는 고 평법 2차 개정에서 기업 측의 비용 문제가 따르는 모성보호 조항에 대해서 는 정책산출이 거의 이루어지지 않는 결과로 나타나게 되었다.

나. 대중수준으로의 정보흐름: 성명서·결의문·여론동원

김영삼 정부에서의 성명서·결의문·여론동원 등의 대중수준으로의 직

---

134) 이러한 서로 충돌하는 두 개의 대안 가운데서 정책결정자가 취할 수 있는 행 동은 결정을 내리거나 내리지 않거나 하는 둘 중의 한가지인데 딜레마 이론 에 따르면 결정을 내리지 않는 경우에는 상황을 지연시키거나 자기스스로 결 정권을 포기하는 두 가지의 선택이 있을 수 있다(윤견수외, 2000: 40).

접행위는 정책건의 등 직접행위보다 활발하게 이루어졌다. 고평법 2차 개정이 이루어지기까지 〈표 Ⅳ-15〉을 통해 정보흐름의 유형에 따른 이익투입행위를 보면 총 14회의 성명서 · 결의문발표가 있었다. 그리고 기자 간담회는 6회, 언론을 통한 여론동원은 신문사로는 총 10개[135] 신문사에서 232회 다루어졌으며 언론사와 언론에서 모성보호를 다룬 횟수는 한겨레(69회), 경향신문(29회), 세계일보(23회), 조선일보(22회), 국민일보(22회), 대한매일(19회), 한국일보(17회), 중앙일보(17회), 동아일보(10회), 문화일보(4회)이다. 그리고 기사가 실린 면은 여성면(106회)과 기획 · 연재면(89회)이 가장 높았고 1면에 실린 적은 한 건도 없는 것으로 나타났다. 기사가 어떤 면에 실리는가 하는 것은 신문에서 다루는 사안의 비중이나 중요도를 의미하는데 여성문제는 1면에나 정치 사회면보다 여성면으로 한정함으로써 당시 언론에서 여성문제를 보는 시각의 한계를 나타내고 있다. 그러나 김영삼 정부는 노태우 정부보다 언론에 모성보호가 훨씬 많이 보도되고 여성단체의 활동이나 우리나라 모성보호제도의 문제점 및 모성보호의 필요성 등을 소개함으로써 여론형성에 많은 기여를 하였다고 볼 수 있다.

〈표 4-15〉 성명서 · 결의문(1993～1997)

(단위: 회)

구 분		1993	1994	1995	1996	1997	합 계	
노 동	성명서	1	2			1	4	10
	결의문	1	1	2	1	1	6	
경 영							0	
여 성			2			2	4	
합 계		2	5	2	1	4	14	

한편 행위주체자들 중에서도 한국노총명의의 성명서 및 결의문이 총 10회로 가장 적극적인 이익표출을 한 것으로 나타났다. 또한 노동계가 여성

135) 언론사, 실린 지면, 빈도 등은 KINDS검색을 통해 분석하였다.

계보다 2배 이상 표출행위가 많이 일어났으며 특이한 것은 경영계의 성명
서나 결의문이 없었다는 점이다. 즉 기업이익집단은 대중수준으로의 이익
표출활동보다는 정책 건의·청원 등의 권력수준으로의 직접행위를 통한 이
익표출활동을 더욱 선호했다.

다음으로 이러한 대중수준으로의 정보흐름을 통한 행위자들의 입장 및 상
호작용을 살펴보면 1994년에는 노동계와 여성계의 이익표출행위가 두드러지
게 나타난다. 특히 1994년 2월 3일 여성정책심의위원회에서 의결되는 '근로
여성복지기본계획안'과 관련하여 노동계의 적극적인 이익투입활동이 있었다.

한편 여연은 1994년 1월 14일 노동부의 '근로여성복지계획안' 대응사업을
위한 노동계와의 간담회를 가지고 1월 26일 노동부의 유급생리휴가 폐지
및 근로여성복지기본계획안에 대한 기자회견을 가진 후, 2월 1일 국무총리
앞으로 근로여성복지기본계획안에 대한 건의문을 발송하였다. 이어 2월 4
일에는 여성정책 심의위원회의 '근로여성복지 기본계획' 의결 및 생리휴가
무급화에 대한 성명서를 발표하였다.

그러나 정부는 생리휴가 무급화 대신에 출산휴가 확대 등으로 여성노동
자들의 반발을 무마시키려 하였다. 이에 여성계는 생리휴가와 출산휴가는
엄연히 다른 내용의 문제이며 모성보호 확대가 여성고용을 기피하는 원인
이 되지 않으려면 모성보호비용의 국가부담문제가 반드시 뒤따라야 함을
지적한다. 즉 여성계와 여성노동계는 생리휴가로 인한 기업의 부담이 여성
고용을 기피하는 원인이 된다는 것을 인식하고 이 비용의 사회분담과 국가
부담을 계속 강조하였다.

특히 생리휴가부문에 대한 여성계와 노동계의 적극적인 이익표출의 결과
1995년에 이루어진 고평법 2차 개정 및 노동관계법 개정에서 기업의 의도대로
생리휴가조항의 폐지는 일어나지 않는 성과를 거두었다. 그러나 여성계는 7월
15일 국회 본회의에서 환경노동위원회의 남녀고용평등법 중 개정법률안에 대
한 수정안이 의결된 이후 여성단체명의의 성명서를 발표하고, 여성국회의
원[136]에게 고평법 3차 개정안 의원입법추진을 위한 의견을 제시하게 된다.

---

136) 이우정, 강부자, 정옥순, 주양자, 강선영, 현경자 의원.

　한편 고평법 2차 개정 이후 여성계는 1995년 10월 11일에 세추위가 발표한 '여성의 사회참여확대 10대과제'에 대해 여성의 사회진출을 위한 실질적인 발판을 마련한 것이라며 즉각적인 지지 성명을 발표한다. 이 성명을 통해 여성계는 현재 고용주가 일방적으로 부담하게 되어 있는 모성보호비용을 사회보험 등 공공부문에서 부담하기로 한 것은 모성보호에 대한 사회통념을 바꾸는 첫걸음인 동시에 사업주의 부담을 줄여 여성의 고용을 확대할 것이라며 반겼다.

　그러나 이를 추진하기 위해서는 법제정권과 예산 및 인력 면에서 정무장관(제2)실이 집행력이 없음을 우려하며 여성부 신설을 촉구했다(동아일보 1995. 10. 12). 이어 10월 21일에는 여성민우회가 '고용평등추진본부'의 발대식을 가졌다. 추진본부는 채용·승진·배치·임금·복지·모성보호 등 100여 개에 이르는 항목을 점검하고 고용평등지수 등을 산출하여 실질적인 고용평등이 이루어질 수 있도록 감시 활동을 펼치고자 하였다(한겨레신문, 1995. 10. 22).

　이러한 여성계의 움직임에 대해 경총은 1996년 11월 26일 노동법개정추진에 대한 경영계 입장이라는 성명서를 통하여 점차 나타나고 있는 경기침체 등 이 시기의 경제상황을 총체적 위기상황으로 파악하고 이러한 위기를 극복하기 위해 무엇보다도 노사안정과 생산성향상을 통한 국제경쟁력 강화가 최우선의 당면과제라고 주장하였다.

　경총의 이런 주장에 영향을 받은 재정경제원은 1997년 9월 18일 '여성의 경제활동 참가 활성화 방안'을 마련해 정무장관(제2)실이 주관하는 '여성정책기본계획'에 적극 반영하기로 했다고 밝혔다. 이 방안에는 유급생리휴가제도가 여성들의 경제활동에 장애가 된다고 보고 이를 폐지하는 방안을 적극 검토해야 할 것이며, 시간외·야간휴일근로금지에 대해 관리전문직·연구개발직 및 이런 근로형태가 불가피한 직종에 대해서는 이를 허용하는 방안을 추진해야 할 것이라는 내용이 포함되어 있었다.

　이에 대해 한국노총은 성명을 통해 여성근로자의 신체적·정신적 모성기능보호를 위해 마련된 제도를 폐지하는 것은 비합리적 근거에 기초한 반여성·반근로자적 방침이라고 비난하면서 즉각적인 철회를 요구했다. 이를 선두로 하여 민주노총도 여성고용확대를 위한다는 이유를 내세워 유급생리휴가폐지를 추진하기보다는 남녀임금격차 해소, 모성보호의 국제적 수준보장 등 여성들의 숙원을 해결해야 할 것이라고 성명을 발표한다.

그리고 이어 여연, 여성민우회, 여성노동자회협의회 등 여성계·노동계 9개 단체가 성명을 내어 재경원의 유급생리휴가제도폐지와 시간외 근로·야간근로금지규정완화(안)의 즉각 철회를 촉구했다. 이들은 여성계·노동계의 의견수렴이 없이 경제논리에 의해 재경원이 일방적으로 발표한 것은 권위주의 행정의 대표적인 행동이며, 또한 여성임금이 남성임금의 60.9%밖에 안 되는 상황에서 여성보호조항을 일방적으로 후퇴시킨 것은 경기침체국면에서 여성의 희생만을 강요하는 것이라며 즉각 철회를 촉구했다.[137]

이상에서 분명하게 드러나는 인식은 정부 및 경영 측은 생리휴가를 모성보호보다 여성과보호 조항으로 보는 반면에 여성·노동계에서는 이를 모성보호로 보고 있다는 점이며 다수의 여성, 노동계에서는 유급생리휴가는 여성의 열악한 임금을 보존할 수 있기 때문에 결코 물러나거나 양보할 수 없는 조항이라고 보는 점이다.

다. 인사흐름

김영삼 정부의 14대 국회(1992. 5. 30~1996. 5. 29)에서 여성의원은 전국구출신 3명, 지역구는 한 명도 없었다. 이는 전체 299명 중 1%에 해당하는 비율이다. 또한 15대 국회(1996. 5. 30~2000. 5. 29)는 전국구 7명과 지역구 2명을 합쳐 9명의 여성의원이 있었다. 이 가운데 신한국당의 김정숙 의원의 경우 82년부터 민정당 여성 2분과 수석부위원장을 거쳐 1998년에는 국회여성특별위원회 위원장을 역임했다. 또한 김정숙 의원은 한국여성정치

---

137) 또한 여연은 1997년 12월 19일 김대중 대통령후보의 당선이 확정되면서 즉각 성명서를 내고 김대중 대통령당선자는 〈양성평등을 실현하는 남녀공동의 참여사회구축〉을 통해 발표한 10개 분야 63개 여성공약 즉 여성부신설, 여성할당제 30%도입, 모성보호비용의 사회부담화, 세계화, 정보화, 통일시대의 여성인력 양성, 전업주부의 가사노동평가와 기여도 인정, 가정폭력과 성폭력 피해자 보호 등의 공약에 대해 이행계획을 세워줄 것을 촉구했다(여연, 1998a).

문화연구소 소장으로 1994년 7월 필리핀 마닐라에서 열린 '제1회 아태지역 여성정치대회'를 비롯한 각종 세계여성회의에 8차례나 참가함으로써 여성 정치의 세계화를 위한 국제협력을 도모했다. 또한 김정숙 의원이 위원장으로 있는 15대 국회여성특별위원회에서는 가장 시급히 해결해야 할 여성문제로 모성보호관련법의 개정이 시급함을 인지하고 공청회를 통하여 개정법률안을 만들어 의원발의 하도록 하였다. 비록 15대 국회의 회기만료로 법안이 폐기되기는 했지만 '모성보호'를 입법을 하는 국회에서 가장 먼저 이슈화하였고 이후 김정숙 의원은 김대중 정부의 16대 국회에서 이때의 법안들을 다시 발의하였다. 이외에도 남녀고용평등법 개정법률안을 제출한 이우정의원의 경우 여성단체연합의 초대회장을 역임하였으며 이 당시 12대 국회의원을 지냈고 고평법 제정 시 법안을 발의하였던 김영정 의원은 정무장관(제2)과 UN여성차별철폐위원회 위원을 지내는 등 여성의 인권과 법개정을 위한 유리한 위치에 있었다.

　당시 남녀고용평등법 중 개정법률안발의 등에 한영애, 정희경, 추미애, 신낙균 등의 여성의원이 주축이 되었다. 박숙자·김혜숙(1998) 등의 연구에 따르면 여성의원들은 남녀고용평등법의 제출뿐만 아니라 남성의원들보다 여성정책에 관심이 더 많고 이와 관련한 발언 횟수도 더 많은 것으로 나타난 것으로 볼 때 여성의원의 존재와 여성 관련 발언 횟수 간에 상관관계가 있을 뿐만 아니라 여성정책과 관련하여 더욱 적극적이었다고 할 수 있다.[138]

라. 연계행위

(1) 공식적 연계

(가) 위원회

　김영삼 정부에서 여성노동정책 특히 모성보호와 관련한 정책들을 다루었던 기구들은 세계화추진위원회와 노사관계개혁위원회가 있고, 노태우 정

---

[138] 그러나 본 연구에서는 자료의 제한과 면담대상자들과의 접촉 및 기타 여러 가지 이유로 여성정책과 관련하여 보다 구체적이고 충분한 인사흐름을 파악하지 못하였음을 밝혀둔다.

부로부터 이어져 온 여성정책심의위원회가 있었다.

① 세계화추진위원회

1995년 1월 대통령자문기구로서 세계화추진위원회(이하 세추위)가 발족되었다. 세추위는 발족하면서 세계화를 위한 60여 개의 주요한 개혁과제를 선정했는데 여성은 12개의 중점과제 중 하나였다.[139] 그리고 이어 북경에서 열린 세계여성대회 이후 세추위는 '여성의 사회참여확대를 위한 10대 과제'를 발표한다. 이 과제는 여성발전기본법제정, 여성의 공직참여비율제고, 모성보호비용의 사회분담 등을 골자로 하고 있는데 이는 여성의 사회진출에 대한 제도적 뒷받침을 주장해 온 여성계의 요구가 대폭 수용된 결과물이라 할 수 있다.

또한 세추위 여성소위원회는 12대 과제를 발표하는데 여성의 모성보호정책과 관련해서는 모성보호비용의 사회분담화, 보육시설의 설치문제, 여성의 유급생리휴가문제가 주요 안건으로 다루어졌다. 그러나 이 안건들을 둘러싸고 비용의 분담이라는 측면에서 각 부처 간에도 첨예한 이해관계가 나타났으며, 경제개발의 논리와 재계의 입장을 반영하는 재정경제원과 통상산업부 그리고 여성근로자의 이익을 대변하고자 하는 노동부와 여성계 등의 행위주체자간 입장차이가 크게 두드러졌다.

첫째, 여성의 모성보호와 관련해서 가장 핵심적인 문제는 재원확보방안을 둘러싼 이해대립이었다. 즉 모성보호비용의 사회적 분담을 둘러싸고 누가 부담해야 하는가의 문제였다. 청와대 비서실은 모성보호비용의 사회적 분담이 대통령의 선거공약사항이었음을 강력히 피력함으로써 부처 간의 합의를 유도하였다. 그러나 구체적인 방법론으로 들어가자 각 부처 간의 이해관계가 첨예하게 갈리게 되었다.[140]

---

139) 세추위의 여성과제개발은 대통령의 의지로 이해할 수 있는 청와대 정책기획수석실의 강력한 지원을 받으며 진행되었지만 정부부처 간에도 이해가 엇갈리어 10대 과제가 탄생하기까지 많은 우여곡절을 겪는다. 특히 모성보호비용의 사회분담화, 유급생리휴가제, 산전산후휴가 등 모성보호와 관련해서 힘 있는 경제부처의 논리가 많이 작용했고 여성부 신설도 마지막단계에서 결국 의제로 채택되지 못하는 어려움을 겪는다(조 은, 1996).

가장 먼저 보건복지부는 의료보험에서 모성보호비용을 분담하는 방안에
대해 현재 개별기업이 유급출산휴가를 주고 있는 상황에서 굳이 사회적 분
담을 해야 하는가에 의문을 제기하고 특히 재정부담이 의료보험에서 갹출되
어야 할지도 모른다는 사실이 부각되자 강경한 반대입장을 취한다. 그리고
출산휴가에 대해 의료보험에서 현금급여를 지급하자는 안에 대해서도 강력
한 반대입장을 고수한다. 기본적으로 재경원과 보건복지부의 의견은 출산휴
가에 따른 급여를 의료보험에서 지급하는 것은 곤란하다는 것이었다.[141]

한편 통상산업부는 모성보호기금을 통해 기업이 주는 유급출산휴가를
해결하고자 하는 방안에 대해 일단 기업의 부담을 줄인다는 점에서는 찬성
했지만 재정경제원은 새로 기금을 만들 수 없다는 점에서 강력하게 반대했
다. 육아휴직의 쟁점에서도 재경원은 고용보험의 육아휴직장려금제도를 현
행 70인 이상 사업장에서 5인 이상 사업장으로 확대 시행한다는 안에 대
해, 5인 이상 사업장으로의 적용범위 확대는 시기상조라는 입장을 취했다.
결국 의료보험에서 출산휴가 현금급여(2개월분의 50%)를 지급하는 안과
고용보험의 육아휴직 장려금제도를 확대하는 건은 합의를 보지 못했다.

---

140) 모성보호비용의 사회적 분담을 위한 구체적 방안은 첫째는 의료보험으로 해
　　결하는 방안, 고용보험으로 해결하는 방안 그리고 제3의 다른 방안 등을 고려
　　할 수 있다. 이 중에서 당시 가장 타당한 방법으로 주목되었던 의료보험에서
　　모성보호비용을 분담해야 한다는 논리는 다음 세 가지 점에 근거한다. 첫째,
　　사회보험이 활성화되기 전 많은 선진국들이 의료보험에서 출산휴가비용을 담
　　당해왔다는 것 둘째, 직장의료보험의 재정이 고용보험보다 안정적이라는 점이
　　다.(94년 현재 누적 적립금은 1조 4929억 원이며 별도 적립금을 포함한 누적
　　적립금은 2조 4785억 원) 또한 직장의료보험은 5인 이상 사업체가 가입해 있
　　는 데 비해 고용보험은 70인 이상 사업체만 가입해 있기 때문에 소규모 사업
　　체에서 일하는 여성, 특히 기혼여성의 비율의 높다는 점을 감안할 때 현실적
　　수혜폭과 안정성에서 더 유리하며, 마지막으로 여성들은 미혼 직장여성이 많
　　고(5인 이하) 따라서 의료보험의 재정흑자에서 기여분의 상당부분이 미혼여
　　성 때문이라고 본다면 그 수혜를 받는 다는 것이 불합리한 것은 아니라는 점
　　이다(조은, 1995: 54-55).

141) 이유는 의료보험료율이 3%로 선진국의 8-12%보다 낮고 앞으로 의료보험의
　　질적 개선에 따른 급여비 증가로 국고부담 없이는 이의 수용이 불가하다는
　　것이다. 직장의료보험 시행 시 지역의료보험에서 형평성문제가 제기될 가능성
　　도 있다는 것이다.

둘째, 보육시설의 설치문제와 관련해서는 통상산업부는 보육시설 등의 부담을 기업에게 떠넘겨서는 안 되며 산전산후휴가제도 등의 부담도 기업이 지는 데는 한계가 있다는 입장이다. 이렇게 해서 모성보호비용의 사회적 분담을 위한 재정확보는 국민복지단 협의사항으로 넘어갔다.

셋째, 여성의 유급생리휴가 문제와 관련하여 특히 재정경제원이 폐지의 견을 적극적으로 제기하였다. 마지막 세계화추진위원회 보고 때도 재경원 차관은 유급생리휴가가 있는 나라는 우리나라밖에 없으며 여성은(생리휴가 때문에) 1년에 15일이나 남성보다 덜 일하면서 월급은 같이 받고 있음을 역설했다. 게다가 여성은 야간작업도 못하고 잔업도 못하는데 기업이 여성을 우대까지 해서 고용할 수 없다는 점도 덧붙였다(조은, 1995: 93). 이는 재경원이 아직도 1960∼1970년대의 개발·발전의 논리만을 가지고 있으며 사회적 재생산을 위한 여성의 모성보호문제 역시 경제적 효율성의 측면에서만 접근하고 있음을 알 수 있다.

결론적으로, 대통령자문기구로서 세추위가 발족되고 세추위에 의해 여성의 사회참여확대를 위한 10대 과제가 발표된 것은 그간 여성의 사회진출에 대한 제도적 뒷받침을 주장해 온 여성계의 요구가 대폭 수용된 결과물이라 할 수 있다. 그러나 여성의 사회참여확대방안과 관련한 모성보호비용의 사회분담화를 추진하는 과정에서 나타난 정부 각 부처 특히 재정경제원과 통상산업부 보건복지부의 주장에서 아직까지 우리 사회에서 사회적 기능으로서 모성의 의미 및 모성보호의 중요성에 대한 인식이 매우 척박한 상태에 있다는 것과 정책결정자들의 여성에 대한 이러한 이해가 많은 여성들이 경제활동에서 불이익을 감수할 수밖에 없었던 현실을 잘 설명하고 있다.

② 노사관계개혁위원회

1996년 4월 24일 김영삼 대통령은 '노동관계개혁방안 보고대회'에서 '신노사관계구상'[142]이라는 발표문을 통하여 "노사관계의 낡은 사고와 관행을

---

142) 이때 대통령은 신노사관계의 5대원칙을 제시하였는데 ① 공동선 극대화의 원칙, ② 참여와 협력의 원칙, ③ 노사자율과 책임의 원칙, ④ 교육중시와 인간존중의 원칙, ⑤ 제도와 의식의 세계화 원칙이다(배무기, 1997: 7).

버리고 세계화·정보화시대에 맞는 참여와 화합의 새로운 노사관계를 정립해야 한다"면서 노사 모두가 참여하는 '노사관계개혁위원회'[143](이하 노개위)를 구성하여 노동관계법의 개정을 비롯한 노사관계의 새로운 제도와 관행을 수립하겠다고 발표하였다. 이 구상에 따라 5월 9일 노개위는 노동자위원 5명, 사용자위원 5명, 학계 10명, 기타 사회단체 10명의 위원 등 총 30명으로 공식 출범하게 된다. 이처럼 노개위[144]는 위원 중 3분의 2의 숫자가 공익위원으로 채워져 공익위원주도의 자문기구로 출발한 셈이다(배무기, 1997: 14).[145]

여성노동과 관련해서 노개위는 1996년 7월 30일 '여성 및 비정규직근로'를 주제로 한 노동법 개정 제5차 토론회를 열었다. 이 토론회를 통해 노동계와 경영계, 여성계의 이익표출을 통한 투입활동 및 상호작용이 활발히 있었는데 이를 각 행위자별로 정리해 보면 다음 〈표 4-16〉과 같다.

---

143) 노개위는 발족직후 노사대표와 공익위원들의 토론을 통해 제1단계 노사관계개혁의 기반구축, 제2단계 법과제도의 개혁추진, 제3단계 신노사문화의 정착이라는 단계별 추진계획을 확정짓고 이에 따라 1998년 2월까지 그 활동을 전개하였다.

144) 노개위는 전체회의 14회, 3개의 분과회의 30회, 노사전문가간담회 14회, 워크샵 4회, 공개토론회 7회 등 활발한 활동을 통해 1996년 7월 9일 '노사의 자기혁신과제와 정부의 역할', 7월11일 '노동관계법·제도개선의 기본방향' 등을 전원합의로 의결한다.(이병훈 외, 1998: 83). 또한 노동관계법 개정요강과 관련한 148개 쟁점 중 정치활동금지조항 삭제 등 107개 조항에 합의하고 1차 개혁작업을 마무리하였다(국민일보, 1996. 11. 12).

145) 이렇게 협상주체가 기본적으로는 노·사·공익대표들로 구성되어 있으나 자세히 살펴보면 매우 복잡한 성격을 지닌 주체들이 다양한 이해관계를 배경으로 참여하고 있었다. 즉 노동계 측에서는 한국노총과 민주노총으로 갈라져 있었고 사용자 즉 경영계에서도 대기업과 중소기업의 이해가 달랐다(배무기, 1997: 14).

〈표 4-16〉노동법 개정을 둘러싼 행위주체자들의 입장

구 분	한국노총	민주노총	경영계	여성계
유급생리휴가	존 속	존속/폐지시월 1일의 건강검진 (남녀모두)	폐 지	존 속
출산휴가	90일	90일	84일(12주) 휴가기간 중 임금은 고용보험에서	90일(휴가 중 임금100％보장)
유·사산휴가	임신4개월 이전: 30일 4개월 이후: 60일	임신기간에 따라 30-60일 유급휴가		
유급정기검진휴가		임신 중 여성에게 월 1일		임신 중 성에게 신설
배우자출산휴가		3일 이상 유급		
여성의 야간근로금지조항			폐 지	남성에게도 적용

위의 표에서 나타나듯이 경영계에서는 일관되게 유급생리휴가폐지와 출산
휴가의 연장 그리고 여성의 야간근로금지조항폐지를 주장하고 있다. 그러나
출산휴가는 84일(12주)로 초기(72일)보다 더 많은 양보를 하고 있는데 이는
ILO 기준을 맞추는 방향으로 경영계가 입장을 선회했음을 의미한다.

모성보호이익과 관련해서 노동 계는 대체적으로 비슷한 입장을 보이고
있지만 민주노총은 임신 중 여성에게 월 1일의 유급정기검진휴가를 줄 것
과 배우자에게도 3일 이상의 유급출산휴가를 줄 것을 주장하는 등 한국노
총보다 좀 더 구체적인 입장을 보이고 있다.

결론적으로 노개위는 무엇보다도 노동법개정문제를 가지고 노사가 얼굴
을 맞대고 함께 하는 논의의 장을 마련했다는 데에 의미를 가질 수 있다.
역대 정권에서 노사가 같이 노동문제를 처리했던 경험이 없었던 터에 노개

위는 향후 노사정관계와 그 속에서 노동자의 정책참가라는 경험을 가질 수 있던 소중한 기회로 평가되고, 이러한 경험이 김대중 정부에서는 노사정위원회로 발전하게 된다(한국노총, 1998: 30-32).

또한 노개위 논의과정에서 여성계가 상당한 정도의 압력을 행사하였다는 것도 주목해봐야 할 사실이다. 여연은 전체회의 4회, 분과회의 6회, 노개위주최공동토론회1회 등 총 11회에 걸쳐 노개위 회의 및 토론에 참석하였다(배무기, 1997: 30). 이러한 활발한 노개위 참여 활동을 통해서 여성계는 노동관계법 개정에 있어 여성노동에 대한 전반적인 문제인식을 갖도록 촉구하는 활동을 벌였다.

그리고 여성계는 노동계와 공동으로 시간제 노동자에 대한 별도의 법제정 반대, 파견근로제 도입반대, 생리휴가 무급화 반대, 휴일·야간·연장근로제한 완화 반대 등의 입장을 강력히 제기함으로써 이러한 항목이 대부분 2차 과제로 넘어가게끔 하는 성과를 거둘 수 있었다(여연, 1997: 18). 이로써 여성·노동계가 모성 보호정책네트워크의 중요한 행위자로서 기능하고 있음을 알 수 있다.

③ 여성정책심의위원회

이 기간에 심의위원회에서 다루었던 안건 중 여성노동과 관련한 안건은 1994년 2월 3일 제12차 회의에서의 '제1차 근로여성복지기본계획(안)'이다. 안건의 주요 내용으로는 ① 여성고용의 기피요인으로 작용할 수 있는 여성특별보호 규정을 합리적으로 개편하는 한편, 근로여성의 모성보호 및 육아지원을 위한 제도를 확대해 나가는(유급생리휴가제철폐 등) 것, ② 여성고용확대를 위해 가정과 직장생활을 병행 할 수 있는 근로형태 및 제도의 개발, ③ 여성근로자에 대한 평등과 보호를 ILO협약수준으로 높여나가는 것 등이었다. 또한 1995년 8월 28일 제13차 회의에서는 '제1차 근로여성복지기본계획'의 주요 추진상황이 노동부장관에 의해 보고되었고,146) 1996년의 제14차 회의에서

---

146) 그 내용으로는 남녀고용평등법 개정공포('95. 8. 14), 고용평등의 달('95. 10)행사계획 수립·추진, 영유아보육사업확충대책('95-'97) 수립·시행, 공무원에 대한 육아휴직제와 가사휴직제 도입 및 민간에 대한 남녀고용평등법 이해지

는 세추위의 '여성의 사회참여확대를 위한 10대 과제'의 부처별 추진상황보고
가 있었다.

그러나 심의위원회에서는 참여위원들의 활발한 토의나 의견개진이 없이
형식적으로 이루어지는 경우가 많았다. 이는 1996년의 제15대 행정위원회
국정감사에서도 드러나고 있는데 1983년 이후 위원회 개최실적은 연간 1회
정도로서 위원들이 형식적 인사만 하고 끝나는 것으로 위원들의 자발적인
안건제출과 정책개발 및 활발한 토론을 통한 의견수렴이 이루어지지 못했
다는 지적이 있었다(1996년도 행정위원회 회의록). 즉 심의위원회의 구성
원수만 많았지 실제로 연계 및 경계침투기구로서 모성보호와 관련해서 활
발한 의견개진이나 정책토의가 이루어지지 못했다.

(나) 간담회·세미나·공청회·토론회·회의

기업·노동계·여성계에서 주최한 간담회·세미나·토론회·공청회·회
의 등은 다음 〈표 4-17〉과 같다.

1993년과 1994년에도 여성계 주최의 간담회·토론회가 각각 3건 있었고
1996년도가 15회로 가장 많이 개최되었다.

〈표 4-17〉 간담회·세미나·공청회·토론회·회의147)

구 분	1993	1994	1995	1996	1997	계
노 동	1	1				2
경 영						0
여 성	3	3	2	15	4	27
계	4	4	2	15	4	29

주: 노동계는 한국노총만의 집계
주: 95년부터는 여성과 노동을 포함한 숫자임

도 강화 등이었다.

147) 본 간담회 토론회 등의 건수는 각 행위자들의 「사업보고서」, 「정기총회보고서」
를 기준으로 산정한 것이다. 그러나 경영계의 경우 다른 이슈로 경제 관련 부처
와의 간담회나 토론회 등이 상당히 있었을 것이며 그러한 공개의 장에서 경영

1993년 후반부터는 고평법 2차 개정의 시기가 다가옴에 따라 모성보호관련정책에 대한 각 행위주체자들의 이익표출활동이 점차 나타나게 되고, 1994년에는 근로여성복지기본계획에서 여성의 유급생리휴가폐지방안이 구체적으로 논의되는 시점을 전후하여 간담회와 토론회 등이 활발히 열렸다. 여연은 노조간부간담회를 개최하여 정부의 생리휴가폐지안에 대한 대응의 공동 조직화를 제안하며 이후 생리휴가 정착을 위한 외국사례·우리의 역사·투쟁사 등에 대한 연구와 실태조사를 실시하기로 하였으며 또한 여연의 노동위원회와 한여노협 공동주최로 여성노동의 현실과 법·제도적 개선방안에 관한 토론회를 개최하여 모성보호비용의 국가부담방안을 논의하였다.

그러나 정무장관(제2)실의 기업주 초청간담회는 사용자에 대한 고평법의식교육의 효과도 있겠지만 여성보호규정과 고평법실시에 대한 기업 측의 입장과 애로점을 들을 수 있는 기회가 되었고 기본계획과 관련해 여성고용기피의 원인이 여성보호규정과 강력한 고평법 실현 정책에 있음 및 모성보호 및 육아지원의 공공부담 등을 요구할 수 있는 연계의 장이 되었다. 그러나 여성정책을 총괄하는 정무장관(제2)실이 여성노동단체와의 간담회는 갖지 않음으로써 여성노동계로서는 여성의 입장을 전달할 기회를 갖지 못하였다(김엘림, 1994c: 123-124).

그러나 1994년에도 여성단체들은 지속적으로 9월과 10월 고평법의 개정을 위한 간담회, 11월 노조초청 간담회와 여성담당기자 초청간담회 등을 개최하여 고평법 2차 개정에 필요한 여론형성작업을 하였다. 또한 이 기간 한국노총도 노총여성0위원회 제4차 회의를 개최하고 근로여성복지기본계획의 유급생리휴가 폐지 등의 문제에 대한 입장을 개진하기 위하여 정무장관(제2) 초청간담회를 가졌다.

김영삼 정부에서 성명서나 결의문은 노동계 쪽에서 훨씬 더 선호했던 반면 간담회와 같은 연계행위를 통한 이익투입은 여성계가 더 선호했던 것으로 나타났다.

2차 고평법 개정 이후 김영삼 정부에서 각 행위주체자들이 개최한 간담

계의 이익침투가 이루어 졌으리라 사료된다.

회・세미나・공청회・회의 등의 활동을 몇 가지 특성을 중심으로 시기별로 정리해보면 먼저, 1996년에는 여성・노동계 연계행위가 15회로 다른 기간에 비해서도 가장 많다. 이는 여연이 노사관계개혁위원회에 공익으로 참여하여 발언한 횟수가 11회 포함되어 있기 때문이다. 그리고 1996년은 총선이, 1997년은 12월 대선이 있었던 해이기 때문에 여성계와 노동계에서 선거라는 정치적 환경을 배경으로 간담회나 토론회에서 정치적 지지를 자원으로 한 상호작용이 상당부분 있었다고 보여진다. 특히 1997년 11월은 15대 대선을 앞두고 여성단체 주최의 정치토론회를 통해 대선후보의 여성공약을 분석 비교하면서 정당이나 후보에게 압력을 가하는 역할을 하기도 했다.

(2) 비공식적 연계

면담・방문 등은 1994년도에 집중적으로 일어났다. 이는 모성보호 특히 여성의 생리휴가폐지와 관련해 여성계와 노동계가 민감하게 반응하고 이의 철회를 위한 활발한 대응 활동을 벌이고 있었던 시기이기 때문이다. 한국노총은 주무부처인 노동부 및 노동부장관과 정무장관(제2)과의 만남을 비롯하여 노동부 부녀소년담당자 및 상공부 보사부 등을 방문해서 실무자들을 접촉하고 노동계의 입장을 전달하였다. 여성계도 국회노동환경위원회 위원면담, 민주당의원면담 등을 하였으며 공식적으로 확인된 것만도 한국노총은 94년에만 7회, 민주노총준비위와 여성계는 4회의 면담 및 방문을 하였다.

이 기간의 특징은 여성계와 노동계가 단독으로 면담・방문 등의 활동을 벌이기도 하지만, 그들의 조직연합 활동이 두드러졌다는 점이다. 1993년 10월 26일에는 여연노위・한여노협・병노련・전교조 등이 연합하여 고용관계 4법의 문제점에 대한 설명회를 통해 고용보험법의 육아휴직제도화방안에 대한 토론을 벌이고 이후 민주당 노동위원회 위원면담을 통하여 고용관계 4법 관련 여성계의 요구사항을 전달하였다.

한편 이러한 연합활동 외에도 한국노총은 단독으로 1994년 '근로여성복지기본계획'의 유급생리휴가폐지방침에 대해 1~3월에 걸쳐 지속적인 성명서를 발표하고 있었고, 각종 위원회 참석과 간담회 및 정책건의 그리고 방

문 등을 하였다(한국노총, 1995: 485).[148]

결론적으로, 김영삼 정부에서의 고평법 2차 개정과 근로여성복지기본계획 등을 둘러싸고 일어난 행위주체들 간의 상호작용 양태의 특징을 살펴보면, 경영계의 경우는 성명서·결의문·면담이나 방문 등의 방식은 전혀 사용하지 않고, 정부에 정책건의만을 하였다. 노동계의 경우는 성명서·결의문을 중심으로 활동을 벌였고, 여성계는 대신 간담회·세미나·공청회·면담·방문 등을 통해 그들의 이익 활동을 벌였음을 알 수 있다. 즉 경영계는 권력수준으로의 상호작용만을 선호하였으며 노동계는 대중수준으로의 상호작용을 여성계는 공식적, 비공식적 연계를 더 선호했던 것으로 나타났다. 또한 여성계와 노동계가 이익집단으로써 독자적으로 이익투입을 하기보다는 상호 연계를 통하여 활동하였던 것으로 나타났다.

3. 정책행위자의 관계구조

가. 정책행위자의 수와 유형

김영삼 정부는 과거 어느 정부보다 국제사회의 정책환경의 영향을 많이 받았다. 특히 경제환경으로서 WTO 및 OECD는 정부의 경제정책 및 노동정책의 변화를 가져오게 하였는데 정부는 국가경쟁력강화를 위해 신경제 5개년계획을 수립하였고 UN의 제4차여성회의(북경여성회의) 등으로 인해 여성정책도 과거와는 달리 실질적인 변화를 모색했으며 대내적으로는 정치적 민주화를 심화시키고자 하였다.

---

148) 특히, 1994년 2월에 노총의 이러한 활동은 상당히 활발하였다. 2월 2일 노총은 노동부 부녀소년담당자와의 면담을 통해 생리휴가폐지의 부당성을 표명했다. 이어 2월 3일에는 정무제2차관에게 여성심의위원회 구성의 문제점을 지적하고, 2월 4일 노동부 관련 주무국 담당자에게 생리휴가폐지방침의 철회를 재촉구하였다. 이후 2월 21일 노동부, 상공부, 보사부를 방문해 담당자를 만나 노동계의 입장을 전달하고, 22일 정무제2장관 방문, 25일 민자당 방문, 3월 2일 국회노동위원회 등의 방문을 통해 생리휴가폐지방침의 철회를 촉구했다(한국노총, 1995: 484-485).

이러한 대외적 대내적 환경의 제약하에서 모성보호정책을 위한 정부행위자로는 재정경제원·통상산업부·보건복지부·노동부·정무장관실 등이 있었다. 노동부는 살펴본 바와 같이 여성노동정책과 관련하여서는 조직이 더 실질적으로 강화된 측면이 있었으나 여성노동과 관련한 예산은 매우 저조하였다. 정무장관실도 규모는 확대되었으나 여성정책을 총괄하는 부서로서 예산 및 인원은 매우 약했던 것으로 볼 수 있다. 기업 측 행위자로는 경총이 네트워크의 중심부에 위치하고 경제5단체, 상공회의소가 주변부에서 참여하였다. 기업 측의 행위자로서 이들은 특히 근로여성복지기본계획 등의 모성보호확대조항과 관련하여 모성보호비용이 기업에게 부담으로 작용하여 여성고용을 회피하게 한다며 생리휴가조항의 폐지 및 여성보호조항의 완화를 주장하였다. 기업의 이러한 주장의 이면에는 정부가 변화하는 국제환경에서 경쟁력을 갖추기 위해서는 기업의 경쟁력을 높여야 하며 따라서 기업의 요구를 무시할 수 도 없다는 것을 충분히 감안한 배경도 갖고 있다고 보아야 할 것이다. 한편 노동계는 한국노총이 정책네트워크의 중심부에, 민주노총이 주변부에 위치했다. 특히 민주노총은 한국노총과 더불어 여성노동이익을 표출하고는 있지만 활동은 여성계와 같이 하였다. 또한 여성계에는 여연이 중심부에, 여협·여성민우회·여성노동자회·YWCA·주부클럽연합회 등 다양한 여성단체들이 주변부에 위치했다. 여성계와 노동계도 UN 및 ILO 등 국제사회의 동향 및 국제여성 및 노동기구와의 정보교환 등을 통해 국제적 수준으로의 모성보호의 강화를 요구하였다. 그 밖에도 정책네트워크의 주변부로 정당·국회·언론 등이 위치하고 있었다. 김영삼 정부에서 언론은 노태우 정부보다 훨씬 더 많이 모성보호 관련 기사들을 실음으로써 모성보호의 의미 및 중요성에 대해서 여론을 형성하는 데 기여하였다.

나. 관계의 성격

정책네트워크 내에서 정책행위자들 간의 관계가 협력적인지 또는 갈등적인지가 정책결과에 중요한 영향을 미친다고 할 수 있다.

김영삼 정부는 초기에는 재벌개혁을 추진하다가 국제경제환경의 변화에 적응하기 위해 경쟁력을 강화하는 데 역점을 두었다. 이를 위해 기업에 대한 규제를 완화하는 한편 여성인력을 활용하기 위하여 모성보호강화를 통한 직장과 가정의 양립을 위한 제도적 기반을 마련하고자 하였다.

그러나 김영삼 정부는 1988년 남녀고용평등법이 실시된 지도 몇 년 지나지 않았고 또한 고용평등법조항도 노동현장에서 제대로 지켜지지 않는 상황에서 모성보호의 확대는 기업뿐만 아니라 정부부처 간에도 의견의 일치가 이루어지지 않아 외부적으로도 돌출된 모습을 보여주기도 하였다. 또한 행위자들의 관계는 모성보호정책이슈에 따라 약간씩 차이를 나타냈다.

먼저 산전산후기간의 확대에 관해서는 ILO규정 및 국제적인 추세를 보더라도 우리나라가 너무 뒤떨어져 있으므로 정부·기업·노동이 어느 정도 협력적 인식을 공유하였다. 그러나 모성보호 비용의 사회분담화와 관련해서 보면 재원확보방안을 놓고 부처 간의 이해대립이 있었다. 노동부와 정무장관(제2)실은 비교적 친여성적인 반면 재정경제원·통상산업부 등은 과도한 여성의 모성보호비용이 기업의 여성고용을 회피하게 만드는 것이라면서 기업의 입장을 지지하는 친자본적 입장에 서 있다. 또한 유급출산휴가를 개별기업이 주고 있는 상황에서 굳이 사회적 분담을 해야 하는가 하는 의견을 제시한 보건복지부가 취한 입장을 통해 여성의 건강권과 사회적 재생산기능에 대해 사회가 같이 책임을 진다는 분담화의 취지와 이 비용을 그동안 기업이 떠맡음으로 인해 기업의 여성고용회피의 원인이 되어왔다는 점에 대한 정부부처의 인식공유의 부재 등을 볼 수 있다. 또한 생리휴가 및 여성보호조항에 대해서는 국제적 추세인 보호와 평등의 논리를 전개하면서 정부·기업이 협력적 관계를 유지하였다. 그러나 여성·노동은 현재의 근로환경여건과 여성노동자의 임금이 남성노동자의 60% 수준밖에 안되는 현실에서 생리휴가조항은 반드시 필요한 것이며 여성보호조항도 모성의 건강권 차원에서 지켜져야 할 것을 주장함으로써 정부·기업 간과는 갈등적 관계를 표출하였다.[149] 생리휴가를 제외하고는 전반적으로 정부와 기업

간의 관계는 협력적, 정부와 노동의 관계도 협력적, 정부와 여성의 관계도 협력적 인 것으로 볼 수 있다.

종합적으로 모성보호비용의 사회분담화 등에 관해 정부부처 간에서의 일치되지 못한 점에 더하여 기업과 여성노동 행위자 간의 입장의 조정이 없는 팽팽한 대립의 결과 김영삼 정부에서 모성보호의 획기적인 확대는 이루어지지 못하였다.

다. 관계의 강도

정책네트워크상의 행위자들 간의 관계의 강도는 상호작용의 빈도 및 행위자 간의 연계의 지속성 관련성의 정도로 파악하도록 한다.

먼저 상호작용의 빈도를 보면 노태우 정부보다는 활발하게 정보흐름이나 연계행위 등이 있었다. 또 상호작용과정에서 나타나는 행위자 간 관련성 및 연계의 지속성으로 볼 때 정부(경제 관련 부처)와 기업 간의 관계가 정부와 여성, 정부와 노동의 관계보다 더 강한 것으로 보인다. 이는 세계화추진위원회에서 기업과 밀접한 정부부처의 친기업적 발언 등을 통해서도 드러난다.

또 행위자들의 상호작용에서 경영계는 5회의 정책건의만 있었고 성명서와 결의문은 단 한 건도 없었다. 즉 경영계는 대중수준으로나 연계행위 등을 통한 활발한 상호작용을 하고 있는 것으로 보이지 않았다. 이는 아직까지 정부와 기업 간의 관계가 우려할 만한 수준이 아니라는 것을 반증하는 것으로서 노동정책 중 여성의 모성보호라는 부분이 경영계의 적극적인 관심을 불러일으키고 이익투입활동을 가져올 수 있을 정도의 중요성과 관심을 끌지 못하고 있었다는 사실을 의미한다고 볼 수 있다.

라. 네트워크의 경계

김영삼 정부는 문민정부의 성격상 민주화를 더욱 추진 심화시키는 과정

---

149) 보호와 평등의 논의는 김영삼 정부에서 부각되기 시작한 것으로 볼 수 있는데 일부 여성계에서는 생리휴가에 대해 정부 측 안을 수용하는 입장을 보이기도 하였다.

에서 시민사회단체의 성장이 있었고 이에 따라 정책네트워크의 경계도 점차 개방적이 되어 갔다. 그러나 초기의 근로여성복지기본계획을 마련하는 과정에서는 역대정권의 정책결정의 절차와 마찬가지로 관계부처 및 당정협의를 통해 각 부처 간의 의견을 조정하고 행정위원회의 심의를 거쳤을 뿐 기본계획의 취지나 내용에 대한 공개적 검토의 기회나 여성노동계나 국민의 공감대를 형성할 공청회·설명회 등의 의견수렴 과정을 거치지 않은 것으로 나타났다(김엘림, 1994c). 그러나 고평법 2차 개정과정에서 노사관계개혁위원회에서 공익으로 나온 여성계대표의 발언을 통해서 생리휴가폐지를 방침으로 정한 정부의 안을 2차 논의과제로 넘겼던 점이나 또한 종국에는 여성노동관련법 개정 시 생리휴가폐지가 이루어지지 않았던 점으로 미루어 볼 때 정책결정과정에 이해당사자로서 여성·노동계의 참여는 개방적이었던 것으로 분석된다. 또한 기업 및 노동계와 여성계가 서로의 이익에 대해 합의나 조정이 없이 시종일관 계속 각자의 입장만 팽팽하게 주장해 왔으며 정부가 주도적으로 권한을 가지고 모성보호정책내용의 조정을 이루지 못했던 점으로 볼 때 정책네트워크의 연계형태는 수평적이었던 것으로 보인다. 따라서 정부가 산전산후휴가연장 등 모성보호정책을 확대하면서 유급생리휴가폐지를 하려고 했으나 노동계 및 여성계의 반대로 인해 결국은 아무것도 이루어내지 못한 결과를 가져오게 되었다.

마. 영향력 관계

김영삼 정부는 노태우 정부에 이어 자유화·민주화를 국가의 목표로 내세웠고 국가의 영향력은 시민사회집단 및 이익집단의 성장세와 더불어 더 축소될 수밖에 없었던 것으로 보인다.

먼저 정부와 기업 간의 관계를 보면 기업부문은 권위주의 체제의 산업화 과정 속에서 정부와 지배연합을 형성하고 성장해왔지만 민주화가 진행됨에 따라 그 영향력이 감소할지도 모른다는 우려의 목소리가 있었다. 그러나 오히려 기업은 이전부터 조직화하여 온 경제권력을 바탕으로 WTO

출범 및 OECD 가입을 계기로 정부에 대한 자율성을 확보하고, 여전히 정부에 영향력을 행사할 수 있는 힘을 가지게 되었다.

정부부처 중에서도 특히 재정경제원, 통산부 등은 모성보호보다 기업의 이해를 많이 대변하고 있는 것으로 나타났다. 이들 부처는 기업에 대해서 협력적 관계를 맺고 있는 것으로 드러났다. 반면 정부부처 중에서도 여성 노동정책 및 모성보호에 가장 적극적이었던 노동부 및 정무장관(제2)실은 정부에서의 상대적으로 낮은 입지와 조직의 한계 등으로 인해 실제로 영향을 많이 행사할 수 없었다.

한편 국가와 노동부문 간의 관계를 보면, 노동계는 1960년대 이후 산업화과정에서 지속적으로 국가의 조합주의적 유인과 통제를 받아왔다. 그러나 1987년의 민주화 선언을 기점으로 한 자유화와 민주화의 추세 속에서 민주노총 결성 등 새로운 조직의 태동과 한국노총과 산별노조 등 기존 조직의 성장이 있어왔다. 민주노총의 결성은 한국노총에게 새로운 부담으로 작용하며 노동자이익대변의 선명성을 추구하기 위해 친정부적 행위보다는 친노동적 행위에 더욱 역점을 두게 되었다. 따라서 이제는 국가가 노동부문을 조합주의적 통제의 대상으로 볼 수 없게 되는 상황이 전개되었다. 그리고 여성운동단체 등 시민사회부문도 1987년 이후 꾸준히 경제·환경·여성 등 각 분야에서 전문성을 가지고 활동하면서 그들의 역량을 키워 정부에 대한 이익투입활동을 전개하였다.

이상에서 종합적으로 볼 때 김영삼 정부에서 정부와 기업 및 여성·노동계는 그 영향력 관계가 거의 동등한 긴장 관계로 볼 수 있다.

<표 4-18> 모성보호정책네트워크: 김영삼 정부

구 분	행위자의 수	관계의 성격			강 도	경계구조	영향력관계
	규 모	정부·기업	정부·노동	정부·여성	상호작용의 강도	개방의 정도	크 기
내 용	많 음	협 력	협 력	협 력	중 간	중	정부=기업=여성·노동

제3절 산출로서의 모성보호정책

1995년 8월까지 여성노동운동은 초기에는 시간제노동자철폐 등 신인사제도에 관한 이슈를 중심으로 이루어졌다. 그러나 점차 영유아보육법 및 고평법 등에서의 보육시설 및 탁아시설의 강화, 여성의 모집과 채용에서의 차별개선, 차별임금철폐, 모성보호의 강화, 간접차별금지조항신설 등의 문제가 다양하게 이루어졌다. 특히 정부의 '근로여성복지기본계획'과 '여성의 사회참여확대방안'에서 모성보호와 관련한 사항은 기업과 정부 그리고 여성계와 노동계 모두의 관심이었다.

또한 김영삼 정부는 UN 및 ILO과 WTO 및 OECD 가입 등 대외적 정책환경의 영향을 받아 여성의 모성보호관련정책도 어느 정도 세계화 될 필요가 있었던 만큼 여성의 출산휴가확대, 가족간호휴가제, 유산·조산휴가, 비용의 사회적 분담방안까지도 심도 있게 논의가 이루어졌다.

특히 정부와 기업행위자들의 생리휴가폐지방안에 맞선 여성·노동계의 생리휴가폐지 반대논의가 고평법 2차 개정을 앞둔 시점에서 활발하게 일어났고, 그 결과다음과 같이 남녀고용평등법 2차 개정이 이루어졌다. 첫째, 육아휴직제의 적용대상이 근로여성에서 '근로여성 또는 그를 대신한 배우자인 근로자'로 확대되었다(제11조 제1항). 둘째, 1991년 영유아보육법의 제정으로 고평법의 육아시설에 관한 규정이 사실상 효용성이 없게 되었는데, 2차 개정에서 육아시설을 영유아보육법의 직장보육시설로 명시하고 사업주에게 그 설치신고를 노동부 장관에게 하도록 규정하였다(제12조 제1항).

즉, 김영삼 정부에서 모성보호정책 내용은 노태우 정부보다 약간 확대되기는 하였지만 정부와 기업이 추진하고자 했던 여성특별조항폐지나 유급생리휴가제도의 폐지 여성계와 노동계가 요구한 유급출산휴가확대조치를 비롯한 가족간호, 태아검진, 비용의 사회분담화 등과 관련한 개정은 이루어지지 않았다.

〈표 4-19〉 김영삼 정부의 모성보호정책산출

모성보호관련법	남녀고용평등법	남녀고용평등법 2차 개정
	근로기준법	해당없음
	고용보험법	해당없음
정책 내용	남녀고용평등법	·육아휴직의 적용대상 확대(근로여성 또는 그를 대신한 배우자인 근로자로) ·육아시설→직장보육시설로명시 ·설치신고→노동부장관에게 하도록

제4절 소결론

노태우 정부가 국제사회의 진입시기라 한다면 김영삼 정부는 세계화의 소용돌이의 한가운데 있었던 시기로 평가할 수 있다. 김영삼 정부는 WTO 체제의 출범, OECD 가입, UN여성지위위원회 위원국(1994-1997), 김영정 전정무장관의 세계여성차별철폐위원회 위원으로 피선, ILO이사국으로 선출 등 대외적 정책환경의 영향과 민주화의 심화 및 개혁정책, 여성의 경제활동참가의 증가 등의 대내적 정책환경하에서 여성정책을 수행하게 되었다. 즉 정부는 UN과 ILO와 같은 국제기구의 권고 및 협약준수의 의무를 가지고 여성 관련국가기구의 정비 및 모성보호를 강화시키기 위한 여성정책을 추진하고자 하였다.

한편, 이 시기에는 사회의 민주화 추세와 북경여성대회 등을 통해 고양된 여성의 정치의식 자각 등으로 여성계와 노동계에서도 노태우 정부보다 한층 더 강도 높고 구체적인 모성보호정책을 요구하였다(무급육아휴직을 유급육아휴직, 유급유산휴가제, 육아휴직제의 남녀공유 등). 특히 여성계와 노동계의 이익 표출을 통한 상호작용은 선거를 앞둔 시점(대통령선거와 총선)에서 많이 이루어졌다. 이것은 자원의존이론에서 말하는 것처럼 정치적 지지(표)를 자원으로 한 이익표출행위라 할 수 있다.

한편, 김영삼 정부의 세계화 의지로 인한 국제경제질서의 개방화 현상이라는 대외적 환경은 정책네트워크의 기업행위자에게도 영향을 미쳤다고 보인다. 정부의 정책은 초기의 재벌개혁에서 세계화시대에서 생존하기 위해 이후 재벌의 경쟁력 강화가 국가의 주요 이슈가 되고 재벌이 다시 성장정책의 주역으로 부상하게 되었다. 이에 따라 정책네트워크에서 재벌의 영향력 및 주장도 다시 강화되기 시작했다.

여성정책네트워크에서 정책행위자의 상호작용분석결과 상호작용의 빈도는 노태우 정부보다 활발해졌고, 내용도 더욱 심화되었다고 볼 수 있다. 또 이시기 언론을 통한 모성보호정책보도도 매우 증가되어 여론형성에 기여한 것으로 보인다. 그러나 정부행위자로서 재정경제원이나 통상산업부 등은 세계화에 대응하는 경쟁력을 키우는 과정에서 기업과 밀접한 관계를 유지했고 이에 따라 친기업적 성향을 갖고 있었다.

이 시기에 이루어진 개방화에 따른 대외적 환경은 기업의 입지를 강화시키는 방향으로, 민주화라는 대내적 환경은 여성계 및 노동계의 입지를 반영하도록 영향을 미쳤지만 정책을 주도하고 결정해야 할 정부의 정책결정담당자들조차도 모성보호의 사회적 의미나 사회적 책임분담에 대한 인식의 공유 정도가 낮았다.

따라서 김영삼 정부에서는 기업의 영향력강화와 정부경제 관련 부처와 사회의 모성보호에 대한 낮은 인식 등으로 인해 비용의 사회분담화 등 모성보호의 확대를 이루지 못했다. 그러나 이 시기에는 '제1·2차 근로여성복지기본계획', '여성의 사회참여확대를 위한 10대과제', '여성발전기본법제정', '제1

차 여성정책기본계획 등을 통하여 모성보호의 사회분담화 등 모성보호확대 및 강화를 계획하고 있었으며 이러한 과정에서 여론 등을 통한 인식의 확산을 가져왔다. 또한 이 시기에 김대중 정부에서 모성보호 공론화에 가장 중요한 역할을 하게 되는 국회여성특별위원회를 신설하였다. 즉 이 시기는 당대에 모성보호의 확대를 이루지는 못하였지만 차기정부에서 추진할 수 있는 법·제도적인 기반을 조성해놓은 시기로서의 의미를 갖는다고 할 수 있다.

이상에서 김영삼 정부의 모성보호정책결정과정에서의 정책네트워크를 본 연구분석틀에 의거해서 종합적으로 나타내면 〈그림 4-1〉과 같다

〈그림 4-1〉 김영삼정부에서의 모성보호정책네트워크와 모성보호정책

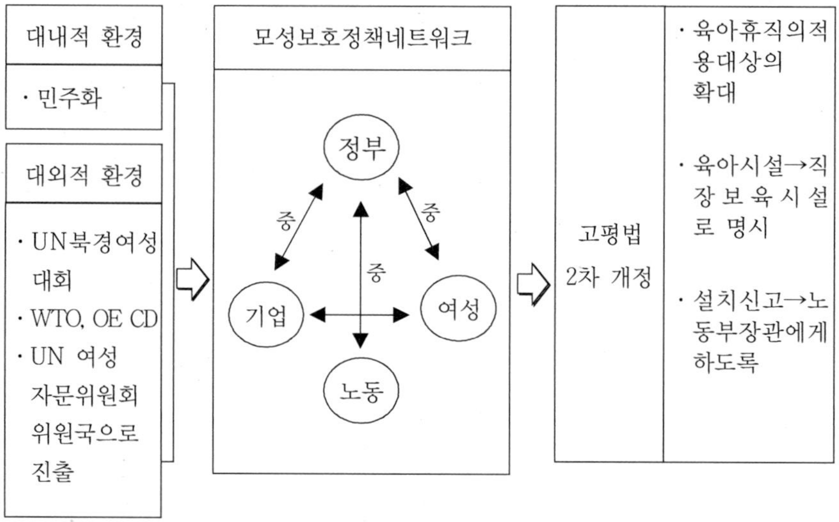

참조: 협력적 관계

제5장 김대중 정부의 여성정책네트워크

제1절 정책환경

1. 대외적 환경

가. 세계화

세계화의 추세는 김대중 정부 들어서도 가속화되었으며 이는 긍정적 영향과 부정적 영향을 동시에 낳았다.

먼저 여성 관련 국제기구와의 협력관계는[150] 계속 활발히 지속되었으며 우리나라는 1999년 6월 열린 제87차 ILO 총회에서 3년 임기의 ILO 정이사국으로 재선임 되었고, 2000년에는 여성특별위원회가 APEC 여성자문기구의 의장국으로 2000년 1년간 APEC 내에서 진행된 모든 여성 관련 사업을 총괄함은 물론 모든 기구가 여성 참여확대 기본계획을 이행하도록 자문하고 모니터링하는 역할을 수행하였다(여성특위, 1999: 283).

---

[150] 1991년 우리나라의 유엔가입은 유엔기구와의 국제협력사업을 본 궤도에 올려 놓는 효과를 가져왔다. 여성 관련 유엔기구와의 협력사업은 주로 유엔개발계획(UNDP)과의 공동사업을 통해 이루어지고 있으며 집행된 주요 사업현황은 아래와 같다.

〈표 5-1〉 1999년도 유엔기구와의 협력사업

추진기관	사업명	사업기간
한국여성민우회	여성의 능력개발 및 사회참여 확대를 위한 사업	'97-'99
한국여성개발원	여성과 인권	'98-'99
여성특별위원회	성주류화교육실시	'99. 8
여성특별위원회NGO네트워크	북경행동강령이행 심포지움 개최	'99. 11.

자료: 여성특별위원회 내부자료. 여성특별위원회(1999: 280)

186

또한 국제기구는 각 국가 내의 여성운동단체들과 협력 사업을 활발히
펼치기도 하였다. 이렇게 함으로써 각 국가들의 국제기구의 참여는 더 이
상 국가 정책의 목표를 경제 발전이 아닌, 고령층과 청소년 그리고 여성에
대한 복지 부분 등 '삶의 질'을 높이는 방향으로 나아가게 하였다.

1999년 제43차 유엔지위위원회에서는 '여성차별철폐협약의 선택의정서'(이
하 선택의정서)가 발표되었다. 선택의정서는 피해 여성이나 대리단체가 협약
에 보장된 여성 권한을 침해당하거나 성차별을 받은 경우에 유엔의 여성차별
철폐위원회에 이를 진정하고, 위원회는 심사를 거쳐 침해국가에 답변을 요구
하며, 이러한 차별사례가 국내에서 시정되지 않을 경우에는 유엔이 직접 제소
할 수 있도록 한 것이다.151) 결국 선택의정서는 국제사회가 여성의 지위 향상
을 보장하기 위해 개별 국가의 여성문제에 개입할 수 있는 구체적인 발판을
마련한 것이다. 나아가 이는 개별 국가 내에서도 여성문제에 대한 다양한 평
등정책의 실시를 자발적으로 이끌어 낼 수 있는 중요한 계기가 되었다. 또한,
2000년 6월 ILO 총회에서는 산전후휴가기간의 최저기준을 12주에서 14주로
(권고기준은 14주에서 18주) 연장하는 협약개정안을 통과시켰다.

이렇게 한국은 유엔을 비롯한 국제기구에서의 활발한 참여를 통해 여성
정책 특히 모성보호와 관련하여 국제사회의 동향을 무시할 수 없게 되었
다. 그리고 정부는 국제사회의 여성 관련 동향을 국내에 소개하고 한국의
여성 현황 및 정책추진상황을 국제사회에 소개하며 특히 여성정책과 관련
해서 기업과 여성·노동을 잇는 정책네트워크의 중심 행위자로서의 역할을
수행하게 되었다.

그러나 세계화로 인한 영향은 IMF 관리체제와 더불어 시장경제의 원리와 경
쟁의 원리로 인해 여성들의 부담이 더 커지는 문제도 낳았다(김선욱, 2000: 5).
UN도 세계화가 개발도상국과 후진국에서 여성의 삶에 부정적 영향을 미치고
불평등을 더욱 심화시킨다는 점에 주목하여 2000년 6월 여성총회에서 북경행

151) 이 의정서에 대해 일부 국가들은 내정간섭 반대, 국가주권 원칙 등을 이유로
하여 반대하고 있다. 선택의정서가 발효되면 UN 협약이 국내법과 동일한 효
력을 발생하기 때문이다.

동강령의 완전한 이행에 영향을 끼치는 문제로 세계화를 진지하게 다루었다.
　이처럼 김대중 정부에서의 세계화는 여성정책과 관련하여 한편으로는 긍정적 영향을 미치는 반면 시장경제의 원리로 인해 여성의 고용불안 및 실업이라는 부정적 영향도 미쳤다.

나. IMF 구제금융

　한편, 이 시기의 국가 정책 결정에 커다란 영향을 미치는 대외적 환경으로 IMF 관리체제라는 새로운 상황은 사회전반에 엄청난 변화를 야기하였다.[152)]
　1990년대의 한국은 권위주의적 발전 모델을 통해 계속적인 고성장 속에서 세계 11위의 무역대국, OECD 가입국, 국민소득 1만 달러 시대에 진입하는 등 아시아의 용으로 각광받으면서 제3세계의 발전 모델로 연구되기까지 했다. 그러나 1997년 1월 23일 한보철강 부도, 대외신인도 추락을 시작으로 대기업들의 연쇄적인 부도, 부도유예협약, 화의, 법정관리, 계속되는 주가 하락과 환율 상승, 한은 외환보유고의 고갈 등 일련의 사태 이후 1997년 11월 21일 결국 IMF에 구제금융을 공식요청하기에 이르렀다. 김대중 정부는 출범하자마자 IMF의 구제금융을 받는 과정에서 IMF로부터 노동시장의 유연성, 금융제도의 건전성과 투명성, 재벌의 구조조정을 요구받았다. 이에 정부는 노사정위원회를 발족시켰으며 은행의 비효율화, 방만한 재벌의 경영체제, 고루한 규제 및 감독제도 등에 대해 개혁을 추진하였다. 이 과정에서 재벌책임론이 등장하게 되었고 IMF 관리체제 이후 구조조정 등을 통한 각국의 기업에 대한 자율성 및 지배력이 강화되기도 하였다.

---

152) IMF는 환율안정 및 외환거래·국제무역의 자유화에 설립 목적을 두고, 가맹국의 공동출자로 기금을 조성하여 국제수지의 구조적 불균형과 그 때문에 외환자금사정이 어려워진 나라에 구제금융을 해주는 방식으로 세계자본주의 질서의 안정을 도모하였다. 특히 1995년 WTO 성립 이후부터는 초국적 자본이 지배하고 있는 세계자본주의의 신자유주의적 재편의 첨병으로 기능하고 있다.

2. 대내적 환경

가. 정치적 환경

(1) 민주주의와 시장경제의 병행

김대중 정부는 한국에서 여야간 최초로 실질적인 정권교체를 이룩하였다. 이는 50년 만에 이루어진 것으로, 야당세력의 집권이라는 점과 노동계의 지지를 받고 탄생한 정권이란 점에서 매우 독특하였다. 그러나 이와 함께 대선 막판에 돌발적으로 터져 나온 IMF 경제위기는 새로 출범한 김대중 정부에 어려운 과제를 부여하였다. 이러한 두 가지 조건은 향후 김대중 정부의 정책방향을 특징짓는 중요한 환경 변수로 작용하였다.

김대중 정부는 민주주의와 시장경제의 병행발전을 추진하였다. 민주주의와 시장경제의 병행발전이란 국가주도형 정치경제체제의 해체를 의미하는 것으로 정치적 민주주의와 자본주의적 시장경제의 동시적 발전을 옹호하는 정책노선이다. 즉 정치개혁과 경제개혁의 조화를 말하는 것이다. 김대중 정부는 선거의 민주화, 노사간의 세력균형과 협조에 기초한 생산성향상과 공정분배의 추구, 이를 위한 노동기본권의 보장과 노동자경영참가 및 공동결정의 인정 및 노동시장 유연화의 단계적 실행, 재벌/대기업의 경제력집중의 개혁, 대외개방과 자유화 등을 추진하였다. 특히 출범초기는 IMF처방을 적극적으로 수용하고 추진한 정부에 의해 '경제살리기'가 최우선의 가치가 되었다. 또한 노동계의 지지를 받고 탄생한 정권이라는 점에서, 정부는 노동계에게 다소 포용적인 태도를 취하여153) 1995년 설립 이래 비합법단체로 남아 있던 민주노총을 합법화하였다.

한편 김대중 정부는 보수세력으로 구성된 자민련과의 정치연합에 의해 집권세력 내부에 매우 이질적인 세력이 포함됨으로써 국가 내부의 갈등 가능성도 지녔다. 이는 2001년 모성보호확대과정에서 공동 여당 내에서도 다른 목소리를 내면서 두드러졌다.

---

153) 실제로 김대중 대통령은 1998년 1월 국민과의 TV대화를 통해, "노동자들의 지위와 복리를 향상시키고, 노동자들이 정치활동을 하고 민주적 노동운동을 할 권리를 주겠다"고 말했었다.

(2) 여성의 사회참여확대 강화

김대중 정부의 여성정책에 관한 기본방향은 여성의 사회참여 확대이다. 김대중 정부가 출범하고 대통령직 인수위가 밝힌 새 정부 100대 과제의 정무·법무·행정부문에 남녀가 평등하게 일하는 사회를 위해 남녀차별적 제도·관행의 개선, 여성고용촉진 및 지위향상 등이 들어있다.[154]

이에 따라 여성의 사회참여확대 특히 노동과 정치영역에서의 여성참여 확대를 위한 법·제도의 정비와 여건개선이 정책목표로 설정되었고, 이러한 과제를 수행하기 위해 대통령직속 여성특별위원회를 설치하고, 김대중 정부 1차 년도에는 여성채용 목표제 확대와 정부산하위원회에 여성의 20% 참여 확보, 그리고 여성실업대책마련 등을 구체화하였다. 이렇게 여성의 사회참여를 확대하려는 의지를 갖고 있던 정부는 2002년에 치러질 대선과 지방선거를 앞두고 있는 상황에서 김대중 정부의 공약사항이었던 모성보호정책을 야당인 한나라당 국회의원이 먼저 발의를 하여 모성보호관련법개정안이 이미 국회에 제출되어 있었던 만큼 정부로서도 더 이상 미룰 수 없는 사안이기도 하였다.

나. 경제적 환경

우리나라가 IMF 관리체제에 들어간 1997년은 1인당 국민소득이 10,315달러였다. 그러나 1년 후인 1998년은 경제성장률이 9.1%감소하였고 1인당 국민소득은 6,744달러였다. 이는 1980년에 약간의 마이너스 성장이 있었던 것을 제외하면 지난 1970년대 이래 년 8%대의 고도성장을 실현해왔음을 상기할 때 당시의 상황은 전대미문의 위기였음을 알 수 있다. 그러나 IMF의 충실한 이행과 경제개혁에 의해 1999년에 다시 9.4% 증가한 8,595달러가 되었고, 이러한 추세는 2000년까지도 계속되고 있어 점차적으로 경제가

---

154) 그리고 이를 위해 대통령직속 여성특위설치 및 여성할당제, 각종 선거직 등 주요 공직에 여성참여 제고, 공공부문 채용 시 여성인센티브 강화, 출산휴가·육아휴직 등 모성보호에 따른 기업부담완화를 위해 의료보험·고용보험의 분담추진방안 등이 들어 있다.

회복되고 있음을 알 수 있다.

그러나 노동시장의 유연화를 주요 정책으로 하는 신자유주의 구조조정의 결과로서 광범위한 고용조정 및 고용형태 다양화로 인한 고용구조 왜곡과 고용불안정 현상이 나타나게 되었다. 특히 1998년부터는 1990년 이후 지속적인 감소추세를 보이던 노사분규가 다시 급증하기 시작하였는데 노사분규의 증가를 가져온 가장 커다란 요인은 고용의 위기였다.

1997년 IMF 관리체제 도입 이후 경제활동 인구와 취업자수는 감소하였다. 〈표 5-2〉를 보면 1997년부터 경제활동에의 참가율이 감소추세를 나타내고 있음을 알 수 있다. 남성은 2000년까지 지속적인 감소추세를 보이는데 반해, 여성은 1998년 이후부터는 경제활동참가율이 증가하고 있다.

그러나 1998년을 기점으로 해서 볼 때, 여성의 경제활동참가율은 전년 대비 2.5%, 남자는 0.4%로 감소하여 여자의 경제활동참가율의 감소폭이 남성에 비해 크게 나타나고 있다.[155] 이후 여성의 경제활동참가는 꾸준히 증가하여 2000년 말 기준으로 48.3%로 겨우 IMF 이전 수준을 회복하였다.

그렇지만 이 역시도 평균 60%에 육박하는 미국・영국・독일・노르웨이・스웨덴 등 OECD 국가에 비하면 크게 낮은 실정이다. 특히 남녀간 경제활동참가율의 차이는 OECD 국가 중 가장 차이가 높게 나타나고 있는데 메킨지보고서가 밝힌 것처럼 선진국으로 도약하기 위해 한국여성의 경제활동을 비롯한 사회참여확대가 매우 절실하다.

〈표 5-2〉 경제활동 참가율

(단위: %)

구 분	1997	1998	1999	2000
전 체	62.2	60.7	60.5	60.7
남 자	75.6	75.2	74.4	74.0
여 자	49.5	47.0	47.4	48.3

자료: 통계청. 『경제활동인구연보』. 각 년도

---

155) 1997년 경제위기 이후 기업 측의 인력감축 중심의 구조조정은 여성 우선해고와 여성집중 부서・직종의 폐지로 귀결되었다. 또한 여성은 임신・출산과 기혼여성이라는 이유로 부당해고와 퇴직압력 및 부당행위의 대상이 되었다.

또한 경제위기로 인해 기업이 구조조정과 인력감축을 광범위하게 진행하면서 실업률이 증가하였다. 1990년 이래 한국의 실업률은 연평균 2.6%를 넘지 않았다. 그러나 1997년 2.6%, 1998년 6.8%로 실업률은 급등하기 시작했고 1999년에는 6.3%의 실업률을 기록하게 된다.

특히 1997년 12월 이후 구조조정과 경기침체로 인해 여성실업률은 급격히 증가하게 된다. 1997년에 2.3%였던 여성실업률은 1년 만인 1998년 5.6%까지 높아졌다.[156)]

〈표 5-3〉 실업률

(단위: %)

구 분	1990	1995	1996	1997	1998	1999	2000
전 체	2.4	2.0	2.0	2.6	6.8	6.3	4.1
남 자	2.9	2.2	2.3	2.8	7.6	7.1	4.6
여 자	1.8	1.7	1.6	2.3	5.6	5.1	3.3

자료: 통계청. 『경제활동인구연보』. 각 년도

이는 경제위기 이후 비경제활동인구가 큰 폭으로 증가하였고, 특히 여성의 경우 더욱 크게 증가하였다는 점을 보여주고 있다. 특히 임신·출산·수유 및 육아의 문제를 짊어진 여성노동자에게 불리하게 작용하여 생존의 위기로까지 연결되기도 하였다. 이러한 경제적 위기상황은 특히 국회여성특별위원회가 법률안 검토를 하는 과정에서도 나타나 모성보호관련법의 개정이 가장 시급하고 중요한 문제로 대두되게 되었다.

---

156) 이와 같은 통계는 남성의 실업률이 1997년의 2.8%에서 1998년 7.6%까지 4.8% 높아진 것과 비교하면 여성의 실업상황이 실제와는 달리 도리어 남성에 비해 비교적 덜 심각한 것처럼 보인다. 그러나 이러한 실제상황과 통계상의 차이는 여성들이 경기침체가 장기화되면 구직활동을 포기하고 가사노동에 참여함에 따라 공식적인 통계기준의 실업자집단에서 빠지게 되는 현상에 기인한 것으로 볼 수 있다(김태홍·문유경, 1999: 1).

다. 제도적 환경

(1) 여성정책 관련 국가기구

김대중 정부는 국제사회의 다양한 이해와 요구, 여성기혼자와 여대생의 취업증가, 여기에 IMF 상황으로 인한 여성우선 해고상황 등에 직면하여 여성정책에 대한 적극적인 관심을 표명하였고 이는 여성정책 관련 법률의 개정 및 제정작업을 통해 구체화되었다. 그러나 이러한 정책의 실현을 위해서는 구체적인 사업을 기획하고 실행·평가할 수 있는 여성정책 전담기구의 역할이 중요하다. 김대중 정부에서는 대통령직속 여성특별위원회와 여성정책담당관, 여성부의 신설이 있었다.

(가) 대통령직속 여성특별위원회

여성계의 의견을 반영한 대통령선거공약을 이행하기 위하여 정부는 1998년 정부조직개편에서 여성정책의 다면적인 특수성과 조직의 효율성을 강조하면서 대통령직속의 여성특별위원회(이하 여성특위)를 신설하였다. 이는 기존의 정무장관(제2)실과 여성정책심의위원회가 적은 권한·인력·예산·불충분한 정책규제수단을 가진 주변적 조직이었다는 점을 인식하였기 때문이다.[157]

여성특위는 남녀평등과 여성발전을 목적으로 국가여성정책을 종합적으로 총괄·조정하는 합의제 행정기관으로 규정되었다(여성특위, 1998: 13). 이는 종전의 정무장관(제2)실의 기능과 동일한 것이었다. 또한 여성특위 위원장은 장관이 아니라 '장관급'이며, 출발 당시 준입법권·준사법권이 없다는 점에서 정무장관(제2)실의 문제점을 그대로 안고 있었다.[158] 따라서

---

157) 정무장관(제2)실은 집행능력·입법제청권·단체등록권이 없어 효율적인 여성정책을 펼 수 없었다. 때문에 여성부 설치의 필요성에 대한 의견이 김영삼 정부 여성 10대 과제가 만들어지는 과정에서도 제기되었었다. 당시 찬반양론이 분분하였고 김영삼 정부에서 이 논란은 유야무야되면서 정무장관실이 그대로 존속되었다. 김대중 정부에 들어서도 정부조직개편 과정을 통해 여성단체들이 여성부의 필요성을 제기하였지만 결과는 정무장관(제2)실과 여성정책심의위원회를 폐지하는 대신 여성특위의 신설로 결정되었다(정대화 외, 1998: 330-331).

158) 여성특위 위원장은 필요한 경우 국무회의에 출석하여 발언할 수 있고 소관 사무에 관하여 국무총리에게 의안의 제출을 건의할 수 있으며(정부조직법 제

여성특위는 대통령 직속기구로 대통령 자문기능을 제외하고는 관련 부서를
총괄·조정할 수 있는 권한도 없고, 여성정책 전담 부서이면서도 조정권한
이 결여되어 있어 여성정책의 단순종합의 수준을 넘지 못하는 등 실권이
없었다(장하진, 2002: 157).

그럼에도 불구하고 여성특위는 '남녀차별금지 및 구제에 관한 법률'이
국회에서 발의되도록 결정적인 역할을 하고, 여성부를 탄생시키는 성과를
거두었다.

1940년대의 요보호여성의 보호와 복지증진에서 출발한 여성 관련행정조
직이 김대중 정부에 이르러서는 대통령직속 여성특위라는 여성정책전담행
정조직으로 발전되었다. 이것은 이제 여성정책이 사회정책의 일부로서가
아닌 독립된 정책영역으로 확고해지게 되었다는 측면에서 의의가 있다(김
선욱, 1999: 14).

(나) 여성부

2000년 1월 초 김대중 대통령은 신년사에서 여성특위를 여성부로 바꿔
분산되어 있는 여성업무를 일괄해서 관리·집행하도록 한다는 입장을 발표
하였다. 그리고 뒤이어 2001년 1월 29일 개정·공포된 정부조직법에 따라
여성부를 신설하고 여성부의 위치를 18개 부처 중 16번째로 규정하였다.
여성부의 설치는 유엔의 세계여성회의와 1995년 4차 북경여성회의에서 여
성의 지위향상을 도모하는 국가차원의 여성정책담당기구의 설치를 권고하
고 있었기 때문이다. 그러나 여성부의 추진은 무엇보다도 여성특위와 여성
정책담당관제도가 여성정책을 주류화 하기에는 한계가 있었기 때문이
다.[159] 이러한 상황에서 여성정책 전담부서로서 실질적인 정책총괄·조정

13조) 국무회의에 배석하는 지정배석자이다.(국무회의 규정 제8조). 그러나
위원장이 국무위원이 아니라는 점에서 여성특위 역시 문제가 있었다. 국무위
원이 아닌 참석자는 표결권이 없으며, 법령안을 직접 제출할 수 없기 때문이
다. 또한 여성특위는 차관급의 부위원장이 없음으로 해서 국무회의 안건의 사
전 협의 및 심의절차과정인 차관회의에서 배제되는 문제가 있었다. 여성특위
의 배제는 모든 부처의 업무와 연관성이 매우 깊은 여성정책을 제대로 수행
하는 데 커다란 장애라 볼 수 있다.

기능과 강력한 집행력을 가진 여성부를 요구하는 목소리가 높아졌고, 이에 김대중 정부는 여성특위를 여성부로 바꿔 분산되어 있던 여성업무를 전담할 수 있는 여성부를 신설하게 되었다. 이는 김대중 정부에 들어와서 IMF 관리체제의 극복을 위한 국가의 조정기능의 강화와 대통령의 여성문제 및 여성정책에 대한 의지의 결과로 볼 수 있다.

여성부는 기존의 정무장관(제2)실이나 대통령직속 여성특별위원회보다 강화된 위상을 바탕으로 하여 2001년 모성보호정책이 확대되는 과정에서 노동부와 더불어 법률안의 국회통과를 위한 공동대처 및 대국회 설득을 위한 다양한 측면지원, 여성노동계, 여성단체, 여성개발원, 노동연구원 등과 유기적인 관계를 가지고 정보를 교환하며 모성보호관련법률이 국회를 통과하는 데 기여를 하였다.

(다) 여성정책담당관

김대중 정부는 1998년 5~6월 법무부·행정자치부·교육부·보건복지부·농림부·노동부 등 6개 부처에 여성정책담당관을 신설하였다. 이는 여성주무부서로서의 여성특위의 기능과 위상약화의 문제를 이로써 보완하고자 한 의도이다. 즉, 여성특위가 행정기반이 없었기 때문에 6개 부처 업무의 한 부분으로서 여성정책을 체계화하고 실질적으로 집행하게 한 것이다.

---

159) 우리나라에서 여성부 설치가 공론화된 것은 1987년 6·29선언 이후의 제13대 대통령선거에서 김대중 후보와 김영삼 후보가 이를 선거공약으로 제시한 때부터이다. 그 후 여성부 설치는 대통령 선거 때마다 공약사항으로 등장하였다. 여성부는 김영삼 정부의 세추위에서도 논의가 되었었는데 여성부를 독립해서 설치하는 것이 어려울 경우 여성청소년부로 하는 안도 고려되었다. 그러나 총무처, 재정경제원, 문화체육부, 보건복지부, 노동부 등에서 반대의사를 보였고, 여성부 설치에 가장 적극적으로 찬성한 측은 정무장관(제2)실이었으며 보건복지부가 가장 반대입장을 개진하였다. 반대 측의 입장은 여성부가 생길 경우 여성과 관련된 모든 정책이 여성부로 갈 것이고 그럴 경우 여성정책은 소외되거나 주변화될 것이라는 것이었다. 이에 김영삼 정부에서의 정무장관(제2)실이 여성문제를 장기적인 계획하에 체계적으로 다루기 어려운 문제를 갖고 있었음에도 불구하고 결국은 여성부 설치에 대한 일은 없었던 일로 끝나버리고 말았다(조은, 1996).

6개 부처 여성정책담당관실의 역할 수행은 각각 차이가 있었고 이는 〈표 5-4〉로 정리할 수 있다.

〈표 5-4〉 중앙부처 여성정책담당관의 소관업무

부서 / 소속	소관업무
법무부/ 기획관리실여성 정책담당관	- 여성의 사회적 지위향상을 위한 법무부소관 법령 및 제도개선 - 법무부 내 여성 관련정책의 수립, 총괄 - 여성 관련시책의 추진을 위한 다른 부처와의 협조 - 기타 여성정책에 관한 업무로써 다른 과 담당관의 주관에 속하지 아니하는 사항
행정자치부/ 기획관리실여성 담당관	- 여성공무원 관련 정책의 기본계획의 수립·조정·총괄 및 시행 - 여성공무원인사관리에 관한 조사·연구·지도·지원 - 여성공무원의 진출확대 - 여성공무원의 고충상담 및 성차별 민원조사 및 처리지도에 관한 사항 - 여성공무원의 지위향상 및 복지증진에 관한 사항 - 여성정책추진사항 평가 및 지방자치단체 여성정책의 지원
교육부/ 기획관리실여성 교육정책담당관	- 여성교육 관련 정책에 관한 종합계획의 수립, 조정 - 여학생의 진로교육 및 진로지도에 관한 사항 - 여교사의 권익보호에 관한 사항 - 여성의 직업능력개발에 관한 사항 - 여성의 사회교육 및 직업교육에 관한 사항 - 여성의 교육참여 확대계획의 수립 - 기타 여성교육에 관한 사항
농림부/ 기획관리실여성 정책담당관	- 여성농업인력개발 및 활용 - 여성농업인의 지위향상 및 복지에 관한 사항 - 농촌여성 정착에 관한 사항 - 여성 관련단체와의 업무협조 - 식생활 개선에 관한 사항
보건복지부/ 기획관리실여성 정책담당관	- 보건복지 관련 여성정책에 관한 기본계획의 총괄, 조정 - 보건복지 관련 여성정책에 관한 조사 및 연구 - 여성의 사회참여활동의 지원 - 여성의 지위향상 및 고충처리 - 여성특별위원회, 여성정책 관련기관 및 단체와의 협조
노동부/ 근로여성정책관	- 근로여성복지기본계획의 수립 및 조정 - 근로여성 관련 정책연구 및 제도개선 - 남녀고용차별 개선 - 남녀고용차별실태조사, 분석 및 대책수립 - 여성인력활용을 위한 종합대책수립 - 기타 국내 다른 과의 주관에 속하지 아니하는 사항

자 료: 김선욱(1999: 13-14)을 토대로 재구성

이렇게 주요 6개 부처에 여성정책담당관제도를 도입한 것은 여성정책의 행정적 기반이 마련되었다는 점에서 의의가 있다. 그동안 정무장관(제2)실 이나 여성특위가 행정기반이 없었기 때문에 구체적인 여성정책의 추진과 점검에 문제가 있었다면 6개 부처에 여성정책담당관실이 신설됨으로써 각 부처 업무의 한 부분으로서 여성정책이 보다 효과적으로 집행되게 된 것이 다(정대화외, 1998: 332).[160]

(2) 여성정책관련법: 남녀차별금지 및 구제에 관한 법률(1999. 2. 8)

김대중 정부는 경영계에서 남녀고용평등법과 중복된다는 반대여론에도 불구하고 1999년 2월 9일 '남녀차별금지 및 구제에 관한 법률'(이하 남녀차 별금지법)을 제정하여 고용상의 성차별과 성희롱에 대한 규제 및 구제방안 을 마련했다. 남녀차별금지법은 그동안 고용상의 성차별에 제한되었던 남 녀차별금지 분야를 교육, 재화·시설·용역 등의 제공 및 이용, 법과 정책 의 집행에 있어서 남녀차별과 공공기관에서의 성희롱 금지로 확대하였다. 그리고 주무부처인 대통령직속 여성특위에 남녀차별사항에 대한 조사 및 남녀차별 여부의 결정·조정·시정권고를 내릴 수 있도록 준사법권을 부여 하고 있다(여성특위, 1999: 4). 또한 처리결과의 내용 공표, 차별행위에 대 한 실지조사를 방해한 자 및 자료제출 거부·출석하지 아니한 자에 대한 제재조치를 부과하였다. 그리고 공공기관의 장 및 사용자에 대한 성희롱 방지조치 의무도 부과하였다. 이 밖에도 성희롱 방지를 위한 예방교육을 의무화함으로써 성희롱에 관한 한 사전예방 노력이 필요하다는 것을 인식 하는 계기를 마련하였다(경총, 2000: 98-99).

---

160) 조우철(2000:13)에 의하면 이렇게 주요 부처에 여성정책담당관제도를 도입한 것이 부처 내에서의 여성 관련문제를 발굴하고 정책을 구체화하는 데 기여하 고 있으며 여성정책기본계획(1998-2002)의 추진에 있어서도 담당관제도가 있 는 부처가 정책추진이 더 활발하였다고 한다. 그리고 대내외적으로 부처 내의 여성정책에 관한 창구적 역할을 함으로써 지금까지 산만하게 추진되어 왔던 여성정책을 체계적으로 추진하는 데 기여하고 있으며 주요 현안문제에 대한 공동대책을 마련하는 등 긴밀한 협조체제를 유지함으로써 많은 성과를 거두 고 있다고 보았다.

제2절 모성보호정책네트워크

1. 정책행위자

다음에는 정책행위자로서 정부·기업·노동·여성행위자의 자원과 이해를 살펴보기로 한다.

가. 정 부

(1) 노동부

1999년 근로여성국에는 근로여성정책과와 부녀소년지원과를 두고 있고 총 16명.로조건 개선 및 복지증진 등을 담당하고 있다.

노동부의 조직규모를 살펴보면 1998년 2실 4국 22와 17담당관에서 2001년에는 2실 4국 21과 15담당관으로 규모가 축소되었다.

〈표 5-5〉 김대중 정부에서의 노동부조직

(단위: 개, 명)

년 도	실	국	과	담당관	정 원	기 구
1998	2	4	22	17	377	근로여성국 - 근로여성정책과 - 부녀소년지원과
1999	2	4	21	14	377	
2000	2	4	21	15		
2001	2	4	21	15		

자료: 행정자치부(1998), 행정자치부(2001)

노동부 예산은 〈표 5-6〉과 같다. 2001년도 노동부소관 세출예산액은 6,678억 9,200만 원이다. 이는 전년에 비해 163억 4,800만 원이 증액된 것으로, 정부 전체 세출순계예산액 135조 5,595억 5,900만 원의 0.49%를 차지하는 규모이다. 또한 이는 김영삼 정부 말기의 0.48%보다 0.01% 늘어난 것으로 전체 예산 중 노동부가 차지하는 예산규모는 거의 변화를 보이지 않았음을 알 수 있다.

<표 5-6> 노동부세출예산안 내역

(단위: 백만 원)

구 분	2000예산	2001예산	증 △ 감	%
계	651,445	667,892	16,348	2.5
일반회계	606,445	626,223	19,728	3.3
-여성의 고용안정과 취업촉진	17,760	35,220	17,460	98.3
재특회계	119,281	17,000	△3,000	△15.0
농특세회계	2,883	2,621	△262	△9.1
에너지 및 자원사업특별회계	22,166	22,048	△118	△0.5

자료: 국회환경노동위원회(2000)에서 재구성

한편 노동부의 예산안의 일반회계 세부내역 중 여성의 고용안정과 취업촉진을 위한 예산은 2000년 177억 6,000만 원에서 2001년 352억 2,000만 원으로 174억 6,000만 원(전년대비 98.3%)이 증액되었다. 이를 세부 내역별로 살펴보면 다음과 같다.

〈표 5-7〉 여성의 고용안정과 취업촉진 예산내역

(단위: 백만 원)

회계·사업	2000년	2001년	증 감	%
계	17,760	35,220	17,460	98.3
일하는 여성의 집 설치	6,156	10,274	4,118	66.9
실직여성가장자영업지원	1,200	1,200	-	-
모성보호비용지원	0	15,000	15,000	-
성희롱예방홍보 및 교육	550	650	100	18.2
남녀고용평등실현 및 여성취업지원	156	156	156	-
근로청소년연극공연	0	126	126	-
여성가장실업자취업훈련	9,316	7,419	△1,897	△20.4
기본사업비	382	395	13	3.5

자료: 환경노동위원회(2000)에서 재구성

먼저 근로여성정책 관련 예산을 살펴보면 전반적으로 증액 편성되고 있다. 이는 이 기간에 정부의 전체세출예산이 크게 증가하지 않은 상태라는 것을 감안해볼 때, 증가하는 여성근로자의 근로조건을 향상시키려는 정부의 적극적인 의지를 보여주는 것으로 해석할 수 있다. 이 중에서도 2000년에는 설정되어 있지 않던 모성보호비용에 2001년 150억 원을 편성한 것은 정부의 모성보호에 대한 적극적 의지를 나타내는 부분으로 볼 수 있다. 2001년의 모성보호관련정책이 확대되는 과정에서 비용분담의 문제로 시행연기 등 몇 차례의 논란이 있었으나 2001년 11월부터 시행이 가능하게 된 배경에는 노동부예산에 이렇게 모성보호비용예산이 책정되어 있었기 때문으로 분석된다.

(2) 대통령직속여성특별위원회

대통령직속여성특별위원회(이하 여성특위)는 1998년 2월 28일 기관신설에 의하여 정무장관(제2)실 기능을 이관하게 되었다. 이는 여성정책에 대한 종합적인 기획·조정과 여성지위향상을 위한 대통령자문기능의 수행 등에 관한 사항을 관장하기 위함이다.

여성특위는 15인으로 구성된 합의제 행정기구로서 위원장, 상임위원 1인, 비상임위원 13인(당연직 위원으로 법무부, 행정자치부, 교육부, 농림부, 보건복지부 및 노동부 차관 6인과 위촉직 민간위원 7인)으로 구성되어 있고 여성특위 활동을 지원하는 사무처가 있다. 또한 여성특위는 1처 3조정관 6처로 구성되어 있고 정책조정관, 협력조정관 및 차별개선조정관 각 1인을 두었다.[161]

〈표 5-8〉 대통령직속 여성특별위원회 조직

(단위: 명)

구 분	장관급	차관급	1급	일반직					기능직	총 원
				2급	3급	4급	5급	6급 이하		
1998	1	-	1	3	2	6	10	8	9	41
1999	1	-	1	3	2	7	13	12	10	49
2000	1	-	1	3	2	7	13	12	10	49

주: 1급은 별정직 상당
자료: 행정자치부(1998; 1999; 2000)

1998년 신설된 여성특위는 총 정원 41명으로 시작하여 2000년에는 49명까지 인원이 증원되었다. 그러나 여성특위 이전 기관인 정무장관(제2)실이 차관급에 1인이 있었고, 1998년 정원이 53명이었던 데 비교해 볼 때 여성특위는 차관급의 부위원장은 없고 또한 정원도 정무장관(제2)실 시절보다 적어, 조직규모면에서는 오히려 축소되었다는 것을 알 수 있다.

그러나 소관 업무에 있어서는 정무장관(제2)실보다 확대되었다. 여성특

---

161) 3조정관 산하는 6과로 분류되어 있다. 먼저 정책조정관에는 기획담당관과 정책담당관, 협력조정관에는 협력담당관, 그리고 차별개선조정관산하에는 조사1담당관과 조사2담당관이 포함되어 있다(행정자치부, 2001. 1. 18 보도자료).

위는 소관업무가 정부조직법에 근거하고 대통령에 의하여 세부적으로 규정
됨으로써 국무총리훈령에 의하여 소관업무가 지정된 것보다는 진보하였다.
그리고 중앙행정기관 및 지방자치단체와의 연계망이 여성발전기본법에 의
하여 제도화됨으로써 여성정책의 추진체계가 확립되었다는 점에서는 큰 의
미를 부여할 수 있다.

(3) 여성부

여성부는 중앙행정부처의 하나로서 다른 부처에 비해 소규모이지만 역
대 여성행정기구 사상 가장 높은 위상과 함께 가장 많은 조직과 기능 그리
고 인력을 가진 여성정책전담부서로 출범하였다. 여성부는 여성정책을 총
괄 기획하고 조정할 뿐만 아니라 여성정책기구 역사상 처음으로 여성정책
을 집행하고 평가한다.[162] 또한 여성특위와 달리 국무회의 의결권·의안제
출권·법률제정권을 보유하게 되었다.

〈표 5-9〉 여성부 정원

(단위: 명)

구 분	장관급	차관급	일 반 직									기능직	합 계
			1급	2급	3급	4급	5급	6급	7급	8급	9급		
2001	1	1	1	4	3	16	20	22	12	-	-	22	102
2002	1	1	1	4	3	17	25	29	16	-	-	23	120

자료: 행정자치부(2002)

---

162) 초대 여성부장관은 여성단체연합과 국회한노위의원을 지낸 한명숙이 맡았다.
개인의 역할이나 활동을 볼 때 장관보다는 의원으로서 활동하는 것이 여성
관련 정책을 법으로 만드는 과정에서 더 많은 기여를 할 수 있으나 장관은
과거의 여성단체에서 활동했던 현장의 경험과 의원활동의 경험을 바탕으로
여성부장관이라는 정부의 공식적인 위치에서 모성보호관련법통과에 많은 역
할을 하였던 것으로 보인다.

〈그림 5-1〉 여성부 조직

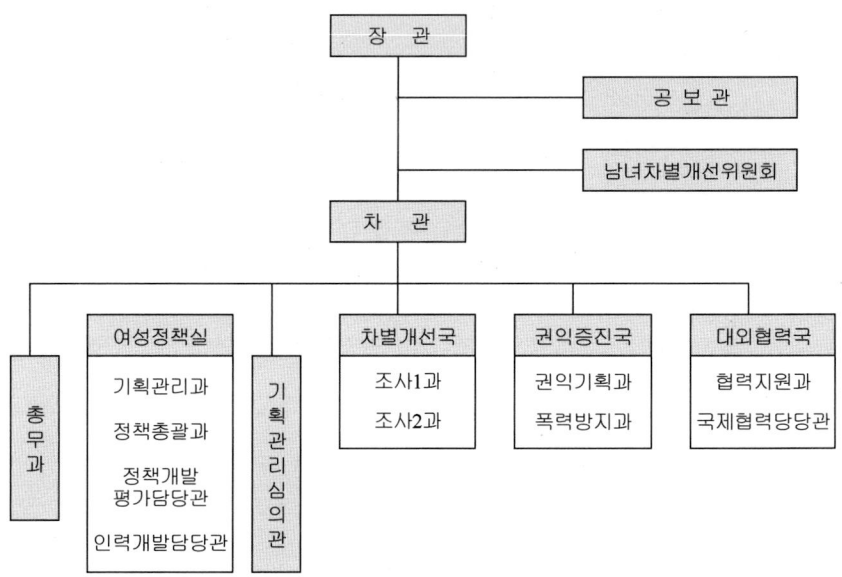

여성부는 신설과 함께 여성특위의 1처·3조정관·6과 체제를 1실·3
국·2관·3담당관·8과 체제로 개편하였다. 그리고 인원도 여성특위 시절
의 정원 49명에서 102명으로 조정하였고, 예산은 약 318억으로 이전보다는
훨씬 더 증가하였다.(행정자치부, 2001. 1. 18; 김엘림, 2001: 6).163)

---

163) 여성특별위원회가 위원장(장관급), 사무처장(1급), 3조정관(정책조정관, 협력
조정관, 차별개선조정관), 3담당관(기획담당관, 정책담당관, 협력담당관), 3과
(총무과, 조사1과, 조사2과)로 구성되었고, 인원 49명, 예산 113억 원을 보유
한 점에 비하면 상당히 규모가 커졌다고 볼 수 있다.

〈표 5-10〉 2001년도 여성부 집행예산현황[164]

(단위: 천 원)

구 분	이체액	예비비	총 계
합 계	26,678,026	5,100,823	31,778,849
인건비	1,585,065	1,092,025	2,677,090
기본사업비	2,732,022	1,390,516	4,122,538
주요사업비	22,360,939	2,618,282	24,979,221
－ 남녀평등 및 여성능력개발	1,119,936	-	1,119,936
－ 남녀차별개선사무운영	438,659	-	438,659
－ 여성발전기금조성	5,000,000	-	5,000,000
－ 정책연구개발비	339,000	200,000	539,000
－ 여성인력개발센터	10,273,750	1,703,170	11,976,920
－ 여성폭력방지 및 보호	5,189,594	472,261	5,61,855
－ 대외협력	-	242,851	242,851

주: 이체액은 여성특별위원회, 보건복지부, 노동부에서 이체된 예산액임
자료: 국회운영위원회(2001)에서 재구성

한편 2001년도 여성부 집행예산 현황을 보면 여성인력개발센터와 여성발전기금조성 그리고 남녀평등 및 여성능력개발에 가장 많은 예산이 쓰인 것을 알 수 있다. 그러나 2002년 여성부 사항별 예산안을 보면 주요 사업비 중 대외협력비가 가장 높은 증가율을 보이고 있는데, 이는 1억 7,448만 원(2001년)에서 24억 1,393만 3천 원으로 무려 1,283.5%의 증가율을 보이고 있다. 대외협력비의 용도는 국제기구와의 관계유지 및 기여금, 국내 일반 시민단체, 여성단체와의 관계유지 및 공동협력사업에 사용되고 있다. 여성부 출범 이후 특히 여성단체 등 NGO와의 관계유지 및 공동협력사업에 주력하고 있는 것을 알 수 있다(여성부 관계자와의 인터뷰).
이상과 같은 조직자원과 예산을 가지고 여성부는 2001년 모성보호정책이 확대되는 과정에서 다음과 같은 역할을 한 것으로 나타났다. 첫째, 여성단체

---

164) 참고로 2002년도 여성부소관 일반회계세출예산안 규모는 426억 6,488만 원으로서 정부 의 일반회계세출예산총액 112조 5,800억 원의 0.038%에 해당하는 금액이다.

및 전문연구기관, 여성노동계와 밀접한 협력관계를 유지하면서 모성보호법률의 국회통과를 위한 협력사업을 전개하였다. 둘째, 모성보호개정의 필요성에 대한 대국민 홍보를 위해 소책자를 제작 배포하는 등 사회저변의 인식을 높이는 데 기여하였다. 셋째, 민주당·한나라당·자민련 등 각 당의 정책위의장 중심의 접촉과 설득, 청와대·노동부 예산처·재정부 등 관련 부처에게 모성보호관련법률의 개정필요성을 설득한 것으로 나타났다.165) 이는 김영삼 정부에서 정부 내의 부처반발을 조정하고 설득할 수 있는 동등한 위상을 가진 부처가 없음으로 해서 어려움을 겪었던 것과 비교하면 여성부장관은 같은 부처 조직으로서 동료장관을 설득하고 협조를 구하는 데 있어 매우 유리한 위치에 있었고 실제로 그 효과도 있었던 것으로 판단된다.

(4) 한국여성개발원

여성연구전담기관으로서 연구기능의 강화와 기초·정책연구과제의 수행 및 다양한 용역연구, 개발·협력사업을 활발하게 하고 있는 한국여성개발원은 2001년 현재 법·정치연구부, 교육연구부, 노동·통계연구부, 가족·보건·복지연구부, 사회·문화연구부, 정보협력연구부 등의 각 분야에서 여성정책연구과제들을 수행 및 협력사업을 활발하게 하였다. 한국여성개발원의 연구사업운영은 여성을 둘러싼 사회적 정책적 환경변화에 주목하는 연구사업들이 많이 이루어 졌으며 특히 신설된 여성부의 정책집행력 강화를 위한 싱크탱크 역할수행을 위한 연구를 수행하였고 여성부와 한국여성개발원간의 긴밀한 협력과 협조를 통한 정책개발기능을 강화하였다.

특히 여성개발원은 여성노동정책과 관련하여서는 2000년 6월부터 '남녀고용평등과 모성보호 강화를 위한 법개정방안'에 관한 연구를 수행하여 남녀고용평등법과 근로기준법의 여성보호규정의 개정안을 작성하는 데 기초가 되도록 하였다. 또한 「여성고용구조의 변화와 향후정책방향」 연구를 통하여 2000년대 여성고용정책의 방향과 과제를 제시하기도 하였으며 노동통

---

165) 이러한 판단은 다소 자의적이라고 볼 수 있으나 실제 여성부, 노동계 및 여성단체등과의 인터뷰내용을 종합해서 도출된 판단이다.

계가 성인지적관점에서 양성의 노동상태가 평등한 관점에서 반영되는지를 분석하고 정책방안을 제시한 「노동통계의 성인지적 개선방안」, 「OECD 회원국의 여성고용정책」 및 「북경행동강령 이행조사보고서(1995~1999)」 등 국제적 여성정책동향을 분석하여 여성정책의 흐름 및 방향을 제시하는 역할을 하였다.

나. 기 업

기업은 노태우 정부에서 김대중 정부에 이르기까지 일관되게 같은 행위자 이익을 가지고 있다. 즉, 기업의 입장에서는 모성보호로 인해 부담되는 비용의 최소화를 기업이익으로 갖는다. 따라서 노사문제를 전담하는 조직으로서의 경총은 여성의 모성보호확대를 위한 비용부담이 기업으로 하여금 여성고용을 꺼리는 요인으로 작용한다며 생리휴가 및 여성특별조항을 여성과보호조항으로 보고 이것을 없앨 것을 주장하였다. 한편 모성보호확대를 위한 비용부담이 전적으로 기업에게 돌아올 것을 우려하여 계속적으로 비용의 사회분담화를 주장하였다.

경총은 창립당시 40여 개에 불과한 회원사와 1실 2부 5과의 미약한 사무국조직으로 출범하였다. 그러나 2000년 7월에는 2본부 4부설기구 1실 산하에 1실 6부 20개 과·팀의 조직, 그리고 전국 13개 지방경영자협회와 20여 개의 업종별 단체를 망라하는 명실상부한 경영자기구로 성장하였다. 그러나 김대중 정부에서의 경총의 회원수만을 비교해 보면 1997년 김영삼 정부에서의 회원수보다는 양적으로 감소하고 있는데 경총을 대표한다고 볼 수 있는 서울지역 경총회원수를 보면 1999년 316개 회원사에서 2001년은 293개사로 감소하였다.

〈표 5-11〉 한국경총 연도별 회원수

(단위: 개)

구 분	1999	2001
회 장	1	1
부회장	21	21
고 문	8	8
상임위원회	12	-
이사회원	98	95
상임이사	2	2
감 사	3	3
일반회원	171	163
단체회원	33	38
지역회원	3247	3061
비 고	명예회장 1	명예회장 1

자료: 한국경총(각 년도). 『사업보고서』

특히 2000년부터 경총에는 정책본부 산하에 의정팀을 두고 있는데 의정팀은 국회에서 법률안이 발의되는 것을 항상 주시하고 있다가 신속하게 대응활동을 함으로써 법개정이나 제정과정에 영향을 미치는 것을 주요 임무로 한다. 의정팀은 노사문제와 관련하여 법안이 상정되거나 하면 신속하게 관련 국회의원을 비롯한(주로 환노위위원)비서관 보좌관, 전문위원 등을 방문 접촉하여 기업의 입장이나 의견을 전달하는 역할을 하였다(관계자와의 면접).

경총의 예산을 살펴보면 1998년 전체 사업비는 약 18억 706만 2천 원이었고 그중 여성노동부분의 사업비는 1200만 원으로 0.664%를 차지하고 있다. 2000년에는 전체 사업비가 약 15억 5541만 8천 원으로 1998년에 비해 감소하였는데, 그러나 여성노동부분의 사업비는 1480만 원으로 오히려 증가하였다. 이는 2000년에 여성 노동과 관련한 사업이 많았음을 나타낸다. 2001년에 들어서는 다시 전체 사업비가 약 17억 4798만 원으로 약 1억 9천만 원 정도 증가하였음에도 불구하고, 여성노동부분 사업비는 3백 십만 원 감소하여 0.67%를 차지하고 있다.

〈표 5-12〉 한국경총 년도별 예산안

(단위: 원, %)

년 도	전체 사업비	여성노동부분사업비	비 율
1998	1,807,062,217	12,000,000	0.66
2000	1,555,418,850	14,800,000	0.95
2001	1,747,982,629	11,700,000	0.67

주: 관리비 및 기타비용을 제외한 순수사업비만 기재
자료: 한국경총. 내부자료

종합해보면 사용자집단인 경총에서도 여성부문은 비중이 약한 것으로 나타났다. 이는 노동을 비롯한 다른 부문에서도 여성 관련예산이 작게 나타나는 것과도 같은 맥락으로 사용자 측에서도 노동문제와 관련하여 여성부문은 소홀히 하였던 것으로 보인다. 행위자 상호작용측면에서도 그동안 경총의 대정부 및 국회나 대중을 상대로 한 이익표출활동이 타 집단보다 낮게 나타나고 있는 점이 이를 뒷받침하고 있다.

다. 노 동

한국노총과 민주노총은 모두 여성의 모성보호확대 및 비용의 사회분담화라는 정책이익을 공통으로 갖고 있었다. 그리고 2001년에 이루어진 모성보호확대정책과 관련해서 노동이익집단인 한국노총과 민주노총은 여성계와 정책연합을 형성하여 활발한 참여를 하였다. 그러나 2001년 5월 이후 여성노동법개정 연대회의가 국회환경노동위원회의 대안[166]을 수용하기로 하자 민주노총은 여성보호조항완화는 개악이라며 연대회의에서 탈퇴하고 김대중 정부 퇴진운동으로 정책이익을 달리하였다.

---

166) 산전산후휴가기간의 연장(90일), 유급육아휴직급여를 고용보험에서 지급하되 유급태아검진휴가, 유산·사산휴가 등은 인정하지 않고 시간외·야간·휴일근로 및 갱내근로의 제한 등의 규정을 완화하는 방향의 모성보호관련법 개정안을 말한다.

(1) 한국노총

IMF 이후 한국노총은 조합원수가 지속적으로 감소하고 있다. 이는 IMF 이후 노동자들이 노동시장 유연화와 경영합리화 공세에 노출되어 노동조합 참여보다는 스스로의 자구책을 찾는 것이 무엇보다 우선이었기 때문이라 판단된다. 그러나 이후 2000년~2001년에는 다소 회복세를 보이고 있으며, 2000년에는 87만 2,113명이 조합원으로 활동하고 있다. 이 중 남자조합원은 70만 1,849명이고 여자조합원은 16만 8,008명으로서 여성조합원의 비율은 18.9%에 불과하다. 이와 같이 낮은 여성조합원의 비율은 노동조합 활동에서 여성의 주변화 현상을 가져올 수 있다.

〈표 5-13〉 한국노총 년도별 조합원수

(단위: 명, %)

구 분	1998		1999		2000	
	조합원수	%	조합원수	%	조합원수	%
남 성	739,295	82.0	720,495	81.1	701,849	80.5
여 성	162,035	18.0	168,008	18.9	170,264	19.5
전 체	901,330	100.0	888,503	100.0	872,113	100.0

주 1: 2000년 조합원수는 2000년 1월을 기준으로 함
주 2: 노동부 통계 872,113명은 한국노총 사업보고서에 보고된 조합원수 949,193
　　　명과 77,080명의 차이가 있음
자료: 노동부(각 년도). 『노동조합조직현황』; 한국노총(2001a)에서 재인용

노동조합 내 여성노동자의 주변화 현상은 크게 두 가지 측면에서 살펴볼 수 있다. 첫째는 여성노동자의 낮은 조직률이고, 둘째는 노동조합 내에서 여성의 저대표성의 문제로 집약된다(한국노총, 2001a; 2001b).

〈표 5-14〉의 의사결정기구에서의 여성의 참여현황은 노동조합 내의 여성의 저대표성을 잘 대변하고 있다. 먼저 임원 총 32명 중 여성은 단 한 명도 없다. 중앙위원 중에서도 여성은 2명으로 전체 대비 1.2%에 불과하다. 전체 대의원 646명 중 여자대의원은 16명으로 2.4%를 차지하며, 여성

대의원이 있는 조합도 전체 28개 조합 중 4개뿐이다. 결국 노동자의 이익
을 대변하는 노동조직에서조차 여성은 주 변인이며, 따라서 여성노동자의
이익은 구조적으로 대변되기 어려웠음을 알 수 있다.

〈표 5-14〉 한국노총 의사결정기구의 여성참여현황

(단위: 명, 개, %)

구 분	계	남 성	여 성
비 율	100	80.5	19.5
임 원	32	32(100%)	0(0%)
중앙위원	161	159(98.8%)	2(1.2%)
대 의 원	646	631(97.7%)	16(2.4%)
대의원이 있는 회원조합수	28	28	4

주: 2000년도 12월 기준
자료: 한국노총 내부자료

　노동조합이 여성주의적 정책에 소극적인 것은 이미 오래 전부터 지적되
어 왔다. 서구의 경우도 노동조합 내 성차별적인 시각은 매우 긴 역사를
갖고 있다. 그러나 아직 우리나라의 경우에는 성별분업이나 노조 내의 성
차별에 노조가 동조하는 경향이 있다. 여전히 노조는 '가부장적 모델'에 입
각하여 가사나 양육은 여성의 의무로 인식하고 있고, 이에 노사협상과정에
서 여성의 가사와 노동의 이중부담의 문제는 혁신적으로 다루어지지 않고
있다. 아울러 노조 내의 여성의 대표성을 높이기 위한 할당제를 포함한 적
극적 조치에 소극적이었다(강남식, 2001).
　한편 한국노총의 사업비를 살펴보면, 조합원은 감소하고 있음에도 불구하
고 총수입은 꾸준히 증가하고 있다. 이 중 여성사업비는 1998년부터 2001년
까지 1,700만 원으로 변동은 없으나, 총수입대비 여성사업비는 김영삼 정부
임기후반에 0.8%였던 것이 1999년까지 계속적으로 지속되고 2000년도와
2001년에는 0.7%로 오히려 감소하였다.

<표 5-15> 한국노총 여성사업비 비중

(단위: 원, %)

구 분	총수입	여성사업비	비 율
1998	2,020,143,936	17,000,000	0.8
1999	2,188,752,391	17,000,000	0.8
2000	2,312,807,981	17,000,000	0.7
2001	2,444,151,604	17,000,000	0.7

자료: 한국노총 내부자료

이는 2000년 한국노총에서 여성이 차지하는 비율이 19% 가까이 되는 현실에 비춰본다면 여성사업비가 지나치게 낮게 책정되고 있으며, 이처럼 낮은 예산은 여성노동자의 낮은 조직률과 노동조합 내에서의 여성의 저대표성과 상관관계가 있을 것이다. 따라서 여성사업부분 예산의 취약성은 노동조합 내 여성노동자의 주변화 현상을 보여주는 일례이며, 따라서 한국노총 내에서도 여성노동자의 모성보호 측면을 주요 이슈로 부각시키거나 정치쟁점화 하는 사업은 다른 이슈들에 밀려 상대적으로 소외되거나 어려움을 겪어왔을 것이라 판단된다. 따라서 모성보호를 쟁점이슈로 부각시켜 이익 표출 활동을 하기 위해서는 기존의 틀과는 다른 특별한 전략이 필요하다.167)

(2) 민주노총

민주노총은 김대중 정부에 들어와서야 노조활동이 합법적인 것으로 인정받는다. 1995년 11월 출범 당시 민주노총은 노조수 862개, 조합원수 40만 6748명이었다. 그러나 출범 5년 후인 2000년 민주노총에 가입한 노동조합은 1,341개이며, 조합원은 61만 4,951명으로 20만 8,203명이 증가하였다.

---

167) 이러한 전략의 일환으로 김대중 정부에서 집중적으로 일어난 모성보호확대운동은 여성계와 노동계가 연대회의를 구성해서 매우 계획적이고 조직적으로 이루어진 것으로 보인다.

〈표 5-16〉 민주노총 연도별 조합원수

(단위: 명, %)

구 분	1995		1998		1999		2000	
	조합원수	%	조합원수	%	조합원수	%	조합원수	%
남 성	313,250	77.0	409,140	81.7	433,207	76.7	488,529	79.4
여 성	93,490	23.0	91,470	18.3	131,567	23.3	126,422	20.6
전 체	406,748	100.0	500,610	100.0	564,774	100.0	614,951	100.0

자료: 노동부(각 년도). 『노동조합조직현황』

이 중 민주노총 내 여성조합원은 1999년 약 13만 명 정도로 비율로는 약 23%를 차지하고 있다. 여성사업 전담체계를 갖추고 있는 8개 조직 내 간부 비율은 여성은 9%, 남성은 91%를 차지하여, 이는 총조합원 남녀비인 8:2에 비해 크게 떨어지고 있다. 특히 단체협약, 교섭위원선출, 1년의 사업계획 집행의결, 여성문제 등 전체 노조정책과 중요한 사업을 의결하는 대의원의 남녀격차가 다른 범주의 고위직보다 그 차가 현격하여 여성 참여도가 가장 저조한 곳임을 알 수 있다(강남식, 2001).

이처럼 민주노총 중앙이나 각 연맹, 지역본부, 단위노조에서는 여성사업 담당단위와 담당자가 제대로 편재되어 있지 못하며, 여성사업 전담체계를 갖추고 있는 조직은 18개 연맹 중 8개에 불과하고 대부분 다른 업무를 겸임하면서 부분적으로 담당하거나 아예 담당자가 없는 실정이다. 또한 여성사업비에서도 민주노총은 한국노총과 마찬가지로 여성사업비가 절대적으로 부족한 1,130만 원이었다(민주노총, 2001). 이처럼 저조한 여성사업비는 여성노동자와 관련된 이슈가 다른 이슈들보다 노동운동단체 내에서조차 상대적으로 관심도가 떨어지는 대상이 되고 있음을 의미한다.

종합해보면 노동자의 이익을 대변하는 노동이익집단인 한국노총이나 민주노총 모두 공통으로 경험하고 있는 현상은 조합 내에서 여성의 소외 현상이다. 특히 노동자의 이익과 관련한 정책결정과정에의 여성 참여현황은 매우 저조하며 사업을 추진하는 데 있어 추진력이 되는 여성사업비도 매우 부족하다. 여성노동자의 이익을 대변하기 위해서는 각 집단별로 개별적으로 이루어지는 이익투입활동보다는 전략적 정책연합과 같이 조직 간의 공고한 연합을 통한 치밀한 이익투입활동과 전략이 필요하다고 할 것이다. 실제 남녀고용평등법 3차 개정과정에서 여성 노동집단과 여성계는 집중적으로 성희롱, 성폭력 문제와 간접차별금지에 주력하였고 2001년도의 모성보호확대는 여성노동조직들과 여성단체들이 정책네트워크 내에서 보다 강하고 조직적인 정책연합을 형성하여, 모성보호이슈만을 집중적으로 부각시킨 결과로 볼 수 있다.

라. 여 성

대표적인 여성이익집단으로 한국여성단체협의회(이하 여협) 한국여성단체연합(이하 여연)이 있다. 여협은 1998년 현재 42개 회원단체와 10개의 협동회원으로 구성되어 있고, 여연은 28개 회원단체가 있다.[168] 여성특별위원회의 자료에 따르면 여협의 회원은 약 180만여 명, 여연의 회원은 약 2만 8천 명 정도로 추산된다(이혜경, 1999: 34). 여협과 여연은 설립 당시부터 성격상 행위자이익에 차이를 보이고 있지만[169] 이 두 단체는 김대중 정부의 노동법개정운동과정에서 연대[170]해서 활동한 것으로 나타났다.

이러한 여성단체는 주로 토론회 등을 개최하여 관계장관 및 중앙부처의 여성정책담당관 등을 초청하여 인식을 공유하는 기회를 만들기도 하였다. 여협은 여성부장관을 초청하여 '2001년 여성부 핵심과제 추진계획' 정책토론회를 비롯한 각종 토론회를 가졌고 여연도 여성정책의 방향을 제시하기

---

168) 이때 회원단체의 대표는 의결권을 갖지만, 협동회원 단체는 산하단체가 아닌 참관단체로서 의결권은 갖지 않고, 이슈별로 필요할 경우 연대해서 활동한다.

169) 여협의 회원단체는 절반 이상이 직능 단체이며, 여성운동에 대한 시각 역시 여성엘리 트 중심적이다. 전문직 단체를 중심으로 한 활동이 여성의 '힘'을 키우는 데에 중요하 다는 인식을 갖고 있으며, 여성엘리트 중심의 활동을 더욱 강화시켜야 한다는 것이 다. 반면 여연은 여협의 여성엘리트 중심의 활동을 비판하면서 출발하였고 여성대중 들이 받고 있는 다양한 억압과 고통을 함께 해나가는 '대중조직운동'으로서의 여성운 동을 강조한다(이혜경, 1999: 36-41).

170) 그러나 김영삼 정부에서 여연과 여협은 생리휴가 폐지부문에서 여연과 노동계는 유급 생리휴가폐지는 시기상조라고 한 반면 여협은 생리휴가 무급을 찬성하며 정부입장에 동조하였다.

위한 '김대중 정부 3년 여성정책 평가 및 정책제안'토론회를 개최 하였으며 '성매매방지법'제정을 위한 토론회 등 현안이슈별로 관련 장관이나 정책관계자들을 초청하여 관련 정책을 들어보고 의견을 투입하는 장을 마련하였다. 실제 정책행위자들의 상호작용은 이런 공식적 또는 비공식적 토론회나 간담회를 통하여 여성계의 입장을 정부로 또 정부의 입장을 여성계로 상호 전달 및 절충과 타협의 과정이 마련되었던 것으로 보인다.

특히 노동법개정운동과정에서 여연이 주도적인 역할을 한 것으로 분석되었는데 여성계와 노동계가 정책연합을 형성하여 여성노동법개정연대회의를 조직하였고 여연의 정책기획위원회가 중심이 되어 구성단체 간의 긴밀한 정보체제와 협조관계를 보이면서 경영계의 입장에 대하여 신속하게 대응활동을 하였다.

2. 정책행위자의 상호작용

가. 김대중 정부의 모성보호확대과정

1999년 2월 8일에 이루어진 고평법 3차 개정은 직장 내 성희롱 및 간접차별을 중심으로 개정이 이루어졌을 뿐 모성보호와 관련한 사항은 이루어지지 못했다. 이는 IMF라는 경제구조조정기하에서 기업에 부담을 주는 모성보호비용의 사회부담화는 현실적으로 한계가 있었기 때문이다.[171] 그런데 14대 국회 후반기에 설치된 국회여성특별위원회가 여성 관련법률사항들을 검토하는 과정에서 근로여성의 '모성보호정책'이 가장 시급하고 중요한 문제로 대두되었다.[172] 다음은 여성특위가 모성보호정책에서 수정 또는 보완이 필요하다고 지적한 사항들이다.

---

171) 실제로 3차 개정과정에서 간접차별과 성희롱 부분 외에 모성보호와 관련한 주장도 다소 있었으나 어려운 경제상황을 감안하여 정책네트워크에서 행위자들 간의 상호 조정과 절충의 과정이 있었다고 한다(한국노총 J본부장과의 인터뷰).

172) 이는 IMF 이후 여성우선해고 및 여성고용기피가 심각한 사회문제로 부각되고 있는 상황에서 모성보호비용의 사회분담화를 통한 여성고용안정 및 고용확대가 필요했기 때문이다(국회여성특위, 1999)

〈표 5-17〉 국회여성특별위원회의 모성보호정책 수정·보완 요구사항(1999년)

※ 수정요구사항
· 모성보호 관련 내용을 모두 근로기준법에 규정할 것
· 「남녀고용평등법」, '제3장 모성보호 및 복지시설 설치'→'제3장 근로자의 복지향상'
· 생리휴가: 신청 없어도 유급휴가→신청한 경우에 한하여 무급휴가
- 노사협의에 의해 사업장별로 유급여부 결정

· 출산휴가기간: ILO의 권고 최단기간인 12주로 연장
- 비용: 전액 사업주 부담→국가가 사회보험 체계 내에서 분담(의료보험이나 고용보험)
· 육아휴직기간: 일정한 소득을 고용보험에서 보장
· 직장보육시설 설치: 상시 여성근로자 300인 이상→상시 남녀근로자 300인 이상 또는 그 이하
- 직장보육시설의 설치의무 위반 시: 벌칙조항 둘 것
- 직장보육시설 관련은 모성보호가 아닌 기혼남녀근로자의 기본권 보장의 일부로 파악되어야 함
※ 보완요구사항
· 임신부의 태아건강검진휴가의 신설
· 유산휴가 및 임신·분만에 기인한 질병휴가의 인정

이에 따라 국회여성특위는 공청회에서 종합된 의견을 토대로 모성보호 관련 4개의 법률개정안을 마련하고 여성특위위원을 중심으로 의원 발의하였다. 이 법안은 15대 국회 임기만료로 인해 폐기되기는 했지만 여성특위는 여성의 모성보호라는 이슈를 공공의 이슈로 부각시키는 데 핵심적인 역할을 수행했다고 할 수 있다.

그 후 16대 총선을 앞두고 여성단체 등에서는 모성보호비용 사회분담화에 관한 여성노동계의 입장발표 및 정책건의를 함으로써 모성보호관련법개정을 위한 여성계의 노력을 가속화시키기 시작했다.

정부는 2000년 4월 경제정책조정회의에서 ① 여성의 출산전후휴가를 90일로 연장하되 30일 연장분에 대해서는 기업주의 추가부담이 없도록 재원대책을 마련하고, ② 육아휴직제도를 활성화하기 위해 휴직기간 중의 휴직근로자에게 급여의 일정비율을 고용보험기금에서 지원(30%수준-수혜인원

약 2만 명)하는 방안을 추진키로 하였다. ③ 이와 함께 가족간호휴직제와
이를 실시하는 사업주에게는 1인당 월 15만 원(대기업 12만 원)의 가족간
호휴직장려금을 지급하며, 관련 법률을 상반기 중에 마련하고 12월까지 법
개정을 추진하겠다는 입장을 발표하였다.173)

또한 2000년 4·13총선과정에서 모성보호확대는 3당(한나라당, 자민련,
새천년민주당)의 공약사항이었고 이후 16대 국회에서 한나라당 김정숙 의
원(2000. 6·29)이 15대 국회 여성특별위원장 시절에 만들어 발의했다가
임기만료로 폐기된 모성보호관련법안(근로기준법, 남녀고용평등법, 고용보
험법)개정안을 133인의 서명을 받아 대표발의 하였고 2000년 8월에는 노동
법개정연대회의의 청원서제출이 있었다. 또한 2000년 11월 민주당 한명숙
의원도 117인의 서명을 받아 모성 관련법안을 발의하였다.174)

이후 9월에 열린 2001예산안 당정회의에서 모성보호와 관련한 일반회계,
고용보험에 각 150억 원씩 총 300억 원의 지원을 결정하였다. 일반적으로
어떤 정책을 제도화하기 위해서는 재정을 확보하는 것은 매우 중요하다.
아무리 좋은 제도를 만들고자 해도 재정이 확보되지 않으면 만들어지기가
쉽지 않다. 즉 모성보호의 사회적 책임이라는 인식도 낮은 상태에서 정책
관련자들은 이를 미루거나 아예 포기하게 되기 십상이다. 따라서 예산의
확보는 정책을 앞당기고 실현시키기 위해 매우 중요하다. 이 과정에서 이
러한 정책이 결정되는 과정 및 메카니즘을 잘 알고 있는 관료나 정책결정
에 영향을 행사할 수 있는 인사들의 적극적인 역할과 전략은 매우 중요하
다. 따라서 이 과정에서 노동부 신명 근로여성정책국장, 16대 국회여성특위
위원장인 이연숙 의원, 국회환노위 한명숙 의원 새 천년 민주당의 제3정책

173) 특히 휴직기간 중 휴직 근로자에게 급여의 일정비율을 지원하는 방안은 김영
삼 정부시기에 여성계가 주장했던 요구사항을 받아들인 것으로 건강한 태아
의 출산 및 양육을 위한 육아휴직제도를 활성화할 수 있는 구체적인 정책제
시라 할 수 있다.
174) 즉 총선공약사항인 모성보호비용의 사회분담화 등을 골자로 한 확대개정법률
안이 야당인 한나라당에서 먼저 발의되자 여권을 비롯한 정치권은 이에 부담
을 느껴 발의되었다고 볼 수 있다.

조정위원장이었던 이미경 의원이 예산을 확보하는 데 중요한 역할을 하였던 것으로 나타났다.

이후 국회는 2000년 12월 6일과 12월 7일 두 차례의 환경노동위원회 소위원회의에서 모성보호관련법에 대해 근로기준법개정법률안대안, 남녀고용평등법 개정법률안대안, 고용보험법 중 개정법률안대안을 제안키로 하고 6건의 법률안과 2건의 청원은 이를 본회의에 부의하지 않기로 의결하였다. 이때 만들어진 대안의 주요 내용을 모성보호와 관련해서 살펴보면 근로기준법과 관련해서는 임신 중의 여성에 대하여 청구 시 월 1일의 유급태아검진휴가부여, 산전산후휴가의 90일로 연장, 유산 또는 사산한 경우 임신기간을 고려하여 보호휴가를 주도록 하는 것이고 남녀고용평등법과 관련해서는 근로자가 장기간의 요양을 요하는 가족의 간호를 위하여 가족간호휴직제신설, 고용보험법과 관련하여서는 남녀고용평등법의규정에 의한 출산휴가급여를 고용보험에서 지급할 수 있게 하고 근로자가 육아휴직을 사용한 경우 그 휴직기간 동안 소득보전을 위하여 육아휴직급여를 지급할 수 있도록 하였다. 그러나 재원부담에 대해서는 그 후로도 계속 논란이 되어 왔다. 여성계 · 노동계에서는 모성보호비용은 우선 일반회계와 고용보험에서 부담하고 장기적으로는 국민건강보험에서 부담하는 것이 바람직하다는 입장이다. 그 후 12월 11일 출산휴가기간의 연장과 생리휴가 폐지를 골자로 한 정우택 의원 발의안이 제출되고 2001. 4. 16 소위원회에 회부되었으며 소위원회에서 제출한 대안과 병행심리하도록 하였다(2001. 4. 18).

이 과정에서 경총 및 대한상의는 모성보호를 이유로 기업의 고용보험을 증가시킨다면 이것은 향후 노동시장에 진입하는 여성들에게는 새로운 진입장벽으로 작용할 것이고 따라서 정부의 개정안은 여성고용확대정책에 정면으로 배치되는 결과를 초래할 것이라고 주장하였으며 또한 모성보호비용이 사용자부담, 또는 사용자가 보험료를 전액 부담하는 고용보험을 활용하는 것으로 되어 있어 고용보험제도의 취지에도 맞지 않는다고 비판하였다.[175]

---

175) 이와 함께 ① 산전후휴가확대는 유급생리휴가제도의 폐지와 함께 논의되어야 할 사항이며, 휴가기간 중 급여수준은 70%로 조정해야 할 것, ② 배우자유급

즉 행위자로서의 기업계는 모성보호가 여성의 사회활동촉진을 위함이라
는 정부와 여성·노동계의 방침과 달리 이는 오히려 기업의 비용부담을 증
가시킴으로 인해 여성고용회피의 이유가 된다는 반론을 폈다. 또한 경제가
어려운 현실에서 실시를 하더라도 경제여건이 좀 나아지면 하는 것이 바람
직하다며 그 실시시기도 가능한 한 연장할 것을 주장하였다.

이러한 기업의 거센 반발에 직면하여 2001년 1월 16일 민주당과 노동부
보건복지부와의 연석당정회의에서 휴가연장에 따라 발생하는 추가임금부담
은 고용보험기금에서 50%, 나머지 절반은 정부가 지원하기로 최종결론을
내렸다. 그리고 이어 2월 2일 김호진 노동부장관은 청와대보고를 통해 출
산휴가를 90일로 하고, 육아휴직기간 중 최장 11개월 동안 매월 25만 원씩
의 소득보전을 실시키로 한다고 보고하였다. 그러나 모성보호법안의 18일
국회환경노동위원회 상정을 앞두고 4월 17일 경제5단체는 이 제안대로 할
경우 제 2의 건강보험파동이 우려된다는 주장을 발표하고 언론에서도 국회
에서 계류 중인 모성보호법개정안이 통과되면 2년 후 고용보험재정을 잠식
할 가능성이 있다는 보도가 있었다. 이후 국회환경노동위원회의 J의원은
우리경제여건과 현실을 운운하면서 소위원회에서 존치시키기로 한 생리휴
가에 대해 세계에서 유래 없는 경우라며 반대발언을 하였다. 실제 정당으
로서 자민련과 민주당은 공동여당이면서도 모성보호와 관련하여 갈등적인
입장을 표출하기도 하였는데 자민련은 친기업적인 경향을 가지고 있었다.
이는 의원들의 출신성분과도 관련이 있다고 보여지는데 자민련의 J의원의
경우 기업인출신으로서 어려운 경제상황을 들어가면서 출산휴가기간의 30
일 연장에 대해서도 다음과 같은 입장을 보였다.

출산휴가제는 철회해야 할 것. ③ 육아휴직급여는 의료보험에서 지원할 것 등
을 제안한다. 그리고 ④ 유산사산휴가나 임신근로자에게 한달에 1번 유급건강
검진휴가제를 도입하는 것은 시기상조로 이는 여성노동자의 고용기피 원인이
되며 ⑤ 가족간호휴직제는 민간기업의 자율에 맡기도록 하는 것이 바람직하
다고 주장한다.

　　"경제가 나아지고 이 나라가 부유해 지면 90일이 아니라 120일도 주
어야지요. 그것 주고말고요. 그러나 우리나라 경제는 지금 어떤 상황입니
까? 우리어머니요, 나 낳아놓고 이틀 만에 부엌에서 밥했어요. 그래도 지
금 85세인데 7남매를 기르면서 아주 건강하세요."(국회상임위 환경노
동위원회 제220회 속기록, 제16대 국회환노위 J의원)

　위의 사례는 여성의 출산경험을 공유하지 못하고 사회구성원의 재생산
을 위한 건강한 모성의 필요성을 인식하지 못하는 남성국회의원의 의식의
한 단면을 잘 드러내주는 사례로 볼 수 있다.
　이후 4월 20일 노동부는 늘어난 30일분 비용을 고용보험에서 계속 부담
할 경우 2003년 이후 그 바닥이 드러날 것이라며 다시 입장을 바꾸게 된
다. 이는 노동부 내에서도 보험제도과와 여성정책과가 다른 입장을 가지고
갖고 있음을 나타내고 있다.[176] 4월 25일 환경노동위원회는 노동부에서 작
성했다는 고용보험기금의 중기재정추계가 장관이 최초에 말한 300억보다
약 10배나 더 많은 2600억이 들어가야 한다는 문제와 또 해마다 더 증가해
서 2003년부터 고용보험자체도 파산상태로 간다는 우려에 대해 심각한 논
의가 있었다. 이날 이루어진 환경노동위원회의분위기를 보면 재원에 대해
우려를 많이 하면서도 다수의 의원들이 모성보호확대의 의지를 가지고 있
었고 노동부의 확고한 의지를 촉구했다(제220회 국회환경노동위원회 회의
록참조). 특히 새천년 민주당 신계륜, 한나라당 김문수, 오세훈 의원 등은
노동부에서 비용을 지나치게 과장하고 있지는 않는가 우려를 표명했으며
김낙기 의원은 모성보호확대는 세계적 추세인데 우리나라 여성노동자들의
열악한 조건 등을 감안해 볼 때 당초 계획대로 통과되어 7월 1일부터 시행
되어야 한다고 하며 생리휴가에 대해서도 긍정적 입장을 나타냈다. 전재희

176) 모성보호비용은 여성계나 경총 등에서 주장하는 것처럼 건강보험에서 지급되
　　는 것이 성격상 맞는데 건강보험부실로 인해 고용보험에서 지급하는 것으로
　　결정이 되자 소관부처로서 보험제도과는 기금고갈 등을 이유로 난색을 표명
　　했다. 그러나 이도 또한 노동부 내에서도 소관업무에 따라 모성보호의 의지가
　　상이함을 엿볼 수 있는 대목이다.

의원도 지나치게 고용보험재정 수지방어차원에서 작성되었다며 이번 회기에 통과되어 2001년 7월 1일부터 시행하고 가능하면 빠른 시기에 건강보험으로 이관할 것을 개진하였다. 이렇게 다수의 한나라당 의원들이 모성보호의 확대를 지지하는 입장을 표명한 데 반해 자민련의 조희욱 의원과 한나라당의 김무성 의원 등은 오히려 비용추계를 너무 낮게 잡지 않았나 하는 뉘앙스로 질문을 하였고 모든 휴가를 다 합치면 아이가 태어나면 555일 논다는 주장과 함께 아직 때가 안 됐다는 논리를 폈다. 이 과정에서 원칙적으로 모성보호확대는 찬성하지만 재원문제가 해결이 안 되었고 예산당국과 정부차원에서의 협의가 더 필요하다는 사실이 고려되어 결론을 내리지 못하였다(제220회 국회환경노동위원회 회의록 참조).

이후 민주당 자민련 민국당 등 3당의 총무 정책위의장회담 뒤 모성보호법을 이번 임시국회에서 처리하되 시행은 2년 늦춘다는 발표가 있었다. 이에 대해 한나라당은 "2년 후 시행할 법을 지금 통과시키겠다는 것은 선거를 의식한 때문"이라며 비난했고 여성계와 노동계에서도 강력히 반발하고 나섰다. 2년 연기는 3당이 합의한 사항이지만 사실은 자민련의 영향이 컸다고 할 수 있다. 그러나 시기에 관해서는 당과 국회 환노위 위원들의 입장이 같은 목소리를 내는 것은 아니었다. 실제로 2년 유예를 방침으로 하고 있는 민주당에서도 상당수의원들이 조기실시를 주장하고 있으며 즉각 실시를 당론으로 하는 한나라당에서도 '전면유보'를 주장하기도 하였다. 그러나 다수의 의원들이 모성보호관련법의 조기실시를 주장했다(한국경제 2001. 5. 7).

각 당의 모성보호와 관련한 입장을 살펴보면 민주당과 한나라당은 유사산휴가신설 등 모성보호강화에 기본적으로 같은 입장이었으나 자민련은 산전후 휴가연장만 수용하였고 기업에게 부담을 주는 육아휴직급여, 유급태아검진휴가 유급유사산휴가 가족간호휴가제도는 반대입장이었다. 또한 유급생리휴가제도에 대해서는 폐지 또는 최소한 무급화를 주장하였다(자민련 정책위원회 보고자료, 2001. 4).

이후 6월까지 여성·노동계의 집중적인 압박이 이어지자 2001년 6월 20일 정부는 다시 당정회의를 열어 출산휴가 90일 확대안과 유급 육아휴직안은 기존안대로 살리고 유급태아검진휴가, 유산·사산휴가, 가족간호휴직 등은 삭제하여 이를 임시국회에서 처리키로 하였고 시행은 2002년 1월 1일부터 하기로 방침을 바꾸었다. 그리고 육아휴직급여는 25만 원 정도로 시행령에 위임하기로 하고 논란이 가장 많은 생리휴가폐지여부는 노사정 위원회로 넘겨 논의키로 하였다.177) 이후 6월26일에 열린 환경노동위원회 회의(제222회 5차)에서 수정된 대안을 통과하면서 실시 시기는 2001년 11월 1일부터 하기로 하였다. 국회는 여성노동계에 민감한 생리휴가분은 표와 직접적인 관계가 되기 때문에 국회에서 의결하지 못하고 노사정 위원회로 떠넘겨버린 것이다.

이는 지나치게 표에 약한 의회의 생리를 드러내는 것인데 김영삼 정부에서도 생리휴가는 폐지하고자 하였으나 못 이루었고 김대중 정부에서 국회여성특별위원회가 검토 결과 생리휴가 폐지가 국제적 추세에도 부합하고 기업의 비용부담도 덜어주며 여성고용을 위해서도 바람직하다고 결론 내렸지만 노동계에서 절대 반대하며 100만인 서명운동 운운하니까 정당에서 표 떨어지는 일은 안 된다며 삭제를 요구했었다고도 한다.

> "생리휴가문제는 의원들에게는 표 떨어지는 문제이므로 정치권에서는 언급을 회피하려고 합니다. 심지어 그 조항은 빼라는 요구도 많이 들어왔어요."(국회여성특위 P위원)

이 과정에서 정부와 행위자들 간의 이해를 조정하는 과정이 있었다. 출산휴가기간 연장, 육아휴직을 무급에서 유급으로 하고 모성보호비용의 사회 분담화를 이루는 대신 가족간호휴직삭제, 여성특별조항완화 등의 환경노동위원회의 대안을 수용해야 하는지 말아야 하는지에 대해 여성노동계로 대표되는 연대회의에서의 진지한 검토가 이루어졌다.

즉 4월 25일 근기법 제68조, 제69조의 야간, 연장, 휴일근로 완화에 대하

---

177) 김영삼 정부에서부터 생리휴가의 폐지 또는 무급으로의 전환을 계획하였던 정부와 여야 국회의원들은 김대중 정부의 2001년도 모성보호관련법개정과정에서도 결정하지 못하고 노사정위원회로 떠넘기게 된 것은 여성노동계의 반대에 직면하여 표를 잃지 않겠다는 정치적 계산이 깔려있다고 볼 수 있다.

여 민주노총은 이 조항은 개악이므로 삭제를 강력히 요구하였고 몇몇 단체
는 개악으로 지지하지 않는다는 의견도 있었다. 5월 9일 연대회의에서는
환노위의 대안에 대하여 현실적인 상황을 고려할 때 모성보호관련법개정에
서 다 이루기는 어렵다고 판단하여 환노위 대안법률안을 받기로 하고[178)]
즉각 통과를 기조로 결정하였다. 그러나 연대회의 소속인 민주노총에서는
이후 5월 15일 이 규제가 풀리는 조건에서는 어떤 법개정도 받을 수 없다
는 완강한 태도로 바뀌었다. 이후 민주노총은 연대회의와 노선을 달리해
여성 노동법개악 저지운동을 벌였다.

6월 26일 환노위 대안이 통과되고 난 이후 육아휴직급여가 10만 원으로
입법 예고되자, 다시 여성·노동계에서는 문제를 제기하였고, 결국 또다시
2001년 10월 15일 정부와 민주당 당정회의에서 20만 원으로 상향조정되기
에 이른다.

종합해 볼 때 김대중 정부의 모성보호정책결정과정에서는 모성보호비용
의 분담주체, 모성보호의 적용범위, 실시시기, 육아휴직급여액이 가장 큰
핵심이슈였고 정부의 정책비전도 정책행위자로서의 이익집단의 이익투입활
동을 비롯한 상호작용에 의하여 계속 변화하고 있었음을 알 수 있었다. 즉
2000년 12월의 소위원회의 대안으로 유급육아휴직, 유급산전산후휴가의 확
대, 가족간호휴직, 유·사산휴가제신설 등이 만들어졌지만 기업의 강한 반
대와 국회환노위의 일부 의원의 반대 및 노동부의 고용보험기금고갈 발언
등에 부딪쳐 결국에는 유급산전산후휴가의 확대와 유급육아휴직으로 축
소·조정되었다. 모성보호의 실시시기도 불과 8개월 사이에 2001년 7월→2
년유예→2002년 1월→2001년 11월 등 4번이나 번복되었다. 이 과정에서 정
부는 여성·노동계와 밀접한 관계를 유지하며 협력적 관계 속에서 정책내
용의 조정이 이루어졌으며 국회여성특별위원회를 비롯하여 환노위 여성의

---

178) 요구한 모든 바를 실제로 한꺼번에 이룬다는 것은 현실적으로 어려우므로 행
위자들 간에 적절한 타협과 양보가 있었다고는 하지만(여성단체연합의 K부장
과의 면접) 한편 이러한 부분이 김대중 정부에서 여성계가 정부와 너무 가까
워서 더 이룰 수 있는 것조차 못한 건 아닌가 하는 비판의 목소리도 있다.

원들의 의원설득 및 홍보 등 매우 중요한 역할을 수행하였다. 즉 김대중 정부에서 이루어진 모성보호확대는 법안을 발의하고 통과시키는 데 있어서 결정적인 역할을 할 수 있는 국회에서의 인식이 있는 여성의원의 포진과 또 정부 관련 부처를 상대할 수 있는 위상의 여성부, 또한 여성근로정책의 주무부서인 노동부의 여성차관[179] 및 여성국장의 포진, 밖에서 여론을 형성하고 압력활동을 할 수 있는 여성단체 및 노동계 등이 총체적으로 그리고 전략적으로 이루어낸 합작품이라 할 수 있다. 또한 이는 김대중 정부에 들어 민주화의 추세와 더불어 시민사회의 역량이 커지면서 정부도 여성·노동계를 정책결정의 한 파트너로 인정하는 협력적 거버넌스 형태로 변모하고 있는 모습을 보여준다고 할 수 있다.

나. 정보흐름

(1) 권력수준으로의 정보흐름: 정책 건의·청원

상호작용과정에서 행위자들의 권력수준으로의 상호작용을 보다 구체적으로 살펴보기 위해 이 기간 동안에 이루어진 정책건의 및 청원을 살펴보면 다음과 같다.

〈표 5-18〉 정책 건의·청원

(단위: 회)

구 분		1998	1999	2000	2001	합 계
노 동	한국노총		1		1	2
	민주노총	1				1
경 영				1	2	3
여성·노동		1		3	1	5
합 계		2	1	4	4	11

주 1: 2001년 7월까지의 집계
주 2: 여성·노동은 연대회의를 의미

---

179) 모성보호정책과 관련하여 노동부에서 남녀고용평등법제정에 관여하였던 김송자는 2001년도에 노동부차관으로 정부에 입각하여 4월 임시국회 이후 모성보호관련법을 통과시키기 위한 협상 등에서 노력을 하였던 것으로 나타났다

이를 행위자별로 살펴보면, 여성·노동계가 연대하여 건의한 것이 5회, 민
주노총 단독이 1회, 한국노총이 2회, 경영계에서 3회 정책건의를 하였다. 연
도별 정책건의 사항을 보면, 1998~1999년에는 경영계의 정책건의나 청원은
없었다. 그러나 2000년과 2001년에는 모두 3회로 직접적 권력수준으로의 상
호작용을 시도하였음을 알 수 있다. 또 1998, 1999년도에 모성보호와 관련하
여 상호작용이 그리 활발하지 못했던 것은 당시의 IMF라는 어려운 구조조정
시기를 통과하는 상황이었기 때문에 기업 측은 이익투입활동에 있어서 정부
나 사회여론을 의식하면서 활동을 자제하고 있었기 때문으로 보여진다. 또한
여성·노동계에서도 비용의 부담이 수반되는 모성보호의 확대보다는 경제위
기 속에서 남녀차별적 고용관행이 더 심화되고 있어 여성들의 고용평등과 고
용안정이 심각하게 위협받고 있다고 판단하여 고평법 내에 간접차별규제 및
성희롱예방 규제 조항의 신설을 촉구하는 건의를 하였기 때문이다.[180] 이를
통해 정책환경이 정책네트워크의 행위자에게 영향을 미쳐 행위자들 간에 정
책이슈에 대한 조정도 이루어지고 있음을 알 수 있다.

정책건의를 통한 각 행위자들의 입장을 살펴보면 다음 〈표 5-19〉과 같다

---

180) 이에 대해 경총에서도 1998년은 남녀고용평등법개정과 관련하여 개정법률시
    안에 포함된 '간접차별금지규정', '직장 성적 괴롭힘 금지규정', '모집과 채용상
    성차별에 대한 배상청구권인정규정의' 삭제를 골자로 한 경영계의 의견을 각
    정당 및 정부에 건의하는 활동에 치중하였다(경총, 1998).

〈표 5-19〉 모성보호관련정책행위자들의 정책건의 및 정부의 정책비전제시

내 용 ＼ 행위자		여성·노동	기 업	정 부
유급육아휴직		실 시 대상－여성노동자, 여성농민, 여성장애인 비용－사회부담화(70%)	의료보험. 그러나 연기(의료보험재정이 안정될 때까지)	2001. 7부터 실시→2년 유예→2002. 1. 1→2001. 11
유급생리휴가		현행 유지 또는 남녀공통의 유급건강검진휴가	폐 지	폐 지
유급 산전· 후휴가	기 간	60일→100일(산후 60일 이상 확보)	60일→12주(단 유급생리휴가폐지와 함께 논의)	60일→90일
	비용부담	의료보험 또는 기타국가재정	사회분담화 (의료보험에서)	30일의 추가임금부담에 대해 고용보험기금 50%, 정부가 50%지원
	휴가중소득 보장수준	100%	70%	100%
가족간호휴가제		사기업으로 확대	폐지: 자율	실 시
부성휴가(배우자출 산간호휴가)		1주일	법제화방침철회	
유·사산휴가		출산에 상응한 보호(유급유산휴가)	시기상조	신설 임신4－7개월 미만: 산후휴가 임신 8개월 이상은 정상 분만자와 동일
태아건강검진		임신 중 여성근로자에게 월 1일	시기상조	
기 타		출산수당제도입		
직장보육시설		내실화 및 확대		

(2) 대중수준으로의 정보흐름: 성명서·결의문·시위 및 언론을 통한
    여론동원

또한 김대중 정부에서 모성보호와 관련하여 각 행위자들의 상호작용을
보다 구체적으로 보기 위해 성명서, 결의문, 시위[181], 여론동원[182]을 통한

---

181) 지금까지와는 달리 김대중 정부의 모성보호확대과정에서는 다양한 방법으로

이익표출행위를 살펴보면 〈5-20〉과 같다.

〈표 5-20〉 정책행위자별 이익투입활동

구 분		1998	1999	2000	2001	합 계
노 동	한국노총		2	5	14	21
	민주노총			1	4	5
경 영				2	9	11
여성·노동				7	37	44
합 계		0	2	15	64	81

주: 여성·노동은 연대회의를 의미

이 시기 이익표출행위는 몇 가지 특징으로 나누어 볼 수 있다. 첫째, 1998년은 모성보호정책과 관련해서 어떠한 성명이나 결의도 이루어지지 않고 있다. 이는 이시기가 IMF 상황하에서 어려운 구조조정기를 통과하는 시기로서, 기업이나 정부는 경제회복이라는 과제를 무엇보다도 우선적으로 추진하고 있었으며, 따라서 기업이나 정부에게 경제적 부담이 되는 모성보호를 주장하기에는 사회적 분위기가 어려웠던 때문으로 보인다.

특히 이 기간에 기업들은 연이은 도산과 실직자 속출 등으로 인해 모성보호관련정책들보다는 기업의 경영안정화를 위한 정책이 더욱 절실하였다. 또한 경제 회복이 최우선이라는 사회적 분위기에 여성계와 노동계에서도 그러한 환경변수를 고려하지 않을 수 없던 것으로 보인다. 이는 언론사의 모성보호 관련 기사 횟수에서도 나타나는데 1998년부터 1999년 2월 사이에 모성보호를 다룬 언론사는 10개 신문사에서 총 13회이다. 둘째, 2000년과 2001년에 모성보호와 관련한 성명서 및 결의문이 집중적으로 이루어졌음을

이루어지는 시위가 등장했다. 여기서는 시위도 이를 통하여 메세지를 전달하기 때문에 대중수준의 정보흐름으로 보기로 한다.

182) 성명서 등은 보도자료로 다시 언론사로 보내어져서 여론형성에 기여하였는데 특히 한겨레신문이 가장 적극적 긍정적인 보도태도를 나타냈다.

알 수 있다. 특히 2001년에는 역대 정부와는 비교할 수 없을 정도로 많은 성명서가 발표되었는데, 이 시기는 성명전이라 할 정도로 한 행위자의 성명이 발표되면 즉시 상대행위자의 재반박 성명이 발표되는 식으로 긴박하게 전개된 해이기도 했다. 이상에서 보면 여성·노동계가 압도적으로 이익표출을 통한 상호작용이 높았다.[183] 여기에서 노동부문이 적게 나타난 것은 한국노총과 민주노총 등 노동행위자들이 여성노동자의 이익과 관련해서는 여성계와 연대해서 활동한 것으로 계산되었기 때문이다.

또한 언론을 통한 여론형성도 폭발적으로 증가했는데 2001년 3회의 기자간담회 외에도 1999. 3.~2001. 10. 30까지 10개의 신문사에서 총 703회 관련 보도가 있었다. 또한 모성보호를 다루는 신문의 기사면도 지금까지와는 다른 행태를 나타내고 있는데 종합이 301회로 가장 많았고 기획·연재 131회, 사회 103회, 정치/해설 80회, 오피니언/인물 64회, 여성 59회 등으로 총 837회를 다루었다.[184] 지면에 실린 횟수도 폭발적으로 증가했지만 지면도 노태우 정부와 김영삼 정부에서는 모성보호는 당연히 여성면에서 가장 많이 실렸는데 김대중 정부시기에는 기획·연재, 종합, 사회, 정치해설, 오피니언/인물, 여성 순으로 모성의 문제를 단지 여성의 수준에서만 생각하지 않고 여러 가지 각도에서 취급함으로 여론형성에 더 많은 기여를 한 것으로 보인다. 이 시기 사설면에서도 37회나 다루었는데 그만큼 모성보호가 우리 사회에서 관심이슈가 되고 있다는 것을 반증하고 있다.

1999년까지 경영계는 성명서·결의문이나 시위·농성·여론동원 등의 대중수준으로의 이익표출을 거의 하지 않은 것으로 드러났다. 이는 당사자가 노동자가 아닌 기업주들로 구성되어 있기 때문에 품위유지의 차원에서도 과격한 시위, 농성 등은 어울리지 않는다고 보고 있는 것 같고 굳이 성명서나 결의문 . 정책건의라는 수단을 통하지 않고도 정부와 공식·비공식

---

183) 이 중 여성노동법개정연대회의의 성명은 2000년에 3회 2001년은 24회 있었다.
184) 여기에서 언론사보도횟수와 실린 기사면 횟수가 일치하지 않는 것은 실린 면이 중복되기 때문이기도 하다. 즉 동시에 사회면에도 실리고 사설로도 다루어지기도 하기 때문이다.

접촉을 통해 기업의 의견을 전달 할 수 있었기 때문이다.

그러나 김대중 정부의 고평법 4차 개정을 포함한 모성보호관련법 개정 시기에서는 경영계도 성명을 통한 대중수준으로의 직접행동을 하기에 이르렀다. 지금까지와는 달리 모성보호관련법이 확대 개정될 가능성이 무척 높아진 상태에서 긴박하게 진행되었기 때문이다. 이익집단으로서 각 행위자들의 이익투입활동 방식 및 회수를 살펴보면 다음과 같다.

〈표 5-21〉 대중수준으로의 정보흐름

(단위: 회)

구 분	1998	1999	2000	2001	합 계
성명서 · 결의문		2	11	50	63
시위 · 집회			4	14	18
합 계	2	0	15	64	81

〈표 5-21〉에서 알 수 있는 바와 같이 이익투입활동은 4차 개정이 이루어지는 2000년도와 2001년도에 집중적으로 이루어졌다. 특히 2001년도는 폭발적으로 증가했는데 이는 모성보호관련정책이 2001년도에 획기적으로 확대되는 결과와 관련해서 볼 때, 여성계와 노동계의 대중수준으로의 이익 표출의 증가와 모성보호 정책산출과는 유의미한 관계가 있는 것을 볼 수 있다. 즉 행위자 간의 이익투입활동을 통한 상호작용의 높은 빈도가 앞에서 살펴본 것처럼 행위자 간의 조율과 협상의 가능성을 높게 하고 이의 결과 정책변화를 가져왔다고 판단된다.

이상을 통해서 분석된 행위자들의 상호작용의 특징은 다음과 같이 몇 가지로 요약해 볼 수 있다.

첫째, 이 기간을 통해 각 행위자들의 이익표출방법으로는 성명서 · 결의 문이 압도적으로 많으며, 다음으로 시위 · 집회의 순이었다. 또한 여성계와 노동계에서 성명서의 대부분은 언론을 통해 보도가 이루어지도록 하였으며 언론에서도 이를 많이 다룸으로써 모성보호확대과정에서 언론의 여론형성 및 영향은 매우 컸다고 할 수 있다.[185]

둘째, 1998년과 1999년의 기간은 고평법 3차 개정을 앞둔 시기여서 어느 때보다도 행위자들의 이익활동이 활발했어야함에도 불구하고, 당시 사회경제적 상황에 의하여 그러한 이익투입 활동은 다소 주춤했다. 즉 이 시기는 간접차별 및 직장 내 성희롱예방 이유에 더 초점이 맞추어져 있었다. 따라서 1999년 이루어진 고평법 3차 개정은 IMF 관리체제라는 특별한 정책환경변수로 인해 모성보호비용의 사회부담화를 법제화하는 데는 현실적으로 한계가 있었다. 결국 1999년 3차 개정된 고평법에는 직장 내 성희롱예방과 간접차별금지 규정만 포함되어 있고 모성보호와 관련한 사항은 이루어지지 못했다. 경제적 요인이 정책네트워크에 영향을 주는 중요한 요인이라고 지적한 Rhodes와 Marsh(1992)의 주장처럼 여성정책결정과정에서도 경제적 환경이 모성보호정책네트워크의 행위자들로 하여금 정책이슈에 대한 타협과 조정이 가능하도록 영향을 미친 것으로 보인다.

셋째, 2000년과 2001년의 기간에는 여성노동관련법개정과 관련하여, 그리고 다소 회복된 경제상황에 힘입어 모성보호와 관련하여 매우 활발한 상호작용이 이루어졌다. 특히 이 기간에는 여성계와 노동계가 정책연합을 형성하여 집중적인 이익표출활동을 벌인 것으로 나타났는데 이용한 방법에서도 릴레이 성명전, 사이버 성명전, 비나리굿, 기저귀시위 등 이색적인 시위와 캠페인 등을 총동원하였던 것으로 나타났다.

넷째, 이 시기에는 경영계에서도 지금까지와 달리 성명서 등으로 대중수준으로의 의견표출로 하였던 것으로 나타났다.

다음에는 모성보호확대논의가 중점적으로 이루어진 2000년~2001년 시

---

185) 여성노동계는 언론사의 여성담당기자들과의 긴밀한 관계 속에서 언론보도를 통한 여론형성에도 매우 힘쓴 것으로 나타났는데 언론의 보도와 관련해서 살펴보면 조선일보, 중앙일보, 서울경제 등은 어려운 경제 상황 등을 이유로 모성보호확대에 더욱 신중할 것을 요구하는 반면 한겨레, 대한매일신문들은 모성보호확대정책에 적극적·지지적 보도를 하고 있는 것으로 나타났다.

기에 이루어진 행위자들의 상호작용을 살펴보기로 한다.

먼저 2000년부터 2001년의 4차 개정과정에서는 어느 때보다도 활발한 이익표출을 통한 상호작용이 이루어지고 있으며 이러한 이익표출활동을 위해 여성계와 노동계가 연대회의를 구성하여 그 어느 시기보다도 계획적이고 치밀하게 활동하였다는 것이 특징이다.[186]

다소 경제가 회복되기 시작하는 2000년 6월 여성계와 노동계는 고용평등 및 모성보호확대를 위해 공동대응이 필요함을 인식하고, 민주노총·한국노총·여연·여협·한국여성노동자회협의회·한국여성민우회·전국여성노동조합·서울여성노동조합 등 8개 단체가 정책연합을 통한 '여성노동법개정연대회의(이하 연대회의)'를 구성한다. 그리고 9월 5일 정부의 모성보호비용의 사회화, 모성보호기간의 확대, 기업의 모성보호조치 실시, 정부와 기업의 직장과 가정의 양립지원 조치확보 등의 요구사항을 각 정부부처로 전달하고, 9월 7일 민주당사 앞에서의 '모성보호비용 사회분담화 촉구' 집회, 9월 22일 경총의 모성보호제도개정 관련 의견에 대한 반대성명서 및 경총의 모성보호 역행발언에 대한 여성노동계입장 발표 등 활발한 활동을 하였다. 또한 연대회의는 국민재생산과 여성의 인권차원에서 검토해야 할 모성보호정책을 비용의 문제로만 접근하는 경총 측의 입장에 반대하며 유급생리휴가폐지를 전제로 한 출산휴가기간 확대논의에 반대한다는 입장을 밝히며 2000년 10월 10일 국회환경노동위원회 간사 및 민주당 간사 이상수 의원실을 방문한다.

그리고 이어 10월 12일 민주당사 앞에서의 "제1차 여성노동법 개정 촉구대회"를 개최하고 여성노동법 개정안에 관한 거리투표, 퍼포먼스 등 다양한 방법으로 여성노동법개정에 압력을 행사하였다. 이어 노동여성계는 2000년 12월 2일 여성노동법개정 촉구를 위한 전국여성노동자대회를 시작으로 하여 12월 6일 국회환경노동위원회회의실에서 열린 여성노동법 개정 관련 공청회에 참석하여 방청함으로써 무언의 압력을 가하기도 하였으며,

---

186) 이는 그동안 수차례 여성노동법과 관련한 법개정과정의 참여를 통한 노하우가 증진되었기 때문이기도 하다.

12월 11일 국회환경노동위원회 전재희 의원 방문 등 주로 국회 및 국회 환노위 위원들을 대상으로 활동을 하였다. 모성보호관련법이 의원발의 되었으며 법이 통과되는 데에 환경노동위원회 위원들이 결정적으로 중요한 역할을 하기 때문이다. 따라서 여성계와 노동계는 의원에게 정보를 전달하고 관련 법개정의 취지와 의미를 전달 및 설득하고 또한 여성국회의원들과의 공조관계를 취하였다.

한편 경총·경제5단체장·대한상공회의소 등의 기업이익 집단에서는 이러한 여성계의 일련의 주장에 대해 모성보호관련법안은 경제현실과 기업사정을 고려하지 않은 채 여성계의 일방적인 주장만을 담고 있다며 철회 및 중단을 촉구했다.[187] 이에 대해 연대회의에서는 2001년 1월 21일 '모성보호 비용 사회분담화의 조속한 시행을 촉구하는 성명서를 각 언론사 여성사회 면기자들과 새천년민주당·한나라당 정부부처에 발표하였다.

이렇게 여성·노동계로 구성된 연대회의는 수시로, 지속적으로 언론사를 통하여 모성보호의 의미와 연대회의의 활동을 보도하도록 여론을 동원하였고, 경제단체협의회(이하 경단협)가 모성보호확대법안 개정중단촉구 성명서를 발표하면,[188] 기민하게 움직여 곧바로 반박문이나 대응 성명 및 규탄 성명을 발표하였다. 또한 지속적으로 국회 환경노동위원회 위원들 앞으로 모성보호비용의 사회분담화 입법화 촉구 성명서를 발송하고 이후 4월 7일까지 연대회의 소속 단위들의 릴레이 성명전을 전개하였다.[189] 특히 이 기

---

187) 경총은 "세계에서 유일하게 시행되고 있는 유급 생리휴가제를 그대로 둔 채 산전·후 휴가를 확대하고 태아검진휴가, 유급육아휴직, 가족간호 휴직 등의 제도를 도입하려는 것은 선진국 입법사례에서도 찾아보기 힘들고 국제노동기구(ILO)협약에도 없는 것"이라며 이 법안이 통과될 경우 기업의 경영난이 가중되고 우수한 여성인력의 고용을 기피하는 현상이 확대될 것이라고 주장하였다.

188) 경영계에 따르면 이 법안들은 2000년 11월 말 정치권의 일부 의원이 철저한 대외보안 .예상되어 여성의 고용기반이 급격히 위축되는 결과를 초래할 것으로 우려되는 것이다.

189) 이 방법은 정부 각 부처, 정당, 재경부, 청와대 등으로 성명서를 fax나 mail로 보내는 것이다. 이는 지금까지 행위자들의 이익표출수단으로 시도되지 않았던 독특한 방법으로, 각각 하루에 1회(즉 8개 단체의 연대회의이므로 전체로서는 하루에 8회 Cyber 성명전을 실시한다. 이는 이후 여성계와 노동계의 이익투

간에 연대회의는 2002년 지방선거 및 대선을 의식한 정치인들을 겨냥하여
활발한 활동을 벌였다. 이러한 활동은 다음과 같이 표를 자원으로 한 발언
을 통해서도 드러난다.

> "유권자의 절반인 여성들에게 약속한 모성보호비용의 사회분담화
> 를 파기한다면 여성들은 표로서 심판할 것이다".(연대회의의 성명서
> 중에서)

이후에도 이회창 한나라당 총재, 유용태 환노위 위원장과 환노위 위원들을
면담하였고, 4월 17일 여성노동관련법 4월 통과 촉구 성명서를 발표한다.

이에 맞서 경영계는 4월 17일 여성고용관련법안 입법추진에 대한 경영
계의 입장 발표를 한다. 이 발표에서 경영계는 기존의 입장을 되풀이하며
고용보험에서 여성고용 관련 비용을 지원할 경우 제2의 건강보험파동이 초
래될 수도 있다는 입장을 보인다. 4월 18일 경총이 여성고용관계법 개정에
따라 '기업부담 = 출산휴가확대 + 육아휴직급여신설 + 유급태아검진휴
가신설'이라는 공식에 따라 추계한 합계는 약 8천 681억 53백만 원이었다.
이에 대해 4월 20일 연대회의는 경제5단체의 모성보호 관련 비용통계자료
가 지나친 과장이라 하며 반박 자료를 제시하고, 이후 21일 경제계의 재반
박, 이에 대한 같은 날 연대회의의 2차 반박 등 성명전은 계속 이어졌다.
경총과 여성노동계의 비용추계결과는 약 7천억 원 이상 차이가 나는데 경
총과 연대회의의 추계 비용 중 육아휴직비용에서 가장 큰 차이가 난다. 이
는 육아휴직 인원의 과소추계와 과대추계의 차이에 기인한 것이다. 그러나
경총은 초기에는 모든 대상자들이 육아휴직을 신청하지는 않을 것이지만
육아휴직 적용대상이 확대될 경우에는 육아휴직의 확산은 시간문제라며 오
히려 여성계의 미숙하고 무책임한 아마추어리즘이 제2의 건강보험우려를
증폭시키고 있다고 공박하였다. 그 밖에도 여성계와 경총의 대립은 추계에

입활동에 자주 이용되어 한국노총의 경우도 회원조합이 일정별로 총11회의
릴레이 성명전을 펼쳤다(여성·노동계관계자와의 인터뷰).

사용한 임금을 2000년 임금을 적용하는 것이 바람직한지(여성계), 전년대
비 5% 인상률을 반영한 2001년도 추정치를(경총) 사용하는 것이 적절했는
지에 대한 공방과 유급태아검진일수를 8일(여성계)로 할 것인가 9일(경총)
로 할 것인가의 문제로 집약된다.

〈표 5-22〉 모성보호연간추가소요비용 추계비교표

(단위: 원)

구 분	노동부	경제단체	여성·노동계
출산휴가연장소요비용	763억	530억	427억
육아휴직 소요비용	611억	7,650억	632억
태아검진휴가소요비용	283억	358억	307억
합 계	1,657억	8,500억	1,366억

※출산여성노동자수기준 – 연대회의: 132,560명, 경제단체: 132,560명, 노동부: 122,272명
※여성노동자임금기준 – 연대회의: 870,000원(2000년 평균임금), 경제단체: 912, 292원
  (통상임금추정치), 노동부: 870, 000원(2000년 평균임금)

한편 자민련의 조희욱 의원이 4월 16일 열린 환노위회의에서 현재의 어
려운 경제현실에 대한 발언과 생리휴가 폐지 발언이 있은 후에 김호진 노
동부장관도 늘어난 20일분의 비용을 고용보험에서 계속 부담할 경우 2003
년 이후에는 재정이 바닥이 날 것이라고 우려의 발언을 하였다.[190] 이에

---

190) 이는 노동부 내에서 일어난 의견대립과 연관될 것이다. 입안부처인 노동부 내
  에서는 이 기간에 국회에 계류 중인 모성보호법 개정안이 통과되면 2년 후
  고용보험재정을 잠식할 가능성이 있다는 주장이 제기된다. 고용보험기금을 관
  리하는 보험제도과는 이 방식으로 비용을 부담하면 2003년부터 기금 지출이
  수입을 능가하게 돼 실업급여 지급 등 고유사업에 지장을 줄 수 있다며 5년
  정도만 고용보험에서 부담하고 그 이후에는 모성보호 취지에 부합하는 건강
  보험에서 지출돼야 한다고 주장하면서 노동부 내에서도 여성정책과와 보험제
  도과 간에 시각차이를 드러내게 된다. 산출방식을 보면 보험제도과는 출산휴
  가이용자는 100%, 육아휴직은 2002년 출산근로자의 20%, 그 이후 연간 10%
  씩 증가하는 것으로 계산했으나 여성정책과에서는 실제 육아휴직사용자는
  2000년의 경우 0.2%도 안 되었으며 또 사용하더라도 1년씩 휴직하는 경우는

대해 여성계는 4월 18일 열린 국회환경노동위원회 상임위원회를 통해 여성노동관련법이 차질 없이 통과되어 7월부터는 관련법이 이행될 수 있기를 강력히 요청했다.

그러나 이러한 공방이 오고가는 과정에서 4월 24일 여권3당이 2년 유예를 사실상 합의하게 된다.[191]

이에 대해 경총은 반가워하면서도 25일 입장 발표를 통해, 국회는 무책임하게 법안 통과 후 시행을 연기할 것이 아니라 2년 동안 입법을 유예하고 노사정위원회의 관련 논의를 지켜보면서 현행 여성고용관련법안의 문제점과 고용보험 재정안정대책 등 합리적인 대안을 모색하는 진지한 모습을 보여주어야 할 것이라며 통과 후 시행연기보다 모성보호관련법개정자체를 지연시키고자 하였다.

이와 반대로 연대회의는 같은 날 정권교체가 2년도 남지 않은 시점에서 여성노동법 개정 2년 연기란 모성보호법의 시행 자체를 불가능하게 할 수도 있는 것이라는 우려와 비난의 성명을 발표하였다. 그리고 민주당 박인상 의원과 한나라당 전재희 의원을 방문하고, 민주당사 앞 기습시위 등을 하였다. 박인상 의원과 전재희 의원은 노총과 노동부 출신의 의원들로서 여성모성보호정책에 지지적 입장을 가질 수 있는 인적 자원으로 볼 수 있다. 그리고 모성보호법 국회통과 개정촉구 및 마라톤대회, 행진 및 시위, 4월 임시국회 폐회 관련법 개정지연 항의성명서 발표 등의 활발한 활동을 하였다.

여권은 당초 7월 1일 실시에서 2년 유예로 바꾸었던 방침을 재번복하여 모성보호관련법을 가급적 조기에 시행하되 여성근로자의 모성보호를 위한 핵심조치 중 일부를 유보하기로 했다. 즉 민주당 등이 출산전후휴가를 60

드물 것이라고 보고 있다.

191) 여기에서 정당과 정부의 입장을 정리해보면 민주당과 자민련은 출산휴가연장에는 동의하나 유급생리휴가폐지문제는 노사정위원회에 일임을, 이러한 가운데 환노위소속 한나라당은 개정안 통과입장이었으나 이도 또한 두 여당의 분열 속에서 실익을 챙기려는 분명하지 않은 모습이었고 노동부, 복지부, 기획예산처 등도 국가의 재정상황에 대한 정확한 실사를 하지 않은 채 갈팡질팡하는 모습을 보이고 있다. 재계는 분명한 반대입장을 취했다(내일신문, 2001. 4. 26).

일에서 90일로 연장하되 태아검진휴가 등은 인정하지 않는 모성보호관련법 개정안을 6월 임시국회에서 처리할 움직임을 보였다.

이에 대해 5월 9일 노동·여성단체들이 반발하였고, 한편 이 과정에서 5월 23일 이후 민주노총과 서울여성노동조합이 연대회의에서 탈퇴를 선언하였다. 민주노총은 내부의 논의를 통해 환노위의 대안법률안에 포함되어 있는 여성에 대한 시간규제완화 등 여성보호조항완화는 개악이라고 보았기 때문이다. 따라서 이후 민주노총과 서울여성노조 등은 연대회의에서 탈퇴하여 노동법개정을 개악으로 규정하며 김대중 정부 퇴진 운동으로 방향을 급선회하였다.192)

그러나 연대회의의 나머지 6개 단체는 회의를 통해 전부는 아니지만 산전후휴가기간의 확대, 유급육아휴직, 모성보호비용의 사회분담화 등이 골자로 되어있는 국회 환노위대안을 받기로 결정하고, 모성보호관련법 6월 통과를 위해 전력을 다하기로 하였다.193)

이렇게 김대중 정부의 모성보호 확대의 과정은 이전과 다르게 논란이 많았는데 이것은 다시 보호냐 평등이냐의 논의로 함축된다. 새로운 국회환경노동위원회의 대안은 보호는 약화하고 평등은 강화하는 방향으로 이루어진 것이다. 즉 여성에게 꼭 필요한 임신 및 출산과 관련한 보호는 강화하되 논란이 되고 있는 특별보호조항 및 생리휴가 등은 기업에게 비용의 부담이 되고

---

192) 이러한 민주노총의 방향 선회는 이후 연대회의와의 활동에 있어서 입장의 차이를 보이게 된다. 그 하나의 예로 5월 30일 날 양대노총과 여성단체가 발표한 성명서를 볼 수 있다. 5월 30일에는 양대노총과 여성단체가 김호진 노동부 장관과 노사정위원회 근로시간단축특위 위원들과의 간담회에서 "생리휴가문제를 모성보호법안 입법과정에서 논의하자"는 내용이 제기된 것과 관련하여 "근로기준법 개악음모"라며 반발하고 나섰다. 이 때 민주노총은 성명서에서 "일부모성보호확대를 빌미로 여성노동권을 심각하게 침해하고 있는 현재의 법개정 논의를 전면 중단하라"고 요구해 그간 활동해 온 연대회의의 '대안법률통과' 입장과는 다른 입장을 보였다(매일노동뉴스, 2001. 6. 1).

193) 특히 6월 13일에는 모성보호관련법 6월 국회통과를 바라는 종교계, 학계, 법조계, 시민사회단체, 의료계, 예술계를 망라하는 각계인사 300인의 선언이 있었다. 이후 비나리굿, 기저귀시위 등 이색적인 시위와 캠페인 등이 지속적으로 이루어졌다.

이러한 이유로 인해 오히려 여성에게 고용의 걸림돌로 작용할 수도 있으므로 완화하여 평등을 강화하자는 것이다. 또한 이는 오늘날 국제적인 경향이기도 하다. 그러나 비정규직 여성이 전체 여성노동자의 70%에 육박하는 현실에서 모성보호의 혜택은 고용보험으로 할 경우 고용보험에 가입된 소수의 여성에게만 혜택이 돌아가고 또한 현재 남성에 비해 현저히 차이가 나는 여성의 임금상황에서 임금보전의 성격도 갖고 있는 생리휴가조항폐지는 아직 이르며, 임신·출산 등의 모성보호를 이유로 근로기준법에 의해 이미 보호받고 있는 시간외 근로, 야간근로 등의 조항의 완화는 노동조건을 더 악화시킬 수 있다는 주장도 많이 제기되었다. 이렇게 임신출산이 여성의 생애 전 기간에 걸쳐 일어나는 것이 아니라 보통 특정시기에 집중적으로 일어나는 사건이기 때문에 이 시기에 해당되지 않는 많은 기혼여성 또는 미혼여성 등의 이해와도 맞물려 여성노동계 내부에서도 첨예한 이해의 대립이 있기도 하였다. 그러나 민주노총과 서울여성노조를 제외한 연대회의는 앞으로 모성보호는 전 국민 대상으로 가야 하고 이를 위해 건강보험으로 하는 것이 바람직하지만 현재의 건강보험재정상태로 보아 고용보험으로라도 우선 실시할 것과 모성보호책임을 사회가 같이 진다는 분담화의의미가 갖는 상징성을 고려해 볼 때, 또 전체 여성에게 해당되는 생리휴가문제와 임신여성에게 해당되는 모성보호관련 법안이 연계될 수 없다는 입장을 분명히 정리하면서 모성보호일부조항들이 누락되게 되어 아쉽지만 국회환경노동위원회의 대안을 받기로 결정한 것이다. 이 과정에서 연대회의와 국회여성의원, 여성부와의 긴밀한 관계하에서 정책의 내용 및 수위조정까지도 이루어졌으며 정책행위자 간의 조정과 협상 및 양보가 이루어졌다.

이상에서 여성·노동 행위자들의 이익표출활동 및 성명서 발표, 방문, 면담, 각종 시위 등에 의해 정책내용도 수시로 조정되는 것은 볼 수 있었다. 즉 행위자 간의 상호작용은 정책결과에 영향을 미침을 알 수 있다.

법안이 통과된 7월 18일 이후부터 10월 15일 노동부의 육아휴직급여가 번복되기에 이르는 기간에는 그 어느 때보다도 활발한 여성계와 경영계의 이익투입활동이 이루어졌다. 이 기간의 주요 쟁점은 ① 육아휴직급여액을 얼마로 할 것인가, ② 출산휴가의 추가분 30일 치 급여를 어떻게 지급할 것인가, ③ 유급육아휴직의 대상은 누구로 한정할 것이냐가 최대의 이슈가 되었다. 이에 대해서 노동부에서는 2001년 2월 2일 청와대 보고 시 발표했던 유급육아휴직 비용 25만 원을 무효로 하고 10만 원을 제시하였고, 출산휴가의 추가분 30일치 급여에 대해 상한액을 월 130만 원으로 책정하였다. 그리고 유급육아휴직의 대상으로 노동부는 1년 이상 근속노동자로 제한하려 하였다. 그러나 여성계는 유급육아휴직비용을 노동자 통산임금의 25%로 해야 할 것과, 출산휴가급여의 상한선을 폐지하고, 유급육아휴직의 대상도 급여지급대상자 모두에게 적용해야 한다며 팽팽히 맞섰다. 결국 여성·노동계의 성명과 건의 등 활발한 이익투입활동 결과 2001년 10월 15일 정부는 이미 시행령 입법예고(9. 3-23)까지 마친 육아휴직급여 10만 원을 20만 원으로 상향조정하기로 결정하고, 유급육아휴직대상도 6개월 이상근로자로 조정하였다.

종합해보면 행위자들의 이익표출행위 중 건의문·성명서나 결의문·각종 시위 등을 통한 행위자의 상호작용은 여성·노동계가 경영계보다 훨씬 전략적으로 활동하였음을 알 수 있다.

김대중 정부에서 이루어진 고평법 3차 개정과 4차 및 모성보호관련법확대 과정에서 나타난 점을 요약해보면 첫째, 여성계와 노동계는 UN과 ILO 및 IMF 등을 통한 국제 사회의 흐름과 분위기(즉 정책환경)를 적절히 활용하여 정부 및 대중을 상대로 적절한 여론화 작업을 통한 법개정의 당위성과 인식을 높였다.

둘째, 그동안 법개정과정 참여에서 얻은 지식과 전략을 총동원하여 집중적으로 이익표출을 하였으며 경총 등 기업이익집단의 반대에 순발력 있게 대응하였다. 이것은 국회의원을 상대로 한 접촉이나 여론화시키기 위한 피켓시위, 릴레이 성명, cyber성명, 기저귀 시위 등 각종 돌출적인 방법에서도 드러난다.

셋째, 시민사회 단체와의 협력을 통해 이들을 이익투입과정에 끌어들여 넓은 지지층을 확보하고 정부 및 국회에 영향력을 행사하였다.

넷째, 여성계와 노동계의 강한 연대를 형성하고 2년여에 걸친 집중적이고 지속적인 성명 및 여론동원을 통한 강도 높은 이익표출 활동이 있었다.

다섯째, 16대국회의 환경 노동위원회의 구성원들이 다수 노동계출신 및 여성단체, 노동전문가 등으로 구성되어 있었으며 여성·노동계는 이들과 밀접한 관계형성을 통하여 여성·노동계의 입장을 전달하고 지지를 호소하였다.

다. 인사흐름

(1) 여성정책 인적 네트워크

16대국회는 여성의원이 모두 18명으로 헌정사상 가장 많은 여성국회의원이 탄생한 시기였다. 민주당의 한명숙 의원은 2000. 11 남녀고용평등법 등 모성보호관련법안을 민주당안으로 하여 대표발의 하였다. 한명숙 의원은 한국여성민우회회장 한국여성단체연합 상임대표 등 여성단체활동을 통하여 여성노동의 문제를 누구보다도 많이 인식하고 이해할 수 있는 경험을 가졌다. 또 16대 국회에서는 환경노동위원회위원, 여성특별위원회위원과 새천년민주당 여성위원장을 역임하다 2001년 여성부가 신설되면서 초대 여성부장관으로 임명되어 정부에서 활동하게 되면서 법통과의 실질적 권한의 중심에 있는 지도자들과의 접촉을 통해 설득과 협조를 구하는 등 여성정책의 전반에 걸친 대국회 설득을 위한 다양한 측면지원 활동을 하게 된다. 15대 의원활동을 하였던 이미경 의원의 경우, 부천서 성고문 사건 대책협의회 운영위원을 역임하고 여성단체연합 상임대표 등을 지낸 경험이 있었으며 16대에서 민주당 제3정책조정위원장을 역임함으로써 여성 관련 법 개정을 위한 활동의 토대를 마련하기도 한다. 민주당의 제3정책조정위원장은 여성·노동 관련 정책·예산 등에 대해 민주당 의원 간, 당정간 협의를 하고 정책을 결정하는 곳으로 모성보호관련법안이 민주당의 핵심 개정법안으로 확정될 수 있는 중추적인 역할을 할 수 있었다. 또한 16대국회의 한나라당 전재희 의원은 노동부의 노동보험국장과 민선자치단체장경험을 갖고 있었다. 전재희 의원은 16대 국회에서는 환경노동위원회에서 활약하면서 모성보호는 비정규직 여성이 전체 여성근로자의 70%에 달하는 현실을 고려할 때 전체 여성을 대상으로 해야 할 것과 이를 위해 국민건강보험에서 부담되어야 할 것을 주장하였다. 또 한나라당 의원으로서 김정숙 의원은 제15대 국회에서 여성특별위원장을 하였고 IMF 과정을 지나면서 여성에게 가장 시급하고 중요한 것으로 모성보호관련법안들을 만들어 내어 국회여성특별위원회 위원중심으로 입법발의케 하였다. 그러나 15대 국회 임기만료로 폐지되었던 모성보호관련법안들을 16대 국회에서 민주당보다 5개월 앞선 2000년 6월에 입법발의 하였다. 또 16대 국회에서의 이연숙 여성특별위원장은 한국여성단체협의회회장을 지낸 바 있다. 또 남성의원으로서 박인상, 김낙기, 김문수 의원들은 한국노총출신으로서 환노위에서도 모성보호관련법의 확대 및 조기통과에 지지적 입장을 보여준 것으로 나타났다.[194]

(2) 모성보호정책과 관련된 활동

김대중 정부는 모성보호확대를 이루기 위한 여성들의 노력과 이들의 유대관계를 통한 활동이 가장 두드러진 시기이다. 먼저 여성부 출범과 한명숙 여성부 장관의 기용으로 모성보호법의 국회통과를 위해 소관부처인 노동부와 공동 대처할 수 있는 네트워크를 형성하게 된다. 한명숙 장관은 민주당, 한나라당, 자민련 정책위장을 중심으로 면담을 통해 모성보호법의 국회통과를 설득하고, 청와대, 국무조정실, 노동부, 예산처, 재경부 등 관련부처에게 모성보호 관련 법률의 개정필요성을 설득하는 등의 활동을 펼쳤다. 이는 김영삼 정부가 세계화추진위원회에서 여성의 사회참여를 확대하기 위한 정책을 결정 할 때 정책결정에서 중요한 역할을 할 수 있는 경제관련부처들의 모성보호에 대한 낮은 인식과 이들의 반대로 모성보호비용의 사회분담화 등이 이루어지지 못했던 것과 비교하면 매우 획기적인 것이다. 즉 여성부장관으로서 같은 위상을 가진 장관을 설득하고 협조와 이해를 구할 공식적·비공식적 통로가 마련되었고 한 장관 또한 이를 적극적으로 활

---

194) 이러한 판단은 당시 환노위 회의자료 및 언론보도를 종합한 것이다.

용하였던 것으로 보인다. 이외에도 여성단체들과 모성보호 법률 국회통과를 위한 협력사업과 모성보호 개정 필요성에 대한 대국민 홍보를 위한 활동을 하였으며 또한 여성개발원과 노동연구원 등 연구기관과의 정보협력 및 교환 등의 공동활동도 활발히 하였다. 또한 기업집단의 반대에 직면하여서도 경총의 김창성 회장 등 재계관계자와의 만남을 갖고 설득 및 재계의 협조를 요청하였다.

또한 여성의원들은 역할분담을 통하여 결정과정에서도 전략적이고 효율적으로 활동을 한 것으로 나타났는데 민주당의 제3정책 조정위원장으로 있던 이미경 의원과 한명숙 의원은 역할을 분담하여 법 개정안은 한명숙 의원이 제출하고 한명숙 의원의 제출안을 가지고 이미경 의원이 당정 협의를 통해 당론으로 확정하게 하였으며 상임위원회와 관련하여서는 1차 적으로 한명숙 의원이 설득에 주력하도록 하였다. 특히 한명숙 의원은 국회 환경노동위원회 위원시절 당과 청와대 등을 오가며 수차에 걸쳐 설득하였고 장관으로 정부로 옮기게 되면서 이미경 의원은 문화관광위원회에서 환경노동위원회로 소속을 바꾸면서까지 많은 역할을 하였다고 한다. 이미경 의원은 환경노동위원회의 민주당 간사, 위원장이 모성보호관련법안을 빨리 심의하도록 설득하였으며 당 정책위원회, 당무회의, 확대간부회의 등을 통해 당의 핵심 개정법안으로 정하도록 요구하였으며, 환경노동위원회의 남성의원들을 상대로 설득과 협의 활동을 전개하기도 하였다. 또 한나라당 전재희 의원은 모성보호가 궁극적으로는 전체 여성들에게 혜택이 돌아가야 할 것과 이를 위해서는 국민건강보험으로 갈 것과 법안에 이러한 부칙을 삽입함으로써 명확히 할 것을 주장하였다.

한편 정부에서는 주무부서인 노동부 근로여성정책국의 신명국장과 노동부차관인 김송자 차관이 모성보호관련법안 확대과정에서 적극적 역할을 하였던 것으로 보인다. 이들은 87년 고평법 제정 당시부터 실무자로 간여해 왔으며 법안통과와 관련하여 정책결정과정의 흐름 및 메카니즘을 알고 있는 노동부 신명 근로여성국장은 모성보호비용을 위한 예산의 중요성[195]을

---

195) 예산이 미리 확보되어 있으면 법을 제정하기가 그만큼 쉬워진다고 한다.

인식하고 당정회의 등에서 예산을 확보하기 위해 설득과 협상 등 중요한 역할을 한 것으로 나타났다. 또한 모성보호확대과정에는 대통령부인 이희호 여사의 역할도 상당 있었던 것으로 보인다. 이는 모성보호확대가 지금은 때가 이르다고 주장하는 국회환경노동위원회의 김무성 의원의 다음과 같은 발언(제220회 국회환경노동위원회회의록. 2001. 4. 25)을 통해 추정할 수 있다.

"…… 중략…… 청와대영부인까지 압력을 넣어서 해야 된다고 해서 정치권에서 이성을 잃고 이렇게 해서야 되겠습니까?"

이상에서 김대중 정부에서 이루어진 모성보호확대과정에 영부인을 포함한 여성의원 및 정부행위자들이 중요한 역할을 많이 한 것을 볼 수 있었다. 이들은 대부분 여성단체나 여성노동과 관련한 경험을 가지고 있었으며 개정의 필요성을 남성의원들보다 훨씬 강하게 느끼고 있었다. 또한 이들은 법안통과와 관련된 정책결정구조에 적절하게 위치해 있었고 정당, 국회, 정부 및 여성으로 이어지는 네트워크를 적절하게 활용한 것으로 나타났다. 이들은 수시로 간담회나 공청회 등 공식·비공식적인 모임을 갖고 의견을 교환하였으며 국회나 정부의 메카니즘을 누구보다 잘 알고 있는 여성의원 및 여성관료들과 여성·노동계는 운동의 방법 및 정책내용의 수위까지도 조정해가면서 활동한 것으로 나타났다.

라. 연계행위

(1) 공식적 연계

(가) 위원회: 노사정위원회

1997년 말 외환위기로 인한 IMF 관리체제의 어려운 경제여건 속에서 대통령선거를 통해 정권교체를 이룬 김대중 당선자는 노사정협의회를 경제위기를 타개하기 위한 중요한 기반으로 설정하고, 노동계 지도부와의 간담회를 통해 IMF 체제극복을 위한 노사정협의회의 구성과 참여를 공식적으로 요청하였고 1998년 1월 15일 제1기 노사정위원회가 구성·발족되었다.[196]

그러나 노사정위원회는 임금문제, 노동시장의 유연화 문제, 노조전임자 급여문제, 교원노조 결성권 보장, 공공금융부문 구조조정, 단체협약 등 모든 노사간의 문제를 망라해서 다루고 있다. 따라서 노동이라는 큰 틀 안에서 볼 때 모성보호정책은 다수가 남성으로 구성되어 있는 노사정위원회에서 그리 중요한 문제가 되지 못하였다. 단지 근로시간단축과 관련해서 여성노동자의 생리휴가 등이 논의될 뿐이었다.[197]

'근로시간단축과 여성근로자 대책방향'에서 노사정위원회 수석전문위원은 여성의 근로조건에 관한 논쟁은 과보호조항문제와 국제수준미달문제의 두 가지로 집약된다고 보았다. 먼저, 여성의 과보호조항문제는 노동시장의 규제적 요소로 인해서 오히려 여성근로자의 고용촉진에 저해요인으로 대두될 수 있다는 경총의 입장이 타당성이 있다고 보았다. 반면에 산전산후휴가규정 등에서는 우리나라가 아직 국제수준에 미달되고 있으므로 이의 국제수준화의 필요성이 제기된다고 보았다. 한편 생리휴가문제에 관해서는 여성계의 심한 반발을 가져올 수 있으므로 상당히 조심스럽게 접근하는 입장을 보여주고 있다.[198]

한편 2001년 9월 노사정위원회 근로시간 단축특별위원회의에서 노동계는 경영계가 폐지를 주장하고 있는 유급생리휴가제도를 유지하고 자유사용

---

196) 노사정위원회는 김영삼 정부의 노사관계개혁위원회와 유사한 성격을 갖는다. 대신 노사관계개혁위원회는 노사공익이 주체가 되고 정부가 직접적 당사자로 참여하지 않는 반면에, 노사정위원회는 대통령의 자문기구로서 정부가 행위주체로 참여하는 특징을 가지고 있다.

197) 국회환노위에서는 기업에서 집요하게 주장하고 있는 여성의 생리휴가폐지문제를 모성보호관련법에서 다루는 것이 국회나 정치권에서는 민감한 사안이므로 2001년 6월 26일 모성보호관련 3법(남녀고용평등법, 근로기준법, 고용보험법) 개정안을 의결하면서 생리휴가제도의 문제를 노사정위원회에서 논의하도록 떠넘겨 버렸다.

198) 여성의 반발을 가져올 수 있으므로 전반적인 근로조건 개편과 동시에 함께 논의하는 것이 필요하다고 지적하며 여성근로조건 중에서 국제표준화에 미달되는 조항은 상향조정되는 것이 바람직하므로 상호 교환논리적 시각에서 검토되는 것이 필요하다고 지적한다.

242

을 보장하는 현행 제도를 유지해야 할 것이라고 주장한다. 이에 대해 공익위원은 여성근로자의 청구 시 생리휴가를 주도록 하되 무급으로 하고 이로 인하여 기존임금수준이 저하되지 아니하도록 할 것을 제시하였다.[199] 이렇게 생리휴가부분은 노동계와 경영계의 이해관계가 크게 엇갈리는 부분으로 2001년 11월 현재까지도 합의가 이루어지지 않고 있다.

〈표 5-23〉 생리휴가쟁점사항

구 분	노동계	경영계	공익위원
유급생리휴가제도	현행 유지	폐 지	청구 시 무급으로

자료: 노사정위원회(2001).

(나) 간담회·세미나·공청회·토론회·회의

1998년에는 앞에서 살펴본 여타의 이익투입활동과 마찬가지로 모성보호와 관련된 간담회나 세미나·토론회가 단 한 건도 열리지 않았다. 이는 IMF라는 심각한 구조조정의 터널을 통과하면서 실업과 실직이 속출하는 가운데 많은 비용을 수반하는 모성보호정책을 주장하기에는 사회적 분위기가 너무 부담스러웠던 것도 작용했을 것이라 판단된다.

1999년에는 간담회·세미나·토론회 등이 5회 있었다. 이는 1999년 1월부터 국회여성특위가 현행 여성 관련 법률들을 적극적으로 검토하기 시작하는 것과 관련된다. 국회여성특위는 모성보호 정책과 법제도가 미비한 점을 발견하고 이를 추진과제로 선정하여 진행하는 과정에서 관계전문가 초청간담회를 비롯한 직원간담회 3회, 위원간담회 1회, 공청회 1회를 개최하였다. 한편 2000년과 2001년에는 기업집단이나 여성·노동계보다 정치권의

---

199) 경총·전경련 등 사용자단체에서는 모성보호와 관련해서 지나친 보호조항인 생리휴가제도는 무급으로 전환하든가 아예 폐지되어야 한다고 주장해 왔다. 그러나 생리휴가는 현실적으로 여성노동자의 임금을 보존하는 측면이 더 강하며 이 때문에 한국노총·민주노총 등은 생리휴가의 폐지에는 입장을 같이하여 공동으로 반대를 표명하고 있다.

당정회의 및 회의가 많이 이루어진 것을 알 수 있다. 이는 모성보호정책이 확대되는 과정에서 생리휴가폐지, 모성보호 실시시기, 비용부담의 문제 등을 놓고 공동여당인 자민련과 민주당 간의 의견차이, 또 노동부와의 입장의 차이가 있었고 이를 조율하는 과정이 필요했기 때문이다.[200]

경영계에서는 이 기간에 간담회·세미나 등과 같은 연계행위를 적극적으로 하지 않은 것으로 나타났다.[201] 그러나 정부로서 여성부 및 국회 환노위 의원 등은 이해당사자들이 모두 모인 공식적인 간담회가 아니더라도 수시로 여성, 노동계 및 경영계와의 간담회 등을 통해 의견을 들었으며 여성계에서도 여성 관련한 행사 때 정부관련자 및 여성국회의원을 초청하고 토론자로 지명하기도 하여 그들의 공식적 입장을 듣고 여성계의 목소리를 전달하는 통로로 이용하였다(여성계관련자와의 인터뷰).

〈표 5-24〉 간담회 · 세미나 · 공청회 · 토론회 · 회의

(단위: 회)

구 분	1998	1999	2000	2001	합 계
경 영					0
여성 · 노동			2		2
당정회의 및 여야3당회의, 국회여성특위		5	5	6	16
합 계	0	5	7	6	18

주: 1998 ~ 2001년 7월의 집계

---

200) 따라서 실시시기에 있어서도 정부와 여당은 2001년 7월→2년 유예→2002년 1월 1일→2001년 11월로 번복하였고 육아휴직급여도 25만 원→10만 원→20만 원으로 계속 바뀌는 결과를 초래하였다.

201) 그러나 경총주최의 공식적인 간담회나 토론회·세미나는 없었어도 경총은 법 개정 시 노동부나 관련 부처로부터 의견조회가 올 때 의견을 개진하기도 하고 국회에 법안이 상정되게 되면 전문위원의 검토보고서 작성 시 의견을 제출하거나 직접 국회(환노위)를 상대로 로비를 벌이기도 하였다.

(2) 비공식적 연계

여성의 모성보호확대정책이 법안으로 통과되기까지 여성계와 노동계는 한명숙 민주당의원과 전재희 한나라당 의원 등을 비롯하여 신계륜・김문수・정우택 의원 등 국회환경노동위원회 위원 및 간사 그리고 민주당 간사 이상수 의원 등을 방문하였다. 또한 이회창 한나라당 총재・김종필 자민련 총재・유용태 환경노동위원회 위원장・각 당의 정책위의장・김중권 대표・김종호 의원 등 모성보호와 관련된 인사들은 모두 방문 면담하며 설득 및 협조를 구하였다. 국회 환노위 의원으로서 전재희, 이미경 의원 등도 수시로 여성노동계와의 비공식적 연계를 가진 것으로 나타났으며 또한 정부부처로서 노동부와 여성부도 수시로 여성노동계 및 관계전문가들과 공식 비공식 접촉을 가졌던 것으로 나타났다. 한명숙 여성부장관 및 여성부의 인적구성원들은 직간접적으로 여성계와 관계를 갖고 있었기 때문에 여연 및 여협, 한국여성노동자협의회, 민우회 등과 밀접한 관계를 가졌고 방문, 전화, 서신 등을 비롯한 다양한 방법으로 의견을 듣기도 묻기도 하였으며 의견의 수렴을 통하여 정책반영 및 수위조절도 하였던 것으로 나타났다.

또한 여성계에서도 이들과의 학맥 및 사회활동을 통한 인맥형성을 활용하여 언론보도의 진위성을 확인하기도 하고 당의 입장 및 내부의 동향을 듣기도하면서 대책을 마련하기도 하였다(여성단체관계자C와의 인터뷰).

기업이익집단으로서의 경총도 국회 환노위 관련 의원들을 중심으로 개별방문, 면담 등을 진행하며 기업의 입장을 개진하였는데 경총에는 국회의원들을 상대로 하는 의정팀이 별도로 2000년부터 기구화 되어 있어 국회의원을 면담, 접촉하여 기업의 이익이나 입장을 전달하였다.[202]

---

202) 면담・방문과 관련해서는 행위자들이 구체적으로 밝히기를 꺼려하는 측면도 있고 비공식적 접촉도 많이 이루어지고 있는 관계로 인해 빈도를 따로 집계하지 않았다.

3. 정책행위자의 관계구조

가. 정책행위자의 수와 유형

김대중 정부에서 이루어진 모성보호확대과정은 정책행위자의 수도 많아졌고 유형도 다양화되었다. 이것은 그만큼 이해관계자 및 관심공중의 폭이 넓어짐을 의미한다. 정부에는 노동부·재경부, 국회는 환경노동위원회·국회여성특별위원회, 노동은 한국노총과 민주노총, 기업은 경총, 여성계에서는 여연이 중심부에 위치하였다. 또한 언론·대한상의·경단협·경실련을 비롯한 시민사회단체·ILO·UN여성차별철폐위원회 등도 주변부에 위치하면서 정책결정과정에 영향을 미친 것으로 나타났다. 김대중 정부의 모성보호확대과정에서는 특히 국회가 중요한 역할을 수행하였는데 국회여성특위는 자체적으로 가장 시급하고 개선되어야 할 법안으로 모성보호관련법을 선정하고 간담회와 좌담회 등을 통하여 개정법률안을 만들어 국회여성특위 위원들로 하여금 발의하게 함으로 모성보호를 공론화시키고 중심의제로 부각시키는 데 중요한 역할을 하였다. 또한 16대 환경노동위원회 위원 16명 중 다수가 노동계나 과거 운동권 출신으로 구성되어 있었고 이들은 모성보호확대에 인식을 같이 했으며 법안통과에 긍정적·지지적 입장을 보여주었다. 또한 특히 16대국회에는 여성의원들이 16명이나 진출해서 역대 어느 국회보다 여성의원들의 국회점유율이 높았다. 이들 여성의원들은 환경노동위원회를 비롯한 상임위에서 적절한 역할을 했고 여성정책관련법안을 발의하는 등 여성문제에 인식을 같이하며 여성계와 긴밀한 협조하에 적극적으로 활동한 것으로 드러났다.[203]

정부 내에서 여성의 모성보호에 가장 적극적인 관련 부서는 노동부의 근

---

203) 인터뷰결과 이들 여성의원들은 역할분담을 통하여 당과 정을 설득하여 당론으로 확정짓도록 노력하였으며 이후에도 정부 및 환노위 남성의원들을 설득, 여성계와의 긴밀한 협조 등을 통해 모성보호관련법이 통과되는 데 중요한 역할을 한 것으로 나타났다(민주당L의원, H의원, 한나라당 J의원 및 여성부관계자와의 인터뷰).

로여성정책국이었다. 그러나 같은 노동부 내에서도 고용보험정책과 및 보험
제도과는 입장이 다른 것으로 나타났다.[204] 또한 재정경제부를 비롯한 경제
관련부처도 친기업가적 입장을 나타냈지만 이는 김영삼 정부보다는 약화된
것으로 전반적으로 평가할 때 정부부처에서도 모성보호확대의 필요성에 대
한 인식의 공유가 있었던 것으로 나타났다. 또한 여성계와 여성노동계는 정
책연합을 통한 여성노동법개정연대회를 형성하여 활동한 것으로 나타났다.

나. 관계의 성격

모성보호확대정책과 관련하여 기본적으로 정부는 여성·노동계와 협력
적 관계였다. 모성비용의 사회분담 등은 대통령의 공약사항이었기 때문이
기도 했고 또 대통령의 모성보호에 대한 강한 의지가 있었기 때문으로 판
단된다.[205] 또한 여성부의 강화된 권한과 위상과 더불어 여성부와 노동부
그리고 여성계와의 유대를 통한 신속한 정보의 교류 등이 있었다.

반면, 정부와 기업과의 관계에서는 갈등적 모습을 보여주고 있다. 정책
의 결정과정에서 기업 및 각계의 의견을 수렴하고 종합할 기회를 주지 않
고 당정 협의를 거쳐 의원 입법 발의를 통해 추진하였기 때문에 기업은 정
책 과정에서 상대적으로 소외되고 배제되었던 것으로 나타났다.

또한 정부행위자 간에도 이견이 있었는데 노동부 내에서도 여성정책과
와 고용보험정책과는 고용보험으로 모성보호비용을 부담하는 것에 대해 갈
등적 관계를 표출하였다. 또한 기획예산처는 예산이 한번 책정되면 되면
계속 제도화되어야 하기 때문에 왜 꼭 일반재정에서 부담되어야 하는가 하

---

204) 기본적으로 모성보호비용은 고용보험이 아니라 국민건강보험에서 지출되어야
   한다는 것이며 지나치게 수혜인원을 많이 잡음으로 2003년 이후 고용보험재
   정파탄을 예고하였다.

205) 2000년 4월 고용보험기금 고갈설들이 재계와 노동부 등을 통해 흘러나오고
   나서 국회통과를 앞둔 시점에서 법안통과가 지지부진한 상태였는데 대통령이
   여성부 업무보고를 받는 자리에서 이번 회기에서 통과시키라는 특별지시가
   있었다고 한다. 이후 지시는 이해찬 정책위 의장을 통하여 당으로 바로 전달
   되어졌고 신속하게 진행되었다(여성부 관계자와의 인터뷰).

는 문제로 노동부와 입장차가 있었으며 재정경제부 등 경제 관련부처는 지나친 여성보호조항은 비용부담을 가져와 기업의 고용회피의 사유가 된다며 유급 생리휴가제의 무급전환, 여성특별보호조항에 대한 예외 등을 주장하며 친기업적인 입장을 나타냈다. 그러나 대체로 정부부처는 모성보호확대에 대한 인식을 어느 정도 공유하였다고 보여지는데 이는 모성보호비용의 사회분담화가 선거공약사항이기도 하였고 그간 10여 년간이나 지속된 논의를 거치는 과정에서 경제적 사회적 환경의 변화와 더불어 인식의 폭이 넓어졌기 때문이다.

정당은 기본적으로 삼당(민주당·자민련·한나라당) 간에 출산휴가 등 모성보호 기간의 연장 문제에는 일치를 보았으나 시행시기 및 생리휴가폐지문제를 두고 공동여당인 민주당과 자민련 간에도 갈등적 관계를 나타내었다.

다. 관계의 강도

모성보호확대를 위한 행위자 간의 상호작용에서 이익 표출행위는 2000년과 2001년에 가장 많이 이루어졌고, 빈도수로 보았을 때 행위자 간의 상호작용은 매우 활발했던 것으로 나타났다. 특히 2000년과 2001년은 행위자들의 성명서와 결의문만도 60여회에 달하였으며, 그중 경영계도 11회나 이른다. 이는 지금까지 기업이익집단의 성명서나 결의문 등의 발표가 없었던 것에 비해 2000년과 2001년도에는 기업이익집단도 활발한 대응을 하고 있는 것이다.

그러나 표출행위의 빈도를 포함한 관계성의 강도는 정부와 여성·노동계가 기업집단보다 훨씬 강한 유대관계를 가지고 있었던 것으로 나타났다. 인터뷰결과 정책결정과정에서 수시로 여성계와의 간담회와 토론회, 공식적 비공식적 방문, 면담 및 전화, 서신 등으로 정보의 전달 및 의견교환이 이루어진 것으로 나타났다. 반면 기업집단과의 관계는 상대적으로 약했던 것으로 보인다. 또한 여성계는 정부뿐만 아니라 국회 환노위소속 의원 및 정당과도 수시로 접촉을 하였다. 이 시기 경총 등 기업 집단도 국회 환노위위원 면담,

각 당의 정책위의장 및 제3정조위 정부관계자 등을 통한 방문·면담 및 친기업적인 인사를 통한 이익투입활동을 하였다. 그러나 정부와의 관계에 있어서는 경제 관련부처를 통한 이익표출을 수시로 하였다 하더라도 소관부처인 노동부와의 관계는 여성·노동계보다 약했던 것으로 보이며 특히 여성정책을 주관하는 여성부와의 관계에 있어서도 취약했다고 볼 수 있다.

라. 네트워크의 경계

김대중 정부에서 정책네트워크는 전반적으로 확대되었고 경계구조는 개방적이었다. 정책행위자들은 각자의 이해관계를 가지고 활발한 상호작용을 하였으며 특히 8개 단체의 연대로 이루어진 여성·노동이익집단의 역할이 두드러졌다. 또한 경실련을 비롯한 수많은 시민단체, 여성 300인 선언 등 다양한 행위자들이 정책네트워크에 참여하였다. 이를 통해 사회적으로도 모성보호에 대한 인식이 넓어지고 있음을 알 수 있다. 또한 모성보호강화에 대해 이미 10여 년간에 걸쳐 꾸준히 논의되어 왔던 상태였으므로 정부도 대통령으로부터 부처 간에도 어느 정도 공감대가 형성되어 있었다.[206] 그런데 결정과정을 살펴보면 정책네트워크 내에서 각 행위자들의 합의를 도출하기보다는 당정회의를 통해 결정을 내려 국회에서 의원입법으로 신속하게 추진하였다. 이는 모성보호가 비용이 수반되는 문제이므로 기업집단으로부터의 강한 반발을 의식해야 했고 또한 전부처의 의견을 수렴해야 하는 정부발의로 했을 때 친기업적인 경제 관련부처의 반발로 이루어지기 어려움을 고려한 판단이라고 보여진다. 따라서 정책네트워크에서 정부의 주무부처와 기업과의 관계에 있어서는 수평적 관계라기보다는 수직적 관계의 측면이 강했다.[207] 이는 정부 출범 초기의 IMF 구조조정과정에서 정부의

---

206) 이는 여성부관계자, 노동부관계자, 국회의원보좌관들과의 인터뷰를 통해 알 수 있었다.

207) 모성보호관련법이 확대·개정되는 과정에서 주무부서인 노동부와 기업 간에 정책에 대해 논의할 기회가 제대로 마련되지 못했던 것에서도 드러난다. 이번 개정과정에 참여한 경총의 L팀장은 대화나 협상보다는 정부주도의 아주 권위적인 분위기였다고 당시의 상황을 술회하고 있다.

자율성의 폭이 넓어진 것과 관련이 있으리라 판단된다. 반면에 여성·노동계와 정부와의 관계는 우호적이고 수평적 관계로 분석된다. 이는 정부가 기본적으로 모성보호확대정책을 추진하려는 의지를 갖고 있었기 때문이며, 여성계도 그 어느 때보다도 충분히 세력화되어 정치적 역량을 결집하고 체계적으로 대응해 나갈 능력이 충분하였기 때문이다.

마. 영향력 관계

평화적 정권교체를 통하여 집권하게 된 김대중 정부는 세계화의 확대 및 심화에 따라 여성 관련국제기구와의 협력을 강화하기도 하였으나 한편으로는 IMF 관리체제와 신자유주의적 경제질서를 추구하는 과정에서 여성의 고용불안 등을 초래하였다. 여성의 임신 출산 및 육아의 문제로 인한 고용단절이 생존의 문제로 이어지는 문제와 이러한 문제를 해결하고 여성인력을 활용하여 국가경쟁력을 높여야 한다는 여성인력활용의 문제, 또한 임박한 선거는 정부로 하여금 모성보호확대에 강한 의지를 갖고 추진하게 하였다.

한편 IMF 관리체제라는 특수한 상황이 기업과의 관계에서 재벌의 무분별한 문어발식 경영에 대한 사회적 비판과 더불어 구조조정과정에서 국가가 기업에 대해 강한 영향을 행사할 수 있게 만들었다. 이러한 점은 김영삼 정부에서도 모성보호확대를 이루고자 했으나 국가가 기업과 협력적인 관계를 가지고 있었고 이러한 점이 영향력 관계에서 국가가 기업에 대해 강한 영향을 행사하지 못했던 상황과 비교가 된다고 할 수 있다. 즉 김대중 정부의 국가와 기업 간의 관계는 국가의 주도권이 여성의 모성보호정책에도 영향을 미치게 되어 정부주도하에 정당과 국회 환노위의 협조로 모성보호관련법률의 개정을 이루어냈다.

이상을 종합하여 김대중 정부의 모성보호정책네트워크를 표로 나타내면 다음과 같다.

<표 5-25> 모성보호정책네트워크: 김대중 정부

구 분	행위자의 수	관계의 성격			강 도	경계구조	영향력관계
	규 모	정 부 · 기 업	정 부 · 노 동	정 부 · 여 성	상호작용의 강도	개방의 정도	방 향
내 용	매우 많음	갈 등	협 력	협 력	강	강	정부〉기업

제3절 산출로서의 모성보호정책

1999년 2월 8일 고평법의 3차 개정이 있었으나 개정내용을 보면 차별의 범위를 세부적으로 확대하고, 직장 내성희롱예방을 위한 교육의 실시 및 가해자에 대한 징계 그리고 피해자에 대한 불이익조치의 금지 등의 의무부과 규정 등을 규정하고 있을 뿐 모성보호와 관련된 개정은 없었다(여성특위, 1999: 306-307).

이는 IMF 경제상황이라는 어려운 구조조정의 터널을 지나면서 기업과 정부에 비용의 부담이 되는 모성보호정책확대를 주장하는 것은 시기적으로 어렵다고 판단한 정책네트워크행위자들의 조정의 결과이기도 할 것이다.

그러나 경제위기상황을 서서히 벗어나면서 정책행위자들의 상호작용과 이익투입행위가 2000년부터 활발히 진행되어 임기를 1년 반쯤 남긴 2001년 6월 26일 국회환노위를 통과하여 7월 18일 국회본회의에서 최종 통과하여 8월 7일 국무회의를 거쳐 공포되어 11월 1일부터 시행하게 되었다.

개정된 모성보호와 관련된 정책내용을 보면, 남녀고용평등법은 제정된 지 약 14년 만에 법의 성격과 목적을 근로여성의 복지법과 차별금지법에서 남녀근로자의 고용차별금지와 가정·직장의 양립지원, 여성의 모성보호와 고용촉진에 의한 남녀고용평등 실현법으로 변화시켰다. 근로기준법은 제정된 지 약 48년 만에 출산휴가의 연장과 여성특별보호조항들을 여성의 임신·출산·수유의 모성기능의 보호조항으로 변화시키고 18세 이상의 일반 여성에 대한 특별보호조항을 완화시켰다. 또한 고용보험에 의해 육아휴직 한 남녀근로자가 육아휴직급여를 받을 수 있도록 하였으며 연장된 출산휴 가 30일분에 대해서 산전후휴가급여를 지급하도록 하였다.

1. 남녀고용평등법

첫째, 유급육아휴직제도가 확대되었다. 출산여성근로자는 아기가 만 1세 때까지 1년 이내 사용할 수 있게 했다(고평법 제19조 ①항).

둘째, 지금까지는 남성노동자가 육아휴직을 신청하려면 배우자인 여성도 노동자여야만 가능했는데, 배우자인 여성이 노동자가 아닌 경우에도 남성노 동자가 자유로이 육아휴직을 신청할 수 있게 되었다. 또한 육아휴직을 이유 로 해고 그 밖의 불리한 처우를 하여서는 안 되며 육아휴직 종료 후에는 휴 직전과 동일한 업무 또는 동등한 수준의 임금을 지급하는 직무에 복귀시켜야 하며 육아휴직기간은 근속기간에 포함한다(고평법 제19조 ③, ④항).

셋째, 사업주는 근로자의 취업을 지원하기 위하여 수유·탁아 등 육아에 필요한 직장보육시설을 설치하여야 하며 노동부장관이 보육시설운영에 필 요한 지원과 지도를 하여야 한다(고평법 제21조 ①, ③항).

다섯째, 고평법의 적용을 받는 사업장이 5인 이상에서 1인 이상 전 사업 장으로 확대되었다(고평법 제3조).

2. 근로기준법

첫째, 출산휴가가 현행 60일에서 90일로 연장되었다. 그리고 산전후 90일 을 사용할 수 있도록 하되 산후에 45일 이상을 사용해야 한다. 또한 임신 중 여성근로자에 대하여는 시간외 근로를 시키지 못하며 당해 근로자의 요구가 있는 경우에는 경이한 종류의 근로로 전환시켜야 한다(근기법 제72조).

둘째, 생후 1년 미만의 유아를 가진 여성근로자의 청구가 있는 경우에는 1일 2회 각각 30분 이상의 유급수유시간을 주어야 한다(근기법 제73조).

셋째, 여성의 연장·야간·휴일근로 제한규정이 완화되었다. 현행 근로기준법에는 모든 여성에 대해서 연장근로를 제한하고 야간작업, 휴일근로, 유해·위험 사업장 근무, 시간 외 근무가 금지되어 있다. 그러나 개정안은 임신 중이거나 출산 후 1년이 지나지 않은 경우를 제외하곤 18세 이상의 경우 여성도 이러한 근무가 가능토록 했다.[208] 이 밖에도 현행은 일률적으로 여성의 갱내근로를 금지하고 있으나 의료·취재 등을 목적으로 하는 경우에는 제한적으로 허용하도록 하였다(근기법 제68조 ①, ③항, 69조 70조).

3. 고용보험법

육아휴직급여 및 산전산후 휴가분(연장된 30일분)에 관한 조항이 신설되었다.

그러나 2000년 국회환경노동위원회 대안법률 속에 들어 있었던 태아검진 및 유·사산휴가, 가족간호휴직 등은 법안에서 제외되었다. 재계가 문제 삼았던 생리휴가에 대해서도 추후 노사정위원회가 개선책을 마련토록 했다.

이상을 정리해보면 다음 〈표 5-26〉과 같다.

---

208) 그러나 이 완화규정에 대하여 민주노총과 서울여성노조를 비롯한 일부여성계로부터 왜 현행 보호받게 되어 있는 조항까지 빼는가 하면서 고용보험의 적용을 받지 못하는 비정규직 여성노동자가 전체 여성노동자의 70%에 이르는 현실을 감안하면 오히려 개악이라면서 강한 반발과 저항을 하였다. 이들은 국회환노위의 가결직후 방청석에서 소란을 피우기도 하였다.

〈표 5-26〉 김대중 정부의 모성보호정책

모성보호관련법	남녀고용평등법	3 점 · 4차 개정
	근로기준법	개 정
	고용보험법	개 정
정책내용	근로기준법	· 출산휴가기간연장(60일→90일) : · 여성의 연장 · 야간 · 휴일근로 제한규정 완화, 갱내금지 제한적 허용
	남녀고용평등법	· 유급육아휴직제도 확대 및 신청 대상의 확대 · 사업주의 직장보육시설설치 · 고평법 적용사업장 확대(1인 이상으로)
	고용보험법	· 출산휴가의 연장된 30일은 고용 보험, 정부 재정에서 부담. · 육아휴직자 월 20만 원 지급

제4절 소결론

김대중 정부는 출범초기부터 IMF 관리체제라는 어려운 경제적 환경하에 놓이게 되면서 경제를 비롯한 사회부문 등에서 전반적인 구조조정을 경험하게 되었다. 특히 경제위기의 주범으로서 재벌에 대한 비판을 등에 업고 기업합병 등을 추진하는 과정에서 정부는 기업에 상대적으로 강한 영향력을 행사할 수 있었다.

이러한 환경에서 김대중 정부의 모성보호확대논의에서 결정적으로 중요한 역할을 한 행위자는 국회여성특별위원회였다. 국회여성특위는 IMF를 통과하면서 여성근로자의 해고 등이 속출하고 있는 상황과 특히 임신, 출산, 육아와 관련된 여성의 해고 및 고용불안이 심각하다는 인식하에 모성보호를 개선되어야 할 가장 시급하고 중요한 과제로 채택하였다. 이러한 국회여성특위의 판단하에 수차례에 걸친 공청회와 간담회를 거쳐 모성보호

254

관련법개정안(근로기준법, 남녀고용평등법, 고용보험법) 등이 만들어졌고 여성특위의 여성의원들을 중심으로 발의하게 하였다는 점이다. 이 법안들은 이후 16대국회의 한나라당 김정숙 의원에 의해서 다시 발의되었고 이어 여성연대회의의 청원과 민주당 한명숙 의원의 발의로 이어지게 된다. 그러나 이전 정부에서도 항상 논란이 되어 왔던 생리휴가폐지와 여성과보호조항완화 및 폐지문제는 여전히 남아있었고 또 비용부담의 주체, 실시시기 등을 놓고 기업과 여성 및 노동계, 정부와 정당, 또 공동여당 간에 논란이 많았으며 법안통과자체가 어려워지기도 하였다.

그럼에도 불구하고 김대중 정부에서 모성보호관련법안이 통과되고 실시시기도 4차례나 번복되는 등 진통을 거듭하다가 결국 2001년 11월부터 실시하게 된 요인들 즉, 모성보호확대에 영향을 미친 요인들을 살펴보면 다음과 같다.

첫째, 정책환경으로서 IMF 관리체제라는 어려운 경제환경과 이로 인한 정부의 기업에 대한 영향력 강화를 들 수 있다. 둘째, 여성 관련 국가기구로서 여성부와 노동부 근로여성정책국의 역할이 있었다. 셋째, 대통령을 포함한 정부의 인식의 공유가 여타의 정부보다 넓게 있었다. 넷째, 이미 2001년 노동부 예산에 모성보호비용지원으로 150억 원과 정부일반회계지원 150억 원이 편성되어 있었다.[209] 이는 비용의 문제로 인해 실시시기를 2년 후로 연장하자는 등의 의견이 있었음에도 불구하고 편성된 예산이 있었기에 시기를 앞당겨 할 수 있게 하는 힘이 되었다. 다섯째, 이전 정부와는 달리 8개 단체의 정책연합으로 구성된 여성노동법개정연대회의의 적극적이고 집중적이며 지속적인 이익투입활동 특히 대중수준으로의 이익투입활동이 있었으며 이 과정에서 시민단체들을 끌어들였고 여론을 동원하였다. 특히 이 시기의 언론은 이전 정부들과는 비교도 안 될 만큼의 모성보호 관련 기사

209) 전년도(2000. 4) 경제장관회의에서 2001년도 7월 실시를 가정했을 때 소요되는 비용에 대해서 노동부에서는 일반재정에서 비용을 전액 부담할 것을 주장하였으나 당정회의 결과 노동부에서도 150억 원을 부담하게 되었다고 한다(노동부 관계자와의 인터뷰).

들이 보도되었고 사회면 기획·연재, 정치면, 사설 등 여러 면에서 다루어졌는데 이는 여성노동계의 언론동원능력이 커졌을 뿐만 아니라 그만큼 언론이 모성보호확대과정에서 여론형성에 기여했다는 사실을 알 수 있었다. 여섯째, 여성계나 노동계에서 정부나 의회에서 영향을 행사할 수 있는 중요한 위치로의 인사흐름이 있었다는 점이다. 이는 정부와 의회의 여성의원들과 여성노동계가 협력적 관계하에서 정보를 주고받으며 상호작용을 하였고 여성 및 노동계의 요구를 수용하는 정책결과를 가져오게 하였다. 일곱째, 다음해(2002년)에 치러질 지방선거를 비롯한 대통령선거를 앞두고 있었다. 이것은 여성노동계에서 투표권을 중요한 행위자자원으로 활용했던바 "······ **중략 ······ 우리는 표로써 심판할 것이다.**" 등의 표현에서 알 수 있다.

이렇게 김대중 정부의 모성보호확대는 여러 가지 요인과 상황 등이 총체적으로 작용하여 이루어진 것임을 알 수 있다.

그러나 김대중 정부에서 노태우 정부나 김영삼 정부와 다르게 특별히 두드러진 점은 여성노동과 관련한 여성단체에서 활동했던 여성들의 국회 및 정부로의 인사흐름이다. 이들의 국회 환경노동위원회 및 여성부에의 포진 그리고 의원 및 정부장관을 비롯한 여성계와의 공식 비공식접촉 및 지속적인 관계를 통한 상호작용들, 노동부의 핵심 부처에 여성차관 및 국장의 포진, 국회여성특위의 활약 등과 더불어 여성들의 국회의원으로의 진출이 그 어느 때보다 가장 높았다는 점이다. 즉 영향을 행사할 수 있는 중요한 위치에 인식을 같이하는 여성들의 포진과 그들의 적절한 역할 등이 모성보호확대를 가져오는 데 있어서 가장 결정적 요인으로 볼 수 있다.

이를 통해 여성의 정책결정과정에의 참여가 얼마나 중요한지를 알 수 있었으며 여성의 권익향상을 위해서는 무엇보다 의식 있는 여성들의 정책결정구조로의 참여가 매우 중요하다는 것을 알 수 있다. 이는 실제로 ILO에서도 1952년에 이미 출산휴가를 90일로 규정하고 있었음에도 불구하고 출산휴가기간의 연장 및 모성보호의 사회분담화를 이루는 데 논쟁만도 10년을 끌어왔으며 실제로 여성단체들에서도 이렇게 힘들게 성과를 얻어낸 운동은 없었다라고 말할 정도로 힘든 싸움이었다.

이는 우리 사회에서 모성을 건강한 사회인력의 생산 및 양육을 위한 보호라는 사회적 재생산의 개념으로 보지 않고 여성개인의 문제로 취급하는 오래된 인식과 관행 때문이었다. 이러한 점은 여성의원과의 인터뷰에서도 남성의원들의 인식이 아직도 너무 낮기 때문에[210] 이 점이 가장 힘들었던 점으로 나타나고 있으며 이 과정에 실제 참여하고 지켜 보아온 한 여성의원의 남성보좌관이 말한 다음과 같은 표현에서도 나타나고 있다.

> "여성의원이 없었더라면 법통과가 어려웠을 겁니다. 남성의원들은 이에 대한 인식이 매우 어렵고 아직 못미칩니다."(한나라당 L보좌관)

이상에서 김대중 정부의 모성보호확대과정에서 여성정책네트워크는 더욱 확대되었고 이전의 소외집단이었던 여성집단이 정책결정과정에서 파트너로 등장하게 되었다는 점과 이들과의 협력적 네트워크구축을 통해서 정책결정이 이루어졌음을 알 수 있었다. 그러나 결정구조는 여성·노동계와 정부와의 긴밀한 정책공동체로 이루어졌으며 기업이익집단이 거의 배제된 것으로 보인다. 이러한 정책네트워크의 결과는 경총이 표현한 "국민적 관심사항의 입법안이 힘의 논리만으로 추진된 것에 대해 유감"이라는 표현에서도 드러난다. 따라서 모성보호관련법 통과가 이루어진 후의 시행과정에서도 모성보호가 제대로 정착되고 기업의 자발적 순응을 확보하기 위해서는 결정과정에서 행위자의 반대나 갈등도 조정할 수 있는 정부의 보다 높은 조정능력이 필요할 것이다.

이상에서 김대중 정부의 모성보호정책결정과정에서의 정책네트워크를 본 연구분석틀에 의거해서 종합적으로 나타내면 〈그림 5-2〉와 같다.

---

210) 실제로 한국여성들은 메킨지보고서에서도 밝힌 바처럼 임신 출산 육아가 사회활동의 가장 걸림돌이 되고 있으며 모성보호에 대한 이러한 낮은 인식의 결과 여성들의 출산기피현상이 증가하게 되었고 현재 한국의 출산율은 세계평균보다 훨씬 떨어지고 있으며 앞으로 2015년부터는 인구감소현상이 일어날 것을 우려해야 하는 상황이 되었다.

〈그림 5-2〉김대중 정부에서의 모성보호정책네트워크와 모성보호정책

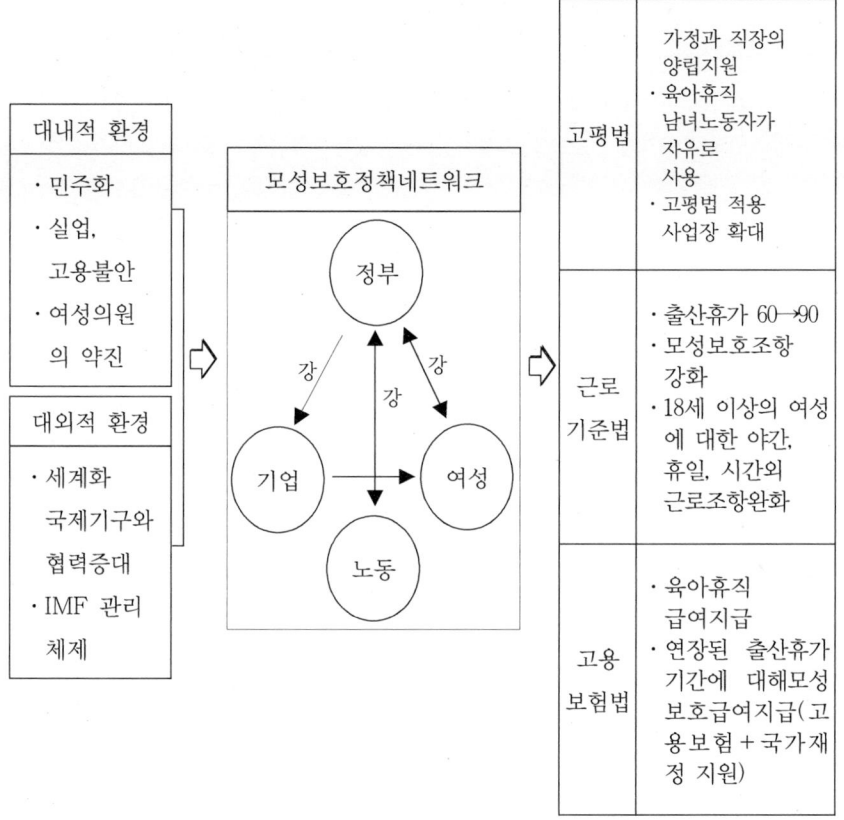

참조: 협력적 관계:
　　　정부가 기업에게 영향을 주는 갈등적 관계:

제6장 분석결과의 종합비교

　본 연구는 한국의 여성정책 특히 근로여성의 모성보호정책결정과정에서의 정책네트워크를 분석함으로써 여성정책이 결정되는 과정은 어떠한 모습인가? 모성보호정책에 가장 영향을 미치는 요인은 무엇인가를 규명함으로써 향후 바람직한 여성정책산출에 기여하고자 하였다.

　본 연구를 위해 정책환경이 정책네트워크에 영향을 미칠 것이다(명제 1), 정책행위자와 그들의 상호작용 및 관계구조로 이루어지는 정책네트워크의 특성은 모성보호정책에 영향을 미칠 것이다(명제 2)라는 명제를 수립하고 각 정부별 분석을 하였다. 본 장에서는 지금까지의 분석결과를 토대로 각 정부별 모성보호정책네트워크를 종합적으로 분석·비교하여 모성보호관련정책에 영향을 주는 요인을 밝혀내고 정책적 함의를 찾고자 한다.

제1절 각 정부별 여성정책환경과 정책네트워크

　지금까지 분석한 바에 따르면 환경은 정책네트워크에 영향을 주어 정책결정과정에 영향을 미치는 주요한 변수로 나타났다. 한국의 여성정책은 환경과 밀접한 관계를 가지며 발전해 왔다고 할 수 있는데 특히 여성의 노동정책은 유엔을 비롯한 대외적 환경과 정치적·경제적·제도적인 대내적 환경의 영향을 받으며 성장·변천하여 온 것으로 분석되었다. 이를 정부별로 살펴보기로 한다.

1. 각 정부별 여성정책환경요약

　환경과 정책네트워크와의 관계를 보기 위해 먼저 각 정부별로 정책환경을 구분하여 정리하면 다음 표와 같다.

먼저 대외적 정책환경은 〈표 6-1〉과 같다.

〈표 6-1〉각 정부별 대외적 정책환경

노태우 정부	김영삼 정부	김대중 정부
·UN여성차별철폐협약비준('84) ·UN 및 ILO가입('91)	·UN여성지위위원회위원국('94) ·WTO 체제 출범 ·4차세계여성회의(북경대회,'95) ·OECD 가입('96) ·UN 여성지위위원회 위원국 재선('97)	·UN, OECD활동지속 ·APEC 여성자문기구의 의장국 ·ILO정이사국으로 재선임 ·선택의정서채택(제43차UN여성지위위원회) ·IMF 관리체제

위에서 보는 바처럼 김영삼 정부부터는 급속하게 세계경제환경과 여성 노동환경이 정부의 여성정책결정을 제한하고 있음을 알 수 있다.

각 정부별 대내적 환경으로서 정치적 환경을 요약해보면 〈표 Ⅵ-2〉와 같다.

〈표 6-2〉각 정부별 정치적 환경

노태우 정부	김영삼 정부	김대중 정부
·노동운동활발(1987.7-) ·시민운동단체 및 진보적 여성운동단체다수출범 ·여소야대정치상황	·민주화진행 및 개방화로 인한 시민사회영역 강화 ·기업집단의 영향력강화 ·노동 및 시민사회영역강화	·정권 초기: IMF로 인한 실업률증가, 고용불안정 ·민주노총합법화, ·글로벌화에 따른 여성문제

한편 각 정부별 경제적 환경은 공통적으로 비슷한 문제를 안고 있다. 각 정부별 경제적 환경을 요약해보면 〈표 6-3〉과 같다. 여성의 경제활동참가는 지속적으로 증가하고 있지만(1980년 42.8%→2000년 48.3%), 이는 교육받은 여성인구에 비해서는 현저하게 낮은 수치로 평가할 수 있다. 그리고

연령계층 및 성별경제활동참가율은 김대중 정부에서 약간 완화되고는 있으
나 세 정부가 공통적으로 M 자형의 모습을 나타내고 있다. 이를 그래프로
나타내면 〈그림 6-4〉과 같다.

〈표 6-3〉 각 정부별 경제적 환경

구 분	노태우 정부	김영삼 정부	김대중 정부
성·혼인상태별 경제활동참가율	여성 및 기혼여성의 참가율 지속증가	여성의 경제활동참가율 가장 높음. 기혼여성의 참가율 가장 높음	남녀 경제활동참가율 감소 (IMF) 특히 여성의 고용환경악화→국회여성특위주시 기혼여성이 미혼여성보다 경제활동참가 압도(2000)
연령계층·성별 경제활동참가율	20-24 가장 높음 25-34세: M자형	20-24 가장 높음 25-34세: M자형	20-24 가장 높음 25-34세: M자형완화

〈그림 6-1〉 여성의 연령별 경제활동인구 변화양상

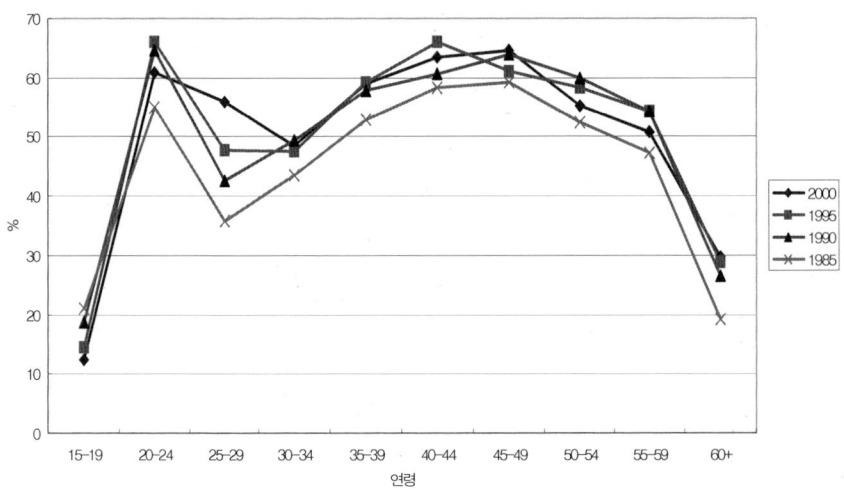

자료: 통계청(각년도).「경제활동인구연보」를 토대로 작성

이러한 현상은 여성의 결혼, 출산 육아가 경제활동에 심각한 영향을 미치고 있음을 나타낸다. 이는 여성인적 자원이 어떤 분야에서든 숙련되기 어렵게 하고 있으며 여성의 의사결정직으로의 진출을 어렵게 하고 있고 결과적으로 임금감소의 요인으로 작용하고 있다. 따라서 세 정부 공통으로 여성들의 사회참여를 높이기 위해 임신·출산·육아 및 직장과 가정의 양립을 위한 모성보호정책의 필요성을 증가시켰다.

다음으로 각 정부별 제도적 환경으로 여성노동과 관련한 법과 국가기구를 정리해 보면 다음 표와 같다.

〈표 6-4〉 각 정부별 제도적 환경

구 분	여성 관련법	국가기구
노태우 정부	1987.12. 남녀고용평등법제정 1989. 4. 남녀고용평등법1차 개정 1991. 영유아보육법제정	1988. 정무장관(제2실) 설치 1988. 전국14개 시도 가정복지국설치 1991. 169개 시군에 가정복지과 설치
김영삼 정부	1994. 제1차근로여성복지기본계획 1995. 여성의 사회참여확대방안 1995. 여성발전기본법제정 1997. 제1차여성정책기본계획('98-2002) 1997. 제2차근로여성복지기본계획('98-2002)	1994. 국회여성특별위원회 설치 1995. 노동부근로여성정책관신설 1996. 근로여성국신설 / 지방노동청에 근로여성과 신설
김대중 정부	1999. 남녀차별금지 및 구제에 관한 법률	1998. 대통령직속여성특별위원회설치 1998. 6개부처여성정책담당관신설 2001. 여성부신설

제도적 환경으로 여성 관련법 및 기본계획, 국가기구의 신설은 김영삼 정부에서 가장 많이 이루어졌다. 이 시기에 모성보호비용의 사회분담화, 출산휴가연장, 생리휴가폐지 등의 논의가 매우 활발하게 일어났는데 이러한 과정을 통해 행위자들의 인식의 폭이 넓어졌으며 이러한 법, 계획들은 김대중 정부의 모성보호확대의 근거가 되었다.

또한 김대중 정부에서 여성정책전담 중앙행정부처로 신설된 여성부가 여성정책의 집행 평가기능과 의안제출권 법률제정권 등의 중요한 기능들을 보유하게 됨으로써 타 부처 및 정책과의 관계에서도 영향을 발휘할 수 있게 되었다.

2. 여성정책환경과 여성정책네트워크

위에서 각 정부별로 놓여있는 여성정책환경을 살펴보았다. 여기서는 이 러한 정책환경과 여성정책네트워크와의 관계를 중심으로 분석하면서 각 정부별로 정책네트워크 및 모성보호정책에 가장 영향을 미친 요인은 무엇인 가? 환경요인으로서 모성보호정책확대에 가장 영향을 미친 요인은 무엇인 가를 도출해내고자 한다.

가. 노태우 정부의 여성정책환경과 정책네트워크

1980년대의 전두환 정부는 UN여성차별철폐협약비준(1984년), 1991년의 유엔과 ILO의 가입을 앞두고 있는 시점에서 유엔의 권고나 규약을 외면할 수 없는 상황과 정치적 정당성의 문제를 가지고 있었다. 이러한 정책환경 은 행위자로서 특히 정부로 하여금 여성정책심의위원회, 한국여성개발원의 개설, 정무장관(제2)실의 설치 등 국가기구를 설립하여 여성문제에 더욱 관심을 가지고 정책적으로 대응하게 하였다. 전두환 정부는 1987년 말의 대통령선거를 앞두고 어느 정부보다 노태우로의 순조로운 정권이양이 필요 했으므로 당시 31만 표나 더 많은 여성의 표심을 잡기 위해서는 여성문제 에 보다 많은 관심과 지원을 기울일 필요가 있었고, 이 결과 남녀고용평등 법의 제정이 이루어지게 되었다.

이후 노태우 정부 초기는 민주화로의 이행기였고 이로 인한 노동 및 여 성계를 비롯한 시민사회단체의 출범, 여소야대의 정치적 상황에 놓여있었 다. 즉 노태우 정부 초기는 정부와 사회와의 관계에 있어서 사회가 더 많 은 자율성을 가졌던 시기로 평가된다. 이러한 국내의 정치적 상황에 더하 여 60년대의 산업화 이후 꾸준히 증가하여온 여성의 경제활동의 참가 및 여성의 교육수준의 향상 등의 경제적 환경 요인이 여성들로 하여금 모성보호 및 열악한 근로환경에 대한 문제의식과 요구를 불러 일으켰다. 또한 여연을 비롯한 1980년대 후반의 여성노동단체들의 출범과 경제적 향상 및 교육수준의 증가에 힘입은 여성 및 노동계의 이익표출활동을 통한 영향력 강화는 남녀고용평등법이 제정된 지 1년 만에 정부와 민정당이 개정을 원치 않았음에도 불구하고 1차 개정을 하게 하였다.

노태우 정부에서 이렇게 대외적·대내적 환경이 정책네트워크에 영향을 미친 것으로 나타났는데 특히 정치적 환경으로서의 여소야대라는 정치상황이 모성보호정책에 많은 영향을 미친 것으로 볼 수 있다. 즉 남녀고용평등법이 제정되어 시행되기도 전부터 법률개정 운동이 일어났고 정부 및 여당의 개정 불가방침에도 불구하고 결국은 1년 만에 개정이 이루어지게 되었는데 당시의 여소야대의 정치상황과 여성노동계에 지지적 성향을 가진 국회 노동위원회 위원들의 지지가 있었기 때문이다.

나. 김영삼 정부의 여성정책환경과 정책네트워크

1996년의 OECD 가입, 1995년의 WTO 체제출범 등은 김영삼 정부로 하여금 개방화로 인한 사회 및 기업의 경쟁력제고에 역점을 두게 하였다. 또한 1994년의 유엔여성지위위원회의 위원국으로의 진출, 1995년의 북경여성회의, 1996년 김영정 전정무(제2)장관의 유엔여성차별철폐위원회 위원으로의 피선 등은 정부가 국제사회에서 여성의 권익에 더욱 관심과 노력을 기울이도록 촉구하였고 여성의 사회참여와 여성인력활용을 위해 모성보호정책에도 더욱 관심을 갖도록 하는 데 기여했다고 볼 수 있다.

또한 김영삼 정부는 대외적인 개방화와 더불어 민주화의 심화가 이루어졌고 시민사회부문이 대내외적으로 강화된 시기로 볼 수 있다. 이는 기업뿐만 아니라 여성노동부문의 강화현상으로 나타나 정부의 자율성을 축소시키는 결과를 가져왔다고 할 수 있다. 따라서 정부는 모성보호를 통해 직장과 가정의 양립을 통한 여성의 사회참여를 활성화하여야 한다는 부담과 함께 무역개방화와 더불어 기업의 경쟁력도 제고해야 하는 두 가지 상충된 이해 사이에 놓여지게 되었다. 그 결과 모성보호를 위한 제도의 정비는 충실하게 이루어 졌지만 법개정을 통한 모성보호의 확대는 당초 정부의 계획 및 여성노동계의 주장에 비하면 매우 미약하게 이루어졌다고 볼 수 있다.

이상에서 김영삼 정부의 대내·외적정책환경은 정책네트워크의 행위자들의 정책선호와 요구의 수준에 영향을 미쳐 정부의 정책결정을 제한하는 변수가 됨을 알 수 있다.

다. 김대중 정부의 여성정책환경과 정책네트워크

1990년대 후반부터 불어 닥친 IMF의 구제금융으로 경제의 구조조정이 이루어지면서 여성실업문제가 대두되었고 또한 앞으로 기업을 둘러싼 대내외 경쟁이 치열해 지고 지식기반경제의 확대에 대비하기 위해 여성인력활용의 필요성이 커지게 되었다. IMF 관리체제는 영향력의 변화와 더불어 여성노동에도 상당한 변화를 가져왔는데 우선 기업의 합병 및 통폐합 등 구조조정을 주도하는 과정에서 정부의 영향력이 커졌다. 또한 IMF 과정에서 여성노동자들의 우선 해고 및 실업의 상태에 대하여 국회여성특별위원회가 주목하여 이에 대한 대책으로 여성근로자의 모성보호가 가장 시급함을 인지하고 관련법 개정작업에 착수하게 되었다. 이에 더하여 김대중 정부에서 신설된 여성부도 강화된 위상을 배경으로 하여 대정부 설득 및 홍보 여성단체와의 지속적 교류 및 정보교환을 통하여 모성보호법안의 내용 및 수위를 조절하면서 모성보호정책산출에 기여하였다.

또한 2001년 7월에 이루어진 모성보호관련법개정은 2002년에 치러질 지방선거와 대선을 겨냥한 측면도 컸다. 이는 앞에서 여성계의 발언을 통해서도 확인된 바 있는데 전 정부를 통틀어 선거를 앞둔 시점에서 여성계의 요구내용 및 강도가 증가되었으며, 강화된 정책연합인 노동법개정연대는 종종 이와 관련된 발언을 하였다. 게다가 정부와 여당의 입장에서도 모성보호는 선거공약사항이었고 다시 선거를 앞둔 시점이었기 때문에 이의 개정필요에 대한 공감이 컸을 것이라 보인다.

이상에서 종합해보면 노태우·김영삼·김대중 정부의 정책환경은 모성보호정책산출에 중요한 영향을 미치는 변수로 볼 수 있다. 즉 국제기구의 여성 관련한 협약 및 권고, 민주화의 정도가 높을수록, 여성의 경제활동참가율이 증가할수록 선거가 임박할수록, 여성 관련한 국가기구나 법 등 제도적 환경의 수준이 높을수록 정책네트워크의 행위자의 목표 및 전략설정, 그리고 행위자의 상호작용에 긍정적 영향을 미쳤다고 볼 수 있다. 따라서 이는 정책환경이 정책네트워크에 영향을 미칠 것이라는 명제 1을 경험적으로 뒷받침한다.

제2절 각 정부별 정책행위자비교

앞에서 정책환경이 정책네트워크에 영향을 미칠 것이라는 명제를 경험적으로 살펴보았다. 이제 정책네트워크의 행위자들은 이러한 환경의 영향을 받아 어떻게 상호작용을 하였으며 상호작용의 관계구조는 어떠한 특성을 가지는가 또한 이러한 정책네트워크는 어떠한 모성보호정책결과를 가져왔는가를 분석해보고자 한다.

1. 행위자이익

정책네트워크의 가장 중요한 변수는 행위자이다. 행위자는 정책결정과정에 각 행위자의 정책목표를 이루기 위해 상호작용 및 영향을 끼치기 위해 노력한다. 여기서는 모성보호정책과정에서 나타나는 중심행위자들을 중심으로 해서 그들이 가지고 있는 행위자이익으로서 정책입장과 조직화의 정도 및 재정력을 정부별로 비교하여 분석하고자 한다.

먼저 모성보호확대와 관련한 각 행위자들의 이익 즉 행위자들의 요구수준 및 정책입장은 노태우 정부에서 김영삼 정부 그리고 김대중 정부로 갈수록 그 정도가 더 확대되면서 구체화되고 있다. 또한 김대중 정부에서 모성은 강화하고 보호는 폐지 또는 완화하자는 보호에서 평등으로의 논의가 쟁점이 되면서 많이 이루어 졌다. 이를 각 정부별로 정리해보면 다음과 같다.

〈표 6-5〉 각 정부별 행위자들의 모성보호정책에 대한 입장

구 분	노태우 정부	김영삼 정부	김대중 정부
정 부	·약함 ·노동부 - 근로기준법상의 모성보호조항준수 ·상공부 - 여성특별조항삭제, 정무장관(제2)실 - 뚜렷한 입장 없음	·강함 ·모성보호내용 확대 및 비용의 사회분담화 - 방법에 대해 부처 간 의견 있음	·강함 ·모성보호내용 확대 및 모성보호비용의 사회분담화 - 정부부처 간 인식 공유
기 업	·모성보호정책철회 및 수정 ·산전후휴가: 60→72	·모성보호확대반대 ·산전후휴가60→84일 ·생리휴가폐지와 함께 논의	·모성보호확대반대 ·단, 산전후휴가만 ILO 기준에 맞게
노 동	·모성보호준수(약함) ·산전후휴가→저소득층에 우선하여 90일로 연장	·모성보호의 확대(약간 강함) ·산전후휴가기간의 연장 ·비용의 사회분담화 ·생리휴가 현행 유지 ·무급의 육아휴직기간연장	·모성보호확대(매우 강함) ·산전후휴가기간의 연장 ·비용의 사회분담화 ·생리휴가현행 유지, 유급육아휴직
여 성	·모성보호준수	·모성보호의 확대 ·비용의 사회부담화 ·대상확대: 여성농민, 유급육아휴직	·모성보호확대구체화 ·산전후휴가기간과 비용부담방식, 휴가중소득보장수준의 구체화
정 당		·모성보호비용의 사회분담화 - 구체적 입장 없음	·사회분담화방안제시

2. 행위자자원

정책네트워크에서 행위자가 가지고 있는 조직자원과 재정력은 타 행위자와의 관계에서 영향을 미치는 중요한 자원으로 기능하기도 한다.

가. 정 부

(1) 노동부

근로여성정책을 담당하고 있는 정부부문의 행위자로서 노동부의 조직변화를 보면 〈표 6-6〉과 같다.

〈표 6-6〉 정부별 노동부조직화

년 도	실	국	과	담당관	정 원	기 구
1989	1	6	21	10	367	부녀지도관 근로기준국 - 부녀소년과
1992	2	5	24	12	411	부녀지도관 근로기준국 - 부녀소년과
1995	2	4	23	13	388	근로여성정책관(명칭변경) 근로기준국 - 부녀소년과
1996	2	4	23	13	402	근로여성국 - 근로여성정책과 - 부녀소년지원과
1997	2	4	23	13	397	근로여성국 - 근로여성정책과 - 부녀소년지원과
1998	2	4	22	17	377	근로여성국 - 근로여성정책과 - 부녀소년지원과
1999	2	4	21	14	377	근로여성정책국 - 여성고용지원 과, 여성정책과

자료: 행정자치부(1998).

노태우 정부에서 노동부의 조직규모는 지속적으로 커졌지만 노동행정과 관련한 조직구조는 변화가 전혀 없었다. 김영삼 정부에 들어 1995년에는 기능이 모호하였던 노동부의 부녀지도관 대신에 근로여성정책관을 신설하였다가 1996년에는 근로여성정책관과 부녀소년과를 폐지하고 근로여성국을 신설하게 된다. 이어 김대중 정부에서는 근로여성국을 근로여성정책국으로 하고 하부조직으로 여성고용지원과와 여성정책과로 개편하였다. 김대중 정부에서 이루어진 노동부 직제개편은 김대중 정부가 여성정책의 주류화를 위한 집행력 보완을 위해 신설한 여성정책담당관제도 때문이었다.

또한 노동부의 재정력은 역대 정권을 통해서 볼 때 일반회계 전체 예산 중 1%도 되지 못하는 아주 미미한 소규모 예산이었다. 김영삼 정부에 있어서도 전기간 동안 노동부예산은 전체 예산 중 0.4% 내외의 수준에서 새로운 증가 없이 답보상태에 있었다. 이러한 낮은 재정력은 정부부처 간의 협상에서도 영향력의 제한을 받는다고 볼 수 있다.[211] 그러나 이러한 전체 예산대비의 낮은 구성비는 김대중 정부에서 들어서서 0.7%로 높아졌다. 그러나 타 부서에 비해서는 여전히 저조하다고 할 수 있다. 그럼에도 불구하고, 김대중 정부는 2001년도 노동부 예산안에 모성보호비용지원으로 150억 원을 편성하였고 2001년도에 여성고용안정과 취업촉진을 위한 예산이 전년 대비 98.3%나 증액된 것은 정부의 강력한 모성보호 추진의지를 나타내는 것이라 볼 수 있다. 실제로 정책행위자로서 노동부의 이러한 재원확보가 2001년도 모성보호확대를 가져오게 된 추진력이 되었다.

---

211) 실제로 김영삼 정부의 세추위논의과정에서 모성보호비용의 부담주체를 누가 할 것인가를 두고 부처 간의 논의가 있었지만 경제기획원이나 통산부 등에 비해 노동부의 영향력이 매우 미약한 것으로 드러났다.

<표 6-7> 정부별 노동부 예산

년 도	노동부예산	전체 예산	구성비(%)
1993	170,435	38,583,715	0.44
1994	192,707	44,935,820	0.43
1995	211,212	51,881,113	0.41
1996	268,175	57,962,100	0.46
1997	317,239	65,959,066	0.48
1988	479,697	75,582,900	0.63
1999	577,793	80,137,800	0.72
2000	587,994	86,474,007	0.68

자료: 노동부(각 년도). 『예산개요』

(2) 정무장관(제2)실·여성특별위원회·여성부

노태우·김영삼 정부의 정무장관(제2)실 인원 및 예산변동현황은 〈표 Ⅵ-8〉과 같다.

예산에 있어서도, 정무장관(제2)실의 예산은 발족되던 해인 1988년도에는 8억 원이었던 것이 그간 한국여성개발원 출연 및 여성발전기금 조성이라는 새로운 요인이 발생하여 1997년도 예산은 192억 원으로 24배가 증액되었다. 그러나 출연금(58억 원)과 기금전출금(100억 원)을 제외한 정무장관(제2)실의 순수예산은 33억 원[212]이다(황인자, 1997: 34). 한 국가의 여성정책을 전담하는 중앙부처의 이렇게 턱없이 부족한 예산현실은 정부행위자 중에서도 여성정책을 담당하는 부처의 영향력약화를 보여준다고 할 수 있다.

이러한 문제점을 해결하기 위해 역대여성행정기구 사상 가장 높은 위상과 함께 가장 많은 조직과 인력을 가진 여성부가 신설되었다. 2001년 11월 현재 인원은 105명이며 예산은 약 318억 원이다. 따라서 여성부는 규모와 재원 면에서 정무장관(제2)실이나 여성특별위원회보다 훨씬 규모가 커지고 증가되었다.

---

212) 이 중 인건비 등 경직성 경비를 제외하면 순수사업비는 17억 원에 불과하다.

〈표 6-8〉 정무장관(제2)실 인원 및 예산변동 현황

(단위: 명, 천 원)

년 도	인 원	예 산	비 고
1988	20→28 (88. 2. 25)(88. 3. 18)	825,243	
1989	34 (89. 9. 21)	1,000,348	
1990	34 (89. 9. 21)	1,191,356	
1991	40 (91. 11. 25)	1,464,321	여성개발원 지도감독 권한위탁 여성개발원출연금 불포함
1992	40 (91. 11. 25)	5,741,810 (1,631,985)	이하( )안은 여성개발원 출연금을 제외한 정무장관(제2)실 순수예산
1993	39 (93. 8. 9)	6,182,117 (1,878,292)	정부조직 개편
1994	39 (93. 8. 9)	7,246,440 (1,923,540)	
1995	39 (93. 8. 9)	8,831,871 (2,312,617)	
1996	53 (96. 6. 29)	8,037,493 (2,826,587)	여성발전기본법 시행 -여성발전기금 신설
1997	52 (97. 3. 20)	19,188,026 (3,347,705)	여성개발원 출연금(58억), 여성발전기금(100억)포함

자료: 황인자(1997: 36)

　　정책행위자로서 여성부는 신설은 늦었지만(2001. 1.29) 기존의 여성 관련
부처보다 강화된 기능과 위상 및 조직자원과 예산을 가지고 모성보호확대
과정에서 주무부서는 아니지만 주무부서인 노동부와 더불어 법개정을 위한
노력을 하였고 각 당과 관련 정부부처의 접촉, 여성단체 임원단 면담을 통
한 개정필요성을 설득하는 등 모성보호확대를 위한 노력을 하였던 것으로
나타났다(여성부관계자와의 인터뷰).

나. 기 업

(1) 조직의 규모

경총은 창립 당시 40여개에 불과한 회원사와 1실 2부 5과의 사무국조직으로 출범했으나 김영삼 정부에 이르러 UR 협상타결, WTO 체제의 출범으로 국제경쟁이 치열해지는 상황과 함께 다양해지는 노사문제에 효율적으로 대처하기 위해 조직과 규모를 개편하면서 기능도 확대되어 왔다. 경총은 2000년도부터 특히 정책본부 아래에 의정팀을 두고 대 국회 및 정부접촉을 통한 기업의 의견개진 및 설득을 전담하고 있다. 의정팀은 시간이 걸리는 정부발의보다 신속하게 이루어지는 의원입법발의에 대해 보다 신속하고 전문적으로 대응하기 위한 조직이다. 경총의 조직회원사 변화추이를 보면 다음과 같다.

〈표 6-9〉 한국경총 회원사 변화추이

(단위: 개, 명)

구 분	1990	1993	1996	1997	1999	2001
회 장	1	1	1	1	1	1
부회장	14	13	23	22	21	21
고 문	7	8	10	11	8	8
상임위원회	12	11	12	12	12	
이사회원	75	92	34	93	98	95
상임이사	3	4	3	3	2	2
감 사	3	3	31	3	3	3
일반회원	267	295	177	183	171	163
단체회원	50	37	36	36	33	38
지역회원	3140	3372	3375	3291	3247	3061
비 고				명예회장 1	명예회장 1	명예회장 1

자료: 경총(각 년도). 『사업보고서』

경총은 노태우 정부 이전까지 회원사의 변동이 별로 없었다. 이는 권위

주의 정부하에서 기업과 정부의 밀접한 관계가 기업으로 하여금 이익집단
에의 참여필요성을 느끼게 하지 않았던 것으로 볼 수 있다.

그러나 1987년 이후의 민주화과정에서 노동계의 목소리가 커지면서 기
업들은 단체가입의 필요성을 실감하게 되었고 노태우 정부에서부터 김영삼
정부의 경제위기 이전까지 꾸준히 증가추세를 보이게 된다. 이 과정에서
특히 김영삼 정부시기에 회원가입이 많아진 것은 국내적인 자율화와 민주
화의 추세확산과 더불어 노동계의 목소리가 다시 높아지면서 기업들이 그
에 상응하는 대응력을 높이기 위해 경총에 가입을 많이 하게 된 것이다.
그리고 김영삼 정부 말기 IMF직전부터 경영환경의 악화 등으로 인해 경영
합리화차원에서 지방사업장을 통폐합하게 된 결과 이후 지역 회원수는 감
소한 것으로 나타났다.213)

이상에서 국내적인 정치사회적 환경이 정책네트워크의 행위자인 기업의
조직화에도 영향을 미치고 있다는 것을 경험적으로 알 수 있다.

(2) 여성사업비

경총의 수입원으로는 회비가 차지하는 비중이 대다수인데 1992년 말 회
비수입의 점유비율은 95%로부터 2001년 말 97.7%의 비중을 차지하고 있
다. 여기에서 경총은 한국노총이나 다른 집단에 비해 매우 높은 재정적 자
립도를 보이고 있음을 알 수 있다. 특히 사업비 중에서도 여성노동부문의
비중을 살펴보면 〈표 6-10〉과 같다. 이를 보면 경총의 대외사업비 중 여
성노동과 관련한 사업비 비중은 그리 높지 않은 것을 알 수 있다. 오직 김
대중 정부의 2000년에서만 1%를 나타내어 다른 해보다 높은 비중을 보여
주고 있는데 이는 이 시기가 모성보호 확대논의가 진행되던 시점이라는 것
과 의정팀의 신설 등으로 미루어 볼 때 여성노동과 관련해서 기업의 이익
투입을 위한 좀 더 활발한 사업들이 이루어졌음을 추측케 하고 있다.

그러나 노사관계전담기구로서 경총에서 여성노동부문이 차지하는 비중

---

213) 실제상으로는 지방에 있는 사업장을 통폐합했기 때문에 현재까지 회원사의
큰 감소는 없었다고 한다(경총 K팀장과의 인터뷰).

이 이렇게 낮게 나타나는 것은 경총에 여성노동을 전담할 조직이 따로 없다는 점과 전체적인 노사관계부문에서 볼 때 여성노동운동의 비중 및 중요성은 기업 측의 입장에서도 그리 시급하거나 중요하게 고려되지 않은 면도 있다고 보아야 할 것이다.

〈표 6-10〉 경총의 전체 사업비 중 여성노동부분 관련 사업비

(단위: 원)

년 도	전체 사업비	여성노동부문	비 중(%)
1997	2,238,121,728	13,400,000	0.6
1998	1,807,062,217	12,000,000	0.7
2000	1,555,418,850	14,800,000	1
2001	1,747,982,629	11,700,000	0.7

주: 관리비 및 기타비용을 제외한 순수사업비만 기재
자료: 한국경총 내부자료

다. 노 동

(1) 조직의 규모

노동조합활동은 1980년대 후반 활발하게 되어 오다가 1989년을 정점으로 조직률과 조합원수가 계속 감소하는 추세이다. 조합원수규모에 있어 한국노총의 경우 노태우 정부 초기에는 증가하다가 김영삼·김대중 정부를 거치면서 급격히 감소하였다. 그러나 민주노총은 김영삼 정부에서 김대중 정부로 오면서 다소 변동은 있지만 증가하고 있다.

한편 한국노총은 계속적으로 감소하고 있는 조합 및 조합원수로 인해 위기의식을 느끼게 되고 과거의 맹목적인 친정부적 지지형태를 지양하고 노동자들의 권익을 위한 노력을 더욱 기울이지 않으면 안 되게 되었다. 이는 2001년 들어 모성보호정책의 확대과정에서도 드러나는데 한국노총은 노동법개정연대회의와 함께 활동을 하면서도 지속적으로 대중을 상대로 한

성명이나 정부나 국회를 상대로 한 정책건의를 통한 별도의 홍보활동을 함께 진행하였다. 한국노총과 민주노총의 조합원수 추이를 보면 다음 〈표 6-11〉 및 〈표 6-12〉와 같다

〈표 6-11〉 한국노총 연도별 조합원수

(단위: 명)

구 분	1986		1989		1996		1998		2000	
	조합원수	%	조합원수	%	조합원수	%	조합원수	%	조합원수	%
남 성	724,566	69.9	1,402,106	72.6	917,346	79.1	739,295	82.0	701,849	80.5
여 성	311,324	30.1	530,309	27.4	242,560	20.9	162,035	18.0	170,264	19.5
전 체	1,035,890	100	1,932,415	100	1,159,960	100.0	901,330	100.0	872,113	100.0

주: 2000년 조합원수는 2000년 1월을 기준으로 함. 노동부 통계 872,113명은 한국노총 사업보고서에 보고된 조합원수 949,193명과 77,080명의 차이가 있음
자료: 노동부(각 년도). 『노동조합조직현황』; 한국노총(2001)에서 재인용

〈표 6-12〉 민주노총 연도별 조합원수

(단위: 명)

구 분	1996		1997		1998		1999		2000	
	조합원수	%	조합원수	%	조합원수	%	조합원수	%	조합원수	%
남 성	342,586	78.1	426,211	80.1	409,140	81.7	433,207	76.7	488,529	79.4
여 성	96,066	21.9	105,913	19.9	91,470	18.3	131,567	23.3	126,422	20.6
전 체	438,652	100.0	532,124	100.0	500,610	100.0	564,774	100.0	614,951	100.0

자료: 노동부(각 년도). 『노동조합조직현황』; 한국노총(2001)에서 재인용

(2) 의사결정기구에서의 여성참여현황

의사결정기구에서 여성의 참여 정도는 노동조합 내에서 여성의 지위를

나타내고 있다. 노동조합 내에서 여성의 참여는 한국노총이나 민주노총이나 여성조합원비율을 고려해 보더라도 매우 저조한 것으로 나타나고 있다. 이는 노동조직에서조차 여성노동자의 이익을 대변할 수 있는 기회가 구조적으로 차단되어 있음을 나타낸다. 이렇게 의사결정기구에서의 낮은 참여율은 노동정책 그중에서도 여성노동정책과 관련한 행위자의 상호작용과정에서 여성노동자의 소외로 나타나고 이는 결국 여성노동자를 배제한 정책산출을 가져오게 될 것이다. 따라서 이러한 한계에서 벗어나기 위해 김대중 정부에서 이루어진 모성보호정책확대를 위한 이익표출활동에서 여성계와 노동계는 정책연합을 형성하여 집중적이고 전략적으로 여성·노동의 이익을 추구하게 되었다.

(3) 여성사업비

조직의 재정력은 중요한 영향력을 미칠 수 있는 자원이다. 여성노동자의 이익을 대변하기 위한 사업비 비중을 통해 노동이익집단조직에서의 여성노동자들의 위치 및 이익대변활동을 간접적으로 파악할 수 있다. 먼저 각 정부별 한국노총의 사업비중 여성사업비의 비중을 살펴보기로 한다.

한국노총의 여성사업비는 노태우 정부에서는 후기로 갈수록 사업비 비중이 떨어지고 김영삼 정부에서는 계속 0.6%를 유지하여 오다가 1996년부터 0.8%를 지속하고 있다. 이후 김대중 정부의 2000년부터는 0.7%를 차지하고 있다. 전체적으로 볼 때 한국노총의 총수입 대비 여성사업비는 평균 0.7%로 매우 낮은 점유율을 보이고 있는 것을 알 수 있다.

또한 민주노총의 여성사업비를 살펴보면 민주노총도 한국노총과 마찬가지로 여성사업비가 절대적으로 부족한 것으로 나타난다. 전체 사업비를 보면 책정된 예산은 750만 원이었고, 3·8대회분담금 430만 원 등 책정된 예산외 사용금액이 1,130만 원이었다(민주노총, 2001). 즉 노동이익집단 속에서도 여성노동자들을 위한 여성사업비는 여성조합원이 약 20%에 이르는 것을 고려할 때 지나치게 낮은 것으로 평가된다.

〈표 6-13〉 각 정부별 한국노총 여성사업비 비중

(단위: 원, %)

년 도	총수입(A)	여성사업비(B)	비율(B/A)
1990	1,513,973,347	12,230,000	0.8
1992	1,701,328,315	10,000,000	0.6
1993	1,783,353,466	10,000,000	0.6
1997	2,042,465,027	17,000,000	0.8
1998	2,020,143,936	17,000,000	0.8
2001	2,444,151,604	17,000,000	0.7

자료: 한국노총 내부자료

라. 여 성

(1) 조직의 규모

여성단체는 1985년 60개 단체로부터 시작하여 노태우 정부인 1990년에는 70개, 그리고 1992년에는 75개 단체로 꾸준한 양적 성장을 보이고 있다. 한편 김영삼 정부에서는 1994년 62개로 급격한 감소추세를 보이고 있다. 그러나 1996년에는 다시 단체수가 증가하기 시작하여 68개 단체에 866만 3010명의 회원을 가진 조직을 형성[214]하게 된다. 한편 김대중 정부인 1999년에는 정부에 등록한 여성단체만도 79개에 이르러 양적으로 놀라운 발전이 있었다. 이처럼 여성단체의 양적 증가와 더불어 이들 여성단체들은 그 목적은 약간씩 다르지만 여성의 이익이라는 측면에서는 서로 연대하기도 하여 공동의 목표를 이루는 데 협조하였다. 이러한 점은 여성의 영향력을 증대시키는 데 기여했다. 특히 김대중 정부 후반기에 전개된 모성보호확대를 위한 법 개정운동에 여성단체들은 서로 조직적으로 연대해서 적극적으로 활동을 한 것으로 나타났다. 여성 단체 현황은 〈표 6-14〉과 같다.

---

214) 그러나 회원수는 중복가입한 회원도 있을 것이며 또한 정부지원을 받기 위해 회원을 불리기도 하는 것으로 보인다.

278

〈표 6-14〉 여성 단체 현황

(단위: 개, 명)

년 도	회원수	단체수	지부수	임원수
1985	6,324,568	60	441	622
1990	8,151,558	70	627	898
1992	9,783,721	75	827	392
1994	5,546,172	62	829	875
1996	8,663,010	68	787	943
1999	7,014,623	79	-	-

주 1: 중앙부처에 등록된 여성단체에 국한되었기 때문에 지방자치단체에 신고된 여성
단체는 제외됨
주 2: 1994, 1996년은 사회단체가 제외됨.
자료: 여성통계연보(한국여성개발원, 2001: 372)에 1992년도 추가해서 재구성

또한 이익집단으로서의 여성단체는 대표적으로 여협과 여연이 있는데 2001년의 모성보호확대를 위한 법개정운동에 여연 및 여협 산하의 많은 여성단체들이 참여하였지만 그중 특히 여연이 중심적인 역할을 한 것으로 나타났다. 여연은 정책기획위원회와 노동위원회 성과 인권위원회 등 여성의 권익과 노동에 대해 전문적으로 연구 및 전담하는 위원회가 있었고 이들 간의 지속적인 토론과 회의 등을 통한 정책개발에 주력하며 특히 모성보호 확대와 관련한 운동에서도 신속하게 대처했던 것으로 나타났다.[215]

(2) 여성사업비

조직강화는 물론 독자적인 사업을 추진하는 데 가장 중요한 요소는 재정이다. 대부분의 여성단체들의 재정은 회원들의 회비가 주요 재정원이고, 그 밖에 찬조금, 외국재단의 상비지원금, 그리고 재정사업 등으로 재정을 충당하고 있다.

여성단체들이 노태우 정부로부터 김대중 정부에 이르기까지 꾸준한 양적

---

215) 이는 경영계와의 성명을 통한 이익표출활동에서도 나타나고 있는데 경영계의 모성보호와 관련한 성명 뒤에 당일 즉시 반박성명이 발표되곤 하였다.

발전을 하고 있었던 것에 비해 대부분이 내부적으로는 열악한 재정환경 속에서 예산부족의 악순환을 거듭하고 있는 것으로 나타났다(김금래, 1997). 정부 각 부처에서는 자기 부처에 등록한 여성단체를 중심으로 지원금을 교부하고 있으며 한국여성개발원에서도 여성단체 지원사업을 전개하고 있다(한국여성개발원, 1990a: 235-236).

또한 남녀평등실현과 여성권익발전을 위한 사업을 종합적이고 체계적으로 추진하기 위해 1995년 제정된 여성발전기본법에 의거해 조성된 여성발전기금은 1998년 5월부터 기금사업을 개시하기 시작했다. 기금지원사업비는 1998년 8천만 원, 1999년 3억 원이 지출되었으며 2000년도는 총 6억 5천 2백만 원이 지원되었다. 1999년도에 여협 및 여성민우회 등 여성단체들은 남녀성비 불균형타파를 위한 사업 및 차별극복과 관련한 사업지원을 받은 것으로 나타났으며 2000년도에는 평화·통일분야의 여성단체활동지원(공모)이 있었다(여성백서, 1999: 2000).

그러나 아직도 여성단체들에게 재원은 턱없이 부족하였고, 여성단체들은 이러한 재원의 부족 등으로 인한 활동의 제약을 타개하기 위하여 사안별로 노동계와도 연대활동을 함으로써 그 세력을 확대시키고 압력단체로서의 역할을 강화하였다.

이상에서 정책행위자의 자원으로서 조직과 재정자원을 구성원과 사업비를 중심으로 표로 나타내면 다음과 같다.

〈표 6-15〉 각 정부별 정책행위자 자원

구 분		정 부		노 동	기 업	여 성
		노동부	여성부처			
노태우 정부	구성원	약 함	약함(정무)	증가(한국)	증 가	증 가
	재정	낮 음	낮 음	낮 음	낮 음	낮 음
김영삼 정부	구성원	약 함	약함(정무)	감소(한국) 증가(민주)	증 가 (가장 많음)	초기: 감소 후기: 증가
	재정	낮음(0.4%)	낮 음	낮 음	낮 음	
김대중 정부	구성원	낮 음 기구전문화	향상(여성부)	감소(한국) 증가(민주)	감 소	증 가 (가장 많음)
	재정	증가(0.7%)	증 가	약간증가	낮 음	

주: 한국은 한국노총을, 민주는 민주노총을 의미함

이상에서 종합해 보면 여성노동정책과 관련한 정책행위자들의 조직자원과 재정(예산이나 사업비)은 정부별로 아주 약간의 차이가 있기는 하지만 거의 변동이 없이 각 정부에서 전반적으로 낮은 것으로 나타났다. 이를 통해 여성노동부분은 각 행위자집단에서도 중요도에 있어 매우 낮은 비중을 차지한다고 할 수 있다. 이러한 자원이 모성보호정책결정과정에 어느 정도로 어떻게 영향을 행사했는지에 관해서는 파악하기 어렵다.[216] 그러나 김대중 정부에서는 2001년도 노동부 예산에 모성보호예산을 150억 편성해 놓았는데 즉 재정이 미리 확보되어 있었던 것이 법안통과에 주효했었다고 한다(노동부S 국장과의 인터뷰).[217]

---

216) 실제로 행위자들이 사업비나 예산에 대해 공개하기를 꺼리고 있고 공개하고 있더라도 신뢰성의 문제가 남아 있으며 여성단체의 정확한 사업비를 확인할 수 없는 상태에서 정책행위자자원이 모성보호정책에 미친 영향은 판단하기 어렵고 단지 약간 미쳤을 것이라고 판단할 뿐이다.

217) 즉 예산이 미리 확보되어 있으면 법 제정하기가 훨씬 쉽다는 것이다.

제3절 정책행위자의 상호작용비교

1. 정보흐름

가. 권력수준으로의 정보흐름: 정책 건의·청원

권력수준으로의 정보흐름으로 정책건의와 청원의 빈도수를 살펴보면 노태우 정부는 17회, 김영삼 정부는 16회, 김대중 정부는 3차와 4차 개정이 이루어지기까지 11회 이루어졌다. 세 정부를 비교해 보면 노태우 정부가 총 17회로 가장 많고 김대중 정부가 가장 낮은 것으로 나타났다. 즉 김대중 정부로 갈수록 권력수준으로의 이익표출보다 대중수준으로의 이익표출을 더 선호하였던 것으로 나타났는데 이는 김대중 정부로 가면서 이루어진 정치민주화의 추세와도 밀접한 관련이 있는 것으로 보인다.

〈표 6-16〉 정부별 정책 건의 · 청원건수

구 분	노 동	경 영	여 성	합 계
노태우 정부	9	5	3	17
김영삼 정부	6	5	5	16
김대중 정부	3	3	5	11
합 계	18	13	13	44

주 1: 각 정권별 시기구분은 노태우 정부: 1988~1992, 김영삼 정부: 1993~1997, 김대중
정부: 1998~2001.7까지 집계
주 2: 김대중 정부의 여성은 여성·노동으로서 연대회의를 의미함

행위자들의 권력수준으로의 직접행위로서 정책건의와 청원내용은 노태우 정부의 1차 개정에서부터 김영삼 정부의 2차 개정, 김대중 정부의 3·4차 개정으로 갈수록 구체적이고 요구의 수준도 높아지고 있다. 각 정부별

정책행위자들의 모성보호정책내용은 〈표 6-17〉과 같다.

〈표 6-17〉에서 보면 노동계보다 여성계에서 모성보호의 요구내용이 더 구체적이며 요구의 수준도 김대중 정부로 올수록 높아져 가고 있다.

〈표 6-17〉 정부별 정책행위자들 간의 모성보호정책 입장

구 분	노태우 정부				김영삼 정부				김대중 정부		
	정 부	경 영	노 동	여 성	정 부	경 영	노 동	여 성	정 부	경 영	노동·여성
산전산후 유급휴가		무급	60→저소득층에 우선해서 90일 또는 12주 ('92)		60→90	60→72	60→90	90일 이상	60일→90일	60일→12주 (단, 유급 생리휴가 폐지와 함께 논의)	60일→100일 (산후60일 이상 확보)
육아 휴직 (기간)	·생후 1년 미만의 영아를 가진 근로여성이 신청하는 경우 허용 ·산전·산후유급휴가기간을 포함하여 1년 이내					남자도 1년간 가능	무급의 육아휴직 기간연장	유급휴직	2001. 7부터 실시→2년 유예→2002. 1. 1→2001. 11	의료보험, 그러나 연기 (의료보험 재정이 안정될 때까지)	유급실시 대상-여성노동자, 여성농민, 여성장애인 비용-사회 부담화
육아 휴직의 근속 기간 포함				포함			노사자율에 맡기도록	포함 및 육아휴직의 남녀공유			
생리 휴가	월 1일의 유급생리휴가	폐지	존속	존속	폐지→무급	폐지→무급	유급, 존속	여연, 노총-생리휴가의 무급은 시기상조 여협,노동부,정무장관실-권리는 보장하되 무급으로	폐지→무급	폐지→무급	현행 유지 또는 남녀공통의 유급건강검진휴가
모성보호 비용					사회분담화			사회분담화	사회분담화	사회분담화 (의료보험) 70%소득보장	사회분담화

구 분	노태우 정부				김영삼 정부				김대중 정부		
	정 부	경영	노 동	여 성	정 부	경 영	노 동	여 성	정 부	경 영	노동·여성
야업금지.휴일근로금지.시간외근로금지.갱내근로금지	노동부장관의 인가와 본인의 동의를 얻어야만 가능	폐지			완화	정비			폐지	폐지	조건부폐지
임신 중 정기검진일			임신 중 월 1일		실시 (월1회)		실시 (월 1일)	실시		태아건강검진 시기상조	태아건강검진 임신 중 여성근로자에게 월 1일
유급유산휴가					4-7 산후휴가만. 8 이상: 정상 분만자와 동일			실시	4-7개월 미만은 산후휴가, 임신 8개월 이상은 정상 분만자와 동일	시기상조	출산에 상응한 보호
임신 중 여성의 야간근로								금지			
가족간호.자녀간병 휴가제					출산 간호 휴가제 (남성)			실시	실시	폐지 배우자휴가법제화 방침철회	사기업으로 확대 배우자휴가 1주일
기타	육아시설 - 상시근로자 300인 이상	500인 이상 사업체중	100인 이상								출산수당제 도입 내실화 및 확대

나. 대중수준으로의 정보흐름: 성명서·결의문·시위·여론동원

노태우 정부(1988-1992)와 김영삼 정부(1993-1997)시기는 성명서나 결의문횟수는 똑같이 14회였지만 김대중 정부(1998-2001)에 이르러서는 63회로 폭발적인 증가를 하였고 시위와 집회만도 18회나 된다.

<표 6-18> 정부별 성명서 · 결의문 · 시위 · 여론동원

구 분	노 동		경 영	여 성	합 계
	한국노총	민주노총			
노태우 정부	10			4	14
김영삼 정부	10			4	14
김대중 정부	21	5	11	44	81
합 계	41	5	11	52	109

주: 김대중 정부의 여성은 여성 · 노동연대회의를 의미한다.

또한 언론을 통한 여론형성도 이루어졌는데 노태우 정부에서 김영삼 정
부, 김대중 정부로 올수록 '모성보호이슈'를 다룬 횟수도 엄청나게 증가를
하였고 이를 실은 신문의 지면도 다양화되어 여론형성을 통한 모성보호의
인식확산에 기여하였다. 언론사의 언론보도횟수와 기사 면을 정부별로 종
합해보면 다음 표와 같다.

<표 6-19> 정부별 언론사의 언론보도 빈도

구 분	한겨레	동아	조선	중앙	경향신문	세계	대한	한국	문화	국민	합계
노태우	19	1	6	4	1	6	5	2	0	7	51
김영삼	69	10	22	17	29	23	19	17	4	22	232
김대중	119	66	50	65	55	60	87	64	72	78	716

주 1: 문화일보는 1991. 11. 1 창간함.
주 2: 빈도는 kinds검색을 통해 이루어졌음

〈표 6-20〉 정부별 언론의 모성보호를 다룬 지면과 빈도

구 분	여성	경제	사 회	사 설	기획·연재	정치·해설	과학·의학	외 신	문 화	오피니언·인물	특 집	종 합	합 계
노태우	25	1	8	3	7	6	2	0	0	0	0	5	57
김영삼	106	4	39	7	89	26	2	2	2	0	0	31	308
김대중	61	26	104	38	134	80	2	11	12	64	13	306	851

주 1: 노태우 정부는 1990. 1. 1~1992. 12. 30
　　김영삼 정부는 1993. 1. 1~1997. 12. 30
　　김대중 정부는 1998. 1. 1~2001. 10. 30

이는 여성계와 노동계가 언론사초청기자 간담회 등을 통하여 모성보호의 필요성과 활동상황을 알리기도 하였고 성명서 등은 보도자료로 곧바로 언론사로 보내어졌다는 점, 특히 신문사의 여성기자들이 모성보호 관련 기사 및 여성노동계의 이와 관련된 활동상황을 실을 수 있도록 밀접한 관계를 유지하고 있었던 것이 주효했던 것으로 보인다(여성단체관계자와의 인터뷰).

그러나 모성보호확대정책이 여론화되어 가는 과정에 있어서 처음부터 모든 언론이 우호적인 것은 아니었다. 언론에서도 경제나 사회담당 쪽의 비중이 컸던 관계로 여성부분은 차지하는 비중이 빈약하였다. 그러나 여성계에서는 여성담당기자들을 최대한 활용하여 반박자료 등을 싣도록 하면서 여론화한 것으로 나타났다. 언론분석결과 한겨레신문은 일관되게 지지적 입장이었고 대한매일은 우호적이었으며 조선일보 등 보수적인 신문 및 기업과 관계가 깊은 일간지 등은 비우호적으로 나타났다.[218]

이렇게 성명서발표 및 여론동원 등을 볼 때 정치체제의 민주화로의 이행에 따라 언론을 비롯한 사회부문의 영향력이 더욱 커지고 있는 추세에 따라 대중의 지지에 많이 의존하였고 또한 이를 정부나 기업에 대한 압박수단으로 활용하였음을 알 수 있다.

한편 김대중 정부에서는 그동안 대중수준으로의 이익표출을 해오지 않

218) 연구자의 당시 언론분석과 모성보호관련법개정에 참여했던 여성단체K국장의 시각을 종합한 것이다.

았던 경영계의 이익표출도 있었다. 그동안 대응의 필요성을 못 느껴왔던 경영계가 2000년과 2001년도에 11번의 성명을 발표하였다. 이렇게 적극적으로 이익표출행위를 한 것은 사회적 분위기로나 정치적 분위기로 보아 법 통과가 가능할 수도 있다는 위기의식을 가졌기 때문에 적극적으로 대응한 것으로 보인다.

그러나 김대중 정부에서 이루어진 이익표출행위는 여성노동계가 압도적으로 높았다. 여기에는 성명을 통한 이익표출행위에 여성노동계뿐만 아니라 시민사회단체들과의 협력을 통하여 정책네트워크의 경계를 넓혔다. 이렇게 김대중 정부에 들어 주변행위자들의 폭발적인 증가로 인해 정책네트워크의 개방성이 증가되었으며 또한 성명서·결의문을 비롯해서 과거 정부와 비교해서 상대적으로 크게 증가한 이익표출행위 등으로 상호작용이 증대되었다. 이러한 네트워크의 관계구조는 2001년도에 이루어진 모성보호정책의 확대와 관련해서 시사점을 주고 있다. 즉 정책행위자와 그들의 상호작용 및 관계구조로 이루어지는 정책네트워크의 특성이 모성보호정책에 영향을 미칠 것이라는 명제 2를 경험적으로 뒷받침하고 있다.

다음에는 연도별 성명서와 결의문의 발표를 살펴보기로 한다.

〈표 6-21〉 연도별 성명서·결의문

구 분		88	89	90	91	92	93	94	95	96	97	98	99	00	01	합계
노 동	한 국	1	2	4	2	1	2	3	2	1	1		2	5	14	26
	민 주										1			1	3	5
경 영														2	9	11
여 성						1		2	3		2			3*	24*	35
합 계		1	2	3	2	2	2	5	5	1	4	0	2	11	50	77

주: *는 여성노동법개정연대회의 명의의 성명서

연도별로 보았을 때 김영삼 정부의 1994년과 1995년, 김대중 정부의 2000년과 2001년이 가장 많았다. 그러나 1988~1999년까지도 경영계의 성명이나 결의를 통한 이익표출행위는 없었다. 경영계측에서는 대중수준으로의 직접행위보다는 권력수준으로의 직접행위에 의한 이익표출행위를 더욱 선호했기 때문이다.[219]

또한 1998년은 모성보호와 관련해서 성명서나 결의문 발표가 한 건도 없었다. 이 시기는 한국이 IMF 체제하에서 경제적으로 매우 어려움을 겪던 시기로서 기업이나 정부에게 비용부담이 되는 모성보호비용을 주장하기에는 사회적 분위기로 보아 어려움이 있었으며 따라서 이 시기는 전략적으로 간접차별 및 성희롱·성폭력과 관련한 법개정에 더욱 주력했던 것으로 나타났다. 즉 경제적인 정책환경이 정책네트워크 행위자들의 상호작용과정에서 모성보호이슈보다 비용부담이 되지 않는 다른 이슈로의 정책전환을 가져온 것으로 분석된다.

실제 이의 결과 고평법 3차 개정에서는 모성보호보다 간접차별 및 직장내 성희롱예방과 교육에 대한 사업주의 의무 등의 개정이 이루어졌다. 그리고 성명서나 결의문 등 대중수준으로의 직접행위 외에도 김대중 정부에 들어와서는 cyber성명전을 통해 연대회의 8개 단체가 매일 정부·국회 등 관련 부처에 1건씩(8건/1일)메일을 보냈으며 이밖에 연대회의나 산하단체와의 릴레이 성명전 등 다각도로 이익표출행위를 한 것으로 분석되었다.

2. 인사흐름

여성정책결정과정에서 여성의원이나 여성장·차관 등 정상급관료의 역할은 매우 중요하다. 노태우 정부로부터 10여년 넘게 끌어오고 개정과정에 가장 힘들었다는 모성보호정책결정과정에서 이들의 역할은 더더욱 중요했던 것으로 나타났다.

---

219) 경총은 기업가들의 집단으로서 이들이 대중적으로 활동하는 것에 대해 권위가 손상된다고 생각하는 측면이 있었다(경총 Y팀장과의 인터뷰).

288

특히 여성단체나 노동단체의 경험을 가지고 있던 여성의 국회진출과 또 노동 관련 입법의 소관상임위원회인 환경노동위원회위원으로서의 역할은 무엇보다 중요할 것이다. 정부와 관련해서도 노동업무의 경험을 통해서 노동정책의 메커니즘 잘 알고 있는 여성관료의 역할도 정책결정에 매우 중요한 영향을 미치고 있다.

이러한 여성의원과 여성관료들의 역할은 특히 김대중 정부 들어 16대 국회에서 두드러졌는데 이는 모성보호확대관련법이 16대 국회에서 통과된 것과 매우 밀접한 관계가 있다 할 것이다.

16대 국회는 역대 어느 국회보다 많은 여성의원들(16명)이 국회로 진입하였고 이들은 여성정책에 관해서는 정당을 초월하여 협조하는 모습을 보여주었다. 특히 여성단체에서의 경험을 많이 갖고 있었던 이미경, 한명숙 의원은 서로 역할분담을 통하여 한명숙 의원은 법안을 제출하였고 이미경 의원은 민주당 제3정책조정위원장으로서 당정협의를 통해서 이 법안 통과를 당론으로 확정하게 노력하였으며 국회 상임위위원들을 설득하였고 여성단체들과의 유기적 관계 속에서 정보를 교류하였다. 또한 한명숙 의원은 초대 여성부 장관으로서 정부로 진출하여서도 노동부 및 경제 관련 부처, 예산 관련 부처 등을 설득하는 등 대정부 설득을 하였다. 또한 비용부담을 들어 반대하는 재계관계자를 만나 장기적으로도 기업을 위해서 모성보호는 필요하다는 점 등을 설득 및 홍보 등 다양한 역할을 하였고 한나라당 전재희 의원 및 노동부 여성정책국장[220]도 맡은 자리에서 경험을 살려 가장 적절한 방법으로 모성보호확대를 위하여 구체적으로 노력하였다. 또한 국회 환경노동위원회에서도 노동계출신인 남성의원들이 다른 의원들보다는 적극적으로 모성보호확대를 지지하였던 것으로 나타났다.

---

220) 2000년 3월 대통령순시당시 노동부 업무보고 후 "여성은 퇴근 후 또 하나의 일터로 갑니다"라는 당시 노동부 근로여성정책국 신명국장의 표현은(노동부S 국장과의 인터뷰, 2001. 12. 8) 대통령과 당시 관계자로 하여금 정책결정에 직접적이지는 않더라도 모성보호에 대한 인식을 다시 한번 촉구하는 계기를 만들기도 하였던 것으로 보인다. 이는 적절한 위치에서 모성의 경험과 인식을 가진 여성의 적절한 역할이 얼마나 중요한지를 보여주는 대목이다.

이렇게 김대중 정부의 16대 국회에서는 여성의원들과 여성장관 여성관료, 또 여성단체 및 노동계, 그리고 연구기관 등이 유기적으로 밀접한 관계를 가지고 있었고 특히 이들 간의 모성보호확대에 대한 공유된 인식하에 밀접한 관계를 가지면서 만들어진 인적네트워크가 모성보호확대를 이루는 데 결정적으로 기여하였던 것으로 보인다. 따라서 남성들의 이해가 따르지 못하는 여성문제의 해결을 위해서는 정책결정과정에서 영향력을 행사할 수 있는 위치로의 여성들의 적극적 참여와 이들의 지속적이고 상호 협력적인 관계가 매우 중요하다 할 것이다.

3. 연계행위

가. 공식적 연계

(1) 위원회

각각의 정책행위자들이 함께 모여 자신이 속한 집단의 이익을 대변하고 서로의 입장을 개진함으로써 인식의 폭을 넓히는 것은 중요하다. 이러한 논의를 통해 모성보호정책확대와 사회분담화의 필요성 등을 알리고 조정과 협력이 가능하기 때문이다. 각 정부별 연계흐름을 담당했던 위원회를 도표로 나타내면 다음과 같다.

〈표 6-22〉 정부별 연계흐름으로서 위원회

구 분	연계흐름
노태우 정부	여성정책심의위원회
김영삼 정부	여성정책심의위원회 노사관계개혁위원회 세계화추진위원회
김대중 정부	노사정위원회

정책네트워크에서 행위자 간의 이해가 서로 침투되고 조정할 수 있는 연계흐름을 형성할 수 있는 위원회는 김영삼 정부가 타 정부에 비해서 더욱 많았다. 이는 김영삼 정부가 다른 정부에 비하여 여성문제를 보다 심도 있게 포괄적으로 다룰 수 있는 구조적 기반을 갖고 있다고 볼 수 있다. 그러나 김영삼 정부에서 모성보호비용의 사회분담화를 비롯하여 여성의 사회참여를 위한 모성보호관련정책이 노사관계위원회나 세계화추진위원회 등에서 논의가 많이 이루어졌음에도 불구하고 실제 모성보호비용의 사회분담화와 같은 정책산출로서 모성보호정책확대에는 이르지 못했다. 즉 김영삼 정부에서 연계행위로서의 위원회가 타 정부에 비해 많았음에도 불구하고 모성보호정책결과에 많은 기여를 한 것으로 나타나지 않았다. 이는 당시의 정책환경이 정책네트워크의 행위자 간에게 영향을 미쳤기 때문으로 분석된다. 즉, 김영삼 정부의 개방화와 민주화 추세 등에 의해서 기업과 여성 및 노동의 입장이 막상막하의 세력균형관계를 이룬 상태에서 모성기능의 사회적 보호라는 사회적 모성에 대한 인식이 행위자들 간 그리고 일반에게도 널리 공유되지 못했던 상황이 김영삼 정부에서 모성보호의 확대를 이루지 못했던 것으로 보인다.

(2) 간담회 · 세미나 · 공청회 · 토론회 · 회의

각 시기별 간담회 · 세미나 · 공청회 · 토론회 · 회의 정도는 〈표 Ⅵ-23〉과 〈표 Ⅵ-24〉를 보면 알 수 있다.

〈표 6-23〉 연도별 간담회 · 세미나 · 공청회 · 토론회 · 회의(1987~1994)

구 분	1987	1988	1989	1990	1991	1992	1993	1994	합 계
노 동		1	2	1			1	1	6
경 영				1					1
여 성	1	4	1	1		6	3	3	19
합 계	1	5	3	3	0	6	4	4	26

〈표 6-24〉 연도별 간담회·세미나·공청회·토론회·회의(1995~2001)

구 분	1995	1996	1997	1998	1999	2000	2001	합 계
경 영								0
여성·노동	2	15	4			2		23
합 계	2	15	4	0	0	2	0	23

주: 1999년 국회여성특위주도의 직원간담회 3회, 위원간담회, 공청회가 각 1회씩 있었다

위에서 특히 1996년에 여성·노동계의 연계행위가 많았던 것은 노사관계개혁위원회에 여연이 공익으로 참여하여 발언한 횟수가 11회 포함되었기 때문이다. 또한 1996년과 1997년은 총선과 대선이 있었던 해이기 때문에 여성계와 노동계에서는 표를 자원으로 해서 정당이나 후보자를 대상으로 해서 토론회나 공청회를 많이 개최하였던 것으로 나타났다.

표에서 나타나는 바와 같이 간담회·세미나·공청회·토론회·회의 등의 개최횟수는 다른 행위자들보다 여성계가 압도적으로 많았다. 고평법 2차 개정 이후는 여성계와 노동계가 함께 개최하는 것으로 나타났는데 1998년과 1999년은 다른 지표에서도 나타나듯이 행위자들의 이익표출활동이 없었다. 또한 모성보호확대정책을 이루어내기 위해 이익표출활동이 두드러지는 2000년과 2001년에도 여성노동과 관련해서 토론회나 간담회 회의 개최가 거의 이루어지지 않았다. 이렇게 김대중 정부에서는 국회여성특별위원회에서 주최하는 간담회, 공청회와 2000. 12. 6의 국회환경노동위 공청회를 제외하고는 정부·기업·노동·여성 등 이해당사자들이 함께 모여서 모성보호정책내용에 관해서 논의하는 장이 마련되지 않았고 각 행위자의 이해관계 및 필요에 따라 비공식적인 접촉만이 있었던 것으로 분석되었다.[221] 여성노동계는 특히 김대중 정부에서 가장 많이 진출한 여성의원들에 대한 접촉, 여성부 장관과의 접촉, 각종 공식·비공식 면담 및 여성계주최의 간

---

221) 노동부 S국장에 의하면 모성보호비용의 사회분담화 등 모성보호확대와 관련해서는 이미 서로의 쟁점과 문제를 다 알고 있기 때문이라고 한다.

담회 등을 통한 상호작용을 선호하였다. 이에 반해 기업이익집단은 의견수렴과정이 없었고 처리과정이 매우 기습적이며(입법발의를 의미함) 비신사적으로 이루어졌다는 점에서 불만을 토로하였다.

> "국회공청회조차도 법안을 만들어놓고 이루어진 것이지 법을 만들기 전에 의견을 듣는 과정은 없었습니다. 또 여성계에서는 그동안 얻을 수 있는 것을 한꺼번에 모두 얻겠다는 자세로 나온 것 같습니다."(한국경총의 L팀장)

이렇게 모성보호정책이 확대되는 과정에서 이해당사자인 여성·노동계와 기업이익집단인 경총 간의 공개적인 만남이나 이해수렴의 과정이 없었는데 이러한 점들로 미루어 보아 김대중 정부의 모성보호정책결정과정에서 기업은 매우 소외되었던 것으로 보인다.

나. 비공식적 연계

고평법 1차 개정을 위해 1989년 2월 15일 이우정 등 한국여성단체연합의 임원들이 국회노동위원회 위원장을 방문하여 법개정을 촉구한 이래 김영삼 정부에서도 면담 및 방문[222]은 1994년에 집중적으로 일어나는데 면담 방문의 대상은 주로 노동위원회 위원면담을 통하여 이루어졌다. 그리고 1994년 9월 이후에는 고평법 영유아보육법개정을 위한 여성계·노동계의 연합활동이 두드러진다. 특히 이 시기에는 민주노총준비위원회와 여성계가 연합하여 국회노동환경위원회 위원장, 민주당 의원 면담 등의 활동을 벌였다. 김대중 정부에 들어서 여성의 모성보호확대정책이 법안으로 통과되기까지 여성계와 노동계는 한명숙 민주당의원과 전재희 한나라당 의원 등을 비롯하여 신계륜·김문수·정우택 의원 등 국회환경노동위원회 위원 및 간사, 민주당 이상수 의원, 이회창 한나라당 총재와 유용태 환경노동위원회

---

222) 본 연구에서는 면담 및 방문을 주기적인 만남 등으로 제도화된 것이 아니므로 비공식적인 연계로 본다.

위원장, 김중권 대표 등 모성보호와 관련된 인사들을 모두 방문·면담하며 협조를 구하였다. 또한 경총에서도 환노위위원들, 각 당 정책위의장, 제3정조위, 의원, 보좌관, 비서관들을 공식·비공식적으로 방문·면담하여 경총의 의지를 전달하고 설득하는 데 주력하였다.[223]

종합해보면 각 정부마다 관련 정부부처와 의회를 대상으로 한 면담과 방문이 이루어졌는데 김영삼 정부에서는 근로여성복지기본계획안과 관련하여 계획을 입안한 노동부·상공부·정무장관(제2) 등 정부부처방문, 민자당 방문, 국회노동위원회방문이 주로 이루어졌으며 김대중 정부에 들어서는 정부 관련 부처보다는 국회의원 특히 주무위원회라 할 수 있는 환경노동위원회의 위원면담 및 방문 그리고 정당방문 등 국회의원과 관련한 접촉 빈도가 높았다. 이는 모성보호관련법안이 정부의 발의로 되기보다 입법발의를 하는 과정에서 전략적으로 의원접촉을 통한 설득과 요청이 더욱 효과를 볼 수 있다고 판단한 까닭으로 분석된다.

또한 김대중 정부에서는 여성노동법개정운동을 효과적으로 하기 위하여 2000년 8월 16일 민주노총·한국노총·여연·여협·한여노협·한국여성민우회·전국여성노동조합·서울여성노동조합 등의 8개 단체가 모여 정책연합으로 여성노동법개정연대회의를 구성하고, 법개정과정에서 가장 영향력 있는 행위자로 등장하였다. 이전까지 여성노동운동과정에서 사안별로 연대해 온 경험과 노하우를 바탕으로 여성노동법개정연대회의는 그 어느 시기보다 가장 결속력 있는 단체가 되어 정부나 기업에 대하여 압력을 행사하였다. 그러나 2001년 5월 23일 이후 민주노총과 서울여성노동조합이 연대회의에서 탈퇴하여 이후 6개 단체중심으로 법개정운동이 진행되었다.

이상에서 보면 노태우 정부에서 모성보호정책과 관련한 행위자들의 상호작용은 주로 정부에 정책 건의하는 형식의 권력수준으로의 표출이나 여성계 주최의 간담회·공청회 등을 통해 주로 이루어졌다. 그러나 김영삼·김

---

223) 따라서 방문 면담의 횟수는 공식적인 것뿐만 아니라 노출을 꺼리는 비공식적인 것도 많이 포함되어 있으므로 여기서는 빈도수 산출을 하지 않았다.

대중 정부로 갈수록 대중을 상대로 한 성명서·결의문이 압도적으로 우위를 차지하는 것으로 나타났다. 또한 김대중 정부에서 모성보호와 관련한 이익표출행위가 폭발적으로 증가하였는데 이는 사회적으로도 모성보호가 개인이 아니라 사회적 책임이라는 인식이 많이 공유되어 있었고 여성·노동계에서도 여성노동정책 중 모성보호를 달성해야 할 가장 중요한 이슈로 쟁점화 했기 때문이다. 이는 김영삼 정부도 모성보호를 확대하기 위하여 노력했지만 시기적으로 그 당시는 여타의 노사문제가 더욱 시급한 문제였기 때문에 여성의 모성보호가 핵심이슈가 되지 못했던 상황과 대조를 이룬다.

특히 김대중 정부에서는 김영삼 정부로부터 가속화된 국제 여성정책네트워크와의 밀접한 관계 속에서 국내적으로는 여성부라는 국가기구를 신설하였는데 여성부는 여성노동계와 정부와의 긴밀한 정책네트워크를 형성하여 면담 접촉을 통한 개정 필요성 설득, 정보교류 등으로 모성보호의 확대를 가져오는 데 기여하였다. 이들은 정책산출로서 모성보호관련법개정이 이루어질 때까지 협조적인 관계에서 정보를 주고받기도 하며 정책의 수위도 조절하는 모습을 보여주었다. 모성보호관련법개정과정에서 가족간호휴직제, 배우자출산휴가제도 등의 일부내용이 무산되긴 했지만 모성보호비용의 사회분담화, 산전산후휴가기간의 확대, 유급육아휴직 등 김대중 정부에서 이루어진 모성보호의 확대는 대통령을 정점으로 한 정부부처행위자들(여성부, 노동부)과 국회 환경노동위원회와 국회여성특위 등의 협조적인 관계와 민간행위자 간의 협력적 관계 속에서 가능했다고 볼 수 있다. 이렇게 2001년에 이루어진 모성보호확대는 행위자로서 정부중심에 대통령의 강한 의지가 있었고 노동부, 여성부와 여타 정부부처 간의 인식의 공유에 더하여 여성·노동계의 지속적인 상호작용의 결과라고 할 수 있다.

제4절 정부별 정책네트워크의 관계구조비교

1. 정책행위자의 수와 유형

각 정부별 정책행위자의 수와 유형을 도표로 나타내면 다음과 같다.

〈표 6-25〉 정부별 정책행위자의 수와 유형

구 분	노태우 정부	김영삼 정부	김대중 정부
정 부	노동부, 정무장관실	청와대, 노동부, 재정경제원, 통산부, 보건복지부, 정무장관실	청와대, 노동부, 예산처, 재경부, 국회여성특위, 국무조정실, 보건복지부, 여성부
기 업	경총, 경단협	경총, 전경련, 한국무역협회, 중소기업협동조합중앙회 상공회의소,	경총, 전경련, 한국무역협회, 중소기업협동조합중앙회 상공회의소, 경단협(66개 업종별경제단체)
여 성	여연, 여협, 민우회, YWCA	여연, 여협, 민우회, YWCA, 한국여성정치연구소.	여연, 여협, 여성노동자회, 여성민우회, 서울여성노조, 전여노조
노 동	한국노총	한국노총, 민주노총	한국노총, 민주노총
기 타	민정당, 언론, UN, ILO.	언론, UN, ILO, OECD	민주당, 한나라당 자민련, 경실련, 녹색연합, 참여연대, 개련 등을 포함한 수십 개의 시민사회단체, UN, ILO, APEC

정책행위자의 수는 노태우 정부에서 김영삼 정부·김대중 정부로 갈수록 증가하였다. 특히 김대중 정부의 2001년 모성보호관련법률이 개정되는 과정에서 행위자의 수는 폭발적으로 증가하였다. 즉 종교단체와 인권단체를 망라한 각종의 시민사회단체를 주변행위자로 하여 모성보호정책네트워크의 행위자의 수적 증가를 가져왔다.

2. 관계의 성격

정책네트워크 내에서 정책행위자들의 상호작용과정에서 상대방과의 관계가 어떠한가에 따라 모성보호정책결과가 영향을 받는다고 할 수 있다. 고평법제정 시기에는 대선을 앞둔 정치적 상황에서 정부와 민정당 주도로 노동이나 여성계의 참여가 거의 이루어지지 않은 상태에서 이루어졌다. 노태우 정부는 권위적 정부체제에서 민주주의체제로 전환하는 시기로 초기에는 민주화개혁과정에서 사회부문이 국가에 대하여 우위에 있었다고 볼 수 있다. 그러나 각 행위자와의 관계는 달리 나타나는 데 정부와 기업의 관계는 그동안 정부의 우산하에 있었던 영향으로 협력적인 관계였다. 그러나 1차 개정 시에는 여소야대의 정치적 상황이 여성과 노동계에 유리한 국면으로 작용하였고 여성계와 노동계는 야당과 협력적 관계를 유지한 반면 정부와는 갈등적 관계를 보이게 된다. 또한 이 시기는 특히 노태우 정부에서 초기 상황으로 합법적으로 정권을 잡은 정부로서 민주화를 이루는 과정에서 정부는 노사문제의 개입을 될 수 있는 대로 회피하였고, 이에 따라 정부와 기업의 관계는 과거의 우호적 관계에서 중립적 관계로 변화되었다고 볼 수 있다. 따라서 1차 개정시기는 상대적으로 여성계와 노동계의 요구가 민주화와 그동안 성장해 온 여성의 잠재력을 바탕으로 표출되었으며 이에 따라 여성과보호조항폐지, 생리휴가폐지, 산전산후휴가, 육아기간의 무급화 등의 기업의 주장은 대부분 받아들여지지 않았다.

김영삼 정부는 WTO, OECD 가입 및 민주화로의 진행 등의 정책환경으로 인하여 정부는 기업과도 협력적 관계를 가지고 있었고 노동 및 여성과도 협력적 관계를 가지고 있는 것으로 나타났다. 이의 결과 정부와 여성노동계가 지향하는 모성보호비용의 사회분담화와 같은 모성보호확대도 일어나지 않았고 기업이 주장하는 생리휴가폐지 및 여성 특별조항 폐지 등의 개정도 일어나지 않는 결과를 가져왔다.

한편 김대중 정부는 노동계와의 정책연합으로 들어선 만큼 근로여성의 모성보호확대와 관련하여 정부는 여성·노동계와 협력적 관계였다. 또한 이 시기는 IMF의 영향으로 정부가 기업보다 우위에 위치하여 있었고 기업의 구조조정과정에서 기업과 갈등적 관계를 가졌던 것으로 분석되었다. 이는 2001년의 모성보호관련정책이 확대되는 과정에서 정부는 여성계의 의견을 수렴해가며 정책의 내용이나 수위를 조절해나간 반면 기업과는 충분한 의견수렴이나 조정이 없었던 사실이 이를 뒷받침한다(여연 K국장, 경총 L팀장과의 인터뷰).

이상을 도표로 요약하면 다음 〈표 6-26〉과 같다.

〈표 6-26〉 정부별 모성보호정책네트워크 관계의 성격

행위자 정부별	정부—기업	정부—노동	정부—여성
노태우 정부	중 립	갈 등	갈 등
김영삼 정부	협 력	협 력	협 력
김대중 정부	갈 등	협 력	협 력

〈표 6-26〉에 나타나 있듯이, 모성보호정책네트워크의 행위자 간의 관계 성격을 정부별로 비교하면, 노태우 정부 때는 정부·기업·노동·여성 간의 관계가 각각 갈등이 지배적인 중립의 성격이 강하다. 김영삼 정부는 행위자 간의 관계가 모두 협력적인 특성을 띠고 있다. 그리고 김대중 정부에 와서는 협력이 지배적인 갈등관계로 변하고 있다.

따라서 모성보호정책네트워크의 행위자 간의 관계 성격은 갈등 지배적인 중립적 관계에서 협력적 관계를 유지하다가 최종적으로 협력이 우세한 갈등의 관계로 변모하고 있음을 시사해 주고 있다.

3. 관계의 강도

남녀고용평등법이 제정되던 시기는 정부와 민정당 간의 긴밀한 협조관계에서 이루어졌기 때문에 정책행위자들과의 상호작용이 거의 없었던 것으로 드러났다. 노태우 정부 초기에 이루어진 남녀고용평등법 1차 개정도 다른 정부에 비해 행위자들의 상호작용이 활발하게 이루진 것은 아니었다. 이 시기는 사회가 전반적으로 그동안의 권위주의적인 정치체제에서 민주적인 정치체제로 옮겨가는 이행기로서 행위자들의 상호작용을 통한 이익표출 활동이 활발하게 이루어진 시기는 아니었다. 따라서 노태우 정부 초기의 상호작용의 빈도를 포함한 관계의 강도는 약했던 것으로 평가할 수 있다.

김영삼 정부는 정책건의나 성명서·결의문 등에 있어서 노태우 정부와 거의 비슷하였다. 그러나 간담회, 공청회, 토론회 등은 2배 이상이나 많았다. 그러나 그것도 노사관계개혁위원회의 토론회에 여성계의 참여가 많았기 때문이다. 전반적으로 김영삼 정부는 행위자중심의 이익표출활동은 있었으나 이익표출의 빈도나 관계의 지속성이나 유대의 측면에서 노태우 정부나 김대중 정부와 비교해 볼 때 중간 정도의 상호작용을 한 것으로 보인다.

김대중 정부에서 모성보호확대정책과 관련한 법개정은 2001년도에 일어 났는데 이와 관련해서 2000년도와 2001년은 성명서와 결의문의 횟수만으로도 역대 정부와 비교도 되지 않을 정도로 많으며, 경영계와 여성노동계는 정부·국회에 대하여 정책건의 및 성명서 등의 방법과 그 외에도 시위·집회·여론동원·방문·면담 등 다양한 방법으로 상호작용을 이루어냈다. 특히 국회를 포함한 정부와 여성 및 노동계의 관계는 매우 협력적이었고 그 강도도 강했던 것으로 보인다. 이는 정부나 국회환경노동위원회 여성의원들의 전력에서도 드러나는데 오래전부터의 여성계와의 유대관계가 모성보호정책결정과정에서도 매우 긍정적으로 작용한 것으로 보인다.

〈표 6-27〉 정부별 모성보호정책네트워크 관계의 강도

구 분	상호작용의 강도(강·중·약)
노태우 정부	약
김영삼 정부	중
김대중 정부	강

4. 네트워크의 경계

네트워크의 경계란 정책결정과정에서 이해관계자의 참여의 정도가 개방적인지 폐쇄적인지에 관한 것이다. 노태우 정부에서 모성보호와 관련해서 남녀고용평등법의 제정은 다양한 행위자의 참여가 배제된 정부주도의 수직적 구조에서 이루어졌다고 할 수 있다. 그 후 1차 개정과정에서는 여성노동계의 참여가 있었으며 따라서 타 정부와 비교해 볼 때 약한 개방적 성격을 갖고 있다고 평가할 수 있다.

한편 김영삼 정부와 김대중 정부에서 모성보호에 관한 논의는 보다 많은 행위자들의 참여하에서 개방적으로 이루어졌다. 특히 김대중 정부는 행위자의 참여와 관련하여 이슈네트워크적인 성격을 갖는다고 할 수 있다. 즉 여성노동법개정연대회의 외에도 참여연대·경실련·행정개혁시민연합·녹색연합·환경운동연합·기독교윤리실천운동 등 종교·환경·정치 각 분야를 망라한 30개 시민단체의 합동기자회견이라든지 여성 300인 선언 등 정책결정과정에 영향을 미칠 수 있는 행위자의 참여의 범위가 훨씬 넓어졌으며 경계의 구조는 수평적 연계를 갖는 강한 개방적 구조를 가지고 있다고 할 수 있다. 그러나 김대중 정부는 이렇게 많은 관심과 공중의 참여가 허용되는 개방적 경계구조를 가지면서도 한편으로 정책을 결정해나가는 중심행위자는 정부와 여성 및 노동계가 더 중심적 행위자로서 활동한 것으로 나타났다.

〈표 6-28〉 정부별 모성보호정책네트워크 경계구조

구 분	경계구조(개방의 정도)
노태우 정부	약
김영삼 정부	중
김대중 정부	강

5. 영향력관계

고평법 1차 개정이 이루어진 노태우 정부 초기는 권위주의체제에서 민주화로 전환하고 있는 체제였다. 고평법이 제정되어 시행되기도 전부터 개정여론이 있었으나 정부는 개정불가방침이었다. 그러나 사회적 분위기와 여소야대의 정치적 상황으로 인해 제정한지 불과 1년 만에 개정을 하게 되었는데 이는 정부와의 관계에 있어 여성·노동부문이 우위에 있었기 때문이다. 따라서 1989년 3월 29일 개정된 근로기준법에서 생리휴가부문은 과거에 생리휴가를 청구하는 경우에만 생리휴가를 주었던 것을 여자근로자의 청구가 없는 경우에도 주도록 하여 여성의 모성부분을 강화시켰다.

김영삼 정부에서 세계화와 경쟁력 강화를 내세우면서 초기의 재벌개혁의 분위기에서 반전하여 다시 기업의 영향이 강화되었고 또한 자유화와 민주화의 추세 속에서 민주노총의 결성 등으로 인해 노동부분도 더욱 강화되었다. 또한 1987년 이후 꾸준히 역량이 강화되어왔던 여성계와 더불어 이 시기의 민주노총의 결성은 한국노총에게도 새로운 부담으로 작용하여 더욱 노동자이익에 관심과 노력을 기울이게 하였다. 따라서 김영삼 정부에서 정부·기업·노동·여성의 관계는 팽팽한 긴장관계였다고 할 수 있다.

김대중 정부는 IMF 관리상황에서 국가가 대외적으로도 국제사회의 영향을 많이 받는 관계에 있었고 대내적으로는 위기상황을 타개해 나가기 위하여 국가부문이 자율성을 가지고 기업 등에 대해 구조조정을 단행하였다. 기업은 방만했던 경영 등의 어려운 경제상황을 초래한 장본인으로서 국민

비난과 따가운 여론을 의식해야 했고 이 과정에서 정부의 영향력 강화와 기업의 영향력 약화를 가져왔다. 따라서 정부가 기업보다 영향력관계에서 우위에 있는 관계를 형성하였다.

그러나 여성계는 노동계와 정책연합으로 8개 단체가 노동법개정연대회의를 구성하여 지속적이고 전략적으로 이익투입활동을 하였으며 이 과정에서 8개 단체 외에도 시민사회집단을 끌어들여 지지세력을 넓혀 상대적으로 정부에 대한 영향력을 강화하였다. 이러한 과정에서 정부와 여성·노동계는 협력적 관계로서 상호 영향을 주고받았다고 할 수 있다.

각 정부별 영향력관계를 표로 정리해 보면 다음과 같다.

〈표 6-29〉 정부별 모성보호정책네트워크 영향력 관계

구 분	영향력 관계(크기)
노태우 정부	정부 〈 여성·노동
김영삼 정부	정부 = 기업 = 여성·노동
김대중 정부	정부 〉 기업

제5절 정부별 정책결과의 비교

이렇게 환경의 영향을 받아 이에 대응 및 적응하는 과정에서 정책네트워크의 행위자들은 모성보호와 관련된 다양한 활동 및 상호작용을 하였으며 이러한 상호작용의 결과로 형성되는 정책네트워크의 관계구조 즉 정책네트워크의 특성은 시기별로 성격변화가 있었으며 이에 따른 정책산출도 정부별로 다르게 나타났다. 이는 명제 2를 경험적으로 확인해주고 있다.

이상에서 명제 1과 관련하여 정책네트워크의 행위자들은 정책환경의 영향을 받는다는 것과 또한 명제 2와 관련하여 이러한 환경의 제약하에서 여

러 가지 모습으로 상호작용을 하게 되고 이러한 상호작용의 모습으로 형성
된 정책네트워크의 특성은 정책산출로서 모성보호정책결과에도 영향을 미
치고 있는 것을 경험적으로 살펴보았다.

정책네트워크의 성격변화와 이에 따른 정책산출로서의 모성보호관련법
의 내용변화를 정리하면 다음 〈표 6-30〉와 같다.

〈표 6-30〉 정책네트워크와 모성보호정책결과

내용 / 정부별	정책네트워크						모성보호정책 결과	
	행위자의 수	관계의 성격			강도	경계구조	영향력관계	
	규모	정부 ㅣ 기업	정부 ㅣ 노동	정부 ㅣ 여성	상호작용의 강도 (강,약)	개방의 정도	크기	
노태우 정부	적음	중립	갈등	갈등	약	약	정부 〈 여성·노동	모성보호 관련법: ·고평법제정 ·고평법 1차 개정 ·근로기준법개정
								정책 내용: ·육아휴직기간의 근속연수 삽입(고평법) ·여자와 18세미만인 근로자 의 심야노동 및 휴일근로 조항완화(근로기준법) ·생리휴가조항의 강화 (근로 기준법)
김영삼 정부	많음	협력	협력	협력	중	중	정부 = 기업 = 여성·노동	모성보호 관련법: ·고평법 2차 개정
								정책 내용: ·육아휴직의 적용대상확대(근로여성 또는 그를 대신 한 배우자인근로자로) ·육아시설→직장보육시설로 명시 − 설치신고→노동부장관에 게 하도록
김대중 정부	매우 많음	갈등	협력	협력	강	강	정부 〉 기업	모성보호 관련법: ·고평법 3·4차 개정 ·근로기준법개정 ·고용보험법개정
								정책내용: ·출산휴가기간연장(60→90) − 연장된 30일: 고용보험, 정부재정에서 분담 ·유급육아휴직제도확대 및 신청대상의 확대−육아휴 직자 월20만 원 지급 ·여성의 연장·야간·휴일 근로제한규정완화, 갱내금 지제한적허용 ·고평법적용사업장확대 (1인 이상으로)

제7장 결 론

제1절 연구의 요약

지금까지 본 연구는 지난 10여 년간에 거쳐 논의되어 왔던 모성보호논의가 2001년 김대중 정부에서 관련 법률(남녀고용평등법, 근로기준법, 고용보험법)의 개정을 통하여 확대된 상황에 주목하여 무엇이 모성보호정책의 확대를 가져왔는가 즉 정책변화에 영향을 미친 요인을 규명하기 위해 정책네트워크이론을 틀로 삼아 모성보호정책네트워크를 분석하였다.

이를 위해서 본 연구에서는 '정책환경으로서 대외적·대내적 환경은 정책네트워크에 영향을 미칠 것이다'(명제 1)와 '정책행위자와 그들의 상호작용 및 관계구조로 이루어지는 정책네트워크의 특성은 모성보호정책에 영향을 미칠 것이다'(명제 2)라는 명제를 설정하였다.

지금까지 분석한 내용을 종합한 결과는 다음과 같다.

첫째, 명제 1과 관련하여 정책환경과 정책네트워크는 밀접한 관계를 맺고 있는 것을 알 수 있었다.

노태우 정부는 국제사회진입이라는 대외적 환경과 정치적 정당성을 확보해야 할 필요성, 민주화 개혁 움직임, 그리고 여소 야대라는 정치적 환경 및 여성의 경제활동인구의 증가라는 경제적 환경특성을 지니고 있었다. 이러한 환경적 요인은 정책네트워크에서 정부의 자율성을 감소시킨 반면 기업이나 노동 그리고 여성계의 이익 대립상황을 야기하였다.

김영삼 정부는 대내적으로는 민주화의 심화와 더불어 대외적으로는 WTO 체제출범, OECD 가입 그리고 UN, ILO 등으로 인해 대외적 환경을 고려하지 않을 수 없는 시기였다. 특히 김영삼 정부는 WTO 체제출범으로 인한 시장개방화와 1996년의 OECD 가입 등으로 인해 국내적으로 경쟁력 강화라는 명분으로 기업의 입장을 강화시켰으며 한편으로는 UN여성지위위원회 위원국, 북경여성회의 등으로 인해 대외적 여성정책환경의 영향을 강하게 받게 되었다. 이러한 환경적 요인이 여성의 사회참여와 여성인력활용을 위한 여성정책 다시 말해 모성보호부문에 더욱 관심을 갖도록 하는 데 기여했다. 그러나 김영삼 정부는 노태우 정부 말기로부터 시작한 기업의 영향력 강화라는 측면이 있었고, 민주노총의 결성과 함께 노동부문의 강화, 여성계의 꾸준한 역량강화로 인해 모성보호 정책네트워크행위자로서 정부와 기업 노동 및 여성의 관계는 팽팽한 긴장관계에 놓이게 되었다.

한편 김대중 정부는 김영삼 정부에 이어 지속적으로 국제사회에서의 활동을 이어갔고 세계화추세가 가속화되면서 신자유주의흐름의 인력정책은 실업 및 여성의 고용불안을 가져왔다. 또한 이 시기는 특히 UN에서 선택의정서를 채택함으로써 UN의 여성정책에 대한 영향이 더욱 강화되었다. 특히 여성단체 지원 및 협력과 관련한 대외협력이 활발하게 이루어지는 대외적 환경 속에서 무엇보다도 모성보호의 사회적 책임과 모성보호정책의 필요성에 대한 사회적 인식이 확산되는 국내 환경의 변화가 두드러지고 있었다. 그동안 가족법 노동법 개정과 같은 여성 관련법 개정과정에서 축적한 노하우를 통해 여성계와 노동계는 정책연합을 형성하여 역대 정부보다 가장 강한 상호작용의 양상을 보였다. 출범 당시 노동계와의 정책연합을 통하여 탄생한 김대중 정부도 여성의 노동정책에 대해 많은 관심과 인식을 공유하고 있었다. 또한 김대중 정부의 출범과 맞물려 일어난 IMF 관리체제로의 편입은 기업의 책임론이 강하게 부각되면서 상대적으로 기업의 영향력의 정도도 급격하게 감소하였다. 이는 정부와의 관계에서 구조조정과정에서 정부의 영향력 강화로 나타났으며 모성보호정책과정에서 정부주도로 정책이 결정이 되어가는 모습을 보여주었다. 따라서 이를 통해서 정책환경으로서의 대외적 그리고 대내적 환경 변수는 정책네트워크의 성격과 상호작용 그리고 그들의 관계구조에 영향을 미치는 것을 알 수 있었다.

둘째, 명제 2와 관련해서 정책네트워크의 특성이 정책산출에 영향을 미쳐 각 정부별 모성보호정책의 차이를 가져왔음을 수 있었다.

각 정부별 정책행위자로서 노태우 정부는 정책행위자의 수도 적었으며 관계의 성격도 정부와 기업은 중립적, 그리고 정부와 노동 그리고 여성과는 갈등적 성향을 보이고 있었다. 또한 상호작용 관계의 양상도 약하였다. 고평법 제정당시는 정부가 사회보다는 우위의 성격을 보여 고평법 제정과정은 정부주도적으로 이루어졌다고 할 수 있으나 1차 개정은 권위주의정치체제에서 민주주의정치체제로 전환하는 이행기로서 여소야대의 국회 정치환경 속에서 노동환경위원회의 야당의원들의 지지와 이들과 여성노동계의 밀접한 관계 속에서 이루어졌다. 고평법 1차 개정과 근로기준법 개정을 통해 나타난 정책내용을 보면 육아휴직기간의 근속연수 삽입 조항과 생리휴가조항의 강화는 여성 및 노동계의 의견을 반영한 반면, 여자와 18세 미만인 근로자의 심야노동 및 휴일근로조항완화 조항은 기업계의 의견을 반영하여 이루어진 것으로 볼 수 있다.

김영삼 정부는 정책행위자의 수가 노태우 정부보다도 많아지고 있었다. 정책네트워크의 관계의 성격을 보면 정부와 기업은 협력적인 관계를, 정부와 노동 그리고 정부와 여성도 협력적이었던 것으로 볼 수 있다. 또한 연계행위로 세계화추진위원회, 노사관계개혁위원회 등에서 여성계의 활동이 두드러져 모성보호의 사회적 책임에 대한 인식을 높이는 기회가 되기도 하였다. 이러한 정책네트워크의 특징에 의해서 김영삼 정부에서 이루어진 모성보호정책내용은 육아휴직의 적용대상확대 등 여성과 노동계의 주장을 다수 받아들인 것처럼 보이지만, 사실상 이 시기는 정부·기업·여성·노동의 세력관계가 팽팽하게 대립되었던 시기로 모성보호의 사회분담화, 출산휴가조치도 이루어지지 않았지만 생리휴가폐지 등도 일어나지 않았다.

한편 김대중 정부는 정책행위자의 규모가 더욱 커졌는데 종교단체, 인권단체, 환경단체, 경제단체 등을 망라한 수십 개의 시민사회단체들이 정책네트워크의 경계로 들어와 여성·노동계와 협력적 관계를 유지하였다. 또한 정책행위자들의 관계에 있어서 정부는 여성·노동계와 협력적 관계를 유지하였다. 그리고 정부 부처 내에서도 노동부의 근로여성정책국이 여성·노동계의 입장을 적극적으로 옹호하고 지지하였다면 고용보험과는 재원이 고용보험기금에서 지출되는 것에 대한 우려의 표명과 함께 소극적 갈등적 태도를 나타냈다. 그리고 기업과의 관계에 있어서 정부는 기업의 우위에 위치하면서 기업과 갈등적 관계를 표출하였다. 관계의 강도에 있어서도 기업 측과 여성·노동계가 정부와 국회에 활발한 이익표출 활동을 벌였으나 상호작용의 빈도에 있어서는 여성·노동계가 기업 측보다는 더욱 활발한 활동양상을 보였다. 그리고 정책네트워크의 경계구조도 개방적이며 수평적인 양상을 보이면서 역대정부보다 가장 넓어져 이슈네트워크적인 성격을 보였다. 그러나 한편 결정과정에서는 기업보다 정부와 여성노동과의 관계가 더욱 가까운 협력적 관계를 유지하면서 중요한 역할을 한 것으로 나타났다. 이러한 정책네트워크의 상호작용 및 관계구조는 김대중 정부에 이르러 출산휴가기간의 연장, 유급육아휴직의 실시, 모성보호비용의 사회분담화 등 모성보호정책의 확대를 가져왔다.

즉 노태우·김영삼·김대중 정부로 이어지는 과정 속에서 각 정부별 정책네트워크의 특성은 모성보호정책과 밀접한 관련을 맺고 있었으며, 이들 정책네트워크의 성격변화에 의해 모성보호정책도 변화하였음을 알 수 있었다.

본 연구를 통해 각 정부별로 나타난 모성보호정책에 영향을 미친 요인을 요약해 보면 다음과 같다.

첫째, 각 정부별로 모성보호정책에 영향을 주는 정책환경요인을 살펴보면 노태우 정부에서는 특히 여소야대의 정치적 환경이, 김영삼 정부에서는 WTO, OECD, UN, ILO와 같은 대외적 환경이, 김대중 정부에서는 IMF라는 대외적 환경이 모성보호정책을 산출하는 데 영향을 미친 요인으로 분석되었다. 또한 정책환경의 영향을 받는 정도에 있어서는 특히 김영삼 정부가 가장 컸던 것으로 판단된다. WTO, OECD와 같은 경제적 환경과 UN, ILO, 북경회의 등은 정책네트워크의 갈등적 관계에 놓여 있는 기업과 여성 및 노동 양자에게 모두 영향을 미쳤고 이들의 영향력을 같이 증가시켜 놓아 결과적으로 모성보호비용의 사회분담화 등 직접적 모성보호와 관련한 정책산출을 가져오지 못했다.

둘째, 행위자의 자원으로서 조직의 규모와 재정력은 역대 정부를 통하여 볼 때 공통적으로 매우 낮은 것으로 나타났다. 즉 정부·기업·노동계에서도 여성노동과 관련한 조직의 규모와 사업비는 매우 저조한 것으로 나타났다. 이는 그간 우리 사회에서 여성노동부문이 공중의 이슈나 혹은 정책의 우선순위로 부각되지 못하고 관심권밖에 머물러 온 이유를 설명한다. 이는 노사문제에 있어서도 여성문제의 소외 및 주변화 현상을 낳고 있으며 정책과정에서 여성노동의 이익이 배제되거나[224] 이슈화되기 어려운 현상을 낳게 된다. 따라서 노동계에서 의사결정과정에 참여할 수 있는 여성의 진출이 필요하고 시급하다고 하겠다.

한편 행위자의 재정자원이 매우 낮은 가운데에서도 김대중 정부가 근로여성의 모성보호확대와 관련하여 2001년도 노동부예산에 150억 원을 편성해 놓았던 것이 기업과 국회, 노동부 고용보험정책과의 실시연기 주장에도 불구하고 2001년 11월 실시를 결정하는 데 기여했던 것으로 분석되었다.

셋째, 김대중 정부의 모성보호정책의 내용 및 수준의 확대를 가져오는 데 있어서 대중수준으로의 상호작용의 증가가 중요한 요인으로 보인다. 특히 여성계와 노동계의 정책연합을 통한 강하고 조직적인 연대와 끊임없는 성명전, 국회, 정당, 정부, 시민사회단체, 언론과의 밀접한 관계를 유지하고 동원하는 능력이 타 정부보다 훨씬 두드러지게 높았다.

넷째, 연계행위로서 위원회는 정책네트워크 내 정책행위자들의 참여공간을 제한하고 조정의 메카니즘을 수행함으로써 정책의 합리성을 증가시킬 수 있다고 하였으나 본 연구에서 모성보호정책과 관련한 위원회는 모성보호정책결과에 많은 영향을 미친 것으로 보기는 어렵다. 노태우 정부에서부터 김영삼 정부까지 있었던 여성정책심의위원회는 형식적인 심의절차만 거쳤으며, 김영삼 정부시기에 있었던 세계화추진위원회와 노사관계개혁위원회도 모성보호의 확대를 가져오는 데 있어서 갈등과 대립을 완화시키는 조

---

224) 1990년대 중반 모성보호비용의 사회분담화 방안도출 시 노동조합의 남성간부 일부는 의료보험이나 고용보험으로 하게 되면 노동자의 부담증가가 생긴다는 측면에서 반대하였다고 한다(민우회 C국장과의 인터뷰).

정메카니즘으로서의 기능을 다했다고 보기는 어렵다. 김대중 정부의 노사정위원회에서도 모성보호문제는 노사문제와 관련한 다른 이슈들에 밀려 중요하게 다루어지지 못한 것으로 나타났다.

다섯째, 정책네트워크 내에서 상호작용을 통한 행위자들의 관계의 성격과 영향력 관계는 정책결과에 영향을 미치는 중요한 변수로 밝혀졌다. 이것은 정부가 사회의 제 세력과의 관계에서 어떠한 위치에 있는가와 관련된다. 이는 정부가 어떤 정책을 추진하고자 했을 때 관련 이해집단의 반발과 저항에 부딪치더라도 일관되게 관철시킬 수 있는 요인이 된다. 따라서 기업과의 관계에서 사회경제적 요인으로 인해 정부가 우위에 있었던 김대중 정부가 의지를 가지고 모성보호를 더욱 강력하게 추진할 수 있었던 것으로 보인다.

여섯째, 전 정부를 통해서 선거가 정책변화에 영향을 미치는 것으로 밝혀졌다. 선거를 전후해서 여성·노동계의 이익표출활동을 통한 상호작용이 활발해졌고 김대중 정부에서도 모성보호확대는 여야의 선거공약이었고 또한 선거를 앞둔 시점에서 이의 법률개정을 통한 모성보호확대가 이루어졌다.

일곱째, 국회 및 정부에 포진해있는 정책결정직에 있는 여성국회의원과 여성장관 및 관료의 역할이다. 김대중 정부의 국회여성특별위원회가 모성보호정책이 가장 시급하고 해결되어야 할 중요한 문제로 보아 '모성보호'를 정치권에 공론화시켰으며 여성의원들이 이를 입법발의 하였고 노동정책입법화과정에서 가장 중요한 역할을 하는 국회환경노동위원회에 여성의원들이 포진해 있었고 이들 의원들이 동료의원설득, 모성보호관련정책을 당에서 당론으로 채택하도록 노력하였다는 점, 그리고 여성 및 노동계와의 공식 비공식 관계를 통한 신속한 정보교환 및 대응방법제시가 있었으며 정부에서도 여성장관이나 관료의 관계정부부처설득 및 협조요구와 기업에 대한 설득작업이 있었다.

즉 정책결정에 영향을 미칠 수 있는 중요한 위치에 여성들이 적절히 있었다는 것과 이들의 적극적 역할이 모성보호정책의 확대를 가져오는 데 결정적으로 기여한 것으로 나타났다. 즉 정책결정에 영향을 행사할 수 있는 위치에 여성들의 참여와 또 그들의 적절한 역할이 여성의 문제를 해결하는

데 있어 무엇보다 중요하다는 사실이 모성보호정책결정과정의 정책네트워크분석을 통해 입증되었다고 볼 수 있다.

제2절 연구의 함의

본 연구에서 한국의 모성보호정책이 결정되고 변화되는 과정에서 정책네트워크가 중요한 요인으로 작용하고 있음을 알 수 있었다. 즉 정책네트워크의 행위자로서 정부·기업·노동·여성은 상호간의 작용을 통하여 관계를 형성하게 되고 이러한 정책네트워크의 특성이 정책결과에 영향을 미친다는 것이다. 본 연구에서 갖는 정책적 함의는 다음과 같다.

첫째, 정책네트워크에서 행위자 간의 상호작용은 정책결과에 매우 중요한 영향을 미치는 것으로 나타났다. 이는 행위자의 적극적인 이익표출행위가 정책결과에 중요한 영향을 미친다는 사실을 의미하는 것으로서 특히 정치체제의 민주화로의 이행이 심화될수록 대중수준으로의 상호작용은 매우 필요한 것으로 고려된다. 따라서 여성정책결정과정에서 정책연대를 통한 각종의 성명서, 언론을 통한 여론형성은 정부 및 사회일반의 인식을 높이는 데 기여할 것으로 보이며 또한 여성계의 입장을 전달하고 설득할 수 있는 통로로서 국회의원이나 정부부처의 방문 면담, 간담회, 토론회 등의 적절한 활용도 필요할 것이다.

둘째, 여성문제를 해결하기 위해서는 여성정책결정에 영향을 미칠 수 있는 위치로의 여성의 적극적인 참여와 진출이 필요하다. 여성의 의회 및 행정관리직으로의 진출이 높은 스웨덴의 경우[225] 여성의 사회진출 및 경제활동참가율이 활발하여(2000년 기준 74.8%) 여성들도 사회의 중요한 인적

---

[225] 여성의 정치행정 등 사회적 진출 정도를 나타내는 GEM(Gender Empowerment Measure)은 스웨덴이 70개국 중 3위, 우리나라는 63위로 세계 최하위권에 머물고 있는 것으로 나타났다(UNDP, *Human Development Report*, 2001).

자원으로 활동하고 있다. 메킨지보고서가 지적한 것처럼 한국이 앞으로 선진국이 되기 위해서는 여성의 사회경제적 참여를 획기적으로 끌어올려야 한다. 이러한 과정에서 모성보호정책을 비롯하여 해결해야 할 많은 법·제도적인 문제들이 있다. 따라서 특히 정책을 입안하고 심의 및 결정을 할 수 있는 주요한 요소요소에 여성들의 참여가 필요하며 여성의 시각이 고루 반영될 수 있도록 경험과 의식을 갖춘 여성들의 국회나 행정부로의 적극적인 진출이 있어야 할 것이다.

셋째, 조직과 재원은 여성정책을 추진·실현화할 수 있는 기본적 토대라 할 수 있다. 김대중 정부에서 여성부의 신설에 따른 기능과 인력의 강화, 노동부의 예산확보 등이 모성보호의 사회분담화를 이끄는 중요한 요인이 되었던 것처럼 정책행위자의 자원으로서 조직과 재정력에 대한 정부 및 각 행위자들의 인식과 더 많은 자원의 배분이 요구된다.

넷째, 본 연구에서 정치체제가 민주화됨에 따라 과거에 정책결정과정에서 소외집단이었던 여성이 정책결정의 파트너로 등장하게 되었고 이들의 영향력이 커지고 있음을 알 수 있었다. 즉 정부가 여성문제를 해결해 나가는 과정에서 정책행위주체들의 상호 조정과 협력적 네트워크구축을 통한 여성정책 거버넌스의 모습을 보여주고 있다. 정부·기업·노동·시민사회 단체 간의 상호작용과 조정 및 파트너십을 강조하는 새로운 공동체 운영양식인 거버넌스가 여성정책에서도 나타나고 있는 것이다.

그러나 모성보호정책처럼 비용부담이 개입되는 여성정책결정은 이해관계를 달리하는 집단 간에 갈등을 수반할 수밖에 없다. 더욱이 앞으로 우리 사회가 다원화 되어 갈수록 행위자들 간의 갈등의 소지는 더욱 높아질 것으로 예측되며 앞으로 전개되는 여성정책은 그동안 누려왔던 기득권의 포기 및 대폭적인 인식의 전환을 요하는 경우가 많기 때문에 행위자들 간에 더욱 많은 갈등의 소지가 높을 수 있다. 따라서 정책결정뿐만 아니라 결정이 이루어지고 난 후의 시행과정에서 행위자들의 자발적인 참여와 순응을 확보하여 정책이 의도한 효과를 높이기 위해서는 조정을 통한 협력과 이해와 합의를 도출하는 국가의 거버넌스능력이 더욱 요구된다.

제3절 연구의 한계

본 연구는 한국의 여성정책의 부문정책으로서 근로여성의 모성보호정책 결정과정을 정책네트워크이론을 토대로 하여 분석하였다. 본 연구는 다음의 한계를 갖는다고 할 수 있다.

첫째, 제한된 사례로 인한 일반화의 한계이다. 본 연구는 이러한 한계를 보완하고자 모성보호정책이라는 한 가지 사례를 역대 세 정부를 통해 분석을 시도했다. 그럼에도 불구하고 모성보호정책사례분석을 통하여 나타난 정책네트워크의 특성을 다른 여성정책분석에도 일반화할 수 있는가의 문제이다.

둘째, 정책네트워크에 대한 연구가 국내적으로는 매우 제한적으로 이루어져 왔기 때문에 적합한 분석변수들이 적절히 고려되었는가에 대한 의문이다. 특히 정책네트워크가 행위자 간의 상호작용관계 속에서 도출되는 특성이라 할 때 행위자 간의 관계를 보다 깊이 있게 살피는 데 많은 어려움이 있었다. 앞으로 이에 대한 보다 심층적인 연구와 지표의 개발에 대한 더 많은 연구와 후속작업이 이루어져야 할 것이다.

셋째, 정책네트워크의 유형화에 대한 적용상의 문제점이다. 지금까지 연구자들에 의해 논의되어 온 정책네트워크유형은 서구에서 도출된 모형들이 대부분이고 그러한 모형들을 우리 사회에 적용하는 데는 한국의 정치적 경제적 사회적 상황이 서구사회와는 다소 다르기 때문에 한국적 상황에서 적실성이 떨어지는 것을 연구과정에서 발견하였다. 보다 한국적 특수성을 고려한 적용가능한 유형화 연구도 필요하다고 하겠다. 이에 대한 연구는 차후의 과제로 남겨둔다.

참 고 문 헌

1. 국내문헌

가. 단행본

김선욱.(1996). 「21세기의 여성과 여성정책」. 서울: 박영률 출판사.

_____.(1999). 「여성정책과 행정조직」. 이화여자대학교 법학연구소.

김선욱 외.(1991). 「지방자치와 여성정책 관련 행정조직에 관한 연구」. 한국여성개발원.

김석준.(1992). 「한국산업화국가론」. 서울: 나남.

김석준 외.(2000). 「뉴거버넌스연구」. 서울: 대영문화사.

김석준 외.(2001). 「뉴거버넌스와 사이버거버넌스」. 서울: 대영문화사.

김송자.(2001). 「성공하려면 전략가가 되라」. 서울: 조선일보사

김엘림.(1996). 「여성발전기본법의 내용과 과제」. 서울: 한국여성개발원.

김엘림 외.(1999). 「각국 여성 관련 행정기구의 현황」. 대통령직속여성특별위원회.

김영래.(1997). 「이익집단정치와 이익갈등」. 서울: 한울.

김영명.(1994). 「한국정치변동론」. 서울.

_____.(1999). 「고쳐쓴 한국현대정치사」. 서울: 을유문화사.

김용학.(1992). 「사회구조와 행위: 거시적 현상의 미시적 기초를 찾아서」. 서울: 나남.

김원홍 외.(2001). 「ASEM 회원국의 정책결정과정에서의 여성참여증진에 관한 연구」. 서울: 한국여성개발원.

김인수.(2000). 「거시조직이론」. 서울: 무역경영사.

김태홍.(1991). 「여성실업현황과 대책방안」. 한국여성개발원.

남궁근.(1998). 「비교정책연구: 방법, 이론, 적용」. 서울: 법문사.

문유경·주재선(2000). 「OECD회원국의 여성고용정책」. 한국여성개발원.

박세일.(1984). 「한국의 임금구조」. 한국개발연구원.

손호철.(1999). 「신자유주의시대의 한국정치」. 서울: 푸른숲.

신인령(역).(1983). 「여성해방의 이론체계」. 서울: 풀빛.

안해균.(1990). 「정책학원론」. 서울: 다산.

유 훈.(1999). 「정책학원론」. 서울: 법문사.

윤견수 외.(2000). 「딜레마와 행정」. 서울: 나남출판.

윤근섭 외.(1999). 「여성과 현대사회: 차별을 넘어 평등으로」. 서울: 문음사.

윤우곤.(1977). 「조직원론」. 서울: 법문사.

윤후정·신인령.(2001). 「법여성학」 3차 개정판. 서울: 이대 출판부.

이명희.(1985). 「여성과 노동」. 서울: 동녘.

이승희.(1994). 「한국현대여성운동사」. 서울: 백산서당.

이종수·윤영진.(1997). 「새행정학」. 서울: 대영문화사.

엄규숙.(2000). 「모성보호비용의 사회분담화방안」. 서울: 한국노총중앙연구원.

정대화 외.(1998). 「김대중 정부 개혁 대해부」. 서울: 지정.

정정길.(1989). 「정책학원론」. 서울: 대명출판사.

조돈문.(1995). 「노동운동과 신사회운동의 연대 I」. 서울: 한국노총중앙연구원.

조병태.(1977). 「여자노무관리론」. 서울: 박영사.

조석준.(1993). 「조직학강의」. 서울: 서울대출판부.

조 은.(1996). 「절반의 경험 절반의 목소리: 여성정책의 현장」. 서울: 미래미디어.

지병문 외.(2001). 「현대한국정치의 새로운 인식」. 서울: 박영사.

최영기 외.(2001). 「1987년 이후의 한국의 노동운동」. 한국노동연구원.

캐롤린 O N. 모저.(1993). *Gender planning and development Theory, practice and training, Routledge.* 장미경 외 역(2000). 「여성정책의 이론과 실천」. 서울: 문원출판.

한정현(1994). 「남녀고용평등법」. 법경.

홍두승(1997). 「한국사회50년 사회변동과 재구조화」.

나. 논 문

강남식.(1994). 영국과 스웨덴의 여성정책. 「여성과 사회」, 5: 40-60.

강이수.(1991). 여성해방과 모성보호. 「여성과 사회」, 2: 6-28.

권영자.(1995). 한국여성정책에 관한 연구. 성신여자대학교 대학원 박사학위논문.

권태환·이재열(1998). 사회운동조직 간 연결망. 「한국사회과학」, 20(3). 서울대
    학교사회과학연구원.

김경희.(1995). 서구 여성해방론의 역사와 이념. 윤근섭 외. 「여성과 사회」. 문음사.

김금래.(1997). 여성정책형성에 있어서의 여성단체역할에 관한 연구. 숙명여대
    대학원 석사학위논문.

김석준.(1991). 국가론 연구의 경향변천과 국가개념의 전개. 강민 외. 「국가와
    공공정책 - 한국국가이론의 재조명 -」. 법문사.

_____.(1992). 정책유형별 영향집단과 정책의 형평성. 「한국행정연구」. 여름호.
    1(2).

김선욱.(1990). 여성정책 관련 행정조직의 효율화: 한·독협력여성 관련세미나.
    「여성연구」. 27. 한국여성개발원.

_____.(1993). 유엔여성차별 철폐협약과 그 이행을 위한 적극적 조치. 「여성연
    구」. 93년 봄호. 한국여성개발원.

김성경.(1997). 여성정책을 통해 본 한국 국가의 가부장적 성격. 서강대학교 대
    학원 석사학위논문.

김성천.(1991). 한국여성복지정책의 유형분석에 관한 연구. 「여성연구」. 91년 봄
    호. 한국여성개발원.

김순양.(1994a). 사회정책과정에서의 이익대표체계의 변화에 관한 연구: 이익 대표
    체계의 구조·활동·반응의 측면을 중심으로. 서울대 대학원 박사학위논문.

_____.(1994b). 사회집단 지도부 선출과정의 정부개입에 관한 실증적 연구:한국

노총과 전경련의 지도부 선출과정을 중심으로. 「한국행정학보」. 28(2).

김시윤.(1997). 산업정책과 기업이익연합체와의 역할: 전자산업과 섬유산업의 비교. 「한국행정학보」. 31(3).

김애령.(1999). 여성정책의 변화에 관한 정치사회학적 연구-A도를 중심으로. 이화여대 대학원 박사학위논문.

김엘림.(1994a). 남녀평등실현을 위한 여성노동관계법의 정비에 관한 연구. 이화여대 대학원 박사학위논문.

_____.(1994b). 국제조약과 한국여성노동관계법의 비교연구: 국내법의 입법과제와 정비방안의 제시. 「여성연구」. 44. 한국여성개발원.

_____.(1994c). 신정부 여성노동정책의 동향과 과제. 「여성과 사회」. 5. 창작과 비평사.

_____.(2001). 20세기 여성인권법제사의 시대별 특성. 「여성연구」. 60. 한국여성개발원.

김영래·옥원호.(1990). 한국의 공익단체 실태와 활동에 관한 연구. 「현대사회」. 39.

김영미.(1999). 여성정책의 이론적 고찰과 과제. 「사회과학논집」. 17(1). 한국외대.

김영민.(1992). 한국노총. 「옵서버」 9월호.

김영평.(1985). 정책결정에 대한 국회의 영향력 분석. 「의정연구」. 12. 한국의회발전연구회.

김영희.(1994). 여성해방론의 여러 흐름. 「여성학 강의」. 동녘.

김원홍.(1998). 중앙과 지방의 여성정책 연계추진방안. 「여성연구」. 한국여성개발원.

김재규.(1998). 개정 정부조직법의 내용과 의의. 「법제」. 485호.

김정자.(1998). 사회정책분석모델에 관한 연구: 여성정책분석을 중심으로. 이화여대 대학원 박사학위논문.

김태홍.(1995). 기업의 모성보호비용 부담이 고용에 미치는 효과. 「여성연구」. 46. 한국여성개발원.

나기산.(1996). 정보화정책평가: 지방자치단체에서의 행정전산화에 대한 네트워크분석. 「한국정책분석학회보」. 6(1).

박숙자.(1995). 모성보호정책의 문제점과 대안. 「연세여성연구」, 1.

박숙자·김혜숙.(1998). 여성정책에 관한 남녀국회의원의 관심 및 기여도 비교 분석: 제15대 국회 속기록을 중심으로. 「국회보」, 386.

배무기.(1997). 노사관계개혁위원회 노동법개정작업의 협상적 국면. 「노동경제 논집」, 20(2). 한국노동경제학회.

배응환.(2000). 정치체제변화에 따른 정부와 경제이익집단의 정책네트워크 연 구: 산업정책에 있어서 전경련과 대한상의를 중심으로. 고려대 대학원 박사학위논문.

_____.(2001). 정책네트워크모형의 행정학연구에 적용탐색. 「한국행정연구」, 10(3).

빈순덕·노대식·박용범.(1976). 근로부인의 모성보호규정의 인식도와 모성보 호문제에 관한 연구. 「충남의대잡지」, 3(2).

손봉숙.(1991a). 한국여성국회의원 연구: 충원과정과 원내활동. 한국여성정치연 구소.

_____.(1991b). 한국여성국회의원연구: 충원과정과 원내활동. 「국회저널」, 3(3).

손창희.(1988). 남녀고용평등법 실천방안. 「여성정책의 주요 과제와 실천방안」. 세미나 자료집. 한국여성개발원.

송희준.(1992). 한국의 공공정책 연구의 내용과 성격에 대한 분석. 「한국정책학 회보」. 창간호.

신경아·차인순.(1991). 일본·스웨덴·소련의 모성보호정책과 현실. 「여성과 사 회」, 2: 29-75.

신인령.(1988). 한국 법제상 여성의 불평등. 「여성·노동·법」. 서울: 풀빛.

신정혜.(1995). 여성정책결정과정의 구조적 문제에 관한 연구: 남녀고용 평등 법 사례를 중심으로. 이화여대 대학원 석사학위논문.

신희권.(1993). 정부와 재벌 간의 전략적 상호작용에 관한 연구. 서울대대학원 박사학위논문.

염재호.(1994). 국가정책과 신제도주의. 「사회비평」, 11.

오정수.(1991). 우리나라 사회정책상의 양성불평등 요인에 관한 연구. 「여성연 구논집」, 2.

윤석환.(1996). 정보통신정책영역에 있어서의 정책연계망에 관한 연구-통신사업자 구조조정사례를 중심으로. 충남대 대학원 박사학위논문.

윤영숙·서명선.(1995). 취업여성의 모성보호비용과 자녀양육비용의 사회적 분담방식 연구. 「여성연구」, 봄호. 한국여성개발원.

윤형섭.(1975). 대한교육연합회의 구조와 이익표출에 관한 연구.

윤후정.(1986). 한국여성과 정책결정참여. 「여성연구」, 여름호. 한국여성개발원.

이명석.(2000). Jens Blom-Hansen의 신제도주의적 정책망분석. 오석홍·김영평. 「정책학의 주요 이론」. 법문사.

이문선.(1982). 조직 간 관계의 분석모형에 관한 연구 -Macro조직론의 한 시각-. 「경제연구」, 3(2). 한양대 경제문제연구소.

이병훈 외.(1998). 한국 노동정치의 새로운 실험: 노사관계개혁위원회와 노사정위원회에 대한 비교 평가. 「산업노동연구」 4(1). 산업노동학회.

이순호.(1999). 노동복지정책네트워크의 변화: 고용보험제도를 중심으로. 고려대 대학원 박사학위논문.

이시경.(1989). 조직 간 교호작용의 결정요인에 관한 연구. 서울대 대학원 박사학위논문.

이장재.(1998). 국가첨단기술개발프로그램의 정책네트워크 분석-생명공학, 자동차 부품을 중심으로. 국민대 대학원 박사학위논문.

이재성.(1999). 김대중 정부의 노동정책에 관한 연구. 서울대 대학원 석사학위논문.

이혜경.(1999). 여성운동조직의 자원과 가치에 따른 미디어보도 및 활용에 관한 연구. 연세대 대학원 석사학위논문.

임보영.(1993). 정책결정과정에 있어서 여성단체의 역할에 관한 분석: 제4차 가족법개정과정을 중심으로. 서울대 행정대학원 석사 학위논문.

장필화.(1990). 여성정책을 위한 기초적 검토 -여성학적 시각에서-. 「여성학논집」. 7. 이화여대 한국여성연구소.

장하진.(2001). 성주류화관점에서의 모성보호정책. 「성주류화 관점에서의 생산적 여성복지정책연구」. 한국여성연구소.

_____.(2002). 여성정책 국정운영 시스템의 변화와 전망. 「한국행정연구」 10(3).

정양숙.(1998). 한국여성노동 관련 정책과정연구: 남녀고용평등법 제·개정과 정을 중심으로. 고려대 대학원 박사학위논문.

정정길.(1991a). 대통령의 정책결정: 경제정책을 중심으로. 「행정논총」, 29(2).

정혜선.(1994a). 모성보호정책의 현실과 대안. 「여성과 사회」, 5.

_____.(1994b). 모성보호정책과 노동시장의 조건: 제조업 생산직 기혼여성노 동자의 노동시장적 특성을 중심으로. 「경남대사회연구」, 8.

_____.(1995). 모성보호의 기업 내 제도화에 관한 연구. 이화여대 박사학위논문.

정혜선·이건정·박기남.(1991). 생산직 여성노동자의 건강과 모성보호. 「여성 과 사회」, 2.

조석준.(1977). 한국중앙관서 간의 교호작용에 관한 연구. 「행정논총」, 15(2).

조우철.(1998). 여성정책추진의 효율성 제고에 관한 실증적 연구: 지방자치단 체의 여성정책을 중심으로. 경희대 대학원 박사학위논문.

조 은.(1986). 가부장제와 경제. 「한국여성학회 1986년 춘계학술발표회: 가부 장제와 한국사회」. 한국여성학회.

조 형.(1996). 법적 양성평등과 성의 정치. 조형(편). 「양성평등과 한국 법 체계」. 이화여자대학교 출판부.

한정자.(1984). 여성단체 교육프로그램 분석 및 여성의식화교육에 관한 연구. 「여 성학논집」. 이화여대 한국여성연구소.

_____.(1985). 한국의 여성단체활동. 「UN여성10년평가」. 한국여성단체협의회.

황인자.(1997). 한국의 여성정책추진체계에 관한 연구. 서울대학교 행정대학원 국가정책과정(제44기)논문.

황정미.(1999). 발전국가와 모성: 1960-1970년대 '부녀정책'을 중심으로. 심영희 외(편). 「모성의 담론과 현실: 어머니의 성·삶·정체성」. 나남.

다. 기 타

강남식.(2001). 노동조합 활동에서 여성의 주변화 원인과 극복방안. 「노동조합 내 여성간부 확대방안 마련을 위한 워크샵」 강의자료. 한국노동조합총연맹 여성국.

강남식·안혜성.(1993). 모성보호의 실태와 대안. 「여성의 고용안정과 촉진을 위한 공개토론회 자료집」. 한국여성단체연합 노동위원회·한국여성노동자협의회.

국회여성특위.(1998). 「여성 관련법률의 입법과정 및 향후과제」. 국회여성특별위원회.

_____.(1999). 「모성보호정책-근로여성의 모성보호관련법 중심으로」. 국회여성특별위원회.

_____.(2000). 「여성 관련 법률의 입법과정 및 향후과제 -제15대국회 후반기-」. 국회여성특별위원회.

국회운영위원회.(2001). 「2002년도 일반회계 여성부소관 세출예산안 검토보고서」. 국회운영위원회.

김유배.(1993). 여성근로자 모성비용의 사회부담화 방안. 「남녀고용평등토론회 보고서」. 대한YWCA연합회.

김태홍.(1997). 여성고용촉진과 모성보호를 위한 정책방안. 「'97 노사관계개혁 참고자료집」. 노사관계개혁위원회.

김태홍·문유경.(1999). 「남녀고용평등지표 개발」. 대통령직속 여성특별위원회.

노동부.(1984). 「노동백서」.

_____.(1987a). 「한국노동통계연감」.

_____. 1987-2000. 각 년도「노동백서」.

_____.(2001a). 「노동백서」.

_____.(2001b). 「노동조합 조직현황」.

_____.(각 년도). 「노동조합조직현황」.

노사정위원회.(2001). 「근로시간단축특별위원회 활동보고」. 노사정위원회 근로

시간단축특별위원회.

대통령비서실.(1992). 『제6공화국실록-노태우 정부 5년』, 4. 공보처.

대통령직속여성특별위원회.(각 년도). 『여성백서』.

전국민주노동조합총연맹.(1996).『민주노총 창립까지의 사업보고 자료모음』.

_____.(2000). 『제3차 전국여성간부합동수련회 자료집』.

_____.(각 년도). 『사업보고서』.

보건복지부.(각 년도). 『여성단체현황』.

세계화추진위원회.(1998). 『세계화과제 보고서』.

국회여성특별위원회.(1996). 『제15대 국회 여성특별위원회 참고자료』. 여성특별
    위원 회 전문위원실.

이승희.(1988). 남녀고용평등법의 의미와 한계. 『남녀고용평등법 무엇이 문제인
    가』. 한국여성민우회.

정강자.(1996). 여성노동자의 현실과 여성노동정책의 방향. 『여성노동과 노사관계
    개혁방향-노사관계 개혁방향과 노동법 개정방향에 대한 토론회』자료집.

정무장관(제2)실.(1989-1996). 『여성정책』.

_____.(1995a). 『여성백서』.

_____.(1995b). 『한국여성발전 50년』.

_____.(1996a). 『여성백서』.

_____.(1996b). 『여성정책』.

_____.(1997a). 『여성정책』.

_____.(1997b). 『제1차 여성정책기본계획』.

_____.(1997c). 『'남녀고용평등의 달' 행사결과보고서』.

조우철.(2000). 현정부 중앙부처 여성정책담당관제의 성과와 전망. 『중앙부처
    여성정책담당관 초청 여성정책토론회 자료집』. 한국여성단체협의회.

통계청.(1994). 『지난 30년간 고용사정의 변화』.

_____.(각 년도). 『경제활동인구연보』.

한국경영자총협회.(각 년도). 『노동경제연감』.

_____.(1995a).「여성근로자 고용관리실태」.

_____.(1995b).「인력수급불균형의 원인과 개선방안」.

_____.(2000).「한국노사관계와 경총30년사」.

한국노동조합총연맹.(1979).「노동조합운동사」.

_____.(1998).「'96-'97, 그 해 겨울: 총파업에서 정책연합으로」.

_____.(2001a). "통계로 보는 노동조합 조직현황".「한국노총 회원조합 조직·쟁의담당자 워크샵」자료집.

_____.(2001b).「한국노총 여성정책수립을 위한 노조간부 세미나 자료집」.

_____.(각 년도).「사업보고서」.

한국여성개발원.(1985a).「여성단체운영에 관한 실태조사: 재정을 중심으로」.

_____(1985b).「여성백서」.

_____(1990a). "여성복지관계법제에 관한 연구".「'90연구보고서」.

_____(1990b).「여성과 발전」.

_____(1990c).「여성단체지원사업 사업보고서」.

_____(1993).「한국여성개발원 10년 1983-1993」.

_____(1994a). UN과 ILO의 여성관계조약과 한국여성 노동관계법의 비교연구.「'94연구보고서」.

_____(1994b). 나이로비 여성발전 미래전략과 우리나라 여성단체 활동.「'94연구보고서」.

_____(1994c). 취업여성의 모성보호비용과 자녀비용의 사회적 분담방식에 관한 연구.「'94연구보고서」.

_____(1995).「제4차 세계여성회의 북경선언·행동강령」.

_____(1996b). 여성발전기본법의 내용과 과제.「'96연구보고서」.

_____(1997).「유엔여성지위위원회 50년과 한국활동 10년」.

──────────────(1998). 여성단체에 대한 정부 재정지원의 평가 및 대안에 관한 연구. 「'98연구보고서」.

──────────────(1999). 남녀고용평등법 시행 10년의 성과와 과제. 「'99연구보고서」.

──────────────(2001). 「여성통계연보」.

──────────────(각 년도). 「여성백서」.

한국여성노동자회협의회.(2001). 「일하는 여성」 10월호, 12월호.

한국여성정치연구소.(1993). 여성 관련정부기구 개혁방안. 한국여성정치연구소.

한국여성단체연합.(1987-2002). 「정기총회보고서(제1차 - 제16차)」.

──────────────(1997). 「김영삼 정부 여성정책 평가 및 여성정책평가 토론회 자료집」.

──────────────(1998a). 「정기총회보고서」.

──────────────(1998b). 「열린희망 - 한국여성단체연합10년사」. 동덕여대한국여성연구 소.

──────────────(2001). 「김대중 정부 여성정책 3년 평가 및 정책제안을 위한 토론회 자료집」.

한국여성단체협의회.(1987). 「여성」87년 8월호.

──────────────(1998). 여성계는 여성부를 원한다. 「여성」.

한국은행.(각 년도). 「국민계정」.

행정쇄신위원회.(1997). 「문민정부의 행정쇄신 5년」.

행정자치부.(1998). 「정부조직변천사 上下」.

──────────────(1999-2002). 「정원통계보고서」.

환경노동위원회.(2000). 「2001년도 세입세출예산안검토보고서」.

  황석만(1999). 「노동조합재정연구: 한국노총을 중심으로」. 한국노동조합총연맹 중앙연구원.

2. 국외문헌

가. 단행본

Aldrich, H. E.(1979). *Organizations & Environments*. Englewood Cliffs. New Jersey. Prentice-Hall, Inc.

Almond, G. & Powell. G. B.(1966). *Comparative Politics*. Boston; Little Brown Company.

Bealey, F.(1988). *Democracy in the Contemporary State*. Oxford:Clarendon Press.

Bentley, A. F.(1967). *The Process of Government*. Cambridge. Mass.: Belknap Press of Harvard University Press.

Cawson, A.(1986). *Corporatism and Political Theory*. Oxford: Basil Blackwell.

Coleman, W. D.(1988). *Business and Politics: A Study of Collective Action*, Montreal: McGill-Queen's University Press.

Duverger, Maurice.(1972). *Party Politics and Pressure Groups*. New York: Thomas Y. Crowell Company Inc.

Eckstein, H.(1971). *The Determinants of Pressure Group Politics*.

Grace A. Franklin and Randall B. Ripley(1980). *Congress: The Bureaucracy and Public Policy*, revised ed. Homewood, Ill.: The Dorsey Press.

Hall, R. H.(1972). *Organizations, Structure and Process*. Englewood Cliffs, N. J.: Prentice Hall, Inc.

Hanf, K. & Scharf, F. W.(1977). *Interorganizational Policy making. Limits to Coordination and Central Control*. London: Sage.

Key. V. O. Jr.(1964). *Politics, Parties and Pressure Groups*. New York: Thomas Y.Crowell.

Kingdon, J. W.(1984). *Agendas, Alternatives, and Public Policies*, Little, Brown and Compay.

Knoke, D.(1990). *Political Networks: The Structural Perspective*. Cambridge University Press.

Knoke, D. & Kuklinski, J. H.(1983), *Network Analysis*, Beverly Hills CA: Sage Publications, Inc.

Marsh, D. & Rhodes, R. A. W.(1992). *Policy Networks in British Government.* Oxford University Press.

Martin, B. & Mayntz, R.(eds).(1991). *Policy Networks: Empirical Evidence and Theoretical Considerations.* Frankfurt/Boulder: Campus/Westview.

Martin, S. J.(1990). *The politics of agricultural support in Britain: the develo pment of the agricultural policy community.* Aldershot: Darthmouth Pu blishing Company.

─────────────.(1993). *Pressure, power, and policy. State autonomy and policy networks in Britain and the United States.* New York and London: Harvester Wheatsheaf.

Peffer, J & Salnacik, J. R.(1978). *The Enternal Control of Organizations: A Resource Dependence Perspective.* New York: Haper & Dow Company.

Pierre, J. & Peters, B. Guy.(2000). *Governance, Politics and the State.* St. Martin's Press. New York.

Repley, R. B. & Franklin. G.(1980). *Congress, The Bureaucracy and Public Policy.* Homewood Ⅲ: Dorsey, second edition.

Rhodes, R. A. W.(1981). *Control and Power in Central-Local Government Relations.* Aldershot: Gower.

─────────────.(1997). *Understanding Governance.* Open University Press. Buckingham · Philadelphia.

Richardson, J. & Jordan, G.(1979). *Governing Under Pressure.* Oxford: Martin Rovertson.

Schattschneider.(1975). *The Semisovereign People.* Hinsdel, Illinois: Dryd-en.

Streeck, W. & Schmitter, P. C. eds.(1985). *Private Interest Government: Beyond Market and state.* Berverly Hills. CA: sage.

Thompson, J. D.(1967). *Organizations in Action.* McGraw-Hill Company.

New York.

Truman, D.(1971). *The Governmental Process*. New York. Knopf.

Wilks, S. & Wright, M.(eds).(1987). *Comparative GovernmentIndustry Relations*. Oxford: Clarendon Press.

Williams, F.(1989). *Social Policy: A Critical Introduction*, Cambridge: Polity Press. 이형철 역(1997). 『사회복지정책』 홍익제.

Williamson, O. E.(1975a). *The Economic Institutions of Capitalism*. N.Y: Free Press.

───────────────────.(1975b). *Markets and hierarchies: analysis and antitrust implications*. New York: Cambridge University Press.

나. 논 문

Akinbode, I. Adefolu & Clark, Robert C.(1976). A Framework for Analyzing Interorganization Relationships. *Human Relations*. Vol. 29. No.2.

Aldrich, H. E.(1976). Resource Dependence and Interorganizational Relations -Local Employment Service Offices and Social Service Sector Org anizations. *Administration and Society*. Vol 7. No.4. February.

Aldrich, H. & Whetten, D. A.(1981). Organization-sets, Action-sets, and Net works: Making the most of Simplicity. in Handbook of Organizational Design: *Remolding Organizations and their Environments*. Vol 1.

Atkinson, M & Coleman, W. D.(1989). Strong states and Weak states: Sectoral Policy Networks in Advanced Capitalist Economies. *British Journal of Political Sciences*. Vol. 19.

───────────────────.(1992). Policy networks, policy communities and the problems of governance. *Governance*. Vol. 5.

Bache.(2000). Gover3*minitration*. Vol. 78. No.3.

───────────────────.(1982). A Framework for Policy Analysis. David

L. Rogers and David. A. Whetten(eds). *Interorganizational Coordination: Theory Research and Implementation*. Iwoa State Univ. Press.

Bogason, P. & Toonen, T. A. J.(1998). Introduction: networks in public administration. *Public Administration* Vol. 76 Summer.

Carsten Daugbjerg.(1988). Linking Policy Networks and Environment Policies: Nitrate Policy Making in Denmark and Sweden 1970-1995. *Public Administrationan international quarterly, summer.* vol. 76.

Coleman, W. D. & Perl.(1999). Internationalized Policy Environments and Policy Network Analysis. *Political Studies.* Vol. XLⅧ.

Coleman, W. D. & Skogstad, Grace.(1990). Policy Communities and Policy Networks: A Structural Approach. In Coleman and Skogstad(eds). *Policy Communities and Public Policy in Canada.* Toronto: Copp. Clark. Pitman. Ch. 1.

Dowding, K.(1995). Model of Metaphor? A Critical Review of Policy Network Approach. *Political Studies.* Vol. XLⅢ.

Freeman, J. L. & Stevens, J. P.(1987). A Theoretical and Conceptual Examination of Subsystem Politics. *Public Policy and Administration.* vol. 2.

Grant, W.(1991). Models of Interest Intermediation and Policy FormationApplied to an Internationally Comparative Study of the Dairy Industry. in Jordan A. G & Schubert K.(eds). Institutions, Structures and Intermediation of Interest. *Special Issue of the European Journal of Political Research.*

──────────.(1992). models of Interest Intermediation and Policy Formation Applied to an Internationally Comparative Study of the Dairy Industry. *European Journal of Political Research.* vol. 21. Nos 1-2.

Hanf, K.(1982). Regulatory structures: enforcement as implementation. *European Journal of Political Research.* Vol. 2.

Hanf, K. & O: Toole, L. J., Jr.(1992). Revisiting old friends: networks, implementation structures and the management of inter-organizational relations. *European Journal of Political Research*. Vol. 21. Nos 1-2.

Hugh Heclo.(1978). Issue Networks and the Executive Establishment. in Anthony King(ed). *The New American Political System*. Washington, D.C: American Enterprise Institute.

Ikenbery, G. J.(1988). Conclusion: An Institutional Approach to American Foreign Economic Policy. *International Organization*. Vol. 42(1).

Jansen, D.(1991). Policy Network and Change: The case of HighT Sup erconductors. in Marin, B & Mayntz, R,(eds). *Policy Networks*. Frankfurt am Main: Campus Verlag.

Jessop, B.(1989). Putting States in Their Place: State System and State theory in a Paper Presented at *An International Conference on Marxism and The New Global Society*. Sponsored by the Institute for Far Eastern Studies, Kyungnam University.

Jordan, A. G.(1984). Pluralistic Corporatism and Corporate Pluralism. *Scan mdinavian Political Studies*. Vol. 35.

──────────────────────.(1990). Sub-Governments, Policy Communities and Networks: Refilling the Old Bottles. *Journal of Theoretical Politics*. vol. 2. No.3.

Jordan, A. G & Schubert, K.(1992). A Preliminary ordering of policy network labels. *European Journal of Political Research*. Vol. 21. Nos 1-2.

Katzenstein. P. J.(1978). Conclusion: Domestic Structures and Strateges of Foreign Policy. in P. J. Katzenstein(ed.) *Between Power and Plenty: Foreign Economic Policies of Advanced Industrial States*, Madison: The University of Wisconsin Press.

Kenis, P. & Schneider, V.(1991). Policy Networks and Policy Analysis. Scrutinizing a New Analytical Toolbox. in Martin. B. & Manytz, R(eds). *Policy Networks: Empirical Evidence and Theoretical Considerations*. Fran kfurt/Boulder: Campus/Westview.

King, L. R. & Shannon, W. W.(1986). Political Networks in the policy

Process: The Case of the National Sea Grant College Program. *Polity*. Winter.

Kjellberg, F.(1994). Pluralism and Corporatism: Competing Models of Interest Intermediation in the Contemporary State. 「정책결정의 구조: 정·경·관의 역학관계」. 1994년도 한국행정학회 국제학술대회 논문집.

Klijin, E. H.(1996). Analyzing and Manging Policy Process in Complex Networks: A Theoretical Examination of the Concept Policy Network and Its Problems. *Administration & Society*. Vol. 28 No.1.

Klijin, E. H. & Koppenjan, J. & Termerr, K.(1995). Managing Networks in the public Sector: A Theoretical Study of Management Strategies in policy Networks. *Public Administration*. Vol. 73. Autumn.

Klijn, J. M. & Erik-Hans(1997). "Policy Networks: An Overview", in Klicker, Erik-Hans, Walter, J. M. Klijn, and Joop F. M. Koppenjan, eds.,(1997). *Managing Complex Networks:Strategies for the Public Sector*, London: Sage Publications.

Klonglan, D. & Waaren. R. D.(1976). International Measurement in the Social Setvice Sector. *Administrative Science Quaretly* vol. 21.

Machado, N. & Burns. T. R.(1998). Complex social Organization: Multiple organizing modes, structural incongruence, and Mechanism of intergration. Bogason, Peter & Toonen, Theo. A. J.(ed). *Public Administration-an international quarterly*. Vol. 76.

Mains, Peter R.(19. 28. No87). Interactionism and the Study of Social Organization. *The Sociological Quarterly*. Vol.1.

Martin, R. M.(1983). Pluralism and New Corporatism. *Political Studies* Vol. 31.

O'Tool, L.(1988). Strategies for intergovernmental management: implementaing programs in interorganizational networks. *International Journal of Public Administration* Vol. 4.

Peters. B. Guy.(1998) Managing Horizontal Government: The Politics of co-ordination. Bogason, Peter & Toomen, Theo. A. J.(ed). *Public Admi nistration-an International Quarterly-.* Vol. 76.

Raab, C. D.(1992). Taking networks seriously: Education policy in Britain. *European Journal of Political Research.* Vol. 21. Nos 1-2.

Rhodes, R. A. W.(1999). Governance and Public Administration. Fierre, J(ed). *Debating Governance.* Oxford Univ. Press.

Rhodes, R. A. W & Marsh, D.(1992). New directions in the study of policy networks. *European Journal of Political Research.* Vol. 21. Nos 1-2. 181.

Saward, M.(1992). The Civil Nuclear Network in Britain. in D. Marsh and Rhodes, R. A. W. *Policy Networks in British Government.* Oxford University Press.

Scharpf, F. W.(1978). Interorganizational Policy studies: Issues, concepts and perspectives. in Hanf, K. & Scharpf, R. W.(eds). *Interorganizational Policy making: Limits to coordination and central control.* London: Sage.

Schmitter, P. C.(1979). Still the Century of Corporatism? in philippe C. Schmitter & Gerhard Lehmbruch(eds). *Trend Toward Corporatist Intermediation.* London: Sage Publications Ltd.

Schneider, V.(1992). The Structure of Policy networks: A Comparison of the 'Chemicals Control' and 'Telecommunications' Policy Domains in Germany. *European Journal of Political Research.* Vol. 21, Nos 1-2.

Smith, M.(19923xford University Press.

Stones, R.(1992). International Monetary Relations, Policy networks and the labour Government's Policy of Non-Devaluation 1964-67. in D. Marsh & R. A. W. Rhodes. *Policy networks in British Government.* Oxford University Press. Ch. 2.

Toke, Dave.(2000). Policy Network Creation:e Case of Energy Efficiency. *Public Administration.* Vol. 78. No.4.

Van de Ven. A. H.(1976). On The Nature, Formation, and Mainternance of Relations among Organizations. *Academy of management Review*. Vol. 4. No.1.

Van de ven, A. H. & Ferry, D. L.(1980). Measuring and Assessing Organization. *John Wiley & Sons*. New York.

Waarden, F. V.(1985). Regulering en belangenorganisatie van ondernemers. in F. L. van Holthoon(ed). *De Nederlandse samenleving sinds 1815. Wording en samenhang*. Assen: Van Gorcum.

―――――――――――――.(1992a). Dimensions and types of policy networks. *European Journal of Political Research*. Vol. 21, Nos 1-2.

―――――――――――――.(1992b). The Historical Institutionalization of Typical National Patterns in Policy Networks between State and Industry: A Comparison of the USA and the Netherlands. *European Journal of Political Research*. Vol. 21. p.131.

Whetten, David A. and Boje. David M.(1981). Effects of Organizational Strategies and Contextual Constraints of Centrality and Attributions of Influence in Interorganizational Networks. *Administrative Science Quarterly*. Vol. 26.

William, Coleman. & Grant, Wyn.(1984). Busuness Associations and Public Policy: a Comparison of Organisational Development in Britain and Canada. *Journal of Public Policy*. 4(3): 209-235.

Wright, M.(1988). Policy community, policy network and the comparative industrial policies. *Political Studies*. Vol. 36.

Zeits, G.(1980). Interorganizational Dialectics. *Administrative Science Quarterly*. Vol. 25.

부록: 김대중 정부에서의 모성보호관련법 개정경과

2000년

4. 10 정부의 경제정책조정회의에서 출산휴가 90일, 비용의 사회분담, 육아휴직제도 활성화, 가족간호휴가제도 신설 등을 추진하기로 결정

6. 14 민주노총에서 공대위구성논의 위한 첫모임 제안
　　　－한국여성노동자회협의회, 민주노총, 한국노총참석

6 · 29 한나라당(김정숙 의원 대표발의), 근로기준법 등 4개 관련법개정안 국회에 제출

6. 30 민주노총여성담당자 7차 회의
　　　－시간규제조항과 관련, '여성의 야간휴일근로금지, 시간외 근로제한 조항은 현행대로 유지', '여성의 야간휴일근로금지, 시간외 근로 제한'은 남성에게도 확대하자는 의견이 있었으나 법개정 요구안에서 삭제, 거론치 않기로 함.

7. 4 여성노동법개정연대회의 1차 회의. 법개정운동의 방향 및 개정안 논의 법개정운동을 공동으로 진행하기로 함(참가단체: 여성연합, 여협, 민주노총, 한국노총, 민우회, 한여노협 총 6개 단체)

7. 26 연대회의 2차 회의
　　　－임산부의 야간근로 절대금지, ILO 기준에 따른 위해물질로부터의 임산부보호를 법개정 요구안으로 채택하기로 함

8. 11 연대회의 실무소위, 개정법안 마련

8. 16 연대회의 내부워크샵, 고용평등 및 모성보호확대를 위한 여성, 노동계 공동대의 필요성에 동의 8개 단체가 연대회의를 구성(민주노총, 한국노총, 한국여성단체연합, 한국여성단체협의회, 한국여성노동자회 협의회, 한국여성민우회, 전국여성노동조합, 서울여성노동조합)

　　　　　-개정안 검토

　　　　　-근기법의 여성보호조항에 대해 63조(사용금지), 70조(갱내근로
　　　　　금지)에 대한 청원안 작성

　　　　　-근기법 68조(야업금지), 69조(연장근로금지)는 청원내용에서
　　　　　제외하기로 함

8. 21　　연대회의 실무소위

　　　　　-개정안 수정, 보완

8. 24　　한명숙 의원을 소개의원으로 연대회의 청원안을 국회에 제출

9. 5　　　모성보호비용사회분담화에 대한 여성노동계입장발표

　　　　　정부부처로 전달(청와대, 기획예산처장관, 노동부장관, 노동부 여
　　　　　성정책 국장, 여성특위위원장, 민주당정책위의장)

　　　　　9월-11월 3차례에 걸친 민주당사 앞 "모성보호비용사회분담화촉
　　　　　구"집회 개최

　　　　　9월 2001예산안 당정회의 결과 모성보호 관련 일반회계, 고용보
　　　　　험 각 150억 원씩 300억 원 지원결정

9. 21　　모성보호관련제도 개정안에 대한 경영계의 의견제출

9. 22　　경총의 모성보호제도개정관련의견에 대한 반대성명서 발표. 경총
　　　　　의 모성 보호 역행발언에 대한 여성(노동)계의 입장

9. 27　　연대회의, 여성노동법개정을 위한 토론회(장소: 국회의원회관)

10. 10　국회환경노동위원회 간사 및 민주당 간사 이상수 의원실 방문

　　　　　-여성노동관련법 개정에 관한 의견서 제출

10. 11　노동부, 민주당 환노위분과 당정협의

10. 12　'제1차 여성노동법 개정 촉구대회"개최, 민주당사 앞. 여성노동계
　　　　　의 입 장발표(한국노총)

10. 17　노동부, 산자부, 민주당 제2.3 정조위 당정회의

11. 2　　"제2차 여성노동법 개정촉구대회"개최

　　　　　-거리투표, 퍼포먼스

11. 20　모성보호 관련 입법방향에 대한 경영계 입장발표

11. 24　고용보험법 개정청원서 제출

　　　　　-소개의원: 환경노동위원회 한명숙 의원

11. 25　민주당, 남녀고용평등법, 근로기준법, 고용보험법 개정법률안을 정

기국회 에 제출(한명숙 의원 대표발의로 민주당 당론에 의한 발의)

12. 2 여성노동법개정 촉구를 위한 전국여성노동자대회개최

12. 5 국회, 여성고용 및 모성보호관련법안 심사 소위원회 개최

12. 6 연대회의, 여성노동법 개정 관련 공청회참석

12. 7 국회 환경노동위원회 법안 심사개최

　　　　－환노위법안심사소위는 여성노동법대안법률안을 제출

　　　　－내용: 직접적 모성보호는 강화/ 여성에게만 해당되는 보호조치

　　　　　는 남녀평등한 조건으로 완화(63조, 68조, 69조, 70조에 대한 개

　　　　　정안 포함)/ 기존 평등 법의실효성을 높이기 위한 방안 명시/ 생

　　　　　리휴가는 전체 여성 노동자에게 해당되는 사항이므로 임신 중인

　　　　　여성노동자의 모성보호개정 안과 연계하지 않는다 등이 주 내용

12. 11 정우택 의원(자민련)발의로 생리휴가 폐지, 산전산후휴가 12

　　　　주 발의안 제출

12. 11 연대회의 국회환경노동위원회 전재희 의원 방문

12. 11 경제 5단체장, 모성보호확대입법안 중단요청

2001년

1. 17 여성노동관련법 통과를 위한 의견서 제출(노동부, 보건복지부)

1. 21 '모성보호비용 사회분담화의 조속한 시행을 촉구한다' 성명서 발표

　　　　발송처: 각 언론사 여성·사회면 기자, 새천년 민주당, 한나

　　　　라당, 정부부처

2. 1 민주노총 여성담당자 2차 회의, 환노위 대안법률과 정우택 의원

　　　　발의안(자 민련안(출산휴가 12주, 생리휴가 폐지)에 대해 공식논

　　　　의를 가짐. 생리휴가에 대해－생리휴가는 휴일이 아니라 모성보

　　　　호 측면에서 제기해야 된다는 입장정리 및 환노위 대안법률안에

　　　　대한 논의 있었음. 2. 9 연대회의 '모성보호정책 역행발언, 자민련

　　　　은 즉각 사과하라' 성명서 발표

2. 15 연대회의 민주당 김중권 대표 면담

2. 20 '여·야는 2월 임시국회 내에 근로기준법을 개정하여 여성유권자의

　　　　염원인 모성보호 사회분담화를 조속히 실행하라' 발표(여성노동관

련법 2월 내 개정촉구 성명서 발표)

2. 21   1차 노동위원회(한국여성노동자회 협의회)

2. 22   경제단체협의회 모성보호확대법안 개정중단촉구 성명서

2. 23   경제단체협의회의 모성보호 입법중단 발표 규탄성명서 발표

3. 7   한국여성단체연합, 모성보호사회분담화 입법화촉구성명서 발송
        (국회 환경노동위원회 위원들 앞으로)이후 4월 7일까지 릴레이
        성명전 전개

3. 12   연대회의, 여성노동관련법 개정 추진 일정에 대한 질의서 제출
        (각 당 대표와 환노위 유용태위원장 앞 질의서 발송)

3. 12   민주노총 성명서 발표
        –모성보호확대와 사회분담, 7월 시행 차질 없어야.

4. 16   연대회의, 이회창 한나라당 총재, 유용태 환노위 위원장, 환노위
        위원들 면담

4. 17   여성노동관련법 4월 통과 촉구 성명서 발표

4. 17   여성고용관련법안 입법추진에 대한 경제계의 입장발표
        –고용보험에서 여성고용 관련 비용을 지원할 경우 제2의 건강보
        험파동 우려가 초래될 수도 있다

4. 17   한국여성단체연합 한국여성민우회, 한국여성노동자회 협의회 전
        국여성 노동조합 경총 등 경제5단체 4월 17일 발언 〈여성노동관
        련법 입법연기촉구〉에 대한 여성계 항의성명서

4. 18   연대회의, 국회환노위 소속의원 면담 및 환노위 방청→자민련 당
        론으로 반대

4. 18   경총, 여성고용관계법 개정에 따른 기업부담추계→약 8천 681억

4. 20   연대회의, 김종호 자민련 총재권한대행면담/ 연대회의, 경제5단체
        의 모성보호 관련 비용통계자료에 대한 반박 보도자료 발표

4. 21   「모성보호비용통계자료에 대한 여성·노동계의 반박자료」에 대한
        경제계반박 자료 발표

4. 21   연대회의 경제단체 재반박자료에 대한 2차 반박보도자료 발표

4. 23   모성보호관련법 4월 임시국회 통과를 촉구하는 국회 앞 피켓시위.

4. 24   여권3당(출산휴가?) 2년 유예 사실상 합의

4. 25   여성고용관련법안 처리방침에 대한 경영계의 입장(한국경영자총

협회)

| 4. 25 | 모성보호법 2년 유예결정에 대한 입장 발표 |

4. 25　모성보호법 2년 유예결정에 대한 입장 발표

4. 25　한국여성단체연합, 한국노동조합총연맹 등 8개 여성, 노동단체들
　　　이 연합한 여성노동법개정연대회의 성명

4. 25　연대회의 민주당 박인상 의원실, 한나라당 전재희 의원실 방문,
　　　14:00민주 당사 앞 기습시위/ 15:00 환노위 방청

4. 27　모성보호관련법 7월 시행을 촉구하는 여성 · 노동 · 시민사회단체
　　　기자회견

4. 28　연대회의 국회통과 촉구대회

4. 29　연대회의 모성보호법 개정촉구 마라톤 대회 및 행진

4. 30　4월 임시국회 폐회 관련법 개정지연 항의성명서 발표.('모성보호
　　　관련법 개정 지연규탄' 성명서 발표)

5. 9　민주당의 유 · 사산휴가, 육아휴직 시 소득보장, 가족간호휴직제
　　　삭제계획 언론발표

5. 9　'민주당은 기만적인 법개정안을 즉각 철회하라' 성명서 발표
　　　(여성단체연합)

5. 10　'자민련은 생리휴가 무급화 당론을 즉각 철회하라' 성명서 발표
　　　(여성단체 연합)

5. 23　여성연합 모성보호관련법 6월 국회통과 촉구결의대회

5. 23　이후 민주노총, 서울여성노동조합탈퇴

5. 31　'생리휴가조항을 여성노동관련법 개정과정에서 논의한다는 것에
　　　결사 반대한다' 성명서 발표. 여성연합

6. 1　모성보호법 6월 국회통과촉구를 위한 여성계 집회/ 결의문

6. 5　모성보호관련법 6월 임시국회 법개정 촉구를 위한 비나리 굿/ 여
　　　성노동 법 개정연대회의 주최

6. 13　모성보호관련법 6월 국회통과를 바라는 각계인사 300인 선언

6. 18　모성보호관련법 6월 국회통과를 위한 '비나리 굿'

6. 19　모성보호관련법 통과를 위한 기저귀 시위/여성노동법개정연대회의
　　　주최, 연대회의 담당자 6인

6. 20　모성보호관련법 통과를 위한 어린이 캠페인 '엄마가 건강해야 우
　　　리도 행복해요' 여성노동법개정연대회의 주최

6. 25   모성보호관련법 통과를 위한 1인 시위, 여성노동법개정 연대회의
          주최, 연 대회의 대표자

6. 25   연대회의 대표자 양당 환노위 간사면담.

6. 26   국회환노위 상임위에서 남녀고용평등법, 근로기준법, 고용보
          험법 개정안 의결

6. 26   국회환노위 2개의결의안(모성보호비용의 사회부담적용확대를 위한
          촉구 결의안, 유급생리휴가제도 처리방안에 관한 결의안) 채택

6. 26   국회환노위 상임위에서 남녀고용평등법, 근로기준법, 고용보험법
          개정안 의결에 대한 연대회의의 입장

6. 27   국회상임위 여성고용 관련 입법안 통과에 대한 경영계의 입장

6. 29   '모성보호확대를 위한 여성노동법 개정안이 6월 임시국회 본회의
          에서 차 질 없이 통과되기를 바라는 여성원로들의 입장 발표/ 여
          성원로 5인 선언'

6 · 29   민변(차별철폐공대위 회원단체로 포함됨), 참세상에 연대회의 글
          보냄

7. 3   여성노동법개정에 대한 연대회의 공식입장 글 배포

7. 6   모성보호관련법 이해를 위한 기자 간담회 개최(여성신문사, 동아,
          대한매일, 시민의 신문, 복지연합신문 참석)

7. 11-12 국회본회의 의결촉구 공문발송(청와대, 노동부, 여성부/ 국회의
          장, 국회의원 전원)

7. 18   '여성노동관련법' 본회의 통과에 대한 논평

8. 8   노동부의 모성보호 관련 급여발표에 대한 연대회의 입장

8. 22   노동부는 생색내기 육아휴직 및 출산휴가 비용결정을 즉각 철회
          하라. 연대회의

8. 28   노동부의 육아휴직 10만 원 결정에 대한 연대회의의 입장(수신:
          각 단체 여성. 노동담당 기자)

9. 17   한국노총 보도자료. "월 36만 8천 4백 원 보장돼야 육아휴직 신
          청 하겠다" 한국노총 제2차 설문조사 결과발표

10. 15   경총의 육아휴직급여 상향조정에 대한 경영계의 입장발표

10. 16   여성노동법개정연대회의, 정부의 육아휴직급여 20만 원 결정에
          대한 연대 회의 입장발표

· 저자 ·

김경주　　· 약　력 ·
　　　　　이화여자대학교 법정대학 행정학과졸업
　　　　　이화여자대학교 대학원 행정학과졸업(행정학박사)
　　　　　한국정책분석평가학회이사, 한국자치행정학회집행이사, 행정자치부정책자문위원,
　　　　　전라북도정책자문위원, 전라북도인사위원, 전라북도행정혁신위원회위원,
　　　　　전주시규제심사위원
　　　　　현　전주비전대학 경찰행정과 교수

　　　　　· 연구논문 ·
　　　　　「김대중정부의 모성보호정책네트워크분석」
　　　　　외 다수

● 모성보호와 여성정책네트워크

· 초판 인쇄　　2006년 5월 30일
· 초판 발행　　2006년 5월 30일

· 지 은 이　　김경주
· 펴 낸 이　　채종준
· 펴 낸 곳　　한국학술정보㈜
　　　　　　　경기도 파주시 교하읍 문발리 526-2
　　　　　　　파주출판문화정보산업단지
　　　　　　　전화　031) 908-3181(대표) · 팩스　031) 908-3189
　　　　　　　홈페이지　http://www.kstudy.com
　　　　　　　e-mail(e-Book사업부)　ebook@kstudy.com
· 등　　록　　제일산-115호(2000. 6. 19)
· 가　　격　　22,000원

ISBN　89-534-5060-8 93350 (Paper Book)
　　　　89-534-5061-6 98350 (e-Book)